국가공인 경제 · 경영 이해력 시험

TESAT

경제이론 | 시사경제(경영) | 응용복합(추론판단)

핵심문제특강

PREFACE

최근 전 세계적으로 금융위기를 겪으면서 점차 국내외의 금융 및 경제 환경이 복잡·다양해짐에 따라 경제주체인 국민들의 경제에 관한 관심 및 금융 등 경제관련 현상의 이해력에 대한 중요성이 점차 중요시되고 있다.

이러한 필요에 따라, 한국경제신문 경제교육연구소에서는 시장경제에 대한 지식과 이해력을 측정하는 TESAT(Test of Economic Sense And Thinking)을 개발하여 실시하게 되었다.

기존의 경제관련 시험과는 달리 국민들이 시장경제원리를 기반으로 합리적 사고력을 갖도록 함으로써 사회의 불필요한 논쟁비용을 줄여 국가 경쟁력을 제고하려는 것이 본 시험의 취지이며 단편적인 경제지식을 묻는 형태가 아닌 국내외 경제상황을 제대로 이해하고 이를 바탕으로 주어진 경제상황에서 합리적 판단을 하여 나아가 주요 경제이슈에 대해 자신의 의견을 제시할 수 있는 능력을 검증하는 문제들이 복합적으로 출제되고 있다.

TESAT은 수험생들이 시장경제원리를 이해하고 경제에 대한 마인드를 향상시킬 수 있는 기회를 제공하며 경제기초지식과 시장경제상식에 대한 지식을 갖출 수 있도록 출제되어 교육적 활용가치도 매우 높아 최근 다수의 기업체 및 대학교 등지에서 채용 및 자격시험으로 각광받고 있다.

또한 논리 사고력을 필요로 하는 문제와 종합 응용하여 추론판단을 하는 문제들이 많이 출제되므로 수험생들이 체감하는 난이도는 보다 높고 까다로운 TESAT에 대한 철저한 분석과 대비가 필요하다고 할 수 있다.

이에 본서는 TESAT을 준비하는 모든 수험생에게 초점을 맞추어 경제학 기초 및 원론, 경제이슈 및 시사 등을 기본으로 수험생의 경제이해능력 향상에 도움이 되도록 다음과 같이 구성하였다.

첫째, 분야별 예시문제와 기출문제를 꼼꼼히 분석한 기출유형문제를 수록하여 TESAT의 출제경향을 파악할 수 있도록 하였다.

둘째, 출제가 예상되는 문제를 각 분야별로 구성하여 다양한 형태의 문제에 대한 적응력을 높일 수 있도록 하였다.

셋째, 각 문제에 대한 상세한 해설을 첨부하여 단 한 권으로 마무리할 수 있도록 구성하였다.

1. 개요

테샛[TESAT(Test of Economic Sense And Thinking) ; 시장경제에 대한 지식과 이해도를 측정하는 경제 지식 · 사고력 테스트]은 복잡한 경제 현상을 얼마나 잘 이해할 수 있는가를 평가하는 종합경제이해력검증시험이다. 국내 최정상 경제신문 '한국경제신문'이 처음으로 개발, 2010년 11월 정부로부터 '국가공인' 자격시험으로 인정받았다. 객관식 5지 선다형으로 출제되고 정기시험은 2, 3, 5, 8, 9, 11월 연 6회 치른다.

TESAT은 수험생들에게 시장 경제 원리를 이해하고 경제 마인드를 향상시킬 수 있는 기회를 제공하며 문제를 풀면서 경제학 기초지식과 시사 · 경제 · 경영 상식이 늘도록 출제되어 교육적으로도 활용 가치가 뛰어나다. 또한 논리력과 사고력이 요구되거나 복잡한 경제 현상을 알기 쉬운 예시문장으로 상황 설정을 함으로써 문제의 흥미도 또한 높다. 국내 저명 경제 · 경영학과 교수와 민간 경제연구소 연구위원, 한국경제신문 베테랑 논설위원들이 출제에 참여하여 문제의 완성도를 제고하였다.

2. 성적의 활용

TESAT은 한국은행, 자산관리공사 등 금융 관련 공기업을 비롯하여 은행, 증권 등 금융회사, 삼성, 현대자동차 등 많은 대기업들이 사원 채용, 승진 인사에 활용하고 있다. 학점은행제를 활용해 학사, 전문학사를 취득하려는 학생들은 테샛으로 14 ~ 20학점의 경영학점을 취득할 수 있고, 경제 · 경영학도를 꿈꾸는 청소년들은 테샛을 자기계발 도구로 활용할 수 있다.

기업들이 테샛을 활용하는 것은 직원들의 경제이해력이 곧 회사의 경쟁력이라고 인식하고 있기 때문으로 보인다. 경제이해력은 의사결정권한이 과장, 대리 등 일선 관리자로 내려가고 있는 복잡하고 급변하는 현대 경영 환경에서 기업 구성원들이 꼭 갖춰야 할 소양이다. 아울러 정부 정책이나 정치인의 선거 공약을 제대로 이해하고 평가함으로써 투표권을 제대로 행사하는데 필요한 민주 시민의 기초 소양이기도 하다. 그래서 대부분의 선진국들은 경제 교육과 경제이해력검증시험을 정부가 지원하고 있다. 미국의 경우 TUCE(Test of Understanding College Economics ; 경제 이해력 테스트)와 같은 국가공인 경제 이해력 시험이 시행되고 있다. 테샛 역시 국가공인 시험이다.

3. 출제기준

① **경제이론** : 경제 정보를 이해하는데 필요한 주요 경제 이론 지식을 테스트 한다. 경제 기초, 미시, 거시, 금융, 국제 등 경제학 전 분야에서 골고루 출제한다. 3점짜리 20문항, 4점짜리 10문항 등 총 30문항 100점 만점으로 구성된다.

② **시사경제**(경영) : 경제 · 경영과 관련된 뉴스를 이해하는데 필요한 배경 지식을 테스트 한다. 새로운 경제정책과 산업 · 기업 관련 뉴스 이해에 필요한 경제 · 경영 상식을 검증한다. 3점짜리 20문항, 4점짜리 10문항 등 30문항 100점 만점으로 구성된다.

③ **응용복합**(추론판단) : 경제 · 경영 · 시사 상식을 결합한 심화 영역으로 경제 상황을 분석 · 추론 · 판단할 수 있는 종합사고력을 테스트 한다. 자료(통계)해석형 · 이슈 분석형 · 의사결정형의 문항으로 출제된다. 여러 변수를 고려해야 하는 경제이해력의 특성을 감안하여 마련한 영역으로 가장 높은 5점짜리 20문항으로 구성된다.

④ TESAT의 출제영역과 영역별 문항 수, 배점

영역	기능	지식 이해	적용	분석 · 추론 · 종합 판단	문항 수 및 배점
경제이론	기초일반	20	10		20×3 10×4 =100점
	미시				
	거시				
	금융				
	국제				
시사경제	정책(통계)	20	10		20×3 10×4 =100점
	상식(용어)				
	경영 (회사법 · 회계 · 재무)				
응용복합 (추론판단)	자료해석			20	20×5 =100점
	이슈분석				
	의사결정 (비용편익분석)				
합계		3점 40문항	4점 20문항	5점 20문항	300점 80문항

4. 평가방법

① 국내외에서 발생하는 각종 경제 정보를 제대로 이해하고 이를 바탕으로 주어진 경제 상황에서 합리적인 판단을 내리거나 주요 경제 이슈에 대해 독자적으로 의견을 제시할 수 있는 능력을 경제이해력이라 한다.

② 테샛은 이렇게 정의한 경제이해력을 검증하기 위해 경제이론 · 시사경제(경영) · 상황판단(응용복합) 등 3개 영역에서 총 80문항을 출제한다. 시험시간은 100분이다.

③ 문항당 3 ~ 5점이 배점되며 300점이 만점이다. 총점을 기준으로 경제이해력 정도를 나타내는 S, 1 ~ 5의 등급을 부여하고 있으며, 백분율 석차도 함께 표시하고 있다.

S급	점수 270 ~ 300점 복잡한 경제정보를 정확하게 이해할 수 있으며 이를 근거로 주어진 경제 상황에서 독자적으로 의사결정을 내릴 수 있고, 찬반 논쟁이 있는 경제 이슈에 대해 자신의 의견을 설득력 있게 제시할 수 있음 경제이해력 탁월
1급	점수 240 ~ 269점 복잡한 경제정보를 대부분 이해할 수 있으며 이를 근거로 주어진 경제 상황에서 독자적으로 의사결정을 내릴 수 있고, 찬반 논쟁이 있는 경제 이슈에 대해 자신의 의견을 소신있게 제시할 수 있음 경제이해력 매우 우수
2급	점수 210 ~ 239점 일반적인 경제정보를 정확하게 이해할 수 있으며 이를 근거로 주어진 경제 상황에서 독자적으로 의사결정을 내릴 수 있고, 찬반 논쟁이 있는 경제 이슈에 대해 자신의 의견을 제시할 수 있음 경제이해력 우수

3급	점수 180 ~ 209점 일반적인 경제정보를 대부분 이해할 수 있으며 이를 근거로 약간의 도움을 받는다면 주어진 경제 상황에서 의사결정을 내릴 수 있고, 찬반 논쟁이 있는 경제 이슈에 대해 자신의 의견을 제시할 수 있음 경제이해력 보통
4급	점수 150 ~ 179점 주위의 도움을 받아 일반적인 경제정보를 이해할 수 있으며 이를 근거로 주어진 경제 상황에서 상사의 지도·감독 아래 간단한 의사결정을 내릴 수 있음 경제이해력 약간 미흡
5급	점수 120 ~ 149점 주위의 조언을 상당히 받아 일반적인 경제정보를 이해할 수 있으며 이를 근거로 주어진 경제상황에서 상사의 지속적인 지도·감독 하에 간단한 의사결정을 내릴 수 있음 경제이해력 미흡
등급외	점수 120점 미만

※ T=MAI(Tesat-Market Attitude Index) 지수
  시장친화도지수, 시장경제의 기본 원리에 대한 이해도로 20개 관련 문항의 점수를 응시자 전체 평균과 비교해 보통이 100이 되도록 만든 지수이다.
  T-MAI = 100 + 본인의 시장경제 문항점수(100점 만점) - 수험생 전체의 시장경제 문항점수(100점 만점)

5. 시험규정

① **시험 일반 규정**
  ㉠ **시험시간 및 입실시간**: 시험시간은 오전 10시부터 오전 11시 40분까지 100분이며, 시험시작 30분 전까지 입실 완료해야 한다.
  ㉡ **시험 당일 지참물**: 수험표, 신분증, 컴퓨터용 사인펜
  ㉢ **응시자격 및 제한**: 자격제한 없음
  ㉣ **성적 유효기간**: 성적 유효기간은 응시일로부터 2년, 2년 후에는 성적표의 재발급이나 성적확인이 불가능
  ㉤ **성적표 발급**: 시험 성적표는 시험시행일로부터 약 2주일 후 온라인으로 발급, 최초 성적표 1매는 무료로 발급되며, 2번째 성적표부터는 1매당 500원을 지급해야 한다.

② **신분증 규정**
  ㉠ **일반인, 대학생**: 주민등록증, 운전면허증, 기간 만료 이전의 여권, 공무원증, 주민등록증 발급신청확인서
    ※ 주의: 학생증은 신분증으로 사용할 수 없다.
  ㉡ **중학생, 고등학생**: 주민등록증, 기간 만료 이전의 여권, 청소년증, 주민등록증 발급신청확인서, 학생증(사진 탈 부착이 불가능한 포토아이디, 종이 학생증 불가), TESAT 신분확인증명서
  ㉢ **군인**: 장교·ROTC 장교·사관생도·부사관은 군무원 신분증, 사병·ROTC 후보생은 TESAT 신분확인 증명서에 부대장직인확인

③ **부정행위처리 규정**

　㉠ 부정행위로 간주되는 경우

　　• 제한시간을 준수하지 않은 경우

　　• 시험 종료 이후 답안을 작성하는 경우

　　• 감독관의 정당한 지시에 불응하는 경우

　　• 시험 중 휴대전화 및 기타 전자기기를 소지한 것으로 판명되는 경우

　　• 본인의 사용의지와 관계없이 휴대폰 등 전자 통신기기가 작동한 경우

　　• 타인의 답안을 보거나, 보여주는 경우

　　• 고사실 밖으로 문제 또는 답안을 유출, 배포하는 경우

　　• 시험 종료 후 채점과정에서 부정행위자로 판명된 경우

　　• 대리로 응시한 경우(청탁자와 응한 자 모두 부정행위처리)

　　• 계획적으로 답을 가르쳐 주거나 받는 경우

　　• 유출한 문제를 공개 사용하거나 배포한 경우

　　• 타인의 응시를 심각하게 방해한 경우

　　• 고사실내에서 난동이나, 소란을 피우는 경우

　　• 문제지 이외에 문제 또는 답안을 메모하는 경우

　　• 기타 시험 진행에 방해가 될 만한 행위를 하는 경우

　　• 신분증을 위·변조하여 시험을 치르는 경우

　　• 성적표를 위·변조하여 사용하는 경우

　　　※ TESAT관리위원회에서는 휴대전화를 이용한 부정행위를 방지하기 위하여 응시자들의 휴대전화를 시험 전에 모두 회수한다.

　　　※ 시험 도중 휴대전화 및 기타 전자기기를 소지하거나 이들이 작동되어 적발되었을 경우 사용여부와 관계없이 부정행위로 처리된다.

　㉡ 부정행위 처리

　　• 부정행위 적발 및 처리는 TESAT관리위원회의 고유권한으로 상당한 이유 없이는 번복되지 않음을 원칙으로 한다.

　　• 부정행위자로 적발된 자는 해당 성적 뿐 아니라 이전 성적도 모두 무효화하며 사안에 따른 자격 제한 기준에 따라 2년 동안 시험에 응시할 수 없다.

④ **취소 및 환불 규정 - TESAT 관리운영규정 제16조〈취소 및 환불〉**

　㉠ 수험자는 원서접수기간 일주일 이내에 접수를 취소하고 환불을 요청할 수 있다.

　㉡ 정규접수기간 중 : 100% 환불

　㉢ 정규접수 종료 1주일 후까지 : 응시료의 50% 환불

　㉣ 예외(접수종료 1주일 후에라도 증빙서류를 제출하면 응시료를 환불)

　　• 직계가족이 사망한 경우

　　　→ 가족관계 확인이 가능한 공식 서류와 사망을 알 수 있는 서류 제출

　　• 사고 또는 질병으로 입원을 한 경우

　　　→ 입원기간에 해당 시험일이 포함되어 있는 진단서 또는 입원증명 자료 제출

　　• 신종인플루엔자처럼 사회적 파장이 큰 전염병에 걸려 시험을 치르지 못했을 경우

　　　→ 의사 진단서 제출

STRUCTURE

출제예상문제

영역별 필수적인 내용을 문제로 구성하여 놓치는 부분 없이 꼼꼼한 학습이 가능합니다.

정답 및 해설

문제의 핵심을 꿰뚫는 명쾌한 해설로 학습효율을 높였습니다.

본서의 차례

CONTENTS

경제이론

경제 기초 영역

제1과목 경제이론

1 아래 자료의 관찰치가 나타낼 수 있는 것으로써 적절하지 않은 것은 무엇인가?

옥수수기름과 콩기름은 대체재이며, 각 상품의 수요곡선은 우하향하고 공급곡선은 우상향하는 것으로 알려져 있다. 어느 시장조사 회사가 옥수수기름 시장에서 아래 그림과 같은 12개의 관찰치를 수집했다.

① 소비자들의 평균소득 수준이 다른 12개 도시별 옥수수기름 가격과 거래량의 조합
② 12개월 간 콩기름의 공급 변동에 따른 월별 옥수수기름 가격과 거래량의 조합
③ 12개월 간 콩기름의 수요 변동에 따른 월별 옥수수기름 가격과 거래량의 조합
④ 12개월 간 옥수수의 가격 변동에 따른 월별 옥수수기름 가격과 거래량의 조합
⑤ 콩기름의 가격수준이 다른 12개 도시별 옥수수기름 가격과 거래량의 조합

❀ Answer 1.④

1 ④에서 옥수수(옥수수기름의 원료)의 가격 변동은 옥수수기름의 공급곡선을 변동시키는 요인이므로 옥수수기름 시장의 균형을 나타내는 관찰치는 수요곡선의 모양대로 우하향하는 형태로 분포된다. 반면, 옥수수기름의 수요곡선을 변동시키는 요인이 있으면 옥수수기름의 공급곡선의 모양대로 그림과 같이 우상향하는 관찰치를 얻게 된다. ①에서는 평균소득수준에 따라 옥수수기름에 대한 수요가 도시별로 다르게 나타나고, ⑤에서는 대체재인 콩기름의 가격수준에 따라 옥수수기름의 수요가 도시별로 다르게 나타나며, ②와 ③에서는 콩기름 시장에서의 공급 또는 수요의 월별 변동이 콩기름의 균형가격 변동을 통해 대체재인 옥수수기름의 수요를 변동시킨다.

2 밑줄 친 ㉠~㉢에 대한 설명으로 옳은 것은?

> ㉠삼겹살 소비가 증가하면 쌈 채소인 ㉡상추와 ㉢깻잎의 소비도 변한다. 삼겹살을 좋아하는 갑과 을이 쌈 채소를 소비하는 성향은 다음과 같다.
>
> 갑 : 삼겹살을 상추와 깻잎 중 어느 하나에만 싸 먹는다. 그리고 둘 중 어느 것과 함께 먹어도 관계없기 때문에 삼겹살을 먹을 때 둘 중 가격이 저렴한 채소를 구입한다.
>
> 을 : 삼겹살을 상추와 깻잎 모두에 싸 먹을 때 만족감이 크다. 그래서 삼겹살을 먹을 때 항상 상추와 깻잎을 모두 구입한다.

① 갑의 경우 ㉡과 ㉢은 보완재 관계에 있다.

② 갑의 경우 ㉡의 가격 상승은 ㉢의 수요 감소 요인이다.

③ 을의 경우 ㉠의 가격 상승은 ㉢의 수요 증가 요인이다.

④ 을의 경우 ㉡과 ㉢의 관계는 "꿩 대신 닭"이라는 속담으로 표현할 수 있다.

⑤ 을의 경우 ㉠의 가격 하락은 ㉡, ㉢의 소비 지출액 증가 요인이다.

⁂ Answer   2.⑤

2   을의 경우 삼겹살 가격이 하락하면 상추와 깻잎 수요가 모두 증가한다. 따라서 상추와 깻잎의 소비 지출액은 증가한다.

3 다음의 (가), (나)는 외부 효과의 사례이다. 이에 대한 설명으로 옳은 것은?

> (가) ○○마을에는 아름다운 뒷산이 있지만 진입로가 정비되지 않아 경치를 감상하기 어려웠다. 등산을 좋아하는 갑은 이 경치를 즐기기 위해 많은 비용을 들여 진입로를 정비하였다. 이후 마을 사람들도 이 진입로를 이용하여 경치를 즐기고 있지만, 갑에게 어떠한 대가도 지불하지 않고 있다.
>
> (나) 프로야구 ㅁㅁ팀의 경기가 열리는 날이면 야구장 인근에 살고 있는 주민들은 ㉠경기장을 찾아 응원하는 관중들의 소음으로 인해 불편함을 느끼지만, 이에 대한 보상을 받지는 못하고 있다.

① (가)는 부정적 외부 효과의 사례이다.
② (가)와 달리 (나)에서는 자원의 비효율적 배분이 나타나고 있다.
③ (가)에서 진입로 이용에 따른 갑의 편익과 사회적 편익은 같다.
④ (나)에서 경기 관람에 따른 ㉠의 편익보다 사회적 편익이 작다.
⑤ (나)에서 ㉠에게 정부가 보조금을 지급하여 시장 거래량을 최적 거래량으로 유도할 수 있다.

4 밑줄 친 ㉠~㉥에 대한 설명으로 옳은 것은?

> 갑은 ㉠○○ 음악회 입장권을 10만 원에 구입하여 공연장에 입장하였다. 그런데 ㉡음악회 연주는 기대와 달리 매우 실망스러웠다. 갑은 ㉢연주를 마저 듣는 것보다 그 시간 동안 집에 가서 ㉣TV를 보는 것이 더 낫다고 생각하면서도 ㉤들인 돈이 아까워 ㉥그대로 앉아 연주를 들었다.

Answer 3.④ 4.③

3 ① (가) 긍정적 외부 효과의 사례, (나)는 부정적 외부 효과의 사례
② (가), (나) 모두 자원의 비효율적 배분이 나타나고 있다.
③ (가) 진입로 이용에 따른 갑의 편익보다 사회적 편익이 더 크다.
⑤ (나) 관중들에게 보조금을 지급할 경우 외부 효과는 심화될 것이다.

4 연주를 마저 듣게 되면 그 시간 동안 TV를 보는 것에서 얻는 만족감을 포기해야 하므로, ㉢의 기회비용에는 ㉣에서 얻는 만족감이 포함된다.

① ㉠은 재화를 소비하기 위한 활동이다.

② ㉡은 부가가치를 창출하는 활동이 아니다.

③ ㉢의 기회비용에는 ㉣에서 얻는 만족감이 포함된다.

④ ㉤은 매몰 비용으로 볼 수 없다.

⑤ ㉥은 합리적 선택이다.

5 **국제 거래 ㈎, ㈏에 대한 설명으로 옳은 것은?**

> ㈎ 우리나라 기업인 ○○ 항공이 미국 보험 회사가 판매하는 항공 사고 관련 보험에 가입하였다.
>
> ㈏ 우리나라의 신용 등급이 크게 올라가자 외국 투자자들이 국내 주식 시장에서 대규모로 주식을 매입하였다.

① ㈎는 우리나라의 서비스 수지를 개선시킨다.

② ㈏의 거래 금액은 금융 계정에 반영된다.

③ ㈎는 ㈏와 달리 국내로 외화를 유입시키는 요인이다.

④ ㈏는 ㈎와 달리 국내 통화량을 감소시키는 요인이다.

⑤ ㈎, ㈏는 모두 우리나라의 외환 보유고를 증가시킨다.

❀ Answer | 5.②

5 ② 주식투자액은 금융 계정에 반영된다.
③ ㈎는 외화의 지급 요인, ㈏는 외화의 수취 요인이다.
④ 외화의 수취는 국내 통화량의 증가 요인이다.
⑤ ㈏만이 외환 보유고 증가 요인이다.

6 다음은 국제 수지 변동의 원인이 되는 각각의 사례들이다. 이를 통해 알 수 있는 국제 수지에 해당하지 않는 것은?

> • 수입업자인 영도씨는 농산물 수입 대금 3천 달러를 미국에 송금하였다.
> • 성수씨는 미국 현지 지사를 방문하여 체류 경비 7천 달러를 지출하였다.
> • 동규씨는 외국에 있는 기업에 취업하여 2만 달러의 임금을 국내에 송금하였다.
> • 정부는 천재지변으로 고통 받는 외국 이재민에게 5만 달러를 무상으로 지원하였다.

① 상품수지   ② 소득수지
③ 투자수지   ④ 서비스수지
⑤ 경상이전수지

7 수요-공급에 대한 다음 설명 중 가장 옳지 않은 것은?

① 어떤 상품에 대한 수요가 증가하고 공급이 감소하면 균형가격은 증가한다.
② 공급의 변화란 공급곡선 자체의 이동을 말한다.
③ 수박 값이 오르면 대체재인 참외의 수요는 증가한다.
④ 수요는 소비자가 특정 상품을 구입하고자 하는 사전적인 욕망이다.
⑤ 소득이 증가하면 상품수요곡선은 항상 오른쪽으로 이동한다.

Answer   6.③ 7.⑤

6	경상수지에는 상품수지, 서비스수지, 소득수지, 경상이전수지가 있고, 자본수지에는 투자수지, 기타 자본수지가 있다.
7	열등재의 경우 소득이 증가하면 상품수요곡선은 왼쪽으로 이동한다.

8 다음 중에서 실업률이 높아지는 경우를 모두 고른 것은?

> ㉠ 정부가 실업보험 급여액을 인상하였다.
> ㉡ 산업구조에 커다란 변화가 초래되었다.
> ㉢ 최저임금이 인하되었다.
> ㉣ 경기가 불황에 접어들었다.
> ㉤ 정보통신 산업의 발전에 힘입어 구인현황에 대한 정보가 쉽게 알려질 수 있게 되었다.

① ㉠㉡㉣ ② ㉠㉢㉣
③ ㉠㉣㉤ ④ ㉡㉢㉣
⑤ ㉠㉡㉢㉣

9 다음 사례를 통해 알 수 있는 공급의 가격 탄력성 결정 요인으로 가장 적절한 것은?

> 상추를 재배하는 농가와 인삼을 재배하는 농가를 비교해 보자. 상추는 대략 한 달이면 수확이 가능하므로 가격이 상승하는 경우 공급량을 쉽게 늘릴 수 있지만, 인삼은 수확에 이르기까지 여러 해가 걸리므로 가격이 상승하더라도 공급량을 쉽게 늘리기 어렵다. 따라서 상추보다 인삼 공급의 가격 탄력성이 작다.

① 생산 설비의 규모 ② 공급자 간 경쟁 정도
③ 생산에 소요되는 기간 ④ 생산 기술의 발달 수준
⑤ 공급 가능한 상품의 범위

Answer 8.① 9.③

8 최저임금 하락은 기업들이 신규고용을 확대하여 실업률이 낮아질 수 있으며 정보통신 산업의 발달로 구인현황 정보가 쉽게 알려진다면 인력 수급 매칭이 쉬워져 실업률이 낮아진다.

9 제시문은 상추가 인삼에 비해 재배 기간이 짧기 때문에 가격 변동에 대응한 공급량 조절이 상대적으로 쉽다는 점을 설명하고 있다. 즉, 생산에 소요되는 기간이 공급의 가격 탄력성을 결정하는 것이다.

10 다음 중 주식가치를 평가하는 데 활용되는 지표가 아닌 것은?

① CSR

② PER

③ PBR

④ TOBIN'S Q

⑤ EBITDA

11 경제안정화 정책과 정부재정 운영의 관계에 대한 다음 설명 중 옳지 않은 것은?

① 일반적으로 경제 안정화를 위한 정부의 정책적 대응은 경기가 과열일 때보다 침체일 때 더 자주 발생하는데 통상 정부지출의 증가로 나타난다.

② 국채발행 자금으로 정부지출을 증가시키는 확장적인 재정정책은 민간 소비나 투자를 오히려 위축시키는 구축효과를 가져올 수도 있다.

③ 정부는 회계연도 내에 매년 재정지출이 재정수입과 일치하는 균형재정을 달성해야 한다.

④ 국채를 발행하여 재정적자를 보전할 경우 다음 세대가 조세부담과 국채의 이자부담을 지게 된다.

⑤ 정부는 세금 징수, 국채 발행, 중앙은행 차입 등으로 적자재정을 메울 수 있다.

✿ Answer   10.①   11.③

10 ② PER(주가수익률) : 수익을 중시하는 지표로 주가가 순이익의 몇 배인가를 나타낸다. 과거실적 기준이므로 미래주가의 예측에는 한계를 지닌다. 10이하일 경우 저평가로 판단한다.

$$\frac{주가}{주당\ 순이익}$$

③ PBR(주가순자산비율) : 주가와 주당 자산을 비교하는 비율로 1주당 순자산가치의 가치지표이므로 주가의 적정성 여부를 판단하는 기준이 된다.

$$\frac{주가}{주당\ 순자산}$$

④ TOBIN'S Q : 기업의 금융자산의 시장가격을 기업이 보유한 실물자산의 대체원가로 나눈 비율로, 토빈의 q비율(q-ratio)이라고도 한다.

$$q\text{-}ratio = \frac{주가}{1주당\ 실질순자산}$$

⑤ EBITDA(세전영업이익) : PER이 기업의 자산에 대해 고려되어 있지 않고 감가상각 등 실제 현금으로 들어오는 이익과 장부상의 이익의 차이를 반영하지 못한다는 단점을 보완하기 위해 등장한 개념이다.

※ **기업의 사회적 책임**(CSR ; Corporate Social Responsibility) … 기업이 지속적으로 존속하기 위해 이윤추구 이외에 법령과 윤리를 준수하고 기업 이해관계자의 요구에 적절히 대응함으로써 사회에 긍정적 영향을 미치는 책임 있는 활동을 의미하며 세계화의 진전 및 기업의 사회적 영향력이 커지면서 최근 급속도로 부각되고 있다. 또한 최근 국제사회를 중심으로 기업을 벗어나 사회를 구성하는 모든 조직에게 사회적 책임을 강조하는 국제표준(ISO26000 Guidance on Social Responsibility)이 정립되는 등 기업 외의 이해관계자인 개인, 시민단체, 노동조합, 비정부 / 이익단체 등의 전향적인 사회적 책임을 강조하는 경향이 나타나고 있다.

11 재정정책의 경우 불황 시 정부지출을 증가시키거나 세금을 축소함으로써 적자재정을 편성하는 경우가 많아 회계연도(1년) 내에서 1년 단위로 균형재정을 달성할 수 없다.

12 중앙은행의 최종대부자(The lender of last resort)기능에 대한 다음 설명 중 거리가 먼 것은?

① 최종대부자 기능은 대규모 금융사고 등으로 시중에 유동성이 부족할 때 금융회사와 금융시장에 돈을 공급해 주는 것을 말한다.

② 최종대부자 기능은 유동성 위기가 금융시스템 전체로 퍼지는 것을 방지한다.

③ 중앙은행이 시중에 충분한 자금을 공급함으로써 위기 시 사람들의 심리적 안정 및 전체 금융시장의 안정을 도모하는 역할을 한다.

④ 최종대부자 기능은 국제결제은행(BIS) 자기자본비율 규제와 같이 사전적 위기방지 기능에 해당된다.

⑤ 중앙은행이 최종대부자로서의 기능을 수행하기 위해서는 금융회사의 경영실태와 금융시장 동향 등을 잘 파악하고 있어야 한다.

13 모든 제품의 가격이 2배 오르고, 소비자의 소득 또한 2배 늘었다. 이 때 예상 가능한 결과는 무엇인지 고르면?

① 기존에 소비하던 제품의 수요는 불변

② 모든 제품의 수요가 감소

③ 소득이 증가할 때 소비가 증가하는 정상재의 소비만 증가

④ 소득이 증가할 때 소비가 빠르게 증가하는 사치재의 소비만 증가

⑤ 모든 제품의 수요가 증가

✿ Answer   12.④   13.①

12 최종대부자 기능이란 금융위기가 예상되거나 발생한 경우 금융위기를 예방하고 확산을 방지하기 위해 중앙은행이 금융시장에 일시적으로 유동성을 공급하는 사후적 위기해결 기능을 말한다.

13 모든 제품가격이 2배 오르더라도 상대가격은 변화하지 않으며, 소득이 2배 오르더라도 실질소득은 변함이 없다.

14 다음에서 설명하고 있는 거래 중에서 나머지 네 개와 다른 종류는?

① 원·달러 환율이 상승할 것으로 예상한 수출업체가 선물환을 매입한다.

② 정유업체가 원유가격이 오를 것을 예상해 미리 원유 구매 계약을 한다.

③ 수출대금과 수입대금이 비슷한 업체는 이런 거래를 할 필요가 없다.

④ 파생상품에 투자하는 공격적인 펀드에 사용하는 용어이기도 하다.

⑤ 펀드매니저가 보유 주식의 가격이 상승할 것으로 보고 주가지수 선물을 매입한다.

15 개당 10만 원의 가격에 판매되는 휴대폰을 생산하는 기업의 고정비용은 2억 원이고 변동비용은 휴대폰 1개당 6만 원인 경우, 이 기업의 손익분기점이 되는 휴대폰 생산량은 얼마인가?

① 2,000개

② 2,500개

③ 4,000개

④ 4,500개

⑤ 5,000개

16 지급준비율 인하가 통화량 공급에 어떤 영향을 미치는지 알아보기 위하여 어떤 경제에 300만 원이 있다고 가정하자. 단 은행은 법정지급준비금만 보유하고 나머지를 전액 대출하며, 대출금 전액은 다른 은행에 예금된다. 경제 구성원들이 모든 화폐를 요구불예금의 형태로 보유하고 있는 상태에서 지급준비율이 연 5%에서 4%로 1%포인트 인하되면 통화량 M2는 얼마만큼 증가하는가?

① 10만 원   ② 30만 원

③ 1,000만 원   ④ 1,500만 원

⑤ 6,000만 원

17 다음과 같은 두 가지 현상에서 유추해 볼 수 있는 경제 원리는?

> ㈎ 아무리 배가 고프더라도 불고기를 추가로 먹을 때의 만족감은 점차 감소한다.
> ㈏ 비용과 편익을 비교하는 것이 경제적 사고이며, 사람들은 소비로부터 얻는 효용 이상으로 대가를 지불하려 하지 않는다.

① 수확체감의 법칙   ② 비교우위의 법칙

③ 수요의 법칙   ④ 그레샴의 법칙

⑤ 공급의 법칙

Answer   16.④   17.③

16 총통화량(신용창조) = 본원통화 × 통화승수 = 본원통화 × 1/지급준비율
(* 통화승수 : 지급준비율의 역수)
㉠ 지급준비율 5% : 300(만 원) × 20 = 6,000(만 원)
㉡ 지급준비율 4% : 300(만 원) × 25 = 7,500(만 원)
따라서 지급준비율이 1% 인하되면 통화량은 1,500만 원 증가한다.

17 ㈎의 사례는 재화의 소비가 증가할수록 그 재화의 한계효용이 감소한다는 한계효용 체감의 법칙을 ㈏는 어떤 행위든 그에 따르는 추가비용보다 그로부터 얻는 편익이 큰 경우에만 합리화된다는 비용·편익의 법칙을 나타내고 있다. 따라서 두 경우의 사례 모두 편익이 구입비용보다 커야만 구입한다는 수요의 법칙을 유추할 수 있다.

18 다음 중 화폐시장에 초과공급 현상이 발생하는 경우가 아닌 것은?

① 이자율 하락   ② 채권 가격 상승

③ 채권 수익률 하락   ④ 채권시장에 초과수요가 존재

⑤ 채권과 같은 금융자산에 대한 수요 감소

19 다음은 실업률에 대한 신문 기사이다. 괄호에 들어갈 용어로 올바른 것은?

> 지난달 한국의 실업률은 3.8%였다. 경제협력개발기구(OECD) 회원국의 평균 실업률 8.7%의 절반에 불과하다. 수치만 보면 한국의 일자리 사정이 좋아 보인다. 하지만 각국의 (A)을 (를) 들여다보면 정반대의 사실이 드러난다. 한국의 지난달 (A)은(는) 58.8%(계절조정 기준)로 OECD 회원국 평균(2009년 65.0%)에 비해 6.2%포인트나 낮았다. 왜 이런 일이 벌어지는 것일까. 비밀은 (B)에 있다. 지난달 한국의 (B)는(은) 1563만 2000명으로 15세 이상 인구의 38.6%를 차지했다. 이는 30% 안팎에 그친 OECD 회원국보다 10%포인트 가까이 높은 수치다. 한국의 (B)가 다른 나라에 비해 많은 데에는 여러 이유가 있다. 남북 군사대치로 군인 숫자가 많다. 또 대학 졸업자들은 직장을 구하기 어려워지면 대학원에 진학하거나 기술을 배우러 학원에 다니게 된다.

	A	B
①	고용률	생산가능인구
②	취업률	경제활동인구
③	고용률	비경제활동인구
④	청년취업률	경제활동인구
⑤	취업률	생산가능인구

Answer   18.⑤   19.③

18 화폐시장에 초과공급이 발생한다는 것은 화폐의 수요가 공급에 비하여 부족하다는 뜻으로, 채권시장에서는 채권의 수요가 증가하여 채권 가격이 상승하게 된다. 채권 가격 상승은 채권 수익률의 하락을 뜻한다.

19 ③ 고용률은 실업률 통계에서는 제외되는 비경제활동 인구 수를 포함하므로 비경제활동 인구가 증가할수록 고용률은 하락한다.

※ 고용률(%) = 취업자 / 생산가능인구(15세 이상 경제활동인구 + 비경제활동인구)

20 소비자 잉여에 관한 설명 중 옳은 것은?

① 정상소득 이외의 소득을 더한 효용

② 사치재 소비로 얻는 효용

③ 필요 불가결한 소비재를 구매하고 남은 저축이 가능한 소득

④ 지불의사가 있는 가격과 실제로 지불한 가격사이의 차이

⑤ 소득의 증가에 따른 효용의 증가

21 다음의 효용과 관련된 설명 중 옳지 않은 것은?

① n개를 소비할 때 총효용은 n개까지 각 단위의 한계효용을 합한 것과 같다.

② 한계효용균등의 법칙이란 각 재화 한 단위의 소비에서 얻는 한계효용이 같아지는 것을 말한다.

③ 일반적으로 총효용이 증가하더라도 한계효용은 점차 감소한다.

④ 무차별곡선이 원점에 대하여 볼록한 것은 한계효용체감의 법칙이 작용하기 때문이다.

⑤ 한계효용이 증가하면 반드시 평균효용도 증가한다.

✿ Answer   20.④   21.②

20 소비자 잉여란 지불의사가 있는 최대가격(수요가격)과 실제로 지불한 가격(시장균형가격)사이의 차이를 의미한다.

21 한계효용균등의 법칙이란 각 재화의 화폐 1원당 한계효용이 같아지는 것을 말한다.

22 다음 중 노동시장의 유연안전성(flexicurity)에 대한 설명으로 가장 바른 것은?

① 해고와 재취업을 동시에 수월하게 하는 노동시장체제
② 노무관리를 유연하게 하여 근로자의 생활안전을 도모하는 원칙
③ 취업은 쉽지만 해고는 어려운 노동정책
④ 보다 유연하게 취업안전성을 관리해야 하는 원칙
⑤ 대기업은 해고가 쉬워지고 중소기업은 고용안전성이 높아지는 정책

23 다음 중 일반적인 필립스곡선에 나타나는 인플레이션과 실업률의 관계에 대한 설명이 옳지 않은 것은?

① 장기적으로는 인플레이션과 실업률 사이에 특별한 관계가 존재하지 않는다.
② 실업률을 낮추기 위해 확대재정정책을 시행하는 경우 인플레이션이 발생한다.
③ 단기적으로 인플레이션율과 실업률은 음(−)의 상관관계를 갖는다.
④ 기대인플레이션이 상승하여 인플레이션이 발생하는 경우에도 실업률은 하락한다.
⑤ 원자재의 가격 상승은 실업률뿐만 아니라 인플레이션도 상승시킨다.

24 다음 중 생산활동이 될 수 없는 것은?

① 재화를 기부하는 활동
② 서비스를 제공하는 활동
③ 재화를 오랫동안 저장하는 활동
④ 재화를 다른 형태로 가공하는 활동
⑤ 재화를 다른 곳으로 운반하는 활동

Answer　　22.①　23.④　24.①

22 노동시장의 유연안전성 … 고용의 유연성(Flexibility)과 안전성(Security)을 조합한 신조어이다. 기존의 직장 내 고용보장이라는 협의의 고용안정관점에서 벗어나 노동시장에는 높은 수준의 고용 유연성을 보장하고 근로자에는 필요한 때 적정한 복지혜택을 주는 등 해고와 재취업을 동시에 쉽게 하는 노동시장체계를 말한다.

23 기대인플레이션 … 프리드만과 펠프스는 노동자들이 물가상승을 인식하면 기대인플레이션은 높아지고 노동자들은 이에 상응하여 명목임금의 인상을 요구하므로 실업률은 낮아지지 않는다고 주장하였다.

24 재화의 운반, 가공, 저장 등의 행위와 서비스의 제공행위는 부가가치를 만들어내는 한 생산활동으로 간주될 수 있다. 그러나 재화를 기부하는 행위는 생산활동이 될 수 없다.

25 다음은 누구에 대한 설명인가?

> 영국의 경제학자로 보이지 않는 손에 의한 경제의 자가조정기능을 부정하고 단기적인 관점에서만 경제를 바라보는 것에 대한 비판에 대해, "장기에는 우리 모두는 죽는다(In the long-run, we are all dead)"라고 언급한 것으로도 유명하다. 그의 대표적인 저서로는 「고용·이자 및 화폐의 일반이론」이 있다.

① 존 메이너드 케인즈　　　　　　　② 밀턴 프리드먼
③ 알프레드 마샬　　　　　　　　　　④ 칼 마르크스
⑤ 아담 스미스

26 다음은 누구에 대한 설명인가?

> 미국의 대표적인 경제학자로 신케인즈주의자이자 정치적으로는 진보주의자이다. 대표적인 저서로는 「경제학의 향연」, 「우울한 경제학자의 유쾌한 에세이」, 「미래를 말하다」 등이 있다. 국제무역이론에서 기존의 비교우위론을 뛰어넘는 신무역이론을 제시하였고, 약 10년 전의 아시아 외환위기 및 월가발(發) 금융위기 등을 정확히 예언해 화제가 되기도 하였다

① 존 메이너드 케인즈　　　　　　　② 폴 크루그먼
③ 니얼 퍼거슨　　　　　　　　　　　④ 엘리노어 오스트롬
⑤ 어빙 피셔

27 무차별곡선에 대한 다음 설명 중 가장 옳지 않은 것은?

① 일반적으로 원점에 대해 볼록한 형태를 갖는다.
② 두 재화간의 대체가 어려울수록 경사가 완만하게 볼록하다.
③ 두 재화간의 한계대체율이 일정한 경우 무차별곡선은 직선이다.
④ 무차별곡선들은 서로 교차하지 않는다.
⑤ 무차별곡선상의 모든 상품묶음은 소비자에게 동일한 만족을 준다.

Answer　　25.① 26.② 27.②

25 존 메이너드 케인즈(John Maynard Keynes, 1883년 6월 5일~1946년 4월 21일)는 영국의 경제학자이다. 케인즈는 정부의 재량적인 정책에 의한 유효수요의 증가를 강조하였다.

26 폴 크루그먼은 미국의 경제학자이자 저널리스트로 오바마 대통령의 친 기업적 행보를 강하게 비판하여 화제가 되기도 하였다.

27 두 재화간의 대체가능성이 클수록 무차별곡선은 직선에 가까운 형태가 된다.

28 다음은 누구에 대한 설명인가?

영국의 경제학자로 대표적인 저서에는 「인구론」이 있다. 인구는 기하급수적으로 증가하나 식량은 산술급수적으로 증가하므로 인구와 식량사이의 불균형이 필연적으로 발생할 수 밖에 없다고 하였다.

① 존 메이너드 케인즈   ② 데이비드 리카도
③ 토마스 로버트 맬서스   ④ 밀턴 프리드먼
⑤ 어빙 피셔

29 가산금리란 무엇인가?

① 기준금리에 덧붙이는 위험가중 금리를 말한다.
② 금융기관간 대출하는 금리를 말한다.
③ 정부에서 특정 이율을 보조하는 금리를 말한다.
④ 은행이 개인에게 지급하는 금리에 플러스 알파를 하는 금리를 말한다.
⑤ 국가 간에 이용되는 금리를 말한다.

30 정부세원 중 간접세에 속하는 것은 무엇인가?

① 소득세   ② 종합부동산세
③ 법인세   ④ 부가가치세
⑤ 재산세

Answer   28.③   29.①   30.④

28 토머스 맬서스는 영국의 인구통계학자이자 경제학자로, 저서 〈인구론〉에서 인구는 기하급수적으로, 식량은 산술급수적으로 증가한다는 이론을 폈다.

29 가산금리란 대출금리를 정할 때 기준금리에 플러스하는 것으로 위험가중 금리를 말한다. 스프레드(spread)라고도 한다.

30 간접세는 납세의무자와 담세자가 일치하지 않을 것으로 예상되는 조세로 부가가치세와 개별소비세, 주세, 인지세, 증권거래세가 있다.

31 의도하지 않은 혜택이나 손해를 미치면서도 이에 대한 보상이 이루어지지 않는 것을 무엇이라고 하는가?

① 외부성
② 공공성
③ 경제성
④ 내부성
⑤ 비보상성

32 기업의 재정상태나 경영실적을 실제보다 부풀려 계산하여 이익을 과장한 회계를 무엇이라 하는가?

① 역회계
② 분식회계
③ 원가회계
④ 대손회계
⑤ 연결회계

33 수평적 공평성과 가장 관련이 깊은 것은?

① 경제적 능력이 큰 사람이 보다 많은 세금을 납부하는 것이 공평하다.
② J. S. Mill의 균등희생원칙과 관련이 있다.
③ 동일한 경제능력 보유 시 동일한 크기의 조세를 부담하도록 해야 한다.
④ 조세는 누진적으로 설정되어야 한다.
⑤ 능력원칙에 따라 수직적 공평성과 수평적 공평성으로 나뉜다.

Answer   31.① 32.② 33.③

31 외부성은 유리한 영향을 미치는 외부경제와 불리한 영향을 미치는 외부불경제로 나눌 수 있으며 외부성의 발생은 자원배분의 비효율성을 초래할 수 있다.

32 분식회계는 일반적으로 주주와 채권자들의 올바른 판단을 해치는 것으로 우리나라의 대표적인 예로 대우그룹, 효성그룹, SK그룹 등이 있었다.

33 ①②④는 수직적 공평성에 관한 설명이고 ⑤는 공평성을 편익원칙과 능력원칙으로 구분하고 능력원칙을 다시 수평적 공평성과 수직적 공평성으로 나눈다는 사실을 서술한 것으로 수평적 공평성과 관련이 없다.

34 우리나라 조세에 대한 설명으로 옳지 않은 것은?

① 우리나라는 국세의 비중이 지방세보다 크다.
② 재산세는 지방세이다.
③ 정부의 세입 중 가장 규모가 큰 것은 부가가치세이다.
④ 소득세는 물세이다.
⑤ 부가가치세는 간접세이다.

35 다음 중 현시선호이론에 관한 설명으로 옳지 않은 것은?

① 약공리는 소비행위의 일관성을 의미한다.
② 약공리는 직접현시선호로부터 도출된다.
③ 현시선호이론의 최소한의 필요가정은 강공리이다.
④ 강공리는 이행성을 의미한다.
⑤ 강공리는 간접현시선호로부터 도출된다.

36 당첨확률이 90%, 당첨금이 1억 원, 가격이 8천만 원인 복권이 있을 때 소비자의 선택에 대한 설명 중 맞는 것은?

① 위험중립적 소비자는 이 복권을 구입한다.
② 위험기피적 소비자는 이 복권을 구입하지 않는다.
③ 위험선호적 소비자는 이 복권을 구입하지 않는다.
④ 위험선호적인지 위험기피적인지에 상관없이 소비자는 이 복권을 구입한다.
⑤ 위험선호적인지 위험기피적인지에 상관없이 불분명하다.

❀ Answer　　34.④　35.③　36.①

34 조세의 구분은 다양하나 그 중 인세와 물세로 구분하기도 한다. 인세는 납세자의 개인적인 부담능력을 고려하여 부과하는 조세이고 물세는 납세자의 개인적 부담능력과 관계없이 재화의 거래, 재산의 보유 등에 부과하는 조세이다. 소득세는 인세에 해당하며 이밖에도 상속세, 증여세, 주민세 등이 있다.

35 현시선호이론의 최소한의 필요가정은 약공리이다.

36 기대수익이 영보다 큰 유리한 복권의 경우 위험기피적인 소비자의 복권구입여부는 위험기피자의 위험기피의 정도에 따라 달라지므로 불확실하다.

37 다음의 설명을 기초하여 공공재를 정의할 때 공공재끼리 바르게 연결된 것을 고르면?

> • 공공재 : 비경합성, 비배제성
> • 비경합성 : 다수의 사람이 경합하지 않고 동시 소비할 수 있는 것
> • 비배제성 : 가격을 지불하지 않는다고 하더라도 소비에서 배제되지 않는 것

① 일기예보와 교육   ② 국방과 일기예보

③ 교육과 군용자동차   ④ 등대와 라면

⑤ 군용자동차와 과자

38 유동자산은 일반적으로 기업이 (　　) 또는 정상영업주기 이내에 현금화할 수 있는 자산을 의미한다. (　　) 안에 들어갈 기간은 얼마인가?

① 3개월   ② 6개월

③ 1년   ④ 2년

⑤ 3년

✿ Answer　37.②　38.③

37 ① 교육 : 비경합성과 비배제성으로 공공재를 정의할 때 개인의 소비차원의 교육이 이러한 성격을 갖지 않고 공교육의 경우에도 모두가 함께 사용하는 것은 어느 정도 부정적 영향을 미치기 때문이다.
③④⑤ 군용자동차, 라면, 과자 : 다른 사람이 소비하는 경우 다른 사람의 소비가 제한되므로 경합성과 배제성을 모두 갖는다.

38 유동자산(K-IFRS 기준)
㉠ 기업의 정상영업주기 내에 실현될 것으로 예상하거나, 정상영업주기 내에 판매하거나 소비할 의도가 있는 경우
㉡ 주로 단기매매 목적으로 보유하고 있는 경우
㉢ 보고기간 후 12개월 이내에 실현될 것으로 예상하는 경우
㉣ 현금이나 현금성자산으로서, 교환이나 부채 상환 목적으로의 사용에 대한 제한 기간이 보고기간 후 12개월 이상이 아닌 경우
㉤ 그 밖의 모든 자산은 비유동자산으로 분류함

39 다음 중 화폐의 기능이 아닌 것은?

① 교환의 매개
② 신용평가
③ 회계의 기본단위
④ 가치의 저장
⑤ 장래지불의 표준

40 기업이 자금을 조달하는 방식 중 직접금융방식으로 옳지 않은 것은?

① 주식공모
② 회사채발행
③ 주주의 자본납입
④ 외국인 직접투자
⑤ 은행에서 차입하는 방식

41 아래에 제시된 자료에서 밑줄 친 변화로 인해 나타나게 되는 경제 현상으로 옳은 것을 고르면?

> S마을 사람들은 커피와 치즈 케이크를 꼭 함께 먹는다. 최근 커피 원두 가격이 상승하여 커피의 가격이 상승했다. 단, 위 재화는 모두 수요의 법칙을 따른다.

① 커피의 수요량이 증가한다.
② 커피의 공급 곡선이 우측으로 이동한다.
③ 치즈 케이크의 가격이 상승한다.
④ 치즈 케이크의 수요량이 증가한다.
⑤ 치즈 케이크의 수요 곡선이 좌측으로 이동한다.

Answer   39.② 40.⑤ 41.⑤

39 ② 신용평가는 신용평가기관이 하는 일로 화폐의 기능과는 거리가 멀다.

40 금융기관이 자신의 신용으로 자금을 불특정 다수로부터 조달하여 공급하는 것으로 간접금융방식이다.

41 S마을 사람들에게 커피와 치즈 케이크는 보완 관계에 있다. 커피 원두 가격의 상승으로 커피의 공급이 감소하여 커피 가격이 상승하고 커피의 수요량이 감소하므로, 보완재인 치즈 케이크의 수요가 감소하고 치즈 케이크의 가격은 하락하게 된다.

42 연 이자율이 10%일 경우 현재의 100원과 1년 후의 110원 중 어느 것이 더 높은 가치를 가지는가?(단, 개인적인 선호는 감안하지 않는다)

① 현재의 100원

② 1년 후의 110원

③ 동일하다.

④ 주어진 정보로는 두 시점의 가치를 비교하기 어렵다.

⑤ 현재의 100원이 더 높을 수도 있고, 1년 후의 110원이 더 높을 수도 있다.

43 기회비용(opportunity cost)의 개념으로 옳은 것은?

① 기회의 공평함을 주장함으로써 발생하는 비용이다.

② 자유주의 시장경제체제 하에서만 존재한다.

③ 개인의 이익과 사회의 이익이 서로 대치됨을 보여준다.

④ 어떤 한 선택을 함으로써 다른 무언가를 포기해야 함을 의미한다.

⑤ 선택의 옳고 그름을 판단하는 지표이다.

44 역선택에 관련된 설명으로 옳은 것은?

① 소비자의 소득이 증가할수록 수요가 감소하는 재화가 있다.

② 화재보험에 가입한 건물주가 화재예방에 소홀히 한다.

③ 환경보호운동에 참여하지 않아도 그 운동효과를 볼 수 있다.

④ 다칠 위험이 높을 사람일수록 상해보험에 가입할 가능성이 크다.

⑤ 경제행위를 함에 있어서 선택의 역효과를 나타내는 용어이다.

⁂ Answer   42.③   43.④   44.④

42 문제에서 개인적 선호를 감안하지 않는다는 것을 생각하여 보면 연 이자율 10%를 적용하면 현재의 100원이 1년 후 110원이 되므로 가치는 같다. 만약 개인적 선호를 고려한다면 다른 선택의 결과로 110원보다 높은 가치를 지닐 수 있음을 주의한다.

43 ④ 기회원가라고도 하며 기회비용은 어떤 선택을 하든지 간에 발생하며 선택의 옳고 그름의 가치적 판단과는 관련이 없다.

44 ① 열등재에 관련된 설명이다.
② 도덕적 해이에 대한 설명이다.
③ 무임승차에 대한 설명이다.
⑤ 선택의 역효과에 관한 용어가 아닌 정보의 불균형으로 인해 제대로 된 선택이 아닌 역선택을 하게 된다는 내용이다.

45 도덕적 해이(moral hazard)의 예로서 가장 적절한 것은?

① 화재보험에 가입한 후에는 화재예방의 노력을 줄인다.

② 환경보호운동에 참여하지 않더라도 그 운동의 효과를 누릴 수 있다.

③ 암보험에는 암에 걸릴 확률이 높은 사람이 가입하는 경향이 있다.

④ 노동자는 실업기간이 길어지면 구직을 위한 노력을 포기한다.

⑤ 젊은 직장인들이 직장의료보험에 가입하지 않는 것은 도덕적 해이에 해당한다.

46 콜 금리에 대한 설명으로 옳지 않은 것은?

① 콜 금리는 금융기관 간 단기자금의 금리를 말한다.

② 콜 금리가 낮아질수록 채권가격은 상승한다.

③ 콜 금리가 내려갈수록 은행의 이자율을 목적으로 예치된 통화량이 감소한다.

④ 부동산시장은 콜 금리와 관련이 없다.

⑤ 콜 금리의 상승은 주식시장에서 은행으로 자금이 유입될 수 있다.

47 저량변수(Stock)로 옳지 않은 것은?

① 통화량　　　　　　　　　　② 국부

③ 외환보유고　　　　　　　　④ 자본량

⑤ 국제수지

Answer　　45.①　46.④　47.⑤

45 도덕적 해이 … 정보의 비대칭성에 의해 최선의 경제적 행위를 하지 않는 상황으로 보험가입(계약체결) 이후에 보험가입자가 보여주는 나태한 태도 등을 예로 들 수 있다.

※ **역선택과의 구분** … 행위시점을 기준으로 구분할 수 있는데 역선택은 계약 당시에 안 좋은 행동을 감추는 것이라면 도덕적 해이는 계약 기간의 실행 중 안 좋은 행동을 몰래 한다. 즉, 도덕적 해이는 숨겨진 '행동'에 관한 것이며 역선택은 숨겨진 '특성'에 관한 것이다.

46 콜 금리는 한국은행이 조절하는 금융기관 간 단기자금의 금리로 중앙은행은 콜 금리를 조정하여 시중 이자율을 조정하고 이자율의 조정을 통해 시장을 통제한다. 따라서 콜 금리를 낮추어 은행 예금자 이자율이 낮아 은행에서 주식시장이나 부동산시장으로 자금이 흘러갈 수 있다.

47 저량변수는 일정시점에 측정되는 것으로 통화량, 노동량, 자본량, 국부, 외환보유고 등이 있다. 이에 반해 유량변수는 일정기간에 걸쳐 측정되는 것을 말한다.

48 국세청이 발행한 2008 국세통계연보에서 상위 20%의 근로자가 하위 20%의 근로자보다 4.8배 많은 임금을 받은 것으로 나타났다. 이는 근로간의 임금격차가 상당히 높은 수준으로 소득의 불균형도를 나타내는 지표로 인용되기도 하나 좀 더 정확하고 포괄적인 지표로 누적 소득분포를 이용하여 소득분배 불균형을 측정하는 기준으로 널리 사용되는 지수가 있다. 이는 무엇인가?

① 피셔지수   ② 지니지수
③ 파레토지수   ④ 솔로우지수
⑤ 허핀달지수

49 기회비용의 예로 옳지 않은 것은?

① 민재가 여자친구와 영화를 본다면 공부를 할 수 없다.
② 정부가 군비를 감축시킨다면 실업자구제에 사용할 재원이 증가될 수 있다.
③ 현지는 용돈으로 치마와 모자를 샀다.
④ 대학교육비는 등록금뿐 아니라 대학교육을 받는 동안에 얻을 수 있었던 소득도 포함된다.
⑤ 골프장을 많이 만들면 농지의 면적이 줄어든다.

50 구성의 오류(Fallacy of composition)란 무엇인가?

① 어떤 원리가 부분적으로 성립한다 하더라도 전체적으로 성립하지 않을 수 있음을 의미한다.
② 귀납법을 사용할 때 발생하는 오류이다.
③ '까마귀 날자 배 떨어진다.'라는 속담과 관련이 있다.
④ 절약의 역설과는 관련이 없다.
⑤ 내생변수와 외생변수의 설정오류를 통해 발생하는 오류이다.

Answer   48.②   49.③   50.①

48 지니계수 … 소득이 어느 정도 균등하게 분배되는가를 나타내는 소득분배의 불균형 수치를 말하며, 이탈리아의 인구학자·통계학자·사회학자인 지니가 소득분포에 관해 제시한 통계적 법칙인 지니의 법칙에서 나온 개념이다. 빈부격차와 계층 간 소득분포의 불균형 정도를 나타내는 수치로, 소득이 어느 정도 균등하게 분배되어 있는지를 평가하는 데 주로 이용된다. 근로소득·사업소득의 정도는 물론, 부동산·금융자산 등의 자산 분배 정도도 파악할 수 있다.

49 ③ 기회비용은 어떤 한 선택을 할 때 포기하는 것을 의미하는 것인데 보기의 내용은 단순한 사실을 나타낸 것이다.

50 ②③은 인과의 오류에 관련된 설명이며 구성의 오류는 연역법 사용시에 발생하며 절약의 역설과 가수요가 이에 해당한다.

51 수확체감의 법칙이 작용하고 있을 때 가변생산요소의 투입이 한 단위 더 증가하면?

① 총생산물은 반드시 감소한다.
② 평균생산물은 반드시 감소하지만 총생산물은 증가할 수도 있고 감소할 수도 있다.
③ 한계생산물은 반드시 감소하지만 총생산물과 평균생산물은 반드시 증가한다.
④ 한계생산물은 반드시 감소하지만 총생산물과 평균생산물은 증가할 수도 있고 감소할 수도 있다.
⑤ 한계생산물이 마이너스가 된다.

52 유량변수(flow)에 해당하지 않는 것은?

① 외채　　　　　　　　　② 국제수지
③ 수요　　　　　　　　　④ 국민소득
⑤ 수입

53 다음과 같은 소비형태를 무엇이라 하는가?

> 민수는 외국에서 직접 생산된 L청바지를 직접 인터넷으로 구매한다. 그런데 최근에 민수가 즐겨입던 청바지가 국내에 수입되어 많은 인기를 얻어 L청바지를 입고 다니는 사람들이 많아졌다. 민수는 그 이후로 L청바지를 입지 않는다.

① 전시효과　　　　　　　② 베블렌효과
③ Gossen의 법칙　　　　　④ BandWagon Effect
⑤ Snob Effect

Answer　51.④　52.①　53.⑤

51 수확체감구간에서는 한계생산물은 반드시 감소하지만 총생산물과 평균생산물은 증가할 수도 있고 감소할 수도 있다.

52 유량변수는 일정기간을 명시해야 측정할 수 있는 변수로 국민소득, 수출, 수입, 투자 등이 있다. 외채는 외환보유고나 국부와 같이 저량변수에 속한다.

53 백로효과(Snob Effect) … 속물효과라고도 불리는 것으로 밴드왜건 효과와 상반되는 것이다. 다른 사람이 기존에 자신이 하던 소비를 많이 하게 됨에 따라 자신의 소비를 줄이게 되는 효과를 말한다. 즉, 한 개인이 타인과 거리를 두고 배타적이면서도 차별적인 소비를 추구하는 명품소비로 대변되는 과시적 소비를 뜻한다.

54 기펜재(Giffen goods)에 대한 설명으로 옳은 것은?

① 왼손장갑과 오른손장갑의 관계가 존재하여야 한다.

② 모든 기펜재는 열등재이다.

③ 대체효과가 소득효과보다 더 큰 재화이다.

④ 그 재화가 정상재이어야 한다.

⑤ 가격이 하락할 때 구입량이 증가하는 재화를 말한다.

55 다음 설명 중 가장 옳은 것은?

① 증권회사는 일반은행과 달리 예금상품을 판매할 수 없다.

② 시장의 금리를 결정하는 과정에서 정부는 관여하지 않는다.

③ 경제가 성장할수록 소득창출 과정에서 금융부문이 차지하는 비중은 점차 확대된다.

④ 사회주의 경제에서 자본은 중요하지 않다.

⑤ 기업이 외부에서 자금을 조달하는 경로는 주식과 채권뿐이다.

56 기업의 생산활동과 생산비용에 대한 설명으로 옳지 않은 것은?

① 평균비용이 증가할 때 한계비용은 평균비용보다 작다.

② 단기에 기업의 총비용은 총고정비용과 총가변비용으로 구분된다.

③ 낮은 생산수준에서 평균비용의 감소추세는 주로 급격한 평균고정비용의 감소에 기인한다.

④ 완전경쟁기업의 경우, 단기에 평균가변비용이 최저가 되는 생산량이 생산중단점이 된다.

⑤ 장기평균비용곡선과 단기평균비용곡선이 일치하는 생산량 수준에서 장기한계비용곡선은 단기한계비용곡선과 만난다.

Answer   54.② 55.③ 56.①

54 기펜재 … 열등재 중에서 열등성이 매우 커서 소득효과가 대체효과의 절댓값을 초월하는 경우를 기펜의 역설 (Giffen's paradox)이라 하며 이것이 성립할 만큼 열등성이 큰 재화를 기펜재(Giffen's goods)라고 한다. 이러한 기펜재는 소득효과(실질소득의 변화로 인한 수요량의 변동)가 대체효과(상대가격의 변화로 인한 수요량의 변동) 보다 더 커서 가격 하락에 따라 오히려 수요량이 감소하여 수요의 법칙에 정면으로 위배된다고 할 수 있다.

55 ① 2008년 전까지 증권회사는 예금상품을 판매할 수 없었으나 2009년부터는 가능해졌다.
② 정부는 재할인율을 통해 시장금리를 조정한다.
④ 사회주의 경제에서도 자본은 중요하다.
⑤ 주식과 채권 이외에도 은행차입, 정책자금 등의 자금조달이 가능하다.

56 평균비용이 증가할 때 한계비용은 평균비용보다 크다.

57 가격차별이 성립하기 위한 조건이 아닌 것은?

① 시장 간 수요자가 쉽게 구분되어야 한다.

② 시장 간 상품의 재판매가 불가능하여야 한다.

③ 시장 간 수요의 가격탄력성이 달라야 한다.

④ 시장수요자가 시장지배력이 있어야 한다.

⑤ 시장분리에 소요되는 비용보다 시장분리를 함으로써 얻게 되는 수입증가분이 더 커야 한다.

58 독점시장에 대한 진입장벽이라고 볼 수 없는 것은?

① 규모의 경제

② 정부의 규제

③ 특허제도

④ 수출보조금제도

⑤ 정부허가제

59 로렌츠곡선(Lorenz curve)에 대한 설명으로 적합하지 않은 것은?

① 이 곡선이 대각선에 가까울수록 더욱 평등한 분배를 뜻한다.

② 균등한 분배가 바로 평등한 분배라고 암묵적으로 전제한다.

③ 두 로렌츠곡선이 교차할 경우 어느 쪽이 더 평등한지 판단할 수 없다.

④ 로렌츠곡선이 완전대각선일 때 앳킨슨지수는 영이 된다.

⑤ 소득분배에 관한 가치판단이 내포되어 있다.

Answer　　57.④　58.④　59.⑤

57 가격차별(Price Discrimination) … 독점기업이 독점이윤을 극대화하기 위해 소비자그룹별로 다른 가격을 부과하는 것이다.
　　※ 가격차별의 조건
　　　　㉠ 소비자를 그룹별로 분리하여야 한다.
　　　　㉡ 그룹간 전매가 불가능하다.
　　　　㉢ 시장공급자(기업)가 시장지배력이 있어야 한다.
　　　　㉣ 각 시장에서 수요의 가격탄력성이 서로 달라야 한다.
　　　　㉤ 시장분리에 소요되는 비용보다 시장분리를 함으로써 얻게 되는 수입증가분이 더 커야 한다.

58 ①②③⑤ 독점시장에 대한 진입장벽에 해당된다.
　　④ 특정 산업에 대하여 수출보조금을 지급하게 되면 수익성이 높아지므로 그 산업으로의 진입이 촉진될 것이다.

59 로렌츠곡선은 가치판단을 고려하지 않는 상태에서 이루어진 것으로 대각선에서 멀어질수록 불평등도가 높아진다.

60 최근 휴일근무, 잔업처리 등 일정량 이상의 노동을 기피하는 풍조가 사회적으로 확산되고 있다. 이러한 현상에 대한 분석도구로 잘 사용될 수 있는 것은?

① 화폐적 환상
② 노동수요독점
③ 규모의 경제
④ 후방굴절 노동공급곡선
⑤ 범위의 경제

61 이윤에 대한 다음 설명 중 옳지 않은 것은?

① Marx에 의하면 이윤은 잉여가치의 일부이다.
② 경제학에서 정상이윤은 일반적으로 비용이 포함된 것으로 간주한다.
③ 경제학에서 이윤은 총수입에서 명시적 비용뿐만 아니라 묵시적 비용도 빼고 남은 것이다.
④ 이윤을 기업가의 혁신에 대한 보수라고 설명한 사람은 Kuznets이다.
⑤ 정상이윤은 기업가가 생산을 지속할 수 있도록 하기 위한 최소한의 이윤을 말한다.

62 일반적으로 호황 끝에는 소비재가격이 등귀하게 되어 실질임금이 저하되기 때문에 기업은 상대적으로 싼 노동력을 더 수요하고 기계나 시설과 같은 자본재의 이용도를 줄이게 되는데, 이것은 다음 중 어느 것과 관계가 깊은가?

① 필립스곡선
② 리카도효과
③ 오쿤효과
④ 피구효과
⑤ 피셔효과

Answer   60.④   61.④   62.②

60 후방굴절 노동공급곡선은 일정수준의 임금 이상에서는 임금이 상승하더라도 노동공급은 오히려 감소하는 경우를 나타낸 것이다. 즉, 임금이 상승하면 소득효과에 따라 실질 소득이 증가하여 열등재인 노동은 줄이고 정상재인 여가는 늘리게 되는 것이다.

61 ④ 이윤을 기업가의 혁신에 대한 보수라고 설명한 사람은 슘페터(J. Schumpeter)이다.

62 실질임금이 하락하면 자본재를 노동력으로 대체하고 실질임금이 상승하면 노동력을 자본재로 대체하는 것을 리카도효과라고 한다.

63 '절약의 역설(paradox of thrift)'에 의하면 저축이 증가할수록 소득이 감소한다. 그러나 우리나라에서는 저축을 미덕으로 생각할 뿐 아니라 정부는 성장을 높이기 위해 저축을 열심히 해야 한다고 국민적 저축캠페인을 전개하고 있다. 다음 설명 중 옳은 것은?

① 균형재정 하에서 '절약의 역설'은 성립하지 않는다.

② '절약의 역설'은 케인즈가 설정한 가설 하에서만 성립한다.

③ '절약의 역설'은 미국과 같이 경제 내에서 해외부분이 국민경제에서 차지하는 비중이 아주 작은 나라에서는 성립하지만, 우리 경제와 같이 해외부문이 국민경제에서 차지하는 비중이 클 경우에는 성립하지 않는다.

④ '절약의 역설'은 개인들이 저축을 많이 할수록 국가 전체의 저축도 증가한다는 것을 설명한다.

⑤ 일본의 잃어버린 10년의 경제상황에 적용할 수 있다.

64 완전경쟁시장에서 개별기업의 장기이윤이 0인 이유는?

① 이윤극대화를 하지 않기 때문이다.

② 비용극소화를 하지 않기 때문이다.

③ 진입과 탈퇴가 자유롭기 때문이다.

④ 효용극대화를 하지 않기 때문이다.

⑤ 기업 간 가격경쟁이 치열하기 때문이다.

Answer 63.⑤ 64.③

63 절약의 역설(paradox of thrift) … 케인즈는 사람들이 저축을 더 많이 하면 할수록 국가 전체로서는 반드시 저축이 증가하지는 않는다고 지적하였다. 즉, 가계가 미래소득을 증가시키는 방법은 장래소비를 더욱 증대시키기 위하여 현재소비의 일부를 저축하는 것이다. 가계가 저축하는 가장 근본적인 동기는 생산자원을 더 많이 축적시켜 미래소득을 증대시키려는 것이다. 개별가계의 입장에서는 저축이 효용극대화의 목표를 달성시키는 데 효과적인 방법이다. 그렇지만 저축의 증가는 현재소비의 감소에서 나오기 때문에 저축의 증가는 가계의 지출을 같은 크기만큼 감소시킨다. 기업의 투자지출은 가계의 저축결정과 독립적으로 결정되므로 당기에 저축의 증가는 투자수준에 영향을 미치지 못한다. 따라서 경제에서 저축된 양은 기업들이 투자하려는 양보다 더 크며, 초과저축이 발생하게 된다. 따라서 총수요가 감소하고 이에 상응하는 총공급이 감소하여 고용과 가계의 소득이 낮아진다.

64 완전경쟁시장에서 개별기업의 장기이윤이 0인 이유는 진입과 탈퇴가 자유롭기 때문이다.

65 주식에 대한 설명으로 옳지 않은 것은?

① 주식 1주의 금액은 100원 이상이어야 한다.
② 주식은 은행의 예금이나 채권에 비해 위험이 높은 투자 대상이다.
③ 주주의 권리는 배당청구권, 의결권 등이 있다.
④ 주식 매입으로 얻을 수 있는 수익은 시세차익과 이자수입이다.
⑤ 주식 투자자의 지위는 주주이다.

66 코스닥시장의 특징으로 옳지 않은 것은?

① 투자자의 자기책임원칙이 중요시되는 시장이다.
② 한국거래소에 소속된 시장 중 하나이다.
③ 유가증권시장과 경쟁적인 관계에 있는 시장이다.
④ 증권회사의 책임이 덜한 시장이다.
⑤ 성장기업 중심의 시장이다.

67 리스에 대한 설명으로 옳지 않은 것은?

① 리스는 금융리스와 운용리스로 구별된다.
② 리스는 거액의 자금없이도 필요한 기계를 구입할 수 있어 설비투자를 원활하게 해준다.
③ 리스는 사용료의 징수를 조건으로 타인에 이용 또는 점유를 허용하는 계약이다.
④ 금융리스는 비교적 장기이며 원칙적으로 중도해약을 할 수 없다.
⑤ 운용리스는 기간이 비교적 단기이며 중도해약을 할 수 없다.

Answer   65.④   66.④   67.⑤

65 주식 매입으로 얻을 수 있는 수익은 시세차익과 배당으로 이자수입은 채권 투자를 통해 수익을 얻을 수 있는 방법이다.

66 코스닥시장은 유가증권시장의 상장기준에 비해 완화된 수준으로 우량종목 발굴에 대한 증권회사의 선별기능이 중요하다.

67 리스는 금융리스(financial lease)와 운용리스(operating lease)로 구별되며 금융리스는 일종의 선물융자로서 대여한 이후에 보수와 운영 등에 관여하지 않고 리스기간이 장기이며 중도해약이 원칙적으로 인정되지 않는다. 반면에 운용리스는 대여 후에 계속 운영수선 등을 하며 그 기간은 비교적 단기이고 사전통지 후에 계약을 중도해약 할 수 있다.

68 주가지수 선물시장의 개설 후 거래소가 도입한 프로그램 매매호가 관리제도를 말한다. 이 제도는 선물시장이 급변할 경우 발생될 수 있는 현물시장에 대한 영향을 최소화함으로써 현물시장을 안정적으로 운영하는데 목적을 두고 있다. 선물가격이 전일종가 대비 5% 이상 변동하여 1분간 지속되는 경우 당해 시점부터 프로그램매매호가의 효력이 5분간 정지되며 5분 경과 후 매매체결이 재개된다. 여기서 말하는 이 제도는 무엇인가?

① 사진장세   ② 사이드 카
③ 시장 안정망   ④ 써킷 브레이커스
⑤ 어닝 쇼크

69 다음 재화 가운데 수요의 교차탄력성이 음수인 것은?

① 쌀과 밀가루   ② 돼지고기와 소고기
③ 커피와 커피프림   ④ 연필과 라면
⑤ 햄버거와 피자

70 생산에 따르는 규모의 경제에 대한 설명으로 옳지 않은 것은?

① M&A의 시너지 효과는 규모의 경제와 관련있다.
② 생산물이 증가함에 따라 단위당 비용이 하락한다.
③ 정부는 경쟁시장을 유도하기 위하여 독점기업을 소규모 기업체로 분할시켜야 한다.
④ 생산기술에 규모의 경제가 있어도 완전경쟁체제가 성립할 수 있다.
⑤ 규모의 경제가 생기면 자연독점이 발생한다.

✿ Answer   68.②   69.③   70.④

68 사이드 카(Side car)는 선물가격이 전일 종가 대비 5% 이상 변종하는 경우(코스닥은 6%) 1일 중 1회에 한하여 발동되며 후 장 종료 40분전(14시 20분) 이후에는 발동되지 않는다. 거래소시장에서는 전일 지수대비 10% 이상 하락시 써킷 브레이커(Circuit breakers)가 걸린다.

69 ③ 수요의 교차탄력성이 양수 또는 음수인가 하는 것은 2개의 재화가 대체재 관계인지 보완재 관계인지에 따라 결정된다(보완재는 음수, 대체재는 양수). 커피가격의 하락으로 커피수요가 증가하면 커피프림의 수요 역시 증가하는 보완재관계이므로 교차탄력성은 음수(−)이다.
※ 수요의 교차탄력성(cross elasticity of demand) … 어떤 재화의 수요가 관련 재화의 가격 변화에 반응하는 정도를 측정하는 척도로 다음과 같이 정의할 수 있다.

Y재의 X재에 대한 수요의 교차탄력성 $= \dfrac{\text{Y재 수요량변화율}}{\text{X재 가격변화율}}$

70 규모의 경제는 생산규모가 커짐에 따라서 평균비용이 점차 감소하는 것을 의미한다. 또한 규모의 경제에 있게 되면 자연독점이 발생한다.

71 범위의 경제와 관련된 설명으로 옳지 않은 것은?

① 규모의 경제가 발생하면 범위의 경제는 발생하지 않는다.

② 기업의 다각화에 대한 이론적 근거로 이용될 수 있다.

③ 방카슈랑스는 범위의 경제의 한 예이다.

④ FMS(유연생산시스템)과 관련 있다.

⑤ 유휴생산설비의 감소와 생산성 향상을 가져올 수 있다.

72 ㈜ 이모네에서는 팝콘 포장 작업에 노동자를 대신할 로봇의 도입을 검토하고 있다. 로봇의 도입이 기존에 포장을 담당하던 노동자들의 임금과 고용량에 미칠 영향은?

① 임금 상승, 고용량 증가

② 임금 상승, 고용량 감소

③ 임금 하락, 고용량 증가

④ 임금 하락, 고용량 감소

⑤ 임금 불변, 고용량 증가

Answer   71.①   72.④

71 범위의 경제와 규모의 경제는 서로 무관한 개념으로 규모의 경제가 발생하여도 범위의 경제가 발생할 수 있다.

72 로봇의 도입은 포장을 담당하는 노동자에 대한 수요곡선을 왼쪽 아래로 이동시키므로, 균형 임금 수준은 하락하고 균형 고용량은 감소한다.

73 가치의 역설이란 무엇인가?

① 사용가치가 높은 물의 교환가치는 낮고, 사용가치가 낮은 다이아몬드의 교환가치는 높은 현상을 말한다.

② 가격이 비싼 재화일수록 더 잘 팔린다는 현상을 말한다.

③ 재화의 가격은 총효용에 의해 결정된다.

④ 가격은 교환가치가 아닌 사용가치에 의해 결정된다.

⑤ 한계효용체증의 법칙과 관련이 있다.

74 효율성 임금이론은 균형임금보다 높은 효율성 임금이 오히려 역선택과 도덕적 해이를 감소시키므로 기업에게 생산성 향상의 도움을 준다는 이론이다. 이에 대한 설명으로 옳지 않은 것은?

① 기업은 자발적으로 균형임금보다 높은 임금을 지불한다.

② 기업이 근로자들의 이직을 원하지 않는 경우에 보다 높은 임금을 지급하는 것이 이에 해당한다.

③ 노동시장에 어느 정도의 실업이 존재하는 이유가 될 수 있다.

④ 노동시장에 노동이 초과공급상태에 있을 때는 높은 임금을 지불하는 것이 기업에게 불리하다는 의미를 함축하고 있다.

⑤ 근로자의 장기적인 업무안정성을 유지할 수 있는 요인이 될 수 있다.

Answer   73.①   74.④

73 가치의 역설은 가격이 사용가치가 아닌 교환가치에 의해 결정됨을 의미하는 것으로 물의 경우 소비량이 많기 때문에 한계효용이 낮으므로 가격이 낮다. 가격은 총효용이 아닌 한계효용과 관계가 있다.

74 전통적인 임금이론은 근로자의 임금은 근로자의 생산성에 따라 결정된다고 보았지만 효율성 임금이론에서는 이와는 반대로 임금의 크기가 근로자의 생산성을 결정한다고 보았다. 즉, 효율성 임금이론은 근로자의 임금이 높으면 이직률이 감소하고 직장의 유지를 위해 열심히 일하므로 역선택과 도덕적 해이를 감소시켜 자연히 생산성도 증가한다고 보았다.

75 금융상품에 관한 설명으로 옳지 않은 것은?

① 채권은 정해진 만기가 있으므로 중간에 매각하는 경우에는 손실이 발생한다.

② 기업이 발행한 회사채의 이자율이 정부가 발행한 국채의 이자율보다 높다.

③ 다양한 종류의 금융상품에 분산 투자함으로써 투자위험을 줄일 수 있다.

④ 주식은 기업의 입장에서는 장기자금조달의 역할을 담당한다.

⑤ 주식은 국채에 비해 투자위험이 크다.

76 인플레이션의 영향에 대한 설명으로 올바르지 않은 것은?

① 가계의 실질구매력을 감소시킨다.

② 개인의 현금보유 비용을 감소시킨다.

③ 국제수지에 악영향을 준다.

④ 완만한 인플레이션은 경기가 활성화되는데 도움을 줄 수 있다.

⑤ 채무자에게 유리하고, 채권자에게는 불리하게 소득분배가 이루어진다.

77 기회비용에 관한 설명 중 옳지 않은 것은?

① 기회비용은 여러 대안 가운데 선택되지 않은 차선의 대안이다.

② 동일 직장, 동일 부서에서 근무하는 직원의 기회비용은 동일하다.

③ 성적이 좋음에도 불구하고 대학 진학을 포기하는 것은 진학에 따르는 기회비용이 크기 때문이다.

④ A가 보유하고 있는 기계가 매각 불가능할 경우, 그 기계의 기회비용은 0이다.

⑤ 경제 문제에서 기회비용과 편익을 고려하여 의사결정을 하면 합리적인 결과를 얻을 수 있다.

Answer	75.① 76.② 77.②

75 채권은 만기가 도래하기 전에도 채권시장에서 거래되므로 중도에 매각하여도 반드시 손실이 발생하지는 않는다.

76 인플레이션은 화폐의 실질 가치를 하락시키고 현금보유에 따른 기회비용을 증가시킨다.

77 동일 직장, 동일 부서에 근무하는 직원이라도 개인마다 포기한 가치가 서로 다르므로 기회비용은 동일하지 않을 수 있다.

78 2015년도에 주조된 500원 짜리 동전과 2016년도에 주조된 500원 짜리 동전의 관계와 가장 유사한 조합은?

① 왼쪽 신발과 오른쪽 신발
② 오토바이와 휘발유
③ 치킨과 콜라
④ 커피와 프림
⑤ 흰 닭이 낳은 달걀과 노란 닭이 낳은 달걀

79 물가상승을 유발하는 요인으로 옳지 않은 것은?

① 환율의 하락　　　　　　　　② 생산성 이상의 임금 상승
③ 미래의 물가상승 예측　　　　④ 국내 물류비용의 상승
⑤ 통화량의 증가

80 정부가 세금 징수를 7,000억 원 줄일 경우, 국민들은 소비를 9,000억 원 늘린다고 한다. 그 이유로 가장 적절한 것은?

① 세율인하는 금리를 하락시켜 소비지출과 융자를 자극한다.
② 세율인하는 정부의 지출을 줄이는 동시에 민간 소비지출을 자극한다.
③ 세율인하는 수입상품의 수요를 증가시키고, 국민 소비를 늘리게 한다.
④ 세율인하는 가처분소득을 증가시켜 국민소득 증가와 추가적 소비지출을 불러온다.
⑤ 세율인하는 정부의 이전지출을 증가시켜 국민소득의 증가와 추가적 소비지출을 가져오게 한다.

Answer　78.⑤　79.①　80.④

78 ①②③④는 서로 보완재 관계이지만 달걀의 경우에는 대체재 관계이다.

79 환율의 하락은 수입재 가격을 낮추어 물가하락을 유도할 수 있다.

80 감세정책
　ⓐ 케인즈경제학파의 입장 : 감세정책이 가처분소득의 증가를 통하여 조세승수만큼 총수요에 영향을 주어 국민소득을 증대시킬 수 있다는 입장이다.
　ⓑ 공급경제학파의 입장 : 감세정책이 사람들로 근로의욕을 고취시키고, 보다 많은 투자를 하게 하여 국민소득을 증대시킬 수 있다는 입장이다.

81 다음에서 경기불황을 극복하기 위해 정부가 고려할 수 있는 정책을 바르게 짝지은 것은?

┌───┐
│ ㉠ 법인세율의 인상   ㉡ 국책사업의 확장   │
│ ㉢ 지급준비율의 인하   ㉣ 통화안정증권의 매각   │
└───┘

① ㉠㉡   ② ㉠㉢
③ ㉡㉢   ④ ㉡㉣
⑤ ㉢㉣

82 상속세에 대한 설명 중 옳지 않은 것은?

① 상속세는 소득세를 보완하는 역할을 한다.
② 상속세가 전체 세수에서 차지하는 비중은 미미하다.
③ 상속세는 대체로 누진적인 세율 구조를 가지고 있다.
④ 상속세는 유산총액을 과세기초로 하여 과세한다.
⑤ 상속세의 세원은 상속인의 소득이다.

83 다음 중 미시경제학의 연구대상으로 볼 수 없는 것은?

① 인플레이션
② 상품의 가격
③ 소득세 인상이 개인의 노동공급에 미치는 효과
④ FTA체결에 따른 농업시장에 미치는 영향
⑤ 임대료 규제가 주택시장에 미치는 영향

✿ Answer　　81.③　82.⑤　83.①

81 법인세율 인상은 기업의 투자를 감소시키고, 통화안정증권의 매각은 통화량의 감소로 경기를 위축시킨다. 국책사업의 확장과 지급준비율의 인하는 경기불황을 극복할 수 있는 정책이 될 수 있다.

82 상속세의 세원은 상속인의 소득이 아니라 상속받는 재산이다.

83 미시경제학은 가계와 기업이 어떤 의사결정을 내리며 상호작용하여 가격과 생산량을 결정하는가에 대한 분석을 기본으로 한다. 이에 비해 거시경제학은 나라 전체의 경제현상에 대한 것으로 물가, 경기변동, 경제성장 등을 그 대상으로 한다.

84 다음 중 시장실패의 사례로 옳지 않은 것은?

① 한국전력(전기), 담배인삼공사(담배)와 같은 독점기업이 존재한다.

② 기업이 적자임에도 불구하고 구제금융을 받아 연명하고 있다.

③ 지하철·항만 등의 공공재는 투자비용이 크고, 투자금 회수에 오랜 시간이 소요되므로 민간기업이 운영하기에는 어려움이 있다.

④ 석탄공장이 들어서고 주변환경의 오염으로 인해 양봉업자의 꿀 생산량이 급격히 줄었다.

⑤ 어떤 중소기업이 아주 수익성이 좋은 투자계획안을 가지고 있음에도 불구하고 중소기업이라는 이유만으로 대출을 못 받을 때도 있다.

85 시장경제체제 하에서 '보이지 않는 손'의 역할을 하는 것은 무엇인가?

① 가격
② 재화
③ 상품
④ 화폐
⑤ 신용

86 다음 중 인플레이션과 실업률 사이에 역의 상관관계가 존재함을 실증분석한 곡선은 무엇인가?

① 오퍼곡선
② 총공급곡선
③ 필립스곡선
④ 노동공급곡선
⑤ 보상수요곡선

Answer   84.②   85.①   86.③

84 ② 이윤을 창출하지 못하는 적자 기업이 시장에서 퇴출되지 않고 정부의 구제 금융에 의존하도록 하는 것은 정부실패에 해당한다.
※ **시장실패** … 시장이 효율적인 경제적 결과를 가져오지 못하여 정부의 잠재적 역할이 요구되는 상황이다.

85 아담 스미스는 국부론에서 시장에 눈에 보이지 않는 가격기구가 자원배분을 효율적으로 이루어지도록 유도하고 있다고 말했다.

86 **필립스곡선** … 영국의 경제학자 필립스가 명목임금상승률과 실업률 사이의 관계를 실제 자료에서 발견하며 등장한 것으로 전통적인 인플레이션은 물가상승과 실업의 감소를 초래하는데 필립스곡선은 바로 이러한 물가상승률과 실업률 사이의 음(−)의 상관관계를 나타낸다. 필립스곡선은 우하향하므로 실업률을 낮추면 인플레이션율이 상승하고 인플레이션을 낮추기 위해서는 실업률의 증가를 감수해야 한다. 이것은 완전고용과 물가안정을 동시에 달성할 수 없음을 나타내며 필립스곡선은 이러한 모순을 밝힘으로써 정책분석에 크게 기여하였다.

87 실업이 높은 수준으로 올라가고 나면 경기확장정책을 쓰더라도 다시 실업이 낮아지지 않는 경향을 보이는데 이러한 현상을 무엇이라고 하는가?

① 오쿤의 법칙
② 레온티에프 역설
③ 립진스키 정리
④ 자연실업률가설
⑤ 이력현상

88 아담 스미스의 경제사상에 가장 가까운 것은?

① 분업은 한 나라의 부를 증대시키는 원천이다.
② 지대는 토지의 비옥도 차이에서 발생한다.
③ 각 국은 상대적으로 저렴하게 생산하는 재화를 수출한다.
④ 식량생산의 증가는 인구증가를 초과하지 못한다.
⑤ 상품의 가치는 주관적 만족도에 따라 결정된다.

89 공급이 스스로 수요를 창조하므로 초과공급은 발생할 수 없다는 것은 무엇에 관한 내용인가?

① 오쿤의 법칙
② 왈라스 법칙
③ 코즈의 정리
④ 차선의 이론
⑤ 세이의 법칙

Answer   87.⑤   88.①   89.⑤

87 일반적으로는 경기변동에 따라 실업률이 변화하더라도 경기가 점차 안정됨에 따라 실업률도 자연실업률로 수렴하지만 경기침체로 인해 장기간 높은 실업률이 지속될 경우에 경기가 좋아져도 실제로 실업률이 높은 수준으로 유지되는 현상을 이력현상이라고 한다.

88 ② 차액지대설에 대한 설명이다.
③ 비교우위에 대한 설명이다.
④ 맬서스의 인구론의 내용이다.
⑤ 한계효용학파의 주장이다.

89 Say의 법칙은 공급과잉이 존재하지 않는다라는 고전학파 경제학의 기본가정이다.

90 이자율에 대한 설명으로 옳지 않은 것은?

① 채권가격이 상승하면 이자율이 하락한다.
② 통화공급이 감소하면 이자율이 상승한다.
③ 물가하락이 예상되면 이자율이 하락한다.
④ 경기가 활성화되면 이자율이 상승한다.
⑤ 화폐수요가 증가하면 이자율이 하락한다.

91 경기변동에 대한 설명으로 옳지 않은 것은?

① 경기변동을 판단하는 지표로 경기종합지수가 있다.
② 정책실패는 경기변동에 영향을 주지 않는다.
③ 세계화로 인해 국가 간 경기변동의 패턴이 유사해지고 있다.
④ 미래의 경제상황에 대한 소비자나 기업의 예상은 경기변동에 영향을 줄 수 있다.
⑤ 과소비나 과잉투자도 경기변동의 원인이 될 수 있다.

92 경제성장에 관한 서술 중 옳지 않은 것은?

① 교육을 통한 인적자본 축적은 경제성장의 요인이 된다.
② 경제성장을 위해서는 내수와 수출 둘 다 중요하다.
③ 인구가 국민총소득보다 빨리 증가하면 경제가 성장해도 1인 당 소득은 감소한다.
④ 경제성장은 환경오염이나 자원고갈을 초래할 수 있다.
⑤ 외국인의 국내 직접투자는 경제성장을 제약한다.

Answer   90.⑤   91.②   92.⑤

90 국민소득의 증가로 화폐수요가 증가하면 이자율이 상승한다.

91 정책실패는 경기변동에 영향을 주며 경기하락시에는 확장정책을 경기상승 시에는 축소정책을 사용하여 경기변동에 대응하기도 한다.

92 외국인의 국내 투자는 설비투자의 증대와 같은 긍정적 효과를 가져오므로 경제성장을 촉진한다.

93 국민소득계정에서 투자로 간주될 수 없는 것은?

① A회사의 공장 증설
② P제철의 원자재 재고 증가
③ L전자의 직원 주택건설
④ S통신회사 직원들의 주식매입
⑤ 중국음식점의 중국산 식기 수입

94 햄버거에 대한 수요가 소득이 증가함에 따라 감소한다고 할 때, 소득의 변화에 따른 현상을 적절하게 설명한 것은?

① 소득의 증가는 햄버거의 공급량을 증가시킨다.
② 소득의 감소는 햄버거의 균형가격을 감소시킨다.
③ 소득의 증가는 햄버거의 수요곡선을 오른쪽으로 이동시킨다.
④ 소득의 증가는 햄버거의 보완재인 콜라의 수요를 감소시킨다.
⑤ 소득의 감소는 햄버거 판매점의 수입을 감소시킨다.

95 경기변동에 대한 다음 서술 중 적절하지 않은 것은?

① 경기변동의 주기와 진폭은 일정하지 않다.
② 역사적으로 경기변동이 없는 시장경제는 없었다.
③ 경기확장 국면에서는 생산의 증가세가 확대되고 고용이 증가한다.
④ 예상되지 못한 정책변화나 유가변동 등에 의해서 경기변동이 야기될 수 있다.
⑤ 경기변동에 따라 라면에 대한 소비지출이 자동차에 대한 소비지출보다 민감하게 변화한다.

Answer   93.④   94.④   95.⑤

93 국민소득계정에서 투자는 크게 설비투자, 건설투자, 재고변화 등으로 나뉜다. 공장증설이나 주택건설은 건설투자에 해당한다. 식당의 식기수입도 설비투자로 간주된다. 반면에 주식매입은 국민소득계정의 투자에는 포함되지 않는다.

94 소득이 증가할수록 수요가 감소하는 재화를 열등재라고 하며 문제에서 햄버거는 열등재이다. 소득의 증가는 햄버거의 수요를 감소시키고 콜라의 수요도 감소시킨다.

95 경기변동은 시장경제의 본질적인 속성의 하나이다. 예상되지 못한 정책변화나 유가변동 등 대내외적인 충격에 대해 경제주체들이 반응함에 따라 경기변동이 발생하게 되며 경기변동의 주기와 폭은 대내외적인 충격의 크기나 성질 그리고 경제구조 등에 따라 다르게 나타난다. 라면과 같은 비내구재에 대한 지출이 자동차 등 내구재보다 경기변동에 덜 민감하게 변화한다.

96 마찰적 실업에 관한 설명으로 옳지 않은 것은?

① 경기가 호황일 때 사라진다.

② 구조적 실업에 비해 실업 기간이 짧다.

③ 직업을 자주 바꾸는 사람들이 많을수록 증가한다.

④ 마찰적 실업만 존재하는 상태를 완전고용이라고 한다.

⑤ 구직자와 구인자 사이의 정보 유통이 원활하지 않아서 발생한다.

97 중앙은행의 기능이 아닌 것은?

① 정부의 은행　　　　　　　　② 국민의 은행

③ 은행의 은행　　　　　　　　④ 발권은행

⑤ 외환관리은행

98 인플레이션이 발생했을 때 일반적으로 일어나는 현상이 아닌 것은?

① 부와 소득의 분배가 더욱 불공평하게 된다.

② 저축이 늘어난다.

③ 부동산투기가 늘어난다.

④ 수출이 위축된다.

⑤ 부동산이나 실물소유자에게는 유리한 상황이다.

Answer　　96.① 97.② 98.②

96 마찰적 실업은 구직자와 구인자 사이의 정보 유통이 원활하지 않아 발생하는 것이므로 경기가 호황이라고 하더라도 완전히 사라질 수 없다.

97 ② 중앙은행은 일반국민을 상대로 은행업무를 하지 않는다.
　　※ 중앙은행의 역할
　　　㉠ 발권은행의 역할 : 화폐의 발행, 화폐가치의 안정 유지 등
　　　㉡ 은행의 은행으로서의 역할 : 금융거래의 감독, 시중은행의 지불능력 보장, 지급준비금의 관리 등
　　　㉢ 정부의 은행으로서의 역할 : 정부의 수입·지출관리, 국채발행·상환관리 등
　　　㉣ 외환관리은행으로서의 역할 : 우리나라의 경우 수·출입을 비롯한 모든 국제거래에 이용되는 외화를 집중관리

98 인플레이션(Inflation)
　　㉠ 개념 : 물가수준이 상당히 높은 비율로 지속적으로 오르는 현상이다.
　　㉡ 인플레이션의 영향 : 부와 소득의 불공평한 재분배(자원배분의 비효율), 저축의 감소, 부동산투기의 증가, 국제수지의 악화로 수입이 조장되고 수출이 위축되는 현상이 나타난다.

99 다음 중 국내총생산(GDP)에 포함되는 것은?

① 주부의 가사노동   ② 주식평가의 이익

③ 부동산 가격 상승에 따른 자본 이득   ④ 예금 이자

⑤ 도박으로 인한 소득

100 인플레이션의 영향으로 옳지 않은 것은?

① 화폐가치가 떨어진다.

② 국제수지는 악화된다.

③ 봉급생활자는 불리하다.

④ 금리가 내려간다.

⑤ 은행에 예금자산을 보유한 자는 불리하다.

101 비용인상 인플레이션에 관한 설명으로 옳지 않은 것은?

① 원자재가격의 상승이 원인이다.   ② 임금상승이 원인이다.

③ 노동조합의 활동과 연관이 깊다.   ④ 소비자들의 소비수요 증가 시 발생한다.

⑤ 환율상승이 원인이다.

Answer   99.④   100.④   101.④

99 ④ 예금 이자는 직접적인 서비스 또는 재화를 생산한 것은 아니지만 자신이 맡긴 돈이 생산에 도움을 준 대가로 간주되므로 GDP에 포함된다.

※ 국내총생산(GDP)

GDP 귀속항목	GDP 배제항목
• 농가의 중요한 자가소비 농산물(쌀, 보리) • 자가 주택의 귀속 임차료 • 금융기간의 서비스 수수료 • 현물급여	• 농가의 중요하지 않은 자가소비 농산물 • 주부의 가사노동 • 불법으로 얻은 소득 • 자산재평가 이득 • 소유권이전, 기존주택 거래 • 시장을 통하지 않은 거래행위

100 ④ 사람들은 저축을 줄이고 소비를 늘리며 부동산 투기 등으로 자금의 초과수요가 발생하여 금리가 오르고 생산비용이 증가한다.

101 비용인상인플레이션은 상품을 생산하거나 판매하는 데 드는 비용이 증가하기 때문에 전반적인 가격수준이 상승하는 것을 말하는 것으로 공급측면에서 발생하는 것이다.

102 다음 중 노동의 특성을 잘못 말하고 있는 것은?

① 노동은 근로자의 인격과 분리하기 어렵다.
② 임금의 노동수급조절기능이 미약하다.
③ 근로자의 유일한 생계수단이다.
④ 노동의 질은 향상시킬 수 없다.
⑤ 노동은 시간의 경과에 따라 소멸되어 저장이 불가능하다.

103 아래에 제시된 표는 허츠버그의 2요인 이론에 관련된 요인들을 제시한 것이다. 이 중 동기 요인으로만 바르게 묶인 것을 고르면?

㉠ 책임감	㉡ 성취감
㉢ 성장 및 발전	㉣ 감독 스타일
㉤ 개인 간 인간관계	㉥ 임금

① ㉠, ㉡, ㉢
② ㉡, ㉣, ㉤
③ ㉢, ㉣, ㉤
④ ㉢, ㉤, ㉥
⑤ ㉣, ㉤, ㉥

Answer 102.④ 103.①

102 ④ 노동의 질은 교육이나 훈련 등을 통하여 향상이 가능하다.

103 동기요인은 작업자들로 하여금 직무의 만족을 느끼게 하고, 작업자들의 동기부여를 유발하는 직무내용과 관련되는 요인들로 직무 자체, 성취감, 책임감, 안정감, 성장과 발전, 도전감 등의 요인들이 있다. 이러한 동기요인은 다른 말로 만족요인이라고도 한다.

104 다음 중 실업에 대한 설명으로 옳지 않은 것은?

① 경제불황으로 인해 노동에 대한 수요가 감소할 수 있다.

② 농업이나 건설업에서 계절에 따라 발생할 수 있다.

③ 경제성장이 지속되는 한 실업률은 반드시 줄어들게 되어 있다.

④ 산업구조의 변화로 구조적 실업이 발생할 수 있다.

⑤ 실업은 자발적 실업과 비자발적 실업으로 구분된다.

105 실업을 줄이기 위한 가장 바람직한 방법은?

① 지속적인 경제성장 ② 임금의 인상

③ 사회보장제도의 실시 ④ 소득의 공정한 분배

⑤ 농촌 농가에 사료값 지원

106 세계무역기구체제의 출범으로 각 국은 이념과 체제를 초월하여 무한경쟁시대로 진입하게 되었다. 이에 따라 나타날 수 있는 현상과 거리가 가장 먼 것은?

① 경제활동의 영역이 국제적으로 확대될 것이다.

② 기술개발 및 품질향상을 위한 투자가 증가할 것이다.

③ 국제경쟁력을 높이려는 각 국의 노력이 예상된다.

④ 비교우위에 따른 국제분업이 촉진될 것이다.

⑤ 국내산업에 대한 정부의 지원과 보호가 강화될 것이다.

✿ Answer 　　104.③　105.①　106.⑤

104 ③ 경제성장이 지속되더라도 인구증가율이 경제성장률보다 높으면 실업률이 더 늘어날 수 있다.

105 가장 바람직한 방법은 일자리 창출과 지속적인 경제성장이다.

106 세계무역기구(WTO)

　㉠ 영향

　• 강력한 분쟁처리수단의 도입으로 규범에 의한 세계경제의 조율을 가능하게 하였다.

　• 관세장벽 및 비관세장벽(수출입보조금, 수입할당제)을 철폐하였다.

　• 공산품은 물론 농산물 및 서비스교역, 지적 재산권, 무역관련투자 등을 포괄하여 명실상부한 실효성 있는 자유원칙이 확보되었다.

　• 공정한 바탕 위에서 외국기업과 경쟁할 수 있도록 국내산업에 대한 정부의 지원과 보호를 제한한다.

　㉡ 의의

　• 국제경제사회가 이념과 체제를 초월한 무한경쟁시대에 돌입하고 있음을 의미한다.

　• 이 과정에서 경쟁력이 없는 국가나 기업은 도태될 것이다.

107 독점적 경쟁이 장기균형을 이룰 때 나타나는 현상으로서 옳지 않은 것은?

① 단기한계비용과 장기한계비용은 같다.
② 단기평균비용과 장기평균비용은 같다.
③ 단기한계비용은 한계수입과 같다.
④ 장기한계비용은 장기평균비용과 같다.
⑤ 평균수입과 평균비용이 같다.

108 우리나라가 경제성장정책에서 수출주도형 성장전략을 채택하게 된 가장 주된 이유로 옳은 것은?

① 중소기업의 전략적인 육성을 위해서
② 자원이 빈약하고 국내시장이 협소하였기 때문에
③ 수출증대를 통한 국제수지의 흑자를 위해서
④ 성장과 분배를 동시에 달성할 수 있기 때문에
⑤ 경제성장과 물가안정을 동시에 이룰 수 있기 때문에

109 1970년대 중반 이후에 추진된 경제개발계획의 특징으로 옳은 것은?

① 노동집약적 경공업의 발전
② 중화학공업에 대한 육성정책
③ 사회간접자본시설의 확충
④ 성장과 분배의 조화
⑤ 큰 폭의 임금상승

Answer　　107.④　108.②　109.②

107 독점적 경쟁의 장기균형에서는 평균비용이 한계비용보다 크다.

108 우리나라는 수출선도산업을 집중 육성하여 전 산업으로 영향력 증대를 유도하는 정책을 실시하였는데 이는 자원 빈약과 협소한 국내시장 때문이다.

109 1970년대 이후에는 종전의 경공업추진정책에서 중화학공업에 대한 육성정책이 주를 이루었다.

110 우리나라 경제발전의 성과로 볼 수 없는 것은?

① 무역규모의 확대 ② 산업구조의 개선

③ 상대적 빈곤 타파 ④ 대외적 국가 인지도 강화

⑤ 사회보장의 확대

111 경제적 불균형을 해소하기 위한 대책으로 옳지 않은 것은?

① 대기업과 중소기업의 보완관계를 통한 균형발전

② 대화와 타협을 통한 원만한 노사관계

③ 도시와 농촌 간의 도로건설을 통한 균형적인 지역개발

④ 인허가 및 특허제도를 통한 개인의 권리보호

⑤ 특정 세율을 누진적으로 적용하여 거두어진 세금을 균형발전에 사용한다.

112 금융감독위원회의 주요 업무와 관련이 없는 것은?

① 담보 능력이 취약한 기업의 채무보증의 담보를 제공한다.

② 금융감독과 관련된 사항을 심의·의결한다.

③ 금융산업의 제도개선을 위한 업무추진

④ 금융감독원에 대한 감독

⑤ 금융기관의 재무구조개선

Answer   110.③   111.④   112.①

110 ③ 경제성장으로 소득의 불균형이 심화되어 저소득층의 국민들이 상대적 빈곤을 느끼게 되었다.

111 인허가제도는 특정한 전략산업을 육성할 목적으로 시행하는 제도이다.

112 금융감독위원회는 금융산업의 선진화와 금융시장의 안정을 꾀하고, 건전한 신용질서와 공정한 금융거래관행의 확립 등에 관한 사무를 관장한다. 또한 금융감독원의 정관변경·예산·결산 승인 기타 금융감독원을 지도·감독 하기 위하여 필요한 사항을 결정한다.

113 1930년대 대공황의 진행경과에 대한 설명 중 틀린 것은?

① 뉴딜 정책에도 불구하고 미국의 실업자 수는 700만 명 수준에서 크게 떨어지지 않고 전시체제로 전환되면서 비로소 낮아지기 시작하였다.

② 1932년 들어 영국이 거의 모든 제조업 제품 수입에 높은 일반 관세를 부과하는 등 보호주의 움직임이 나타나게 되었다.

③ 대공황의 원인과 관련하여 수요부족을 지적하는 측과 통화정책의 오류를 지적하는 학자들 간에 치열한 이론 논쟁이 있어 왔다.

④ 산업생산의 감소는 1933년까지 2년간 진행된 이후 2차 대전 발발시점까지 지속적으로 회복되었다.

⑤ 뉴딜의 핵심 법안이었던 산업부흥법, 농업조정법 등은 위헌 판결을 받았고 실제 효과도 거의 없었다고 평가된다.

114 기업의 자본금이 증가하는 경우로 옳지 않은 것은?

① 주식분할   ② 주식의 제3자배정
③ 전환사채의 전환권 행사   ④ 유상증자
⑤ 신주인수권 행사

115 다음 중 관세동맹형태의 경제통합으로 옳은 것은?

① 북미자유무역지역(NAFTA)   ② 유럽자유무역연합(EFTA)
③ 중앙아메리카공동시장(CACM)   ④ 유럽연합(EU)
⑤ 한미FTA

Answer   113.④   114.①   115.④

113 ④ 산업생산의 감소는 1934년부터 회복되기 시작하였다.

114 주식분할은 동일한 자본금 하에서 주식수만 증가시키는 것으로 자본금이 증가되는 것이 아니다.

115 ①② 자유무역지역   ④ 경제통합의 형태

116 다음 중 고령 사회(Aging Society)의 경제 효과로 볼 수 없는 것은?

① 벤처 주식에 비하여 배당주식이 주목받는다.

② 장례 관련 사업은 활성화될 것으로 기대된다.

③ 빈부격차가 크게 벌어질 것이다.

④ 출산용품 관련 산업은 현상 유지를 한다.

⑤ 실버산업에 대한 관심이 급증할 것이다.

117 인플레이션이 예측 가능할 때의 장점에 해당하는 것은?

① 기업투자 증가 　　　　② 은행금리 조정

③ 자금수요 증가 　　　　④ 생산비 증가

⑤ 자금관리 위험성 증대

118 사회보장의 발전방향으로 옳지 않은 것은?

① 개인의 경제적 자립을 위한 성취동기 고취

② 사회적 위험과 노령화에 대비하기 위한 보장제도 정비

③ 공적부조 확대를 통한 소득재분배 증대

④ 불우한 계층에 대한 최저생활 보장

⑤ 저소득계층에 대한 사회 안전망 강화

✿ Answer　116.④　117.①　118.③

116 ④ 고령 사회란 65세 이상의 인구 비율이 7% 이상인 사회를 말한다. 노령인구의 증가의 가장 큰 원인은 출생률 저하와 평균수명의 상승이므로 출산용품 산업의 전망 역시 어려울 것으로 예상할 수 있다.

117 인플레이션이 예측 가능할 경우 기업가의 낙관적 심리가 작용하여 기업투자가 촉진될 수 있다.

118 ③ 사회보장제도에서 공적부조를 확대하면 일하려 하지 않으려는 사회적 분위기의 팽배 및 정부재정적자를 초래할 수 있다.

　※ 사회보장의 발전방향

　　㉠ 사회보장제도의 정비 : 각종 사고와 사건, 질병, 사망, 실업 등 사회적 위험과 노령화에 대비하기 위해 정부는 재정 부담으로 국민 개개인의 최저생활수준을 보장할 수 있도록 사회보장제도를 정비해야 한다.

　　㉡ 불우한 계층의 최저생활 보장 : 정부는 사회적 위험을 줄이기 위한 예방조치에 힘써 빈곤에 처할 가능성을 최소화하며, 재활교육훈련과 사회지원사업을 강화함으로써 불우한 계층의 최저생활 보장에 충실해야 한다.

　　㉢ 국민복지 증진 : 경제발전의 궁극적 목적은 국민복지 증진에 있으며, 이는 저소득계층에 대한 사회보장과 사회적 안전망의 강화로써 이루어질 수 있다.

119 금융실명제, 부동산실명제, 금융소득종합과세의 시행목적으로 옳은 것은?

① 소득불균형의 개선
② 정부조세수입의 확대
③ 국민최저생활의 보장
④ 사회보장제도의 확립
⑤ 소득의 투명성 확보

120 다음 중 관세 부과이유로 옳지 않은 것은?

① 국내 유치산업의 보호를 위해
② 정부의 세입을 증대시키기 위해
③ 국내 시장질서의 교란을 막기 위해
④ 수입 사치재의 소비억제를 위하여
⑤ 무역의 이익을 최대한 거두기 위하여

121 거시경제에 관한 다음 견해 중 가장 옳게 서술한 것은?

① 경기변동은 직을수록 좋다.
② 국내 저축률은 높을수록 좋다.
③ 경상수지 흑자는 클수록 좋다.
④ 외환보유고가 많을수록 좋다.
⑤ 물가 상승률은 낮을수록 좋다.

Answer   119.①   120.⑤   121.①

119 금융실명제, 부동산실명제, 금융소득종합과세는 소득의 불균형을 개선하기 위한 제도이다.

120 관세의 부과이유
ⓐ 국내산업의 보호 · 육성을 위해서이다.
ⓑ 국민경제의 자주성 · 국가안보의 목적을 위해서이다.
ⓒ 정부의 세입 증대를 위해서이다.
ⓓ 수입 사치재의 소비억제효과를 위해서이다.

121 경기변동은 경제에 불확실성과 조정비용을 초래하므로 작을수록 바람직하다. 저축의 경우 현재 저축률을 높이면 현재소비를 포기하고 미래소비를 선택하는 것이므로 저축률이 높다고 반드시 좋은 것은 아니다.

122 다음 중 노동에 대한 수요곡선을 이동시키는 요인으로 옳지 않은 것은?

① 임금 하락
② 첨단기술 도입
③ 노동의 생산성 증가
④ 대체요소의 가격 하락
⑤ 노동을 이용하여 생산되는 재화에 대한 수요의 감소

123 이자율에 대한 설명으로 옳지 않은 것은?

① 화폐수요와 화폐공급에 의해 결정된다.
② 채권가격은 이자율과 역의 관계에 있다.
③ 현재의 소비를 미루는 행동에 대한 보상의 의미가 있다.
④ 이자는 현금이라는 유동성을 포기하는 대가로서 지급된다.
⑤ 주어진 명목이자율에서 인플레이션이 증가하면 실질이자율은 증가한다.

124 다음은 경제변수의 속성에 대한 정의이다. 이 중 성격이 다른 하나는?

㉠ 유량변수 : 일정 기간에 걸쳐 측정되는 변수
㉡ 저량변수 : 일정 시점에서 측정되는 변수

---

① 투자   ② 저축
③ 소득   ④ 생산량
⑤ 통화량

Answer   122.①   123.⑤   124.⑤

122 임금은 노동의 가격이고 임금의 하락은 노동 수요량을 더 늘리도록 한다. 이는 노동수요곡선 상에서의 이동으로 표현된다. 나머지 네 개 항은 주어진 임금 수준에서 노동의 수요에 변화를 일으키고 따라서 수요곡선의 이동을 초래한다.

123 실질이자율 = 명목이자율 − 인플레이션이므로 주어진 명목이자율에서 인플레이션이 증가하면 실질이자율은 감소한다.

124 투자, 저축, 소득, 생산량 등은 유량변수이고, 통화량은 일정시점에서 측정되는 저량변수이다.

125 독점기업에 대한 다음의 설명 중 옳지 않은 것은?

① 독점기업의 한계수입은 가격에 미치지 못한다.

② 독점기업은 경쟁이 치열하여 기술혁신을 위해 노력한다.

③ 독점기업은 시장을 분할하여 가격차별을 행할 수 있다.

④ 독점기업이 공급하는 생산량은 완전경쟁시장에서의 공급량에 비해 적다.

⑤ 독점기업에 대한 법인세 부과는 그 기업의 공급량에 영향을 주지 못한다.

126 다음 아래에 제시된 그림에 대한 내용으로 바르지 않은 설명을 고르면?

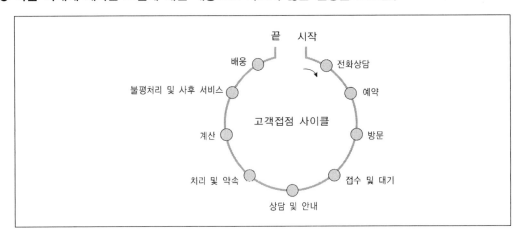

① 서비스 프로세스 상에 나타나는 일련의 MOT들을 보여주는 시계모양의 도표를 말한다.

② "서비스 사이클 차트"라고도 한다.

③ 서비스 전달시스템을 기업의 입장에서 이해하기 위한 방법이다.

④ 고객이 경험하게 되는 MOT들을 원형 차트의 1시 방향에서 시작하여 순서대로 기입한다.

⑤ 구성원들은 스스로가 맡고 있는 업무에만 관심을 두고 일하는 경향이 있지만 고객의 경우에는 서비스 과정에서 경험하게 되는 일련의 순간 전체를 가지고 품질을 평가하게 된다.

Answer　　125.②　126.③

125 독점기업의 경우 초과이윤을 기반으로 대규모 R&D에 투자할 수 있으나 경쟁이 거의 없어 기술혁신을 위해 노력할 유인이 없다.

126 MOT 사이클 차트는 서비스 전달시스템을 기업이 아닌 고객의 입장에서 이해하기 위한 방법이다.

127 다음 괄호 안에 해당하는 사람으로 옳은 것을 모두 고른 것은?

$$
노동가능인구 \begin{cases} 경제활동인구 \begin{cases} (\ B\ ) \\ 실업자 \end{cases} \\ (\ A\ ) \end{cases}
$$

- ㉠ 실직 뒤에 구직 노력을 포기한 삼촌
- ㉡ 교통사고를 당해 휴직을 하고 있는 누나
- ㉢ 엄마 가게에서 무보수로 일하는 동생
- ㉣ 일거리가 적어 일주일에 하루만 일하는 이웃집 아저씨

	A	B
①	㉠	㉡㉢㉣
②	㉠㉢	㉡㉣
③	㉡㉢	㉠㉣
④	㉡㉣	㉠㉢
⑤	㉠㉡㉢	㉣

128 다음의 글에 나타난 실업에 대한 설명으로 옳지 않은 것은?

> 근로자들이 마음에 드는 일자리를 얻게 위해 옮겨 가는 과정에서 발생하는 실업

① 마찰적 실업이라고 불린다.
② 완전고용 상태에서도 나타난다.
③ 일반적으로 실업보험 급여는 이러한 실업을 늘린다.
④ 경기가 나쁠수록 증가한다.
⑤ 정부의 실직자 재훈련 및 직장 알선 노력 등으로 실업률이 낮아질 수 있다.

Answer 127.① 128.④

127 실직 뒤에 구직 노력을 포기하면 비경제활동 인구에 속한다. 엄마 가게에서 무보수로 일하는 사람도 취업자에 속한다.

128 마찰적 실업에 대한 설명으로 경기가 나쁠수록 증가하는 실업은 경기적 실업이다.

129 경제학 개념에 대한 설명이다. 이 중 맞는 것을 고르면?

① 단기란 고정투입요소를 변화시킬 수 있는 기간이다.

② 명목과 실질개념 간의 연결고리는 물가변동개념이다.

③ 투자란 주식이나 채권 등의 유가증권을 구입하는 행위이다.

④ 중앙은행이 화폐보유액을 늘리면 그 만큼 통화량이 증가한다.

⑤ 화폐에 대한 수요란 얼마나 많은 돈을 모으고 싶은가를 의미한다.

130 같은 경제학 개념으로 설명할 수 있는 현상으로 옳지 않은 것은?

① 주인 없는 산은 남벌로 인해 나무가 별로 없다.

② 신용카드의 남발로 채무를 진 사람이 늘고 있다.

③ 오염물질의 배출로 지구의 온난화가 진행되고 있다.

④ 서해 바다 어부들의 남획으로 잡히는 생선의 수가 줄고 있다.

⑤ 시민들의 무책임한 사용으로 한강 공원의 잔디밭이 황폐해지고 있다.

131 무역수지를 개선시킬 것으로 기대되는 것은?

① 국제유가가 급등하고 있다.

② 외국인의 국내 주식투자가 증가하고 있다.

③ 소비침체로 경제성장률이 둔화되고 있다.

④ 주택자금 대출 수요 증가로 금리가 상승하고 있다.

⑤ 외국물가에 비해 국내 물가가 빠르게 상승하고 있다.

✿ Answer   129.②   130.②   131.③

129 국민계정이나 이자율 등 경제학에서 흔히 쓰이는 시계열 자료들은 자료가 수집되는 시점에서의 가치를 그대로 가지고 있는 명목 자료들과 물가변동에 의한 가치의 변동을 제거하여 시간을 넘어 비교할 수 있도록 조정된 실질 자료들이다. 따라서 명목과 실질의 개념을 연결하는 것은 물가변동이다.

130 ①③④⑤는 공유지의 비극과 관련된 경제개념이다.

131 소비침체로 경제성장률이 둔화되면 수입도 줄어들게 되므로 무역수지는 개선될 것이다. 국제유가상승, 금리상승, 국내물가의 상대적인 상승은 무역수지를 악화시키는 요인이다.

132 구매력평가설에 대한 설명으로 옳지 않은 것은?

① 빅맥지수는 구매력평가설을 활용한 예이다.
② 거래비용과 비교역재가 없다면 성립할 가능성이 크다.
③ 국제자본의 이동이 환율결정에서 가장 중요하다는 관점이다.
④ 차익거래가 균형환율을 결정한다고 본다.
⑤ 일물일가의 법칙에 근거한 환율이론이다.

133 독점기업을 규제하기 위해서 세금을 부과하고자 한다. 자원배분의 효율성을 낮추지 않으면서도 소득분배의 형평성을 높일 수 있는 세금은?

① 소득세   ② 부가가치세
③ 법인세   ④ 관세
⑤ 개별소비세

134 파레토효율성의 개념에 대한 설명으로 옳은 것은?

① 공평한 소득분배를 위한 개념이다.
② 가치판단을 개입시킨 최적자원배분을 위한 개념이다.
③ 공평한 소득분배를 위한 개념이다.
④ 사회후생을 극대화하기 위한 개념이다.
⑤ 주관적 가치판단 없이 여러 경제 상태를 비교하는 개념이다.

Answer   132.③ 133.① 134.⑤

132 구매력평가설은 환율이 양국 통화의 구매력에 의해 결정된다는 이론으로 자본이동과는 무관하다. 자본이동에 의해 영향을 받는 것은 이자율평가설이다.

133 소득세는 상품의 가격은 변화시키지 않으면서 소득이 높은 사람은 높은 세금을 낼 것이므로 효율성과 형평성 두 가지 모두를 충족하는 세금에 해당한다.

134 Pareto효율성은 주관적 가치판단을 개입시키지 않고 여러 경제 상태의 자원배분의 효율성을 비교하는 데 쓰이는 개념을 의미한다.

135 다음 중 본인 – 대리인문제(principal–agent problem)에 관한 설명으로 옳지 않은 것은?

① 본인 – 대리인문제가 발생하는 기본적인 원인은 대리인(agent)이 갖고 있는 정보수준이 본인(principal)이 갖고 있는 정보수준보다 작기 때문이다.
② 본인 – 대리인문제를 해결하기 위해서는 대리인이 본인의 뜻에 따라 행동을 하도록 하는 보수체계를 마련해야 한다.
③ 본인 – 대리인문제의 발생원인은 본인(principal)이 대리인(agent)의 행동을 직접적으로 관찰할 수 없거나 통제할 수 없기 때문에 발생한다.
④ 본인 – 대리인문제는 도덕적 해이의 한 예이다.
⑤ 본인 – 대리인문제의 해결 방안 중 하나로 임금에 추가적인 스톡옵션이 있다.

136 공공재의 경우 시장실패가 발생하는 가장 일반적인 원인은?

① 역선택　　　　　　　　　　② 외부효과의 내부화문제
③ 투표의 모순　　　　　　　　④ 무임승차문제
⑤ 공급과다의 문제

137 다음 중 총공급곡선에 관한 설명으로 옳지 않은 것은?

① 노동에 대한 수요곡선이 우하향하는 주요 원인은 한계생산물이 체감하기 때문이다.
② 기술진보는 총공급곡선을 오른쪽·아래쪽으로 이동시킨다.
③ 노동생산성증가로 고전학파의 총공급곡선이 오른쪽으로 이동한다.
④ 고전학파는 화폐환상을 가정하여 노동공급곡선을 도출한다.
⑤ 인구증가, 자본축적 등에 의해 총공급곡선은 이동한다.

✦ Answer　　　135.① 136.④ 137.④

135 본인 – 대리인 문제가 발생하는 이유는 본인이 가지고 있는 정보수준이 대리인이 가지고 있는 정보수준보다 작기 때문이다. 이러한 문제는 본인의 입장에서 볼 때 대리인이 바람직하지 못한 행동을 하는 것을 의미하므로 일종의 도덕적 해이라고 볼 수 있다.

136 공공재의 존재가 시장실패를 유발하는 이유는 무임승차의 문제(free-rider problem)에 의해서이다. 즉, 수익자부담의 원칙(시장기구)이 공공재의 경우 적용되기 어렵고 모두 무임승차의 유인을 가지기 때문이다.

137 Keynes학파가 노동자들의 화폐환상을 가정하여 노동공급이 명목임금의 증가함수임을 도출하였다.

138 다음 중 비자발적 실업이 존재하는 경우는?

① 현행 실질임금 아래서 노동수요가 노동공급보다 적은 경우
② 현행 실질임금 아래서 노동공급이 노동수요보다 적은 경우
③ 현 임금보다 더 높은 임금을 주어야만 노동자들이 노동할 의사를 갖고 있는 경우
④ 생산물시장, 화폐시장에서 모두 균형이 이루어진 경우
⑤ 완전경쟁시장하에서의 노동시장

139 다음 중 외부효과와 관련하여 잘못 설명한 것은?

① 공공재는 흔히 외부효과를 일으킨다.
② 외부효과가 손해를 가져다주는 경우에는 이를 외부불경제라 한다.
③ 외부효과가 이익을 가져다주는 경우에는 이를 외부경제라 한다.
④ 생산설비의 자동화, 기계화, 전산화 등은 외부경제의 좋은 예이다.
⑤ 소음, 악취 등은 외부적 비용을 일으킨다.

140 경기종합지수 구성지표 중 선행지수가 아닌 것은?

① 금융기관유동성   ② 순상품교역조건
③ 종합주가지수   ④ 비농가취업자수
⑤ 구인구직비율

✿ Answer　138.①　139.④　140.④

138 비자발적 실업은 현재의 임금과 근로조건 아래서 일할 의사와 능력을 가지고 노동을 공급하려 하는 데 수요부족으로 취업되지 않은 경우의 실업이다.

139 생산설비의 자동화, 전산화 등은 외부경제가 아니라 생산비의 절감을 가져오는 예에 해당한다.

140 경기종합지수 구성지표
　ㄱ 선행지수 : 재고순환지표(제조업), 소비자기대지수, 기계주액(불변), 자본재수입액(실질), 건설수주액(실질), 순상품교역조건, 구인구직비율, 종합주가지수, 금융기관유동성(LF, 실질, 말잔), 장단기금리차 등
　ㄴ 동행지수 : 광공업생산지수, 제조업가동률지수, 건설기성액(실질), 서비스업생산지수(도소매업 제외), 도소매업판매액지수(불변), 내수출하지수, 수입액(실질), 비농가취업자수 등
　ㄷ 후행지수 : 생산자 제품재고지수, 도시가계소비지출(전가구), 소비재수입액(실질), 상용·임시근로자수, 회사채유통수익률 등

141 다음 중 무역자유화가 가장 어려운 품목은?

① 자동차　　　　　　　　　② 농산품
③ 경공업　　　　　　　　　④ 의약품
⑤ 섬유

142 다음 중 수입자유화의 효과와 거리가 먼 것은?

① 소비자선택권의 자유화　　　② 물가안정
③ 독점횡포의 완화　　　　　　④ 유망유치산업 육성
⑤ 기업의 대외경쟁력 증진

143 공공선택(Public choice)에 대한 설명으로 옳은 것은?

① 정부의 경제발전을 위한 선택에 관한 이론이다.
② 개개인의 선호에 입각하여 사회전체의 선택을 입증하는 과정이다.
③ 사회전체의 선호를 밝히는 것으로서 정치가 및 관료의 선택과 일반적으로 관계가 없다.
④ 사회후생함수를 도출하기 위해 개인의 선호를 정확하게 파악하는 것이 목적이다.
⑤ 공공선택에서 개인의 의사에 입각하면 합리적 결정을 할 수 없다는 점을 밝히고자 하는 것이다.

Answer　　141.② 142.④ 143.②

141 일반적으로 농산물의 경우가 공산품의 경우보다 무역자유화가 훨씬 어려운 품목이다. 우리나라도 농산물, 특히 기초농산물에 속하는 쌀의 수입자유화에 대해서 국내에서 많은 혼란을 겪고 있다.

142 유치산업을 육성하기 위해서는 일정기간 동안 이 산업을 외국과의 경쟁으로부터 보호할 필요가 있다. 따라서 유망유치산업의 육성과 수입자유화는 전혀 무관하다.

143 공공선택은 개개인의 선호를 사회전체의 선호로 표출하려는 일련의 과정을 의미한다.

144 코즈의 정리에 대한 설명으로 옳지 않은 것은?

① 재산권을 명확하게 보장하면 성립된다.
② 현실적으로 공해문제에 대한 협상의 경우 이해당사자를 결정하는 어려움이 있다.
③ 이해당사자들 사이의 거래비용은 매우 작다고 가정한다.
④ 대규모 사회집단에서는 자발적 협상에 의한 해결이 어렵다.
⑤ 코즈 정리의 핵심은 재산권이 누구에게 귀속되는 가이다.

145 가치재(merit goods)와 관련이 없는 것은?

① 생활필수품의 소비   ② 소비자주권에 의한 배분
③ 의무교육제도   ④ 온정적 간섭주의
⑤ 공공재

146 다음은 무역이론에 대한 설명이다. 옳지 않은 것은?

① 리카도는 아담 스미스의 영향을 받아 비교우위론을 주장했다.
② 중상주의자들은 국부를 증진시킬 수 있는 방안으로서 무역의 중요성을 강조하였다.
③ 예외적인 경우를 제외하고, 모든 국가는 비교우위를 지닌 산업을 지니고 있다.
④ 모든 재화의 생산에 있어서 한 나라의 생산기술이 다른 나라의 생산기술에 비해 월등히 낮을 경우 비교우위는 존재하지 않는다.
⑤ 아담 스미스는 양국이 절대우위를 지닌 상품에 특화하는 무역에 종사하였을 때, 양 당사자 모두가 이익을 볼 수 있는 무역이 가능하다고 주장하였다.

Answer   144.⑤   145.②   146.④

144 코즈정리에서는 소유권의 설정을 통해 외부성을 해결하고자 하는 것이다. 재산권이 명확하게 설정될 수 있고 거래비용이 거의 없다면 재산권이 누구에게 귀속되는지와 상관없이 효율적인 자원배분이 가능하다고 본다.

145 가치재는 정부가 소비자의 선택권을 일정하게 제약하고 온정적인 측면에서 장려하는 재화 또는 서비스를 말하며 의료나 교육 등이 이에 해당한다. 따라서 소비자주권에 의한 배분과는 거리가 멀다.

146 ④ 모든 재화의 생산에 절대열위가 존재한다 하더라도 비교우위를 지니는 재화가 존재할 수 있다.

147 가맹국 사이에는 관세를 철폐하면서 비가맹국에 대해서는 독자적인 관세를 부과하는 형태의 경제통합은?

① 자유무역지대(free trade area)

② 완전경제통합(complete economic intergration)

③ 경제동맹(economic union)

④ 공동시장(common market)

⑤ 관세동맹(customs union)

148 국제무역이론에 대한 다음 설명 중 옳은 것은?

① 국제무역론은 순수무역이론과 무역정책론으로 나뉜다.

② 국제무역에서의 이익은 아담 스미스의 분업의 이익과는 무관한 이론이다.

③ 어떤 재화의 절대비용이 저렴한 국가가 그 재화를 생산하는 것이 효율적인 국제분업이다.

④ 어떤 국가가 특정 재화생산에 있어서 절대열위에 있더라도 그 재화생산의 비교우위에 있을 수 있다.

⑤ 국가 간 소비자의 선호차이는 국제무역의 원인이 될 수 없다.

149 개인 종합소득에 대해 초과누진세율을 적용할 수 있는 이론적 근거로 가장 옳은 것은?

① 자유주의　　　　　　　　② 합리주의

③ 공리주의　　　　　　　　④ 롤즈주의

⑤ 평등주의

Answer　　147.①　148.④　149.⑤

147 자유무역지대(free trade area)는 가맹국 간에는 완전한 관세를 철폐하면서 비가맹국에 대해서는 독자적인 관세를 부과한다.

148 소비자의 선호차이도 국제무역의 원인이 될 수 있다. 비록 생산가능곡선이 양국에서 동일하더라도 양국 간 선호차이가 존재하는 경우에는 국제무역이 발생할 수 있다. 국제무역에서의 이익은 아담 스미스가 국부론에서 제시한 분업의 이익과 동일한 개념이다. 각 국이 비교생산비가 저렴한 재화를 생산하는 것이 효율적인 국제분업이다.

149 누진세제는 저소득층에 대한 상대적 배려 인식이 깔린 것으로 평등주의에 가깝다.

150 다음 중 소비자 잉여(consumer surplus)에 대한 설명으로 옳은 것은?

① 수요곡선과 공급곡선이 만나는 점에서의 소비자의 총지출

② 시장가격보다 높은 수요곡선 부분의 면적

③ 수요자가 얻는 모든 한계효용을 합한 것

④ 소비자가 얻는 효용이 생산자가 얻는 효용을 초과할 때의 가치

⑤ 소비자가 지불하는 시장가치보다 소비를 통해 얻은 총가치가 작을 때 존재

151 주가지수에 관한 설명으로 옳지 않은 것은?

① 투자결정에 유용하게 이용된다.

② 투자성과의 평가기준이 될 수 있다.

③ 개별주식의 위험도를 평가하는 기준이다.

④ 특정시점의 경제 및 사회 상황을 대표한다.

⑤ 경제상황을 파악할 수 있는 후행지표가 된다.

152 다음 중 한계효용체감의 법칙에 대한 설명으로 옳지 않은 것은?

① 상이한 효용수준 하에서 X재 소비량이 증가함에 따라 X재 1단위에 대하여 포기할 용의가 있는 Y재 수량이 점점 감소하는 현상을 의미한다.

② 다른 변수는 모두 일정함을 전제로 한다.

③ 장기적으로는 기술혁신에 의해서 극복될 수 있다.

④ 자원이 무한하게 부존되어 있는 자유재의 경우에도 성립한다.

⑤ 보완재 소비량이 일정한 경우에만 성립한다.

Answer　　150.② 151.⑤ 152.③

150 소비자잉여(consumer surplus)는 어떤 재화를 소비함으로써 얻는 소비자의 총가치와 소비자가 소비를 위해 지불하는 시장가치의 차이를 말한다. 실제로 소비자가 지불하는 시장가치보다 소비를 통해 얻는 총가치가 클 때 소비자 잉여가 존재하는데, 소비자 잉여의 존재이유는 한계효용이 체감하기 때문이다.

151 주가지수는 주식시장 참여자들의 경제상황 예측을 반영한 선행지표이다.

152 한계효용체감은 상품을 소비할 때 발생하는 수요측면의 현상인 반면 공급에 관계되는 것으로 한계효용체감과 무관하다.

153 다음의 어떤 조건 하에서 과점기업들 간의 담합이 성공적일 수 있는가?

① 산업 내 과점기업의 수가 많을 때
② 산업으로의 진입장벽이 높을 때
③ 고도의 생산물분화(제품차별화)가 있을 때
④ 담합 위반 시 보복가능성이 높을 때
⑤ 일회성 담합이라서 반복가능성이 없을 때

154 다음 중 상대방이 어떤 전략을 선택하든 자신의 보수를 가장 크게 만드는 전략을 무엇이라 하는가?

① 내쉬전략　　　　　　　　② 우월전략
③ 순수전략　　　　　　　　④ 혼합전략
⑤ 영화전략

155 채권투자에 관한 다음의 설명 중 옳은 것은?

① 일반적으로 신용위험도가 높은 채권일수록 수익률이 높게 된다.
② 금리가 상승할 것으로 예상되면 잔존기간이 긴 채권에 투자하는게 좋다.
③ 채권가격이 상승하고 있다는 것은 채권수익율도 상승하고 있다는 것을 의미한다.
④ 채권가격은 금리수준에 따라 변동하는데 잔존기간이 긴 채권일수록 짧은 채권에 비해 가격변동폭이 작다.
⑤ 적용이율, 세율이 같다면 1개월 단위 복리보다 반년 단위 복리, 반년 단위 복리보다 1년 단위 복리의 경우에 더 많은 원리금을 받게 된다.

Answer　　153.④　154.②　155.①

153 과점기업들 간의 담합은 담합 위반 시 보복가능성이 높을 때 성공적일 수 있다.

154 우월전략이란 상대방이 어떤 전략을 선택하든 자신의 보수를 가장 크게 만드는 전략을 말한다.

155 신용위험도가 높은 채권일수록 거래할 때 요구되는 수익률이 높다.

156 재료나 제품 등 실물의 보관이나 운송의 흐름을 관리하는 산업을 물류산업이라고 하는 데, 다음 중 이러한 물류산업의 발전 동향에 관한 설명으로 적절하지 않은 것을 고르면?

① 전자상거래의 비중이 늘어남에 따라 신속하고 신뢰성 높은 저비용 물류체계의 구축이 더욱 중요해지고 있다.
② 물류정책은 물류인프라 확충, 정보화 및 표준화를 통한 물류선진화를 추구하면서 환경과 안전을 중시하는 경향이 커지고 있다.
③ 물류산업의 국제화가 가속화되어 국내시장에서 세계 유수기업들과 경쟁이 심화되고 있다.
④ 중소기업들은 경쟁력 확보를 위해 독자적인 물류 체계를 구축하는 형태로 자사창고 및 수송차량 확보를 증가시키는 추세이다.
⑤ 국제화가 진전됨에 따라 국제 표준화에 대한 적응과 국가 간 규제에 대한 대응력 강화가 필요하다.

157 우리나라 증권시장에서 외국인의 투자비중이 40%를 넘어섰다. 외국인 투자의 증가가 우리 경제에 미치는 영향으로 적절하지 않은 것은?

① 외국인 매도세로 돌아설 경우 증시에 충격을 줄 수 있다.
② 국내 기업의 가치를 높일 수 있다.
③ 국내 증시의 변동성을 낮출 수 있다.
④ 국내 기업의 투명성을 높일 수 있다.
⑤ 국부유출의 논란이 일 수 있다.

Answer   156.④   157.③

156 중소기업의 경우에는 물류비의 절감 및 경쟁력 등의 향상을 위해서 공동 물류체계를 구축하고 있는 상황이다.

157 외국인 투자비중의 확대는 기업의 가치를 높일 수 있고 투명성을 높일 수 있는 등의 긍정적 효과가 있으나, 외국인이 '팔자'로 돌아설 경우 증시에 충격을 줄 수 있는 등 우리나라 주가가 외국인에 의해 크게 영향을 받게 된다.

158 다음 증권 관련 신상품 개발의 활성화에 따른 효과로 옳지 않은 것은?

① 시장의 유동성이 보다 감소한다.

② 금융기관 간 경쟁을 유발할 수 있다.

③ 정보기술의 개발과 전문 인력의 양성을 촉진할 수 있다.

④ 금융기관은 신상품 개발을 통하여 수익성을 높일 수 있다.

⑤ 투자자 입장에서 보면 투자수단에 대한 선택의 폭이 넓어진다.

159 증권투자는 돈과 밀접한 관련이 있다. 다음에서 돈의 경제적 기능을 모두 찾아 바르게 묶은 것은?

> ㉠ 물건의 가치를 객관적으로 표시해 준다.
> ㉡ 실물을 대신할 수 있는 부의 축적 수단이다.
> ㉢ 수요자와 공급자가 물건을 거래하는데 매개하는 수단이다.
> ㉣ 생산에 필요한 사회간접자본이다.

① ㉠

② ㉠㉡

③ ㉠㉡㉢

④ ㉠㉡㉣

⑤ ㉠㉡㉢㉣

Answer　158.①　159.③

158 금융신상품개발은 금융기관 간 경쟁 및 정보기술 발달에 따른 자연스러운 결과이다. 수요자 입장에서 보면 보다 다양해진 투자수단을 활용할 수 있는 효과가 있고, 공급자 입장에선 경쟁력 있는 금융신상품을 통한 수익성제고가 가능하다.

159 사회간접자본은 각 경제주체들이 공통으로 생산에 이용하는 자본으로서 도로, 철도, 항만 등이 대표적이다.

160 다음 밑줄 친 ㉠과 ㉡에 대한 설명 중 옳지 않은 것은?

> 금융기관이 발달함에 따라 재산을 보관하는 방법이 다양해졌다. ㉠돈을 맡기고 필요할 때마다 언제든지 꺼내 사용하거나 ㉡보다 높은 수익을 얻기 위하여 다른 금융상품을 구입할 수 있다.

① ㉠은 은행에서 취급하는 대표적인 상품이다.
② ㉠은 수익성보다 유동성을 우선 시 하는 경우이다.
③ ㉡은 금융기관이 수익을 보장해 준다.
④ ㉡의 종류로 대표적인 것은 증권투자이다.
⑤ ㉡은 자산증식을 위하여 주로 이용한다.

161 투자를 할 때 올바른 자세에 대한 설명 중 옳지 않은 것은?

① 투자는 자신의 판단과 책임으로 해야 한다.
② 투자는 여유자금으로 해야 성공의 확률이 높다.
③ 투자의 위험을 줄이려면 투자 자산을 분산하는 것이 좋은데, 이렇게 복수의 자산에 분산투자 하는 것을 자산분산이라 한다.
④ 자산분산을 할 경우에는 자산 간의 상관계수가 높은 자산으로 포트폴리오를 설계하는 것이 투자위험의 경감효과를 높일 수 있다.
⑤ 투자위험을 줄이기 위한 분산투자의 방법 중에는 시간분산투자도 있는데 이것은 투자하는 시간을 분산하는 방법이다.

❋ Answer 160.③ 161.④

160 금융상품을 저축상품과 투자상품으로 대별할 때 투자상품은 본인 책임이 강조되는 상품이다.

161 투자위험은 가격변동 상관계수가 낮아야 경감시킬 수 있다.

162 기업은 사업에 필요한 자금을 조달하게 되는데 다음 중 자금의 수급이 공급자로부터 수요자에게 직접 연결되는 직접금융에 해당되는 것들로 짝지어진 것은?

① 이익금의 사내유보, 회사채 발행　　② 제2금융권차입, 은행차입

③ 회사채발행, 은행차입　　　　　　　④ 회사채발행, 주식발행

⑤ 주식발행, 은행차입

163 다음은 증권거래제도에 관한 설명이다. 옳지 않은 것은?

① 주식의 가격제한폭은 전일 종가를 기준으로 한다.

② 매매는 동시호가에 의한 단일가격으로 이루어진다.

③ 전화주문 뿐만 아니라 인터넷을 통한 주문도 낼 수 있다.

④ 증권거래소 시장은 증권회사를 통해 거래가 이루어진다.

⑤ 종합주가지수가 10% 급락할 경우 거래중단제도를 운영하고 있다.

164 수요곡선이 우하향하는 기울기를 가지는 일반적인 형태라고 가정할 때, 다음 중 어느 경우에 어떤 생산요소의 판매에서 얻는 소득에서 경제적 지대가 차지하는 비율이 가장 큰가?

① 공급곡선이 단위탄력적일 때

② 공급곡선이 비탄력적일 때

③ 공급곡선이 완전비탄력적일 때

④ 공급곡선이 완전탄력적일 때

⑤ 공급곡선의 탄력도만 가지고서는 알 수 없다.

Answer　162.④　163.②　164.③

162 은행차입과 제2금융권차입은 간접금융이며 이익금의 사내유보는 내부조달방법이다.

163 동시호가는 시작과 끝날 때 적용되는 방식이다.

164 생산요소 공급곡선이 완전비탄력적이면 생산요소공급자가 받는 총소득은 모두 경제적 지대가 된다.

165 기업의 자금조달, 경영방침 변경, 중간배당결의 등의 공시는 다음 중 어느 것에 해당하는가?

① 정기공시   ② 수시공시

③ 조회공시   ④ 자진공시

⑤ 공정공시

166 기업의 자금조달에 관한 설명 중 옳지 않은 것은?

① 주식을 발행하여 자금을 조달하면 조달한 자금을 언젠가는 상환해야 한다.

② CP(Commercial Paper : 신종기업어음)는 주로 단기 자금 조달수단으로 이용되고 있다.

③ 주식회사의 자금을 위해 출자한 사람을 주주라고 한다.

④ 전환사채란 일정한 조건 아래서 발행회사의 주식으로 전환할 수 있는 권리를 부여한 회사채를 말한다.

⑤ 회사채를 발행하여 자금을 조달한 경우에는 은행차입금과 마찬가지로 약속한 시기가 되면 상환을 해야 하기 때문에 기업의 입장에서는 그만큼의 부채가 늘어난다.

167 다음 설명 중에서 유통시장에 관한 내용으로 알맞은 것을 모두 고른 것은?

> ㉠ 흔히 말하는 '증권투자'를 하는 곳이다.
> ㉡ 증권의 환금성을 보장해주므로 투자자의 투자를 촉진시킨다.
> ㉢ 이 곳에서 형성되는 증권가격은 공정한 가치를 판단할 수 있는 기준이 된다.
> ㉣ 발행된 증권이 최초의 투자자에게 매각되는 시장이다.

① ㉠   ② ㉠㉡

③ ㉡㉢   ④ ㉠㉡㉢

⑤ ㉠㉡㉢㉣

❀ Answer   165.②   166.①   167.④

165 자금조달, 경영방침 변경, 중간배당결의 등은 수시공시의 대상이 된다.

166 주식으로 조달한 자금은 기업의 자기자본에 해당한다. 그러므로 자금을 상환해야 하는 의무는 없다.

167 ㉣은 발행시장에 관한 설명으로 유통시장과는 관련이 없다.

168 자본을 경제학적인 자본과 회계학적인 자본으로 구분할 때, 경제학적인 자본의 의미를 가진 것으로 묶은 것은?

㉠ 공장	㉡ 자기자본
㉢ 기계	㉣ 포장마차

① ㉠㉡㉢   ② ㉠㉡㉣

③ ㉠㉢㉣   ④ ㉡㉢㉣

⑤ ㉠㉡㉢㉣

169 일반균형에 대한 설명 중 옳지 않은 것은?

① 개인의 선호의 형태와는 관계없이 일반균형은 존재한다.
② 일반균형이란 국민경제 내의 모든 시장이 동시에 균형을 이루고 있는 상태를 말한다.
③ 다른 사람의 후생을 감소시키지 않고서는 한 사람의 후생을 증가시킬 수 없는 상태를 파레토 효율이라고 하며, 에지워드 상자 내 계약곡선 상의 모든 점들이 이를 충족시킨다.
④ 각 재화시장이 불균형 상태에 있을 경우, 두 재화의 상대가격의 변화를 통해 일반균형에 도달할 수 있다.
⑤ 오퍼곡선은 두 시장의 수요–공급 곡선을 동시에 나타낼 수 있다.

170 에로우가 주장한 사회선택의 규칙이 합리적이기 위한 요건이 아닌 것은?

① 무관한 선택대상으로부터의 독립성   ② 파레토 원칙
③ 집단적 합리성   ④ 선호의 제한성
⑤ 비독재성

Answer　　168.③　169.①　170.④

168 자기자본은 회계학적인 용어의 자본에 해당한다.

169 일반균형이 존재하기 위해서는 개인의 선호가 볼록성을 만족해야 한다.

170 에로우가 주장한 사회선택의 규칙이 합리적이기 위한 요건으로 완비성, 이행성, 파레토 최적의 조건, 무관한 선택대상으로부터의 독립성, 비독재성을 들고 있다.

171 이자율에 대한 올바른 설명을 고른 것은?

○ 채권가격과 반비례하게 된다.
○ 기간에 따라 단리와 복리로 나뉜다.
○ 대여자와 차입자를 원활하게 연결시켜 주는 수단이 된다.
○ 100만 원을 연 10%의 복리로 2년간 예금하면 121만 원이 된다.

① ㉠㉡㉢
② ㉠㉡㉣
③ ㉠㉢㉣
④ ㉡㉢㉣
⑤ ㉠㉡㉢㉣

172 시장의 경제적 역할을 모두 고른 것은?

• 유가증권이 거래되는 추상적인 시장을 말한다.
• 발행자가 자금을 조달하는 시장과 투자자들 사이에서 매매되는 시장으로 구분된다.

○ 유동자금을 산업 자본화한다.
○ 재정·금융정책의 수단으로 사용된다.
○ 소득재분배 기능을 수행한다.
○ 저축 또는 자산의 운용을 위한 투자대상을 제공한다.

① ㉠㉡㉢
② ㉠㉡㉣
③ ㉠㉢㉣
④ ㉡㉢㉣
⑤ ㉠㉡㉢㉣

Answer　171.③　172.⑤

171 이자율은 수익성의 중요한 기준이며, 계산방법에 따라 단리와 복리로 나뉜다.

172 증권시장의 경제적 역할은 산업자본의 조달, 투자수단의 제공, 소득의 재분배, 재정·금융정책의 수단 등이다.

173 미래자동차 회사의 당기순이익에 영향을 주지 않는 것은?

① 자동차 판매량이 늘었다.

② 주주들에게 배당금을 지급하였다.

③ 생산을 담당하는 사람들의 인건비가 올랐다.

④ 자동차 제작을 위해 구입하는 철판의 가격이 올랐다.

⑤ 은행으로부터 차입한 돈에 이자를 정해진 날짜에 지급하였다.

174 다음 중 주식과 채권에 대하여 바르게 설명한 것은?

① 채권자는 기업경영에 참여한다.

② 주식은 액면금액으로 발행되어야 한다.

③ 모든 회사는 주식을 발행하여 자금을 조달할 수 있다.

④ 주식의 소유주 즉 주주는 언제나 배당을 받을 수 있다.

⑤ 채권자는 기업의 잔여재산 배분에 있어 주주보다 우선권이 있다.

175 기업의 자금조달방법 중 이자비용이 발생하는 경우를 모두 고른 것은?

㉠ 주식발행	㉡ 채권발행
㉢ 금융기관에서 차입	㉣ 사내유보이익

① ㉠㉡

② ㉠㉢

③ ㉡㉢

④ ㉡㉣

⑤ ㉢㉣

❋ Answer 173.② 174.⑤ 175.③

173 배당금 지급은 당기순이익이 생성된 이후 단계로 이익의 처분에 해당한다.

174 주주는 이익이 발생했을 경우에만 배당을 받을 수 있으며, 채권자는 경영에 참여가 불가능하다. 하지만 발행기업의 도산으로 청산하는 경우 주주에 우선하여 기업자산에 대한 청구권을 가진다.

175 채권발행시에는 채권이자를 지급해야 하며, 은행으로부터의 차입시에도 이자를 지급해야 한다.

176 재무제표에 대해서 바르게 설명한 것을 고른 것은?

> ㉠ 자산항목에는 유동자산과 비유동자산이 있다.
> ㉡ 자본항목은 오른쪽에, 자산과 부채항목은 왼쪽에 기입하는 것이 원칙이다.
> ㉢ 자본은 기업이 발행한 채권을 주주들이 매입하면서 낸 자금으로 이루어진다.
> ㉣ 부채항목에는 상환해야 할 기간이 6개월 이내인지 또는 6개월 이상인지를 기준으로 유동부채와 비유동부채로 나뉜다.

① ㉠
② ㉡
③ ㉢
④ ㉣
⑤ 없다.

177 경제변수와 주식시장에 관한 내용 중 올바른 것은?

① 주가변동은 국민총생산의 변화와 밀접한 관계가 있다.
② 주가의 움직임은 일반적으로 경기변동을 뒤따르며 나타난다.
③ 원자재 가격의 상승은 기업의 수익을 올려주는 효과가 있다.
④ 경제성장률의 증가는 부동산 가격의 상승을 유도하여 주가를 하락시킨다.
⑤ 일반적으로 환율인상은 수출의 감소를 가져와 주가의 하락을 유도한다.

178 위험기피적인 경향이 강한 사람에게 선호되는 일반적인 투자형태의 순서로 맞는 것은?

① 회사채 > 주식 > 국채
② 회사채 > 국채 > 주식
③ 국채 > 주식 > 회사채
④ 국채 > 회사채 > 주식
⑤ 주식 > 회사채 > 국채

Answer   176.①   177.①   178.④

176 자산항목은 왼쪽에, 부채와 자본항목은 오른쪽에 기입하는 것이 원칙이며, 상환기간 1년을 기준으로 유동과 비유동부채로 구분된다.

177 주가는 경기변동에 선행하며 환율인상은 수출품의 가격경쟁력을 높여준다.

178 국가에서 발행하는 국채가 가장 위험도가 적고 이후 회사채, 주식의 순으로 위험도가 적다.

179 다음 중 기업공개에 대한 설명으로 옳지 않은 것은?

① 투자자가 기업에 참여할 수 있는 기회를 확대시켜 준다.

② 기업이 간접금융을 통해 자금을 조달하는 좋은 수단이 된다.

③ 증권시장에서의 주식거래를 통해 공정한 가격형성을 도모할 수 있게 된다.

④ 기업경영에 대한 다수 주주들의 감시를 통해 경영의 투명성을 높이는데 기여한다.

⑤ 거래소나 코스닥 시장에 신규로 상장·등록하기 위해 투자자에게 주식을 분산하는 것이다.

180 기업의 사회적 책임과 거리가 먼 것은?

① 기업의 사회적 책임은 산업자본주의가 대두되면서 강조되었다.

② 기업은 사회의 기본적 경제단위로서 재화와 서비스를 생산할 책임을 지고 있다.

③ 기부행위로서 고아원, 경로당 등의 사회복지시설을 자발적으로 지원하고 있다.

④ 기업은 정당한 이윤을 창출하여 주주와 종업원, 거래업체와 공정한 이익을 나눌 책임이 있다.

⑤ 기업은 사회를 보호하는 각종의 법과 기준을 준수하면서 다른 경제주체와 사회에 대한 윤리적 책임을 지고 있다.

181 수익과 위험에 관한 설명 중 옳지 않은 것은?

① 수익성과 안전성은 역의 관계에 있는 것이 일반적이다.

② 수익이 클 것으로 기대되는 투자상품은 원금의 손실위험도 크다.

③ 합리적인 증권투자를 할 경우 위험분산 및 높은 수익률을 기대할 수 있다.

④ 위험이 높은 투자상품의 기대수익률은 위험이 낮은 투자상품의 기대수익률보다 낮다.

⑤ 저축은 경우에 따라서 원금의 가치가 상대적으로 줄어드는 결과를 가져올 수도 있다.

Answer　179.② 180.① 181.④

179 기업공개는 기업의 자금을 조달하는 직접금융의 수단이다.

180 기업의 사회적 책임은 산업자본주의에서부터 강조된 것이 아니라 수정자본주의에 이르면서 본격적으로 대두된 기업의 책임론이다.

181 위험이 높은 투자안의 기대수익률은 위험이 낮은 투자안의 기대수익률보다 그 위험의 차이만큼 높아야 한다.

182 다음 중 우리나라 기업지배구조의 실상에 대해 바르게 설명한 것을 모두 고르면?

> ㉠ 최근에는 우수한 기업지배구조가 기업경쟁력의 원천이라는 인식이 확산되고 있다.
> ㉡ 지주회사제 도입 논의는 기업의 지배구조를 개선하기 위한 한 방편으로 나온 것이다.
> ㉢ 지배구조 개선을 위해 사외이사제가 도입되었다.
> ㉣ 집단소송제, 집중투표제가 제도화되면 소액주주가 보호받을 수 있다.

① ㉠㉡㉢　　　　　　　　　　② ㉠㉡㉣
③ ㉠㉢㉣　　　　　　　　　　④ ㉡㉢㉣
⑤ ㉠㉡㉢㉣

183 주식투자에 대해 바르게 말한 사람을 고른 것은?

> 미라 : 최근에 은행 이자율이 하락해서 주식투자를 좀 하려고 해. 이자율 하락 때문에 주식
> 　　　가격이 오른다고 하더라.
> 보라 : 주식을 사는 것은 투자라고도 하지만 저축의 일종으로 볼 수 있어.
> 세라 : 주식투자는 투자라고는 하지만 투기성이 더 큰거 아냐?

① 미라, 보라　　　　　　　　　② 미라
③ 보라, 세라　　　　　　　　　④ 미라, 세라
⑤ 미라, 보라, 세라

Answer　182.⑤　183.⑤

182 지배구조 개선을 위해 사외이사제나 지주회사제가 도입되었고 집단소송제, 집중투표제가 제도화되면 소액주주가 보호받을 수 있다.

183 일반적으로 이자율이 하락하면 금융비용이 감소하고 기업의 이익이 증가하기 때문에 주식가격이 올라간다. 주식을 사는 것을 흔히 주식투자라고 한다. 경제학적 의미로는 저축으로 볼 수 있으며 주식투자는 시세차익을 중시하는 투기적 성격도 가지고 있다.

184 채권투자에 따른 위험을 모두 고른 것은?

> ㉠ 금리변동에 따른 위험
> ㉡ 인플레이션 위험
> ㉢ 원리금 미상환위험

① ㉠   ② ㉠㉡
③ ㉠㉢   ④ ㉡㉢
⑤ ㉠㉡㉢

185 채권투자에 대한 설명으로 옳은 것은?

① 증권거래소에 가서 채권매입 주문을 내야 한다.
② 향후 금리가 오를 것이 예상될 때에는 채권을 매입한다.
③ 채권투자는 간접투자보다 직접투자를 하는 것이 훨씬 간편하다.
④ 신용등급이 낮은 채권은 이율이 높기 때문에 대량 매수해야 한다.
⑤ 세금우대 채권저축은 채권에 대한 직접투자보다 높은 수익을 올릴 수 있다.

186 투자와 투기는 다르다. 다음 중 투기에 해당하는 것을 모두 고른 것은?

> ㉠ 시세차익을 목적으로 부동산을 매매한다.
> ㉡ 단기간에 수익 목표를 달성하고자 위험부담을 무릅쓴다.
> ㉢ 위험을 최소화하고자 우량주를 중심으로 주식을 매입한다.

① ㉠   ② ㉠㉡
③ ㉠㉢   ④ ㉡㉢
⑤ ㉠㉡㉢

✅ Answer   184.⑤   185.⑤   186.②

184 채권투자가 위험성이 없는 것으로 쉽게 오해할 수 있으나 채권도 파산, 인플레이션, 금리변동의 위험을 가지고 있다.

185 세금우대 채권저축은 채권에 대한 직접투자보다 우대되는 세금만큼 이익이 크다.

186 투기는 투자와 다르게 단기간이 수익목표달성을 목적으로 하며 논리적 분석이 다소 부족하다.

187 어떤 재화의 생산에 외부경제로 인한 비효율이 존재할 때 다른 조건이 동일하다는 가정 하에서 정부는 어떤 조치를 통하여 효율성을 높일 수 있는가?

① 그 재화의 과다생산을 시정하기 위해 조세부과를 실시한다.
② 그 재화의 과소생산을 시정하기 위해 보조금정책을 취한다.
③ 그 재화의 과다생산을 시정하기 위해 보조금정책을 취한다.
④ 그 재화의 과소생산을 시정하기 위해 배출부과금을 부과한다.
⑤ 그 재화는 적정수준으로 생산되므로 정부는 개입하지 않아야 한다.

188 다음 중 공공선택이론에서 만장일치제의 특징이 아닌 것은?

① 파레토 효율적인 유일한 투표제도이다.
② 소수자 보호 기능이 있다.
③ 현실적으로 유지되기 어려운 투표제도이다.
④ 의도적인 반대에 취약하다.
⑤ 적은 의사결정비용이 소요된다.

189 불성실 공시기업에 대하여 금융위원회나 한국거래소가 취할 수 있는 제재조치로 옳지 않은 것은?

① 거래소 상장을 폐지한다.
② 투자자의 손실을 피해 보상하게 한다.
③ 매매거래를 정지한다.
④ 임원의 해임을 권고한다.
⑤ 유가증권의 발행을 제한한다.

Answer 187.② 188.⑤ 189.②

187 어떤 재화의 생산에 외부경제로 인한 비효율이 존재할 때에는 그 재화의 과소생산을 시정하기 위해서 보조금정책을 취한다.

188 만장일치제는 많은 의사결정비용이 소요된다.

189 불성실 공시에 대한 한국거래소 제재로는 상장폐지, 거래정지 등이 있고, 금융위원회 제재로는 경고, 유가증권 발행제한, 임원해임 권고 등이 있다.

190 기업의 분식회계에 해당되지 않는 것은?

① 외상매입대금을 장부에 기재하지 않았다.
② 매장에서 반품 처리된 상품을 매출로 기재하였다.
③ 단종된 구형 자동차 재고를 신형 자동차 가격으로 평가하였다.
④ 제품판매를 대행하는 자회사에게 재고품을 매출한 것으로 장부에 기재하였다.
⑤ 재무제표 공시 전 해당기업의 임직원이 미공개된 재무제표의 정보를 이용하여 자기회사
의 주식을 매수하였다.

191 건전한 투자문화를 정착시키기 위한 투자자들의 바람직한 투자행태로 옳지 않은 것은?

① A씨는 은행에서 대출을 받아 주식에 투자하였다.
② B씨는 시세의 단기변동에 연연하지 않고 소신을 가지고 장기투자에 임하였다.
③ C씨는 투자 전 여러 전문가들과 투자 상담을 해보았다.
④ D씨는 영업성적뿐 아니라 기업경영의 투명성, 지배구조의 정당성 등을 평가해 본다.
⑤ E씨는 투자기업의 소유주라는 생각을 가지고 기업의 경영과 감사에 소액주주권을 적극
활용한다.

192 호황기에는 물론 불황기에도 물가가 계속 상승하여 불황과 인플레이션이 공존하는 현상을 가리키는 용어는 무엇인가?

① 디플레이션
② 인플레이션
③ 하이퍼인플레이션
④ 스태그플레이션
⑤ 디노미네이션

❀ Answer　190.⑤　191.①　192.④

190 내부거래를 통한 부당이익으로 분식회계와는 관련이 없다.

191 주식투자는 위험도가 크기 때문에 은행에서 대출을 받는 것은 바람직한 투자행태가 될 수 없다.

192 스태그플레이션은 경기침체 속의 인플레이션으로 경기상태에 따른 분류 중 하나이다.

193 투명경영을 하는 기업의 특징으로 옳지 않은 것은?

① 인터넷과 대중매체를 통해 주요 경영 내용을 수시로 공개한다.

② 특정 회계법인과 장기적인 회계감사 계약을 맺었다.

③ 내부감사제도 등 내부통제와 운영의 투명성을 높이고 있다.

④ 대주주의 경영 개입은 주식지분범위 내에서 이루어지고 있다.

⑤ 기업의 사회적 책임에 관심이 크며 경영혁신을 꾸준히 추진한다.

194 회사채발행을 결의하는 주식회사의 기관은 무엇인가?

① 재무담당부서　　　　　　　　② 감사위원회

③ 경영위원회　　　　　　　　　④ 주주총회

⑤ 이사회

195 다음 중 6-시그마 기법에 관한 설명으로 가장 옳지 않은 것은?

① 6-시그마 기법은 수치데이터를 통하여 분석적인 접근방식과 오픈마인드 수행을 요구한다.

② 6-시그마 기법은 상의하달 방식으로 강력하게 추진하는 것이 보다 효과적이다.

③ 6-시그마 기법은 프로세스 중시형 접근방법이다.

④ 6-시그마 기법을 도입하여 고품질을 추구하는 기업은 지속적으로 비용이 더 많이 소요된다.

⑤ 6-시그마 기법을 활용하면 제품 또는 서비스의 리드타임이 단축되고 재고감축 효과가 있다.

Answer　　193.② 194.⑤ 195.④

193 회계법인과 장기적인 회계감사 계약을 맺었다는 것은 투명경영과 직접적인 관련이 없다.

194 상법상 이사회의 권한으로 사채의 모집, 재무제표의 승인, 주주총회의 소집 등이 있다.

195 6-시그마 기법으로 인해 품질의 향상 및 비용의 절감이 나타나며 이로 인해 고객의 만족과 회사의 발전이 실현되게 된다.

196 자본에 대한 설명 중 옳지 않은 것은?

① 산업구조가 고도화될수록 기술보다는 자본의 중요성이 강조된다.
② 기계, 건물 등 기업의 생산설비들을 자본이라고 한다.
③ 일정 시점의 한 나라의 자본총량을 국부라고 한다.
④ 재고나 원재료 등도 자본에 해당한다.
⑤ 생산요소의 하나이다.

197 금융에 대해 바르게 이해하고 있는 사람을 고른 것은?

> 보라 : 직접금융시장이 활성화되지 않으면 은행으로부터 단기자금을 빌려 운용하게 되므로 부채비율이 높아진다.
> 미라 : 금융기관을 통한 자금조달의 비중이 높으면 부채상환의 부담이 증가하게 된다.
> 시라 : 금융기관을 통해 대출을 받거나 주식을 발행하여 주주들로부터 모은 자본을 타인자본이라고 볼 수 있다.
> 애라 : 채권을 통해 조달한 자금은 금융기관으로부터 빌려온 간접금융에 포함된다.

① 보라, 미라　　　　　　　　② 보라, 시라
③ 미라, 시라　　　　　　　　④ 미라, 애라
⑤ 시라, 애라

Answer　　196.① 197.①

196 자본은 생산요소에 하나로 한나라의 자본총량을 국부라고 한다. 산업구조가 고도화될수록 자본보다는 기술의 중요성이 강조된다.

197 주식을 발행하여 모은 자금은 자기자본이나 채권을 통해 조달한 자금은 직접금융에 속한다.

198 한국거래소가 수행하는 기능에 해당하지 않는 것은?

① 거래소에 상장된 회사에 대한 정기적 감사로 증권시장의 투명성을 제고한다.

② 불공정 매매를 차단하기 위해서 주가를 감시한다.

③ 시장 참여자간에 분쟁발생시 조정업무를 한다.

④ 유가증권의 상장에 관한 업무를 한다.

⑤ 영업실적이나 기업내용을 공시한다.

199 기업의 배당에 관한 설명으로 옳지 않은 것은?

① 주식투자에 있어서 배당은 시세차익과 더불어 중요한 수입원이 된다.

② 배당성향은 기업의 장래 성장성을 예상할 수 있다.

③ 성숙된 경제보다는 성장하고 있는 경제에서 더욱 선호된다.

④ 결산기 이전에도 배당을 실시할 수 있으며 이를 중간배당이라고 한다.

⑤ 자금의 사외유출이다.

200 다음과 같은 투자를 위해 관심을 가져야 할 요소는?

> 워렌버핏은 평생 동안 고집스럽게 10개 정도의 주식만 사고팔았다. IT 관련 주식들의 가격
> 이 급등할 때에도 그는 자신의 신념을 유지했다. 이러한 투자원칙을 지킨 결과 그는 지난
> 40년 동안 연평균 26.5%라는 경이적인 수익률을 올릴 수 있었다. 그는 "불확실한 일주일
> 이 아닌 확실한 10년을 보고 투자하라"라고 말했다.

① 소비자들의 성향변화   ② 국제 경제의 변화

③ 기업의 사회적 책임   ④ 기업의 내재 가치

⑤ 국가 경쟁력의 변화

✿ Answer   198.①   199.③   200.④

198 상장된 회사에 대한 정기적인 감사는 금융감독원에서 실시하는 것으로 한국거래소가 수행하는 기능에는 해당하지 않는다.

199 성장하고 있는 경제에서는 투자를 지속적으로 유지하기 위해 사내유보가 선호되고 성숙된 경제에서는 상대적으로 배당이 선호된다.

200 워렌버핏의 투자 중심은 내재적 가치를 잣대로 하여 투자여부를 결정하는 것이다.

201 주가지수 선물거래란 증권시장에서 매매되고 있는 전체 주식 또는 일부 주식의 가격수준을 나타내는 주가지수를 매매대상으로 하는 금융선물의 한 종류이다. 이와 같은 주가지수선물의 경제적 기능이라고 할 수 없는 것은?

① 미래 예측의 기능
② 위험관리의 수단으로서의 기능
③ 새로운 투자 수단으로서의 기능
④ 주식시장 안정화 및 유동성 확대의 기능
⑤ 기업재원 조달 기능

202 여유있는 사람이 돈을 빌려주고 돈이 부족한 사람이 빌려 쓰는 현상, 즉 자금의 조달과 운용에 따라 일어나는 돈의 흐름을 말하는 것은?

① 증권　　　　　　　　　　　② 투자
③ 저축　　　　　　　　　　　④ 금융
⑤ 자본

203 다음의 거래행위가 이루어지는 시장에 대한 설명으로 옳지 않은 것은?

> 갑은 BC전자 주식을 사기로 결정하고 대박증권에 찾아가 인터넷 계좌를 개설하였다. 증권거래를 통래 BC전자 주식 100주를 소유하게 되었다.

① 채권 및 주식의 발행을 통해 자금을 공급하는 발행시장이다.
② 주식시장 구조는 정규시장과 장외시장으로 구성된다.
③ 유가증권시장과 코스닥시장이 대표적이다.
④ 매수측이나 매도측이 모두 다수로 구성된 시장이다.
⑤ 주식뿐 아니라 채권도 거래가 가능하다.

❋ Answer　　201.⑤　202.④　203.①

201 주가지수 선물거래는 미래의 위험을 관리하는 수단이나 투자의 수단, 유동성확대 등의 기능을 가지나 기업의 자금공급의 기능은 없다.

202 금융이란 자금을 조달하거나 운용함에 따라 일어나는 흐름을 말한다.

203 자금을 공급하는 발행시장이 아닌 유통시장에 대한 설명이다.

204 주식거래제도에 대한 설명으로 옳지 않은 것은?

① 매매를 위해 일정한 가격으로 매수 또는 매도하겠다는 의사표시 행위를 호가라고 한다.

② 유가증권시장의 경우 가격의 급격한 변동을 막기 위해 가격제한폭을 두고 있다.

③ 일반투자자는 증권회사를 통해서만 유가증권시장에서 거래가 가능하다.

④ 관리종목으로 지정되면 일정기간 동안 매매가 정지된다.

⑤ 거래대금은 매매당일 결제가 이루어진다.

205 다음 중 옳게 짝지어진 것은?

- (㉠)는 원금에 대해서만 이자를 계산하는 방법이다.
- (㉡)는 원금과 이자 모두에 대해서 이자를 계산하는 방법이다.

	㉠	㉡
①	복리	단리
②	단리	복리
③	고정금리	변동금리
④	변동금리	현재가치
⑤	복리	현재가치

206 채권시장에 대한 설명으로 옳지 않은 것은?

① 채권의 상장이란 한국거래소에서 거래될 수 있는 채권의 자격을 주는 제도이다.

② 채권이 거래되는 시장은 크게 장내시장과 장외시장으로 구분할 수 있다.

③ 채권은 발행주체에 따라 금융채, 국고채, 지방채 등으로 구분할 수 있다.

④ 국채의 경우에 재정증권은 경쟁입찰을 통해 발행된다.

⑤ 상장된 채권은 한국거래소에서만 거래할 수 있다.

Answer　204.⑤　205.②　206.⑤

204 거래대금은 매매일로부터 3일째 되는 날 결제가 이루어진다.

205 원금 자체에 대해서만 이자를 계산하는 방법은 단리이고 원금과 이자 모두에 대해서 이자를 계산하는 방법은 복리이다.

206 상장된 채권은 한국거래소 이외에도 장외에서 거래가 가능하다.

207 주식을 가지고 있는 사람들에게 그 소유지분에 따라 기업이 이윤을 분배하는 것을 무엇이라고 하는가?

① 원금상환   ② 이자지급

③ 투자   ④ 상장

⑤ 배당

208 주주에 대한 설명으로 옳지 않은 것은?

① 자본의 출자의무를 가지고 있는 것이 주주이다.

② 주주는 자연인만이 되는 것이 아니라 법인도 가능하다.

③ 주주평등의 원칙에는 예외가 존재하는데 그것이 우선주에 관한 것이다.

④ 주주평등의 원칙이란 주식 수와 관계 없이 주식을 보유한 자는 동등한 의결권을 가진다는 것이다.

⑤ 상법상 주주의 권리는 자익권과 공익권으로 이루어져 있다.

209 바람직한 기업활동에 해당하는 것은 무엇인가?

① 담합을 통해 자사의 이익을 극대화한다.

② 이익증대를 위해 분식회계를 한다.

③ 최근 재판에 패소하여 배상금을 지불하게 된 사실을 공시한다.

④ 의제의무를 이행함에 따라 비용이 증가하여 의제의무를 회피한다.

⑤ 법을 위반하여 얻는 이익이 비용보다 커서 법을 위반한다.

Answer   207.⑤   208.④   209.③

207 배당은 기업이 영업활동을 통해 발생한 이익을 주주에게 배분하는 것을 말한다.

208 주주평등의 원칙은 주식 수와 관계 없이 동등한 의결권을 가지는 것이 아니라 주식수에 비례하여 의결권을 가지는 것을 말한다.

209 바람직한 기업활동은 기업의 투명성을 재고하는 것으로 흑자이건 적자이건 기업이 처한 상황을 공시를 통해 정확히 전달해야 한다.

210 다음에서 설명하는 부실기업의 처리방법은?

> 채권자 등 이해 관계자들이 채무자와 합의하여 일정기간 동안 행사를 유예 해주고 영업 활동이 계속되도록 하여 회생할 수 있도록 돕는 것을 말한다. 채무자는 자신에 대한 권리를 상실하지 않는다.

① 화의
② 은행관리
③ 법정관리
④ 워크 아웃
⑤ 제3자 인수

211 다음 법 규정의 목적으로 가장 적절한 것은?

> 독점규제 및 공정거래에 관한 법률에서 지주회사는 자산총액 1,000억 이상, 비율 100% 이내, 자산총액 중 자회사 주식가액 합계비율이 50% 이상으로 규정하고 있다.

① 계열사 상호 간 관련성 강화
② 기업 간 순환 출자의 확대
③ 부실 기업의 퇴출 방지
④ 기업지배 구조의 개선
⑤ 분식회계의 안정화

212 가계의 소비심리가 급격히 증가하고 과소비 풍조가 전국적으로 만연하면서 인플레이션이 우려된다. 이와 같은 경제상황에서 경제안정을 위해 실시할 수 있는 정부정책은?

① 재정지출을 늘린다.
② 이자율을 인하한다.
③ 통화량 공급을 증가시킨다.
④ 지급준비율을 인하시킨다.
⑤ 금융시장에서 채권을 매각한다.

⁂ Answer   210.①   211.④   212.⑤

210 화의는 채무자의 경영권을 상실하지 않게 하면서 기업을 회생시켜 채권의 회수를 도모하는 방식이다.

211 기업지배 구조개선을 하기 위한 기업형태로 제시되는 개념이 지주회사제도이다. 이것은 지주회사와 자회사 간의 출자 관계만 있을 뿐, 자회사 간의 출자가 없으므로 순환출자가 줄어들고, 투명한 소유구조가 됨으로써 기업지배 구조개선에 도움이 될 것으로 여겨진다.

212 총수요를 감소시키기 위해서는 정부가 공개시장조작을 통해 채권을 매각한다면 과열된 경기상황을 안정화시킬 수 있을 것이다.

213 신주인수권 부사채의 설명으로 옳지 않은 것은?

① 낮은 액면이자율로 발행이 가능하기 때문에 기업입장에서는 자금조달에 유리하다.

② 투자자 입장에서는 주가가 상승하게 되면 낮은 가격으로 주식을 매수할 수 있다.

③ 신주인수권을 행사 시 채무자의 자격은 상실하고 주주로서의 자격만 갖게 된다.

④ 신주인수권 행사 이후에도 원리금 상환 부담은 지속된다.

⑤ 주식과 사채의 양면성으로 인해 자금 조달이 용이하다.

214 증권회사가 유가증권의 매매 등과 관련하여 고객으로부터 받아 일시 보관중인 금전으로, 예금자보호법에 의해 보호되며, 증권사 재산과 구분하여 별도로 예치하는 이것은 무엇인가?

① 가수금   ② 시가총액

③ 이익잉여금   ④ 거래대금

⑤ 고객예탁금

215 금융시장에 대한 설명으로 옳은 것은?

① 직접금융시장은 기업이 발행한 주식이나 회사채를 자금 공급자가 은행으로부터 공급하는 시장이다.

② 직접금융시장은 금융중개기관이 시중에서 조달한 자금을 기업에 공급하는 시장이다.

③ 증권시장은 자금의 수요자와 공급자를 연결해주는 가교역할을 하는 직접금융기능을 담당한다.

④ 주식을 발행하여 자금을 조달할 경우 기업은 금융비용이 발생한다.

⑤ 최근까지 직접금융시장의 규모는 점차적으로 축소되는 경향을 보이고 있다.

Answer   213.③   214.⑤   215.③

213 신주인수권부사채는 신주인수권을 행사하더라도 기존의 채무자로서의 자격은 그대로 유지된다.

214 고객예탁금은 증시주변의 자금사정을 알아보는 주요한 지표로서의 기능도 가지고 있다.

215 ①② 간접금융시장에 대한 설명이다.
  ④ 금융비용이 발생하지 않는다.
  ⑤ 직접금융시장의 규모는 점차적으로 확대되는 경향을 보이고 있다.

216 주권상장이 가능한 회사를 모두 고른 것은?

ㄱ 합자회사　　　　　　　　ㄴ 합명회사
ㄷ 유한회사　　　　　　　　ㄹ 주식회사
ㅁ 개인회사
---

① ㄱㄴ
② ㄴㄷ
③ ㄷㄹ
④ ㄹ
⑤ ㅁ

217 금융기관은 통화금융기관과 비통화금융기관으로 구분된다. 비통화금융기관에 해당하는 것은?

① 한국은행
② 지방은행
③ 시중은행
④ 외국은행의 국내지점
⑤ 한국수출입은행

218 경기가 좋아졌을 때 나타나는 일반적인 현상으로 잘못된 것은?

① 수입이 증가한다.
② 주가가 상승한다.
③ 구직활동이 증가한다.
④ 국채 등 채권의 금리가 하락한다.
⑤ 물가가 상승한다.

Answer　　216.④　217.⑤　218.④

216 우리나라의 거래소에 상장할 수 있는 회사는 상법상 주식회사에 한정되어 있다.

217 ①②③④는 통화금융기관이고 한국수출입은행은 비통화금융기관에 속한다.

218 경기가 호전되면 기업의 자금 수요가 증가하게 되어 물가가 상승하기 때문에 국채 이율 등 금리가 오르기 쉽다. 또한 국내의 생산이나 소비가 활발하게 되어 원재료나 소비재 등의 수입이 증가한다.

---

219 단일 토지세론, 즉 '사회가 진보하는 데에도 빈부의 격차가 커지는 원인은 토지를 사유하는 데 있다. 땅을 소유하고 있는 사람들은 일을 하지 않아도 돈을 벌어들이고, 그 땅을 갖지 못한 이들은 열심히 일해도 가난에서 벗어날 수 없다. 따라서 토지의 불로소득은 모두 세금으로 환수하고 열심히 일해서 벌어들인 소득세를 비롯하여 다른 세금은 모두 없애야 한다.'고 주장한 경제학자는 다음 중 누구인가?

① 알프레드 마샬   ② 밀턴 프리드먼
③ 프리드리히 하이에크   ④ 칼 마르크스
⑤ 헨리 조지

220 다음 글을 읽고 이 글에서 표현하고 있는 사회적 자본에 대한 설명으로 볼 수 없는 것은?

> 오늘날 선진국의 기준은 당연히 국민소득으로 결정되는 것이 아니다. 서로가 서로를 신뢰할 수 있고 정부와 사회제도에 대한 신뢰가 강해 누구라도 공정하고 품격 있는 삶을 영위할 수 있는 사회가 되어야만 한다. 이런 문화 속에 사회적 자본이 풍부해야만 경제성장도 빨라지고, 사회적 통합 또한 가능하며, 우리 사회의 선진화도 앞당길 수 있다.

① 사회적 자본은 경제주체 간 상호협력을 촉진시켜 사회의 생산성을 높여준다.
② 사회적 자본이 확충되려면 입법·사법·정치활동의 투명성 등이 보장되어야 한다.
③ 준법정신이 강할수록 그 나라의 사회적 자본은 풍부하다.
④ IT시대가 도래하면서 지연·학연·동창관계 등 인적 네트워크가 중요하게 작용한다.
⑤ 사회적 자본이 풍부할수록 거래비용의 절감을 가져와 경제의 효용성을 증대시킨다.

❊ Answer   219.⑤   220.④

219 토지단일세 ··· 미국의 사상가 헨리 조지는 지금으로부터 약 100여 년 전, 토지세를 제외한 다른 모든 조세를 폐지하고 토지에 대한 세율을 100% 인상하여 이의 세수만으로 정부 재정을 충당하자고 역설하였다. 그가 주장한 토지단일세론이란 국민들에게 오직 토지가치에 대한 세금 한 가지만을 부과하도록 하자는 것으로, 토지의 가치가 상승하는 것은 토지에 가한 개인적인 노동력 때문이 아니라 사회의 진보와 발전에 의한 것이기 때문에 이를 전액 세금으로 흡수해야 한다는 것이다. 그는 토지에 대한 개인의 소유권은 토지의 자유로운 이용을 저해함에 따라 다수의 생계 및 삶 그 자체를 위협하는 것이므로 이는 부당하다고 주장하였다.

   ※ 헨리 조지의 토지단일세의 4가지 원칙
      ㉠ 토지세는 되도록 중립적이어야 하며, 생산을 위축시키는 영향을 최소화 하도록 조세의 형태를 결정하여야 한다.
      ㉡ 징세비의 절약의 원칙으로 세원이 확실하고 토지세는 어느 조세보다도 과표로서 쉽게 징수할 수 있다.
      ㉢ 명확성의 원칙으로 토지세는 그 징수방법, 절차 등이 매우 확실하다.
      ㉣ 세부담 평등의 원칙이다.

220 ④ 지연·학연 등이 중요하게 작용하는 것은 사회적 자본과는 거리가 멀다.

221 다음 대화에서 틀린 부분은 어디인가?

> 철수 : 난 왜 이렇게 도덕적 해이와 역선택의 구분이 어렵지?
>
> 영희 : 뭐가 어려워? 간단하게 생각해 ㉮ 모두 정보의 비대칭으로 인하여 생긴 현상이잖아. ㉯ 도덕적 해이는 정보를 더 많이 가진 쪽이 정보의 비대칭을 이용하여 이득을 보는 것이고, ㉰ 역선택은 정보를 덜 가진 쪽이 정보의 비대칭으로 인하여 원하는 대로 선택을 하지 못하는 것이지.
>
> 철수 : 아. 그럼, ㉱ 뷔페 음식을 적게 먹는 손님보다 많이 먹는 손님이 주로 오는 것은 손님이 자신의 먹는 양에 대한 정보의 비대칭성을 이용하여 이득을 얻으니까 도덕적 해이겠네.
>
> 영희 : 그렇지.

① ㉮㉯㉰㉱   ② ㉯㉰㉱
③ ㉯㉰   ④ ㉯㉱
⑤ ㉱

---

221 ⑤ 정보의 비대칭 하에서 거래가 일어나고 있으므로 역선택에 해당하며 도덕적 해이는 거래가 일어난 후 정보의 비대칭이 나타나는 경우에 발생된다.

※ **도덕적 해이와 역선택**

　㉠ **도덕적 해이** : 대리인이 사용자를 위해 어떤 임무를 수행할 경우 발생하는 문제로 사용자가 대리인의 행동을 완벽하게 감시할 수 없을 때 대리인은 사용자가 원하는 수준만큼 열심히 일하지 않는 경향이 발생한다. 대리인의 부적절하거나 비도덕적인 행위에 따른 위험을 지칭하는 말로 고용계약을 대표적인 예로 들 수 있다.

　㉡ **역선택** : 시장에서 판매자가 파는 물건의 속성에 대하여 구매자보다 많은 정보를 가지고 있을 경우 발생하는 문제로 판매자가 품질이 낮은 물건을 구매자에게 판매할 가능성이 크며, 정보가 부족한 구매자 입장에서 불리한 물건을 선택한다는 것을 말한다.

222 아래 표와 같이 A, B 두 나라의 두 가지 상품의 생산에 필요한 생산비가 아래와 같은 경우 두 국가 간의 교역조건에 대한 설명으로 옳은 것은?

구분	A 국	B 국
TV(1단위)	120달러	90달러
휴대폰(1단위)	100달러	80달러

① TV, 휴대폰 모두 B국에 비교우위가 있다.
② A국은 휴대폰, B국은 TV 생산에 특화한다.
③ B국은 휴대폰, A국은 TV 생산에 특화한다.
④ TV, 휴대폰 모두 A국에 비교우위가 있다.
⑤ 무역이 발생하지 않는다.

223 구매력 평가에 대한 설명으로 옳지 않은 것은?

① 구매력 평가는 가격이 신축적이고 교역이 자유로운 상황에서 동일한 재화의 시장가격은 유일하다는 것을 가정한다.
② 상품의 가격을 직접 비교하며 계산하는 환시세의 일종으로 맥도날드 햄버거 가격을 한국과 미국에서 비교한 것이 하나의 사례이다.
③ 중국의 국내총생산(GDP)을 구매력평가로 달러 환산하면 실제의 환율로 달러 환산한 수준보다 커진다.
④ 평소의 생활에서 이용한 상품으로부터 산출한 구매력평가가 1달러에 1,500원이고 실제 환율이 1달러에 1,000원인 경우, 미국에서의 생활비가 비싸다고 느낄 수 있다.
⑤ 현실의 환시세는 장기간으로 보면 구매력평가에 따라 움직이는 경향이 있다.

Answer 222.② 223.④

222 A국의 TV 1단위 생산의 기회비용은 휴대폰 1.2단위이고, B국의 TV 1단위 생산의 기회비용은 휴대폰 1.125단위이므로 B국은 TV 생산에 특화하고 휴대폰 생산의 경우에는 그 반대가 되므로 A국은 휴대폰 생산에 특화하게 된다.

구분	TV 1단위 생산의 기회비용	휴대폰 1단위 생산의 기회비용
A국	휴대폰 1.2단위	TV 0.83단위
B국	휴대폰 1.125단위	TV 0.83단위

223 미국에서는 1달러에 해당하는 것이 한국에서는 얼마인지를 나타내는 것이 구매력평가이다. 예를 들면 맥도날드 햄버거(빅맥)가 한국에서는 2,000원 미국에서는 2달러인 경우, 동 상품에 대한 구매력평가는 1달러 1000원이 된다. 달러와 원의 환율이 1달러 = 1,200원 이라면 미국에 가는 것이 '비교적 비싸'다고 느낀다. 중국에서는 위엔화의 시세가 비교적 낮은 가격으로 통제되고 있어 미국 등 선진국에서 방문하면 현지의 가격은 싸게 느낄 수 있다. 구매력평가는 반대로 시세보다도 '위엔화 평가 절상'이 되어 동 평균가격으로 달러 환산한 중국의 GDP는 시장 환율에 의한 것보다 커진다.

224 다음 글에 나타난 A국 정부 정책의 영향으로 옳은 것만을 〈보기〉에서 모두 고른 것은?

> A국은 교통 혼잡을 줄이기 위해 고율의 자동차 세금을 부과하고 자동차의 시내 진입세를 부과했다. 그럼에도 불구하고 교통 혼잡은 줄어들지 않았다. 이에 정부는 개인이 차량을 구입하고자 할 경우 일정금액 이상을 정부에 납부하고 차량을 구입할 수 있는 권한을 허가받는 제도를 도입했다. 그 결과 도심의 교통 혼잡이 줄고 자동차 배기가스로 인한 대기오염 문제도 크게 줄었다.

〈보기〉
㉠ 정부의 새로운 조세 수입이 발생하였다.
㉡ 제3자의 경제적 후생 수준이 향상되었다.
㉢ 경제적 유인으로 인해 교통 문제가 완화되었다.
㉣ 외부 효과 발생 주체의 사적비용이 감소하였다.

① ㉠㉣
② ㉡㉢
③ ㉠㉡㉢
④ ㉠㉡㉣
⑤ ㉡㉢㉣

Answer   224.③

224 지문에서는 외부 효과의 해결 방안에 대한 설명으로 해당 정부가 시장 경제에 개입하여 외부 불경제 현상을 해결하였음을 보여주고 있다. A국 국민들은 자동차 구입 시, 제도 시행 전보다 더 많은 비용을 부담하기 때문에 외부 불경제의 발생 주체인 자동차 소유자의 사적비용은 증가하게 된다.

225 다음 (개), (내)에 나타난 수요의 가격 탄력성을 바르게 짝지은 것은?

> (개) A커피숍은 수입 증대를 위하여 커피 값을 20% 인하하였다. 그 결과 매출은 30% 증가하였다.
>
> (내) ○○극장은 여름 휴가철에 입장료를 종전에 비하여 15% 인하하였더니 입장료 수입이 15% 감소하였다.

	(개)	(내)
①	탄력적	완전 비탄력적
②	탄력적	단위 탄력적
③	비탄력적	완전 비탄력적
④	비탄력적	단위 탄력적
⑤	단위 탄력적	완전 비탄력적

226 (개), (내)는 조세 전가 여부에 따라 세금을 구분한 것이다. 이에 대한 설명으로 옳지 않은 것은?

구분	조세 저항	징수의 용이성
(개)	약함	용이함
(내)	강함	어려움

① (개)의 세율이 높아지면 물가 상승에 영향을 준다.

② (내)는 과세 대상 금액에 상관없이 동일한 세율이 적용된다.

③ (개)는 납세자와 담세자가 동일하지 않지만 (내)는 동일하다.

④ (개)의 예는 개별소비세, (내)의 예는 법인세를 들 수 있다.

⑤ (개)보다 (내)는 소득 재분배 효과가 크다.

Answer   225.①   226.②

225 (개)에서 커피 값을 인하하였으나 매출이 상승하였으므로 수요의 가격 탄력성은 탄력적이며 (내)에서 입장료의 하락률과 입장료 수입의 하락률이 같다는 것은 수요량의 변화가 없다는 것이므로 수요의 가격 탄력성은 완전 비탄력적이다.

226 세금의 종류 중 (개)는 간접세에 대한 설명이며 (내)는 직접세에 대한 설명으로 직접세는 과세 금액이 커질수록 높은 세율이 적용되는 누진세 방식이 대부분이다.

227 비대칭적 정보 상황하의 생명보험시장에서 발생하는 역선택을 줄일 수 있는 방안이 아닌 것은?

① 보험 가입 시 보험가입 희망자에게 정밀신체검사를 요구한다.
② 보험 회사 측에서 보험가입 희망자의 과거병력을 조사한다.
③ 보험 회사 측에서 기초 공제제도를 도입한다.
④ 보험가입 희망자의 건강상태에 따라 보험료를 차별적으로 부과한다.
⑤ 단체 보험 상품을 개발하여 단체 소속원 모두가 강제가입하게 된다.

228 다음 항목 중 국민소득 계산에 포함될 수 없는 것은?

① 기업의 연구개발투자
② 파출부의 임금
③ 은행예금에 대한 이자소득
④ 주식투자로부터의 매매차익
⑤ 추석보너스

229 한국은행이 2002년에 공표하여 2003년부터 적용하고 있는 M1(협의통화)의 구성항목에 포함되지 않는 것은?

① 현금통화
② 은행의 요구불예금
③ 비은행예금취급기관의 요구불예금
④ 금융기관의 수시입출식 저축성예금
⑤ 기간물 예적금 및 부금

Answer　　227.③　228.④　229.⑤

227 보험 회사 측에서 기초 공제제도를 도입하는 것은 도덕적 해이의 해결방법이다.

228 주식투자로부터의 매매차익은 생산활동에 대한 대가가 아니므로 국민소득 계산에서 제외시킨다.

229 기간물 예적금 및 부금은 M2(광의통화)에 포함된다.

230 시중금리가 연 5%에서 6%로 인상될 경우, 향후 매년 300만 원씩 영구히 지급받을 수 있는 영구채의 현재가치는 어떻게 변하게 되는가?

① 3만 원 감소　　　　　　　　　　② 100만 원 감소

③ 300만 원 감소　　　　　　　　　④ 1,000만 원 감소

⑤ 영구채이므로 불변

231 정부는 고용보험사업의 일환으로 실업자들에게 구직정보를 제공하고, 사업자에게는 구인정보를 제공한다. 이 사업으로 인하여 감소될 가능성이 가장 큰 실업의 유형은?

① 마찰적 실업　　　　　　　　　　② 기술적 실업

③ 구조적 실업　　　　　　　　　　④ 잠재적 실업

⑤ 경기적 실업

232 예상하지 못한 인플레이션의 영향에 대한 설명 중 옳지 않은 것은?

① 명목환율이 불변이면 실질 순수출은 증가하다.

② 봉급생활자나 연금생활자가 불리해진다.

③ 고정이자를 지급하는 장기채권에 대한 수요가 감소한다.

④ 구두창비용과 메뉴비용이 발생한다.

⑤ 기업의 명목적인 조세부담이 증가한다.

Answer　　230.④　231.①　232.①

230 시중금리가 연 5%에서 6%로 인상될 경우 영구채의 현재가치는 6,000만 원에서 5,000만 원으로 1,000만 원 감소하게 된다.

231 마찰적 실업은 노동자가 더 좋은 직장을 얻기 위해 정보를 수집하고 있을 때, 정보에 대한 부족 때문에 일시적으로 발생하는 실업이다.

232 국내에서 생산된 재화가격이 상승하고 명목환율이 불변이면 상대적으로 국내에서 생산된 재화가 비싸지므로 순수출이 감소한다.

233 향후 경기국면을 예측하기 위해 우리나라 통계청에서 발표하는 선행종합지수의 구성지표가 아닌 것은?

① 건설수주액
② 기계류내수출하지수
③ 코스피지수
④ 소비자기대지수
⑤ 도시가계소비지출

234 만일 미국에서 한국으로의 대규모 이민과 같이 어떤 경제의 전체 노동자 수가 갑자기 증가하는 일이 발생한다면 단기적으로 이 경제의 GDP에 발생할 변화로서 가장 타당한 것은?

① 경제 전체의 실질 GDP와 1인당 실질 GDP 모두 증가할 것이다.
② 경제 전체의 실질 GDP는 증가하고 1인당 실질 GDP는 감소할 것이다.
③ 경제 전체의 실질 GDP는 감소하고 1인당 실질 GDP는 증가할 것이다.
④ 경제 전체의 실질 GDP는 증가하고 명목 GDP는 감소할 것이다.
⑤ 경제 전체의 명목 GDP는 증가하고 실질 GDP는 감소할 것이다.

235 산업 간 무역과 산업 내 무역에 대한 설명으로 옳지 않은 것은?

① 비교우위가 없으면 산업 간 무역과 산업 내 무역 모두 발생하지 않는다.
② 비교우위와 무관하게 산업 내 무역이 발생한다.
③ 산업 간 무역은 비교우위에 의해 결정된다.
④ 산업 내 무역은 무역의 이익을 초래할 수 있다.
⑤ 산업 간 무역은 무역의 이익을 초래할 수 있다.

⁂ Answer 233.⑤ 234.② 235.①

233 도시가계소비지출은 경기후행지수에 해당된다.

234 총공급곡선의 우측이동으로 경제 전체의 실질 GDP는 증가하고, 노동의 증가에 따라 노동의 한계생산성이 체감하고 1인당 실질 GDP는 감소할 것이다.

235 비교우위가 없으면 산업간 무역은 발생하지 않지만 산업내 무역은 발생할 수 있다.

경제 응용 영역

제1과목 경제이론

1 다음 밑줄 친 '원/달러 환율 변동'에 대한 옳은 설명만을 〈보기〉에서 모두 고른 것은?

> 우리나라는 미국으로부터 X재를 수입한다. X재의 달러화 표시 가격은 10달러로 변하지 않았음에도 불구하고 <u>원/달러 환율 변동</u>으로 인해 원화 표시 가격이 10,000원에서 11,000원으로 상승하였다.

<보기>
㉠ 달러화 대비 원화의 가치가 하락했다.
㉡ 우리나라 외환 시장에서 달러화 공급이 증가하면 나타난다.
㉢ 미국에 수출하는 우리나라 상품의 가격 경쟁력을 높이는 요인이다.
㉣ 달러화 표시 외채가 있는 우리나라 기업의 상환 부담을 감소시키는 요인이다.

① ㉠㉡
② ㉠㉢
③ ㉡㉢
④ ㉡㉣
⑤ ㉢㉣

Answer 1.②

1 ㉡ 달러화 공급이 증가하면 원/달러 환율은 하락한다.
㉣ 원/달러 환율 상승은 달러화 표시 외채의 상환 부담을 증가시키는 요인이다.
㉠ 원/달러 환율이 상승하였으므로 달러화 대비 원화의 가치가 하락하였다.
㉢ 원/달러 환율 상승은 우리나라 수출품의 달러화 표시 가격을 낮추므로 가격 경쟁력을 높이는 요인이다.

2 아래의 자료에 대한 설명으로 옳은 것을 고르면?

> 최근 몇 년간 철수의 월간 사과 수요량과 사과의 개당 가격의 관계를 조사하여 다음과 같은 수요곡선을 얻었다.
>
>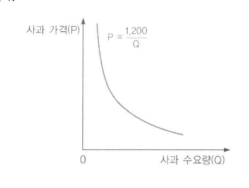

① 철수의 소득이 늘면 수요곡선은 왼쪽으로 이동할 것이다.

② 사과 흉작으로 공급이 줄면 수요곡선은 왼쪽으로 이동할 것이다.

③ 사과의 가격이 떨어질수록 사과를 구입하는 데 드는 지출은 줄어든다.

④ 수요량을 2개월 단위로 집계했다면 수요곡선은 위 그림보다 더 평평할 것이다.

⑤ 철수가 사과의 대체재로 여기는 배의 가격이 떨어지면 수요곡선은 오른쪽으로 이동할 것이다.

Answer 2.④

2 소득의 증가는 수요곡선을 오른쪽으로, 대체재 가격의 하락은 수요곡선을 왼쪽으로 이동시킨다. 철수의 경우 가격과 수요량의 곱이 1,200으로 일정하므로 설령 가격이 떨어지더라도 지출액은 변화가 없다. 한편 수요량을 월간 단위가 아닌 2개월 단위로 집계하게 되면 동일한 가격에서 수요량이 2배 늘어나게 되므로, 수요곡선은 지금보다 더 평평한(기울기가 완만하여 더 높은 가격 탄력성을 갖는) 모양이 될 것이다.

3 다음 그림은 민간 경제의 흐름을 나타낸 것이다. 이에 대한 옳은 설명을 모두 고른 것은? (단, (가)와 (나)는 서로 다른 경제 주체이다.)

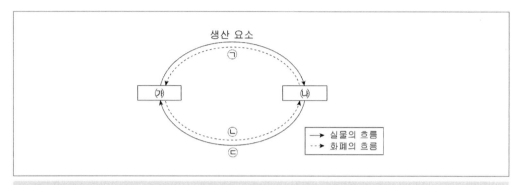

ㄱ (가)는 효용 극대화를, (나)는 사회적 후생 극대화를 경제 활동의 목적으로 한다.
ㄴ 개인 주식 투자자가 배당금을 받는 것은 ㉠에 포함된다.
ㄷ 의사가 환자를 진료하는 것은 ㉢에 포함된다.
ㄹ ㉠의 증가는 ㉡의 감소를 가져온다.

① ㉠, ㉡
② ㉠, ㉢
③ ㉡, ㉢
④ ㉡, ㉣
⑤ ㉢, ㉣

Answer 3.③

3 (가) 가계, (나) 기업
ㄱ 기업은 이윤 극대화를 경제 활동의 목적으로 한다.
ㄹ 요소 소득의 증가는 소비 지출의 증가 요인이다.

4 밑줄 친 ㉠으로 인해 나타날 변화에 대한 분석으로 옳지 않은 것은?

그림은 갑국의 X재 시장을 나타낸다. ㉠<u>갑국 정부는 생산자들에게 개당 20원의 생산 보조금을 지급</u>하고자 한다.

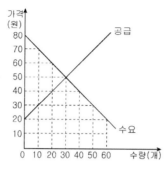

① 균형 가격은 20원 하락한다.

② 균형 거래량은 10개 증가한다.

③ 소비 지출액은 100원 증가한다.

④ 소비자 잉여는 350원 증가한다.

⑤ 모든 가격 수준에서 수요량의 변화는 없다.

Answer   4.①

4   갑국 정부가 X재 생산자들에게 개당 20원의 생산 보조금을 지급하면, 공급이 증가하게 된다.
그러므로 균형 가격은 10원 하락한다.

5 다음 표는 A국의 연도별 취업자 수 증가율과 경제 활동 인구 증가율을 나타낸 것이다. 이에 대한 분석으로 옳지 않은 것은? (단, 갑국의 15세 이상 인구는 일정하다.)

(단위 : 전년 대비, %)

구분	2014년	2015년	2016년
취업자 수 증가율	1.0	0	−0.5
경제 활동 인구 증가율	2.0	0	−1.0

① 2014년의 실업자 수는 2013년보다 많다.
② 2014년 ~ 2016년 중 2016년의 비경제 활동 인구가 가장 많다.
③ 2016년의 고용률은 2014년보다 상승하였다.
④ 2016년의 경제 활동 참가율은 2015년보다 하락하였다.
⑤ 2014년과 2015년의 실업률은 같다.

6 원빈은 현재 소유하고 있는 자동차를 계속 보유하면서 신형 스포츠카를 사려고 계획하고 있다. 원빈이 합리적인 소비자라면, 새 자동차를 구입할 때 가장 고려해야 할 것은?

① 새 차를 샀을 때 증가되는 총 편익을 생각한다.
② 새 차를 샀을 때 증가되는 한계편익을 생각한다.
③ 두 대의 차를 소유할 때의 총 편익과 총 비용을 생각한다.
④ 새로 산 차로부터 얻는 총 편익과 추가되는 총 비용을 생각한다.
⑤ 차를 한 대 더 샀을 때 발생하는 한계편익과 한계비용을 생각한다.

Answer　　5.③　6.⑤

5　경제 활동 참가율은 15세 이상 인구에서 경제 활동 인구가 차지하는 비율이고, 실업률은 경제 활동 인구에서 실업자가 차지하는 비율이다. 고용률은 15세 이상 인구에서 취업자가 차지하는 비율이다.
③ 15세 이상 인구는 일정한데 2016년의 취업자 수는 2014년보다 감소하였으므로 2016년의 고용률은 2014년보다 하락하였다.

6　이미 차를 소유하고 있는 상황에서 차를 한 단위 더 늘리려면 추가분에 대한 순편익의 변화, 즉 한계순편익(한계편익 − 한계비용)이 0 이상이어야 경제적이다. 원래 소유하고 있던 자동차에 드는 비용은 일종의 매몰비용(sunk cost)이므로 고려할 필요가 없다.

7 다음 그래프에 나타난 우리나라 외환 시장의 변화 요인과 이에 따른 환율 변동으로 인해 나타날 수 있는 경제 상황으로 옳은 것은?

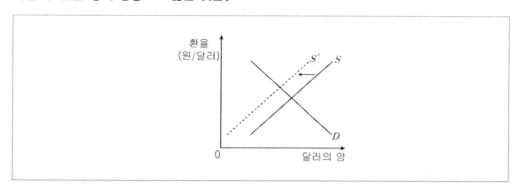

	변화 요인	경제 상황
①	상품 수출 감소	상품 수지 악화
②	상품 수입 증가	서비스 수지 개선
③	내국인의 해외 투자 증가	외채 상환 부담 증가
④	외국인의 국내 투자 감소	수출품의 가격 경쟁력 상승
⑤	외국인의 국내 여행 감소	원자재 수입 비용 부담 감소

Answer   7.④

7 제시된 그래프는 외환 시장에서의 공급 감소에 따른 환율 상승을 나타낸다.
외환 시장에서의 공급 감소 요인에는 상품 수출 감소, 외국인의 국내 투자 감소, 외국인의 국내 여행 감소 등이 있다.
환율 상승은 상품 수지와 서비스 수지 개선, 외채 상환과 원자재 수입 비용 부담 증가, 수출품의 가격 경쟁력 상승 등의 요인이다.

8 다음 중 매몰비용의 오류(sunk cost's fallacy)와 관련이 없는 것은?

① 다른 직장으로 이직할 때 지금 받는 급여는 고려하지 않는다.

② 공무원 시험에 계속 불합격했지만 10년 동안 공부한 게 아까워 계속 공부한다.

③ 근교에 위치한 아울렛에 쇼핑을 가면 대부분 과소비를 하게 된다.

④ 주문한 음식이 맛이 없었지만 아까워서 남기지 않고 다 먹게 된다.

⑤ 재미없는 영화지만 요금이 아까워 끝까지 관람한다.

9 다음은 동일한 수량의 한 상품을 생산하는 데 요구되는 노동(L)과 자본(K)의 투입비율을 표현한 등량곡선이다. 생산기술이 발전할 경우 예상할 수 있는 변화는 어느 것인가?(Q=생산량)

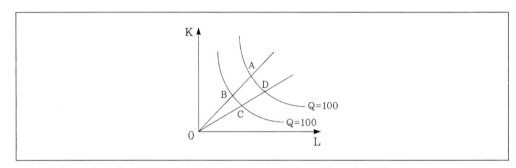

① A→C

② D→B

③ B→D

④ D→A

⑤ C→A

---

8 매몰비용(Sunk cost)
ㄱ 매몰비용은 고정비용과 혼동하기 쉬우나 고정비용은 기업이 사업을 그만두는 경우 제거할 수 있는 비용인 반면 매몰비용은 한번 지출하면 회수가 불가능한 비용을 말하는 것이다.
ㄴ 합리적인 선택을 위해서는 한번 지출되었으나 회수가 불가능한 매몰비용은 고려하지 않는다.

9 기술이 진보하면 등량곡선이 원점의 바깥부분에서 안쪽으로 이동하며 이는 보다 적은 노동과 자본으로 종전과 같은 수량을 생산할 수 있다는 의미이다. 점 D에서 점 B로 이동하는 것이 기술진보로 인하여 적은 노동과 자본을 투여하여 같은 양을 생산함을 나타낸다.

10 다음 글을 근거로 하여 우리나라 임대 주택 시장변화를 바르게 나타난 것은?

우리나라의 전·월세 가격이 폭등하자, 이에 부담을 느낀 세입자들은 계속 임대 주택에 살 것인지, 주택을 구입할 것인지 고민하고 있었다. 그러던 중 주택 담보 대출 이자율이 낮아지자 전·월세 수요자 중 다수가 주택을 구입하였다. 또한 정부는 임대 주택 시장의 안정화를 위해 공공 임대 주택을 추가로 건설하였다.

①
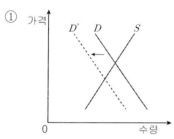

②
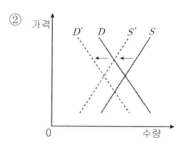

③
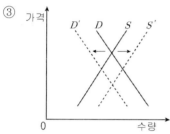

④
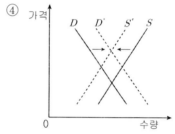

⑤
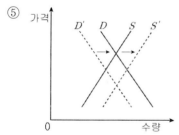

11 다음 자료를 참조하여 배의 개당 가격은 얼마인지 구하면?

> 병선이는 용돈을 모두 사용하여 감과 배를 소비한다. 예전에는 감 39개와 배 12개를 구입할 수 있었지만 현재 병선이의 용돈이 두 배로 늘어나 감 48개와 배 34개를 구입할 수 있게 되었다. 감의 개당 가격은 900원이다.

① 300원
② 600원
③ 1,200원
④ 2,700원
⑤ 3,700원

12 발레리나 한서원은 한 발레컴퍼니에서 5,000만 원의 연봉을 받고 근무하던 중 발레학원을 개원하기로 결정했다. 학원의 운영비용은 임대료 1,500만 원, 장비대여비 300만 원, 사무용품비 100만 원, 공공요금 100만 원, 강사급여 2,500만 원이다. 그는 이들 비용을 연간 500만 원의 이자수입이 있었던 1억 원의 예금으로 충당하고 남은 금액을 금고에 보관했다. 추가적인 비용이 없다고 가정할 때 한서원의 1년간 명시적 비용과 암묵적 비용은 모두 얼마인가?

	명시적 비용	암묵적 비용
①	4,500만 원	5,500만 원
②	4,500만 원	5,000만 원
③	6,500만 원	1억 원
④	1억 원	7,000만 원
⑤	1억 원	5,000만 원

Answer   11.④   12.①

11 주어진 자료를 토대로 배의 가격을 P_y라 하면,
$(39 \times 900 + 12 \times P_y) \times 2 = (48 \times 900 + 34 \times P_y)$로 나타나게 되며, 이를 풀면 배의 가격은 $P_y = 2,700$이 된다.

12 ㉠ 명시적 비용(explicit cost) : 기업이 실제로 화폐를 지불한 회계상의 비용을 말한다. 문제에서의 명시적 비용은 다음과 같다.
  • 임대료(1,500) + 장비대여비(300) + 사무용품비(100) + 공공요금(100) + 강사급여(2,500) = 4,500(만 원)
㉡ 암묵적 비용(implicit cost) : 잠재적 비용이라고도 하며 기업이 생산에 투입한 생산요소의 기회비용으로 회계상 나타나지 않는 비용을 말한다.
  • 포기한 연봉(5,000) + 사업에 투입된 금융·자본 기회비용(500) = 5,500(만 원)

13 다음 중 물가상승을 유발하는 원인이라고 볼 수 없는 것은?

① 원화가치가 상승한다.
② 민간의 저축이 감소한다.
③ 정부가 정부 지출을 증가시킨다.
④ 유가 등 원자재 가격이 상승한다.
⑤ 중앙은행이 통화량을 증가시킨다.

14 다음 제시문을 가장 정확하게 설명한 것은?

> 누군가가 A에게 10만 원을 주고 그것을 B와 나눠 가지라고 한다. A가 B에게 얼마를 주겠다고 제안하든 상관없지만 B는 A의 제안을 거부할 수도 있다고 한다. 만일 B가 A의 제안을 거부하면 10만 원은 그 '누군가'에게 돌아간다. 이 경우 대부분 A의 입장에 있는 사람은 4만 원 내외의 돈을 B에게 주겠다고 제안하고 B는 이 제안을 받아들인다. 그러나 A가 지나치게 적은 금액을 B에게 제안할 경우 B는 단호하게 거부하여 10만 원이 그 '누군가'에게 돌아가게 함으로써 보복한다는 것이다. 또한 이들은 받을 돈이 엄청난 경우에도 "됐소, 당신이나 가지쇼"라고 말했다고 한다. 공정하지 않은 제안은 거절함으로써 자존심을 지키는 것이다.

① 지폐 경매 게임 : 인간은 매몰비용에 대한 고려 없이 투자를 결정한다는 이론
② 반복 게임 : 상거래를 반복할 경우 인간은 호혜적으로 행동한다는 이론
③ 죄수의 딜레마 : 인간은 고립된 상태에서 이기적으로 행동한다는 이론
④ 최후통첩 게임 : 인간은 합리성 외에 공정성도 중요하게 고려한다는 이론
⑤ 역경매 이론 : 소비자가 주체가 되는 경매가 전자시대에는 가능해진다는 이론

✿ Answer   **13.① 14.④**

13 원화가치 상승(환율 하락)은 원자재 수입비용을 감소시키므로 물가상승의 원인으로 보기 어렵다.

14 **최후통첩 게임(ultimatum game)** … 1982년 독일의 경제학자 귀트 등이 고안한 실험이다. 여기서는 수령자가 배분자의 제안을 거절하면 양측 모두 한 푼도 받지 못한다고 규칙을 정했다. 여러 나라에서 수천 명을 대상으로 실험이 이루어졌다. 전통경제학에 따르면 인간은 이기적이고 합리적이기 때문에 상대방이 제안하는 액수에 상관없이 0원 이상이면 당연히 받을 것으로 예측하고 제안자 역시 단 1원만을 주겠다고 제안할 것으로 예측되었다. 하지만 실제 실험에서 배분자가 가장 흔하게 제안하는 것은 50%를 나누는 것이고, 대부분은 30% 이상을 제안했다고 한다. 수령자들은 소수만이 20% 미만의 배분을 받아들였고, 대부분은 30% 미만의 배분에 대해서는 거절했다. 즉, 게임을 통해 자신의 이익을 극대화하려고 노력하지만 그에 못지않게 내가 받아야 할 몫과 상대방의 몫이 어느 정도 되어야 적당한지, 공정한지에 대해 중요하게 생각한다는 것으로 인간이 경제적 이익보다 사회적 공정성을 더 중요시 여긴다는 것이다. 때문에 최후통첩 게임은 행동경제학이 전통경제학(주류경제학)을 반박하는 논거로 인용된다.

15 건강보험을 강제보험으로 하는 이유를 경제학적으로 가장 잘 설명할 수 있는 개념은?

① 역선택
② 3중 보장론
③ 대수의 법칙
④ 이기심
⑤ 소비자 선택이론

16 한 조사에 따르면, 수돗물에 대한 수요의 가격탄력성은 −0.5이고 소득탄력성은 2.0이라고 한다. 수돗물의 가격이 4% 상승하고 수요자의 소득이 1% 높아지는 경우 수돗물에 대한 수요의 변화는?

① 2% 감소한다.
② 1% 감소한다.
③ 변하지 않는다.
④ 1% 증가한다.
⑤ 2% 증가한다.

17 A국은 고정환율제도를 시행하고 있으며 통화가치의 상승 압력이 있는 상황이지만 환율을 일정하게 유지하려 한다. 다음 중 발생할 가능성이 가장 높은 것은?

① 중앙은행이 국내통화를 구매하고 그 결과 외화보유액은 감소
② 중앙은행이 국내통화를 팔고 그 결과 외화보유액은 감소
③ 중앙은행이 국내통화를 구매하고 그 결과 외화보유액은 증가
④ 중앙은행은 외국통화를 구매하고 그 결과 외환보유액은 감소
⑤ 중앙은행은 국내통화를 팔고 그 결과 외환보유액은 증가

❀ Answer   15.①   16.③   17.⑤

15 ① 역선택은 정보의 비대칭 상황 하에서 정보를 덜 가진 측의 입장에서 상대적으로 손해 볼 가능성이 높아지는 현상으로 건강보험을 강제보험으로 하지 않는다면 사고나 질병의 위험이 높은 사람들이 그러한 위험이 낮은 사람들보다 보험에 가입할 가능성이 높다.

16 수돗물 가격이 4% 상승하면 수돗물의 수요량은 2% 감소하고, 소득이 1% 상승하면 수돗물의 수요량은 2% 상승한다. 결국 수돗물 수요는 변하지 않는다.

17 ⑤ 국내 통화가치의 상승 압력은 곧 국내 통화의 수요 증가, 외국 통화의 공급 증가 등을 의미한다. 따라서 환율을 일정하게 유지하기 위해서는 국내 통화를 팔고 외국 통화는 사들여야 하고 이를 통해 외환보유액은 증가한다.

18 한 사람이 절약하고 저축하는 것은 그 개인을 부자로 만들지만 모든 사회 구성원 전체가 절약하고 저축하는 것은 전체 경제의 소비를 위축시킨다. 마찬가지로 개별적으로는 합리적인 선택이지만 전체적으로는 좋지 못한 결과를 초래하는 상황을 나타내는 용어는?

① 구성의 오류 ② 시장의 오류

③ 독립의 오류 ④ 공공의 오류

⑤ 저축의 오류

19 다음 중 가격차별 사례가 아닌 것은?

① 극장의 조조할인 ② 비수기 비행기 요금할인

③ 할인마트의 할인 쿠폰 ④ 의복 브랜드의 노세일 전략

⑤ 성수기의 호텔가격 인상

20 다음 중 환율의 상승요인으로 옳지 않은 것은?

① 해외경기가 호황인 경우 ② 국내이자율이 하락한 경우

③ 국내물가가 상승한 경우 ④ 자본유출이 증가한 경우

⑤ 수입이 감소한 경우

Answer 18.① 19.④ 20.①

18 구성의 오류 … 부분적으로 바람직한 일이 전체적으로는 바람직하지 않은 결과를 초래하는 현상 즉, 개별의 합리성이 사회경제의 합리성과 반드시 일치되지는 않는 것을 말한다. 예를 들면, 영화관에서 영화가 잘 안보인다고 혼자 일어서서 보면 뒤의 다른 개인들도 모두 일어나서 영화를 봐야 하고 결국 다리가 아픈 손실이 발생하는 결과를 얻게 되는 것이다.

19 노세일 전략 자체는 가격차별과는 전혀 관련이 없으며 브랜드 가치를 높이고 유지하기 위한 브랜드 전략에 해당한다.
①②⑤ 시간대에 따른 가격차별 ③ 탄력성에 따른 가격차별

20 ① 해외경기가 호황이면 수출이 증가하고 따라서 외환공급이 증가하게 되어 환율이 하락하게 된다. 반면 해외경기의 불황으로 수입이 증가하여 외환수요의 증가를 가져오게 되면 환율이 상승하게 된다.

21 정부가 휘발유 사용 억제와 대기오염의 감소를 위해서 현재 휘발유 가격에 리터당 100원의 세금을 부과하기로 결정하였다. 이런 결정에 대한 경제적 효과를 설명한 것 중 옳지 않은 것은?

① 휘발유 수요가 가격에 대해 비탄력적일수록 동일한 휘발유세 부과로 인해 감소되는 휘발유수요량이 작아지게 된다.

② 휘발유세 부과로 소비자는 더 높은 가격에 더 적은 양을 소비하게 되어 후생이 감소하므로 휘발유세는 생산자에게 부과하는 것이 보다 바람직하다.

③ 휘발유세 부과는 소비자의 지불가격 상승, 판매자의 수취가격 하락, 그리고 거래량의 감소를 가져온다.

④ 휘발유세 부과로 공급자는 더 낮은 가격에 더 적은 양을 팔아야 하므로 원유산업에 종사하는 근로자의 감소와 임금 감소가 초래될 수 있다.

⑤ 납세의무자를 누구로 지정하는가에 따로 부담의 크기는 서로 다르다.

22 대한민국 정부가 장기간 금융기관의 예금 및 대출이자율을 시장의 균형이자율보다 낮게 통제했을 경우 나타날 수 있는 현상이 아닌 것은?

① 중소기업들이 자본조달이 용이해진다.

② 대기업의 부채비율이 상승한다.

③ 신용대출이 줄어들고 담보대출이 성행한다.

④ 자금의 초과수요가 발생하게 된다.

⑤ 대출자금이 생산성이 낮은 사업에 배분되기 쉽다.

Answer 21.② 22.①

21 ② 휘발유세 부과는 수요와 공급의 탄력성에 의해 결정된다. 수요가 탄력적이면 소비자부담이 감소하고 공급이 탄력적이면 생산자부담이 감소하므로 납세의무자를 누구로 지정하는가와는 관계가 없다.

22 균형보다 낮은 수준에서 대출이자율이 결정되면 기업들은 과다 차입을 할 것이므로 기업의 부채비율이 상대적으로 높아질 것이다. 균형보다 낮은 수준으로 유지되는 대출이자율로 초과수요가 발생하고 상대적으로 신용이 낮은 중소기업들은 금융기관으로부터 자금을 차입하기가 어려워 질 것이다.

23 원화의 가치가 하락할 때, 예상할 수 있는 현상으로 옳은 것은?

① 국제금융시장에서 외화를 차입한 기업들의 부담이 줄어든다.
② 국내로 들어오는 외국 관광객들의 씀씀이가 줄어든다.
③ 수출기업의 가격경쟁력이 낮아진다.
④ 수입재화의 국내 가격이 하락한다.
⑤ 유학생 부모의 부담이 늘어난다.

24 거저팔아 할인점에서는 전단지에 인쇄된 할인 쿠폰을 오려 온 고객들에게 해당 상품을 5% 할인하여 판매하고 있다. 다음 중 이 할인점의 판매전략과 가장 가까운 것은?

① A할인점은 흠이 생긴 상품을 반 값에 판매한다.
② B미용실은 10번 이용한 고객에게 한 번을 무료로 서비스한다.
③ C빵집은 당일 판매되지 않은 빵을 복지단체에 무상으로 제공한다.
④ 독점사업자인 S통신은 개인보다 기업에 대해 시간 당 더 높은 통신료를 부과한다.
⑤ Y악기점은 연주가용 고급 원목 기타는 500만 원에, 보급형 합판 기타는 100만 원에 판매한다.

25 최고가격제의 실시로 나타날 수 있는 문제점이 아닌 것은?

① 초과수요가 발생한다.
② 암시장이 출현한다.
③ 사회적인 후생손실이 발생한다.
④ 재화의 품질이 저하된다.
⑤ 시장의 균형가격보다 높은 수준으로 결정된다.

Answer   23.⑤   24.④   25.⑤

23 원화가치가 하락하면 동일한 금액의 외화를 마련하기 위해 더 많은 원화가 필요하므로 유학생 부모의 경제적 부담은 늘어난다.

24 수요의 가격탄력성이 다른 소비자들을 구분할 수 있는 경우 동일한 상품을 다른 가격으로 판매하여 이윤을 높이는 가격차별 전략에 관한 문제로 쿠폰을 오려오는 수고를 하는 고객은 그렇지 않은 고객에 비해 수요의 가격탄력성이 높다는 것을 알 수 있다. 통신회사 역시 동일한 서비스를 탄력성에 따라 다른 요금을 적용하고 있다.

25 최고가격제는 시장의 균형가격보다 낮은 수준에서 결정되는 것이며 최저임금제는 시장의 균형가격보다 높은 수준에서 결정된다.

26 의료보험시장에 대한 설명 중 옳지 않은 것은?

① 의료보험시장에서 발생하는 정보의 비대칭성은 시장에 대한 정부개입의 근거가 된다.

② 의료보험시장에서 발생하는 도덕적 해이 문제는 정부개입이 유일한 해결방안이다.

③ 정보의 비대칭성 문제로 인해 보험회사의 입장에서는 불리한 사람만 고객으로 유치하게 되는 역선택의 문제가 발생한다.

④ 보험회사는 고객에 대한 보다 완전한 정보를 수집함으로써 역선택의 문제를 어느 정도 극복할 수 있다.

⑤ 보험회사가 역선택의 문제를 완전히 극복할 수 있더라도 의료보험시장에 대한 정부개입은 형평성의 관점에서 인정된다.

27 다음 중 수요예측에 활용하는 시계열 분석에 대한 내용으로 가장 바르지 않은 것을 고르면?

① 시계열은 어떤 경제 현상이나 또는 자연 현상 등에 대한 시간적인 변화를 나타내는 자료이므로 어느 한 시점에서 관측된 시계열 자료는 그 이전까지의 자료들에 의존하게 되는 특성이 있다.

② 시계열 자료는 주가 지수와는 다르게 매 단위 시간에 따라 측정되어 생성되어지지 않으며 횡단면 자료에 비해 상대적으로 많은 수의 변수로 구성되어진다.

③ 시간이 경과함에 따라 기술 진보에 의해 경제 현상들은 성장하게 되고, 농수산 부문과의 연관된 경제 현상 등은 자연의 영향 특히 계절적 변동으로부터 많은 영향을 받게 된다.

④ 통계적인 숫자를 시간 흐름에 의해 일정한 간격으로 기록한 통계계열을 시계열 데이터라고 하며, 이러한 계열의 시간적인 변화에는 갖가지 원인에 기인한 변동이 포함되어 있다.

⑤ 이 방식은 경기변동 등의 연구에 활용되고 있다.

Answer   26.② 27.②

26 ② 도덕적 해이 문제는 보험가입자가 보험을 악용하는 데서 비롯된다. 정부의 개입이 유일한 해결방안이라고 할 수 없으며 다양한 유인을 제공하여 보험가입자 스스로가 악용하지 않는 것이 무엇보다 중요하다.

27 시계열 자료는 주가 지수의 경우처럼 매 단위 시간에 따라 측정되어 생성되는데 횡단면 자료에 비하여 상대적으로 적은 수의 변수로 구성된다.

28 시장실패를 초래하는 경우가 아닌 것은?

① 정부가 수력댐을 건설함에 따라 수몰지역의 생태계가 파괴된 경우
② 대공황이 발생하여 실업이 급증하는 경우
③ 가격이 한계비용보다 높은 경우
④ 공업지역의 공해물질 방출로 양식업에 피해가 생겼을 경우
⑤ 효율성 임금의 비율이 높아져서 임금의 경직성이 심화될 경우

29 서원상사에서 한 달에 전투기를 9대 제작하면 장기 총비용이 9천 9백만 원이고, 한 달에 전투기 10대를 제작하면 장기 총비용이 9천 5백만 원이라고 할 때 이에 대한 설명으로 가장 적절한 것은?

① 전투기 9대를 생산하는 장기 평균비용은 950만 원이다.
② 전투기 10대를 생산하는 장기 평균비용은 1,100만 원이다.
③ 서원상사에는 규모의 경제가 발생하지 않는다.
④ 장기 평균비용은 증가하고 있다.
⑤ 서원상사에는 규모의 경제가 존재한다.

30 가격차별에 관한 설명으로 옳지 않은 것은?

① 1급 가격차별을 하면 소비자 잉여는 모두 생산자 잉여가 된다.
② 완전경쟁시장과 가격차별은 양립하지 않는다.
③ 가격차별은 경제적 순손실(deadweight loss)을 항상 증대시킨다.
④ 가격차별은 독점기업의 이윤극대화 전략 중의 하나이다.
⑤ 극장에서의 조조할인 요금제는 가격차별의 일종이다.

❖ Answer   28.①   29.⑤   30.③

28 ① 정부실패에 해당하며 ②③④⑤는 시장실패에 해당한다.

29 ① 전투기 9대를 생산하는 장기 평균비용은 $\frac{9,900}{9} = 1,100$만 원이 된다.

② 전투기 10대를 생산하는 장기 평균비용은 $\frac{9,500}{10} = 950$만 원이 된다.

③ 생산량이 증가함에 따라 장기 총평균비용이 하락하는 것을 규모의 경제가 존재한다고 한다.

④ 9대를 생산하는 것보다 10대를 생산하는 장기 평균 비용은 줄어들고 있다.

30 가격차별은 소비자 잉여를 감소시키고 생산자 잉여를 증가시키며, 생산량을 증대시키고 경제적 후생손실 (deadweight loss)을 감소시키는 효과가 발생한다.

31 재산세의 특징에 관한 기술 중 옳지 않은 것은?

① 재산총액에 과세하므로 물세이다.

② 비례과세가 적용된다.

③ 응익과세이며 지방재원이다.

④ 역진성을 발생시킨다.

⑤ 실질적으로 무형자산에 과세하는 것으로 조세주체는 개인에 한정된다.

32 소득세에 대한 설명으로 옳지 않은 것은?

① 소득세는 여가에 대해 과세하지 못한다.

② 세액공제제도는 소득세의 누진성을 약화시키는 효과가 있다.

③ 소득공제제도는 소득세의 누진성을 약화시키는 효과가 있다.

④ 배당이익은 과세대상이 된다.

⑤ 소득세는 경기안정화정책의 효과를 갖는다.

33 외환위기의 재발을 방지하기 위한 대책으로 올바르지 않은 것은?

① 금융기관에 의한 단기자금의 해외차입을 장려한다.

② 기업의 과잉중복투자를 억제한다.

③ 통화가치가 지나치게 고평가되는 것을 방지한다.

④ 금융기관의 자율경영과 그로부터 발생하는 손실을 책임지도록 함으로써 도덕적해이를 방지한다.

⑤ 정부의 방만한 지출규모를 줄인다.

Answer   31.⑤   32.②   33.①

31 재산세는 토지, 부동산 등과 같은 유형재산에 과세되는 것으로 조세주체는 개인과 법인 모두 해당한다.

32 세액공제제도는 저소득층에 상대적으로 유리하므로 소득세의 누진성을 강화시키는 효과가 있다.

33 ① 97년 외환위기의 주 원인은 기업과 금융기관의 단기차입금의 과다로 인해 발생한 것이다. 단기자금의 해외차입은 되도록 축소하고 장기적인 자금계획을 수립해야 한다.

34 IMF 구제금융 이후 단행된 공적자금 투입에 대한 설명으로 옳지 않은 것은?

① 부실화된 금융기관을 정부가 인수함으로써 일부 금융기관이 국유화되었다.

② 공적자금 투입으로 인해 정부부채의 증가를 가져왔다.

③ 금융기관에 대한 공적자금 투입으로 인해 금융기관이 정상화된다면 국가의 실질적 채무는 감소할 것이다.

④ 공적자금 투입정책이 실패한다면 공적자금 투입을 위해 발행된 공채의 부담의 미래세대 전가는 없을 것이다.

⑤ 공적자금 투입을 위한 공채발행은 시중금리의 상승압력으로 작용할 수 있다.

35 중앙집권적 정부보다 지방분권적 정부가 더 바람직하다고 말할 수 있는 경제적 근거로서 가장 타당한 것은?

① 징세비용 절감
② 거시경제의 안정
③ 순수공공재의 효율적 공급
④ 지방공공재의 효율적 공급
⑤ 공평한 소득분배

36 재정의 기능을 자원배분, 소득배분, 거시경제의 안정화 등 세 가지로 나누어볼 때 다음 중 자원배분기능적 성격이 가장 강한 것은?

① 정부의 최저임금제 실시
② 법인세 인하
③ 국방비 지출
④ 금리 인하
⑤ 고용보험제도 운영

✿ Answer　　34.④　35.④　36.③

34 공적자금 투입정책이 실패한다면 공채의 부담을 미래세대가 짊어지게 될 것이다.

35 ④ 지방정부는 지역주민들의 선호에 부합하는 공공서비스의 공급량을 조절함으로써 보다 효율적인 공공재를 공급할 수 있다.

36 국방비는 시장에서 공급될 수 없는 공공재로 자원배분기능적 성격이 가장 크다.

37 근로소득세제가 노동공급에 미치는 영향에 대한 다음 설명 중 옳지 않은 것은?

① 비례적인 근로소득세가 부과될 때 소득효과와 대체효과는 서로 반대방향으로 작용한다.

② 근로소득세 부과 시 노동공급이 변하지 않거나 오히려 증가한다면 사회적 잉여의 순손실은 발생하지 않는다.

③ 누진적인 근로소득세가 부과될 경우에 대한 분석방법은 비례적인 근로소득세가 부과될 경우와 크게 다르지 않다.

④ 근로소득세가 노동공곱에 미치는 영향을 분석하기 위한 일반적인 방법으로는 계량적 추정, 설문조사, 실험 등의 방법이 있다.

⑤ 소득세율이 상승할 때 노동공급이 어떻게 변화하는지는 가격소비곡선을 그려봄으로써 고찰할 수 있다.

38 최근 정부는 국내경제전반의 급격한 침체와 해외 경제상황 악화로 인해 경기부양책의 일환으로 소득세를 인하하기로 결정하였다. 정부는 소득세율의 인하를 통해 경기부양과 더불어 소득세 수입이 증가하기를 바란다. 소득세 수입이 증가하기 위해서는 무엇이 필요한가?

① 소비의 증가가 필요하다.

② 저축과 노동공급의 증가 등 세원확대효과가 필요하다.

③ 세율변화에 대한 세수입의 탄력성이 비탄력적이어야 한다.

④ 세율변화와 동일한 소비의 증가가 필요하다.

⑤ 세율변화에 따른 세수입의 증가는 발생할 수 없다.

Answer 37.② 38.②

37 납세 후 실질임금이 하락하고 이에 따라 노동을 줄이고 여가를 늘리는 대체효과와 노동을 늘리는 소득효과가 발생한다. 이 둘은 크기는 같고 방향은 반대이므로 노동공급은 변화가 없다. 그러나 대체효과로 인하여 조세의 초과부담은 발생한다.

38 소득세율이 낮아지면 기존의 체계에서 소득세 수입은 감소한다. 그러나 소득세율이 낮아지면 납세 후 이자소득과 노동소득이 실질적으로 증가하여 저축과 노동이 증가할 수 있다. 과표가 커지면 소득세 수입이 증가한다.

39 역선택(Adverse Selection)문제를 일으킬 가능성이 가장 큰 경우는 무엇인가?

① 모든 국민이 가입해야 하는 건강보험

② 단골손님을 주고객으로 하는 음식점

③ 기업의 재무제표 공시 의무화

④ 골동품 동호회원들이 주기적으로 여는 자신들만의 골동품 매매시장

⑤ 신용정보가 투명하지 못하지만 금리는 자유화 된 대출시장

40 국내총생산(GDP ; Gross Domestic Product)에 포함하지 않는 것은?

① 박지성의 영국리그 소득   ② 수원의 삼성전자 소득

③ 서울의 MS(마이크로소프트) 소득   ④ 정부의 영리 소득

⑤ 김철수씨의 근로소득

41 한국에 투자하는 미국의 기업이 철수하면서 미국인과 한국인 노동자를 동시에 해고했을 경우 미국과 한국의 국민소득에 생길 변화에 대한 설명으로 옳은 것은?

① 양국의 GDP가 동시에 감소한다.

② 양국의 GNI가 동시에 감소한다.

③ 한국의 GNI만 감소한다.

④ 미국의 GDP만 감소한다.

⑤ 미국의 GDP는 증가하나 한국의 GDP는 감소한다.

Answer 39.⑤ 40.① 41.②

39 신용정보가 투명하지 못하므로 이자율이 높은 수준에서 결정되면 위험도가 높은 사업을 운영하려는 사람만 돈을 빌리려고 하는 역선택이 발생할 수 있다.

40 국내총생산(GDP ; Gross Domestic Product)은 한 나라의 경제적 영역 내에 거주하는 가계, 기업, 정부 등의 모든 경제주체가 일정기간 동안 생산활동에 참여하여 만들어 낸 부가가치를 시장가격으로 합계한 것을 말하는 것으로 국외에서 벌어들인 박지성의 소득은 GDP가 아닌 GNI에 포함된다.

41 ① 미국의 GDP에는 변화가 없다.
③ 양국의 GNI가 모두 감소한다.
④⑤ 한국의 GDP는 감소하나 미국의 GDP는 변화하지 않는다.
※ GNI와 GDP
  ㉠ GNI(Gross National Income) : 한 국가의 국민이 생산활동에 참여한 대가로 받은 소득의 합계를 의미한다.
  ㉡ GDP(Gross Domestic Product) : 한 국가의 영토 내에서 일정기간 생산된 재화와 용역의 시장 가치를 뜻한다.

42 최근 중앙은행의 물가안정목표제를 통해 금융정책을 운용하고 있다. 현행 제도 하에서 중앙은행이 가장 중요시 하는 지표는 무엇인가?

① 본원통화
② 공개시장조작정책
③ 회사채금리
④ 기준금리
⑤ 지급준비율

43 ㈜서원은 팝콘포장작업에 근로자를 대신할 로봇의 도입을 검토하고 있다. 로봇의 도입이 기존 포장을 담당하던 근로자들의 고용량과 임금에 미칠 영향은?

① 고용량 증가, 임금 상승
② 고용량 증가, 임금 하락
③ 고용량 증가, 임금 불변
④ 고용량 감소, 임금 상승
⑤ 고용량 감소, 임금 하락

44 작년까지 잠미의 소득과 소비는 보라와 동일했다. 금년에 잠미의 소비가 보라보다 커질 수 있는 요인으로 옳지 않은 것은?

① 긴강검진 결과 보라의 기대 수명이 잠미보다 더 긴 것으로 나타났다.
② 잠미가 보유하고 있는 주식의 가격이 보라가 보유하고 있는 주식보다 더 크게 올랐다.
③ 잠미가 다니고 있는 회사는 보라가 다니는 회사보다 내년에 더 높은 임금 상승률을 보장했다.
④ 내년부터 잠미가 사는 동네에서는 보라가 사는 동네보다 더 높은 세금을 부과하기로 했다.
⑤ 잠미와 보라는 은행 대출을 받아 가격이 동일한 주택을 구입했는데, 잠미가 보라보다 낮은 이자율을 적용받게 되었다.

Answer　　42.④　43.⑤　44.④

42 우리나라 물가안정목표제는 초단기금리가 운용목표로 사용되는데, 기준금리를 일정수준으로 유지하는 방식으로 운용되고 있다.

43 로봇의 도입은 포장을 담당하는 수요곡선을 왼쪽으로 이동시키므로, 균형임금수준은 하락하고 균형고용량은 감소한다.

44 생애소득가설을 고려하면 소득의 증가, 이자비용의 감소 등은 생애소득 증가를 통해 소비를 증가시키며 기대 수명이 늘어나면 소비하는 기간이 늘어나므로 현재소비를 줄이게 될 것이다. 반면 조세 부담의 증가는 소비에 사용할 수 있는 소득의 감소를 의미한다.

45 지나치게 높은 이자를 받지 못하게 하는 이자제한법은 근대사회에서 많이 볼 수 있다. 근대 사회의 이자율이 높을 수 밖에 없었던 이유로 옳지 않은 것은?

① 농업사회였기 때문에 돈을 빌리려는 수요가 봄철에 집중되었다.

② 은행과 같은 금융제도가 발달하지 못해서 자본을 모으기 어려웠다.

③ 근대적인 대규모 공업이 발달하지 못해서 자본에 대한 수요가 미미했다.

④ 교통이 발달하지 않아 대부자들이 지역적으로 독점적 지위를 누릴 수 있었다.

⑤ 생산물 대부분이 생존을 위해 소비됨에 따라 대부 가능한 자본의 양이 미미했다.

46 다음 중 GDP와 관련하여 발생할 수 없는 현상은?

① 수입품을 가공하여 수출한 규모가 큰 A국은 GDP가 수출보다 작았다.

② 순해외자산을 보유하고 있는 B국은 GNI가 GDP보다 컸다.

③ C국은 D국에 비해 GDP가 컸지만 1인 당 GDP는 작았다.

④ 외국과의 교역이 전혀 없는 E국의 투자가 GDP보다 컸다.

⑤ F국의 실질 GDP가 증가했으나 명목 GDP는 감소했다.

47 다음 중 국내총생산(GDP) 계산에 포함되는 것은?

㉠ 국내에 신설된 반도체 공장	㉡ 학생이 구입한 참고서
㉢ 국내기업이 해외에 건설한 주택	㉣ 해외기업이 국내에서 생산한 제품
㉤ 로또복권의 당첨금	

① ㉠㉡㉣　　　　　　　　　　　　② ㉠㉢㉣

③ ㉡㉢㉤　　　　　　　　　　　　④ ㉡㉢㉣

⑤ ㉢㉣㉤

✿ Answer　　45.③　46.④　47.①

45 대규모 공업이 발달하지 못해 자본에 대한 수요가 미미한 것은 이자율을 낮게 만드는 요인이다.

46 외국과의 교역이 전혀 없는 국가에서는 그 해에 생산한 모든 재화를 하나도 소비하지 않고 투자에 사용하는 경우에도 투자가 GDP와 같아질 수 있을 뿐이며, GDP보다 클 수는 없다.

47 ㉠은 투자이고 ㉡은 소비, ㉣은 외국인의 직접투자이다. 이것은 GDP에 포함된다. ㉢은 GNI에 포함되고 ㉤은 시장에 거래되지 않는 경우이다.

48 모든 상품의 가격이 5배 오르고, 소비자의 소득도 5배 늘었다면 이에 대해 예상되는 결과는 무엇인가?

① 기존에 소비하던 상품의 수요는 불변할 것이다.

② 모든 상품의 수요가 증가할 것이다.

③ 모든 상품의 수요가 감소할 것이다.

④ 소득이 증가할 때 소비가 증가하는 정상재의 소비만 증가할 것이다.

⑤ 소득이 증가할 때 소비가 빠르게 증가하는 사치재의 소비만 증가할 것이다.

49 정부는 재원조달 수단으로 조세부과와 국채발행을 활용하고 있다. 조세와 비교한 국채의 경제적 효과를 서술한 것으로 옳지 않은 것은?

① 국채는 원리금 상환의무가 있으므로 재정부담을 가중시킬 수 있다.

② 국채는 재원조달 부담을 미래세대로 전가시킬 가능성이 있다.

③ 국채는 유사시 대규모 자금동원 능력이 크다.

④ 국채는 조세보다 민간소비를 더 많이 위축시킨다.

⑤ 국채는 조세보다 민간부문의 저항을 덜 유발한다.

50 다른 조건이 일정하다고 가정할 때 국민경제 주요 지표간의 관계에 대한 설명 중 옳은 것은?

① 통화공급이 증가할수록 환율이 하락한다.

② 통화공급의 증가는 단기적으로 이자율을 상승시킨다.

③ 인플레이션은 장기적으로 통화공급의 증가와 반비례한다.

④ 실업률과 GDP 증가율 간에는 단기적으로 정의 상관관계가 있다.

⑤ 실업률과 물가상승률 간에는 단기적으로 역의 상관관계가 있다.

Answer　　48.①　49.④　50.⑤

48 모든 상품의 가격이 똑같이 5배 오르므로 상대가격이 변화하지 않아 소득이 5배 늘어도 실질 소득은 변함이 없다.

49 조세는 가처분소득을 감소시킴으로써 민간소비를 위축시킨다. 국채는 상대적으로 조세보다 민간소비를 위축시키지 않는다.

50 ① 통화공급이 증가하면 유동성이 증가하여 이자율이 떨어지고 환율이 상승한다.
② 통화공급의 증가는 단기적으로 이자율을 하락시킨다.
③ 인플레이션은 장기적으로 통화공급의 증가와 비례한다.
④ 실업률과 GDP는 단기적으로 역의 상관관계가 있다.

51 우리나라의 자본수지 흑자에 기여하는 거래와 경상수지 적자를 초래하는 거래를 바르게 고른 것은?

> ㉠ 외국인의 국내주식투자
> ㉡ 국내 전자회사의 중국 공장설립
> ㉢ 국내 외국인 노동자들이 임금을 본국으로 송금하는 행위
> ㉣ 초등학교 학생들의 조기 유학
> ㉤ 한국 가수들의 일본공연
> ㉥ 현대자동차의 뉴욕 금융시장에 채권발행

	자본수지 흑자	경상수지 적자		자본수지 흑자	경상수지 적자
①	㉠㉣	㉡㉤	②	㉠㉤	㉡㉢
③	㉠㉥	㉢㉣	④	㉡㉣	㉢㉤
⑤	㉤㉥	㉠㉢			

52 최근 일본의 경기회복과 중국의 고도성장이 단기적으로 우리나라의 물가와 수출에 미치는 영향은?

① 물가상승, 수출증가　　　　② 물가상승, 수출감소

③ 물가불변, 수출감소　　　　④ 물가하락, 수출증가

⑤ 물가하락, 수출감소

Answer　51.③　52.①

51　㉠㉥ 자본수지 흑자　㉡ 자본수지 적자　㉢㉣ 경상수지 적자　㉤ 경상수지 흑자

52　교역상대국의 소득증가는 우리나라의 수출을 증가시키고, 수출상승으로 외화의 유입이 증가 시 물가상승으로 이어질 가능성이 크다.

53 독점과 경쟁에 대한 경제학적 진술들 중 논리적으로 올바르지 못한 것은?

① 철수 - 완전경쟁시장에서 개별 생산자나 소비자가 가격에 영향을 미칠 수 없는 것은 생산자와 소비자의 수가 많기 때문이다.

② 민수 - 경우에 따라 과점시장이 완전경쟁시장보다 경쟁이 치열해질 수 있으니까 그럴 경우에는 정부에서 과열을 방지하기 위한 조치를 취해야 할 필요도 있다고 생각해.

③ 지수 - 독점기업은 한계비용과 한계수입이 일치하는 시점에서 생산량을 결정하지 않기 때문에 독점이 생길 경우 비효율성이 발생하게 돼.

④ 종수 - 장기적으로 완전경쟁시장의 기업들은 경제적 이윤을 얻기가 어렵다.

⑤ 준식 - 독점적 경쟁시장의 기업들은 자신의 차별성을 이용하여 시장지배력을 행사하게 된다.

54 온라인과 오프라인 유통채널 간의 갈등을 최소화하기 위한 통합적 채널관리 전략과 가장 거리가 먼 것은?

① 오프라인에 투입된 인력을 부가가치가 높은 업무에 집중시키고 주문접수와 같이 비교적 단순한 업무는 인터넷을 적극 활용한다.

② 전통적 시장세분화에 활용되는 세분시장별 차별화원칙을 인터넷에도 적용시킨다.

③ 온라인과 오프라인 유통채널에 따라 고객가치에 있어 차별화 된 제품을 제공한다.

④ 유통채널 간의 시너지 효과를 높이기 위해 동일한 고객을 목표로 할 때 효과가 가장 높다.

⑤ 유통채널 간의 갈등을 최소화하기 위해 때로는 주문가능지역을 제한한다.

Answer　　53.③　54.④

53 독점기업은 한계비용과 한계수입이 일치하는 시점에서 생산량을 결정하나 생산량을 결정하더라도 경쟁시장의 경우와 달리 시장수요 수준에서 가격을 결정하게 되므로 경쟁시장에서는 한계수입과 시장수요 가격이 동일하나 독점 시장에서는 시장수요 가격이 한계수입보다 높다.

54 채널 갈등은 채널의 영역이 중복되는 경우 발생한다. 따라서 유통채널 간의 효과도 온라인과 오프라인에서 서로 다른 고객을 목표로 할 때 커질 수 있다.

55 민재는 매일 5,000원의 용돈을 받아 만두와 요구르트를 사 먹는다. 민재에게는 두 재화가 모두 정상재로, 소득이 오르면 소비가 늘어난다. 오늘 가게에 간 민재는 요구르트 가격이 어제 300원에서 600원으로 올랐다는 사실을 알았다. 만두 가격에는 변화가 없을 때, 민재의 합리적인 소비행태에 관한 설명으로 옳은 것은?

① 요구르트 가격이 두 배나 올랐으므로 5,000원으로 만두만 구입할 것이다.
② 만두 가격에는 변화가 없으므로 만두의 소비는 어제와 동일할 것이다.
③ 어제에 비해 요구르트 소비가 반드시 줄어들 것이다.
④ 어제에 비해 만두 소비가 반드시 늘어날 것이다.
⑤ 어제에 비해 만두 소비가 반드시 줄어들 것이다.

56 정부가 통화팽창(중앙은행 차입)을 통하여 정부지출을 증대시킬 경우 인플레이션이 유발됨으로써 구매력이 민간 부문으로부터 정부 부문으로 이전되는 현상을 무엇이라고 하는가?

① 이전지급(Transfer payments) ② 구축효과(Crowding-out effect)
③ 인플레이션세(Inflation tax) ④ 조세전가(Tax shifting)
⑤ 조세쐐기(Tax wedge)

57 두진이는 S벅스 커피와 K벅스 커피를 완전 대체재로 여기는데, S벅스 커피 2잔당 K벅스 커피 3잔의 비율로 맞바꿔도 좋다는 생각을 갖고 있다. S벅스 커피의 가격이 1잔에 4,000원이고 K벅스 커피의 가격은 1잔에 2,000원이다. 두진이의 합리적 선택은?

① S벅스 커피만 소비한다.
② K벅스 커피만 소비한다.
③ S벅스 커피와 K벅스 커피를 3 : 2의 비율로 소비한다.
④ S벅스 커피와 K벅스 커피를 1 : 2의 비율로 소비한다.
⑤ S벅스 커피와 K벅스 커피를 1 : 1의 비율로 소비한다.

✿ Answer 55.③ 56.③ 57.②

55 요구르트 가격이 오르면 소비자는 상대적으로 비싸진 요구르트의 소비를 줄이고, 싸진 만두의 소비를 늘리려 한다. 이를 대체효과라고 한다. 그런데 요구르트 가격이 상승하면 소비자의 실질소득이 줄어들고 실질소득이 줄어듬에 따라 정상재인 두 재화 모두의 소비를 줄이려 할 것이다. 이를 소득효과라고 한다. 요구르트의 경우 두 효과가 모두 소비를 줄이는 방향으로 작용한다. 반면 만두의 경우 두 효과의 상대적 크기에 따라 소비가 증가할 수도 있고 감소할 수도 있다.

56 인플레이션으로 인해 정부부채의 실질가치가 하락하게 된다. 이것은 정부가 세금을 추가로 징수한 효과를 낸다고 하여 인플레이션세라고 부른다.

57 S벅스 커피 2잔의 비용은 8,000원, K벅스 커피 3잔의 비용은 6,000이므로, K벅스 커피를 마실 경우 더 적은 비용으로 동일한 만족을 얻을 수 있다. 따라서 K벅스 커피만 소비한다.

58 정부가 국채 발행을 통하여 재정지출을 늘리고, 중앙은행이 이 국채를 공개시장에서 모두 매입하였다. 그 결과 예상되는 현상을 모두 고르면?

㉠ 실업률이 하락한다. ㉡ 경제성장률이 하락한다.
㉢ 물가상승률이 둔화된다. ㉣ 실질 국채금리는 변화하지 않는다.

① ㉠㉡ ② ㉠㉣

③ ㉡㉢ ④ ㉡㉣

⑤ ㉢㉣

59 예상치 못한 인플레이션의 경제적 효과로 적절하지 않은 설명은?

① 국제수지가 개선된다.

② 화폐의 가치저장 기능이 약화된다.

③ 고정금리 금융 채무자에게 이득이 된다.

④ 자원배분의 왜곡으로 경제성장이 저해될 수 있다.

⑤ 금융자산 보유자에 비해서 실물자산 보유자에게 상대적으로 이득이 된다.

60 국제수지의 불균형을 조절하기 위해서 다음과 같은 방법을 썼을 때 국내물가를 상승시킬 우려가 가장 큰 것은?

① 균형환율정책 ② 금융확장정책

③ 수입자유화정책 ④ 긴축재정정책

⑤ 외환에 대한 직접통제정책

Answer 58.② 59.① 60.②

58 정부가 재정지출을 증가시키면 단기적으로 경제성장률이 상승하고 실업률이 하락하며, 물가상승률은 높아진다. 한편 정부가 발행한 국채를 중앙은행이 모두 매입함에 따라 시장에서 유통되는 국채의 양은 변화가 없으므로 실질 국채금리는 변화하지 않는다.

59 인플레이션이 발생하게 되면 국내 재화가 외국 재화에 비해 비싸지므로 수입이 늘고 수출이 줄어들어 국제수지가 악화된다.

60 ② 확장정책은 경기불황으로 시중의 통화량이 감소하고 화폐가치가 상승하여 물가는 하락하는 등 위축된 경기를 회복시키기 위해 사용된다.

61 국내 기업 소유의 프랑스 공장에서 생산된 구두가 국내로 수입되어 철수가 구입했을 때 나타나는 변화는?

	한국 소비지출	한국 순수출	한국 GDP	프랑스 GDP
①	불변	불변	불변	증가
②	증가	감소	증가	불변
③	증가	감소	증가	감소
④	증가	감소	불변	증가
⑤	불변	증가	증가	증가

62 최근 경기하락에 따라 실업이 지속적으로 증가하고 있다. 이에 따라 중앙은행은 금융확장정책을 시행하려 한다. 옳은 것은?

① 유가증권 매각과 재할인율 인상

② 재할인율 인하와 지급준비율 인하

③ 유가증권 매각과 지급준비율 인상

④ 재할인율 인상과 지급준비율 인하

⑤ 유가증권 매입과 지급준비율 인상

Answer　　61.④　62.②

61 철수가 수입된 구두를 샀으므로 한국의 소비지출은 증가하지만 순수출이 감소하게 된다. 프랑스에서 생산된 구두이므로 프랑스의 GDP가 증가하는 반면에 한국의 GDP는 변화가 없다.

62 금융정책
　㉠ 금융긴축정책
　　• 인플레이션이 우려될 때 과열된 경기를 진정시키기 위하여 중앙은행이 시중의 자금을 줄이는 금융정책
　　• 국·공채나 통화안정증권의 매각, 지급준비율 인상, 재할인율 인상 등의 방법을 사용
　㉡ 금융확장정책
　　• 실업이 늘어나는 등 불황의 문제가 커질 경우에 중앙은행이 경기를 자극하기 위하여 시중의 자금사정을 풀어주는 금융정책
　　• 국·공채나 통화안정증권의 매입, 지급준비율 인하, 재할인율 인하 등의 방법을 사용

63 다음 중 경기가 침체되어 있을 때 수요가 급증하는 상황에서 채택할 수 있는 정책적 수단은?

① 중앙정부의 세율을 높인다.　　　② 지급준비율을 내린다.

③ 재할인율을 높인다.　　　　　　④ 은행대출의 최고금액을 올린다.

⑤ 유가증권을 매각한다.

64 다음에서 물가상승을 유발시킬 가능성이 가장 큰 정책으로 옳은 것은?

① 지급준비율의 인하　　　　　　② 세출의 축소

③ 국·공채의 매각　　　　　　　④ 부가가치세율의 인상

⑤ 소비자의 금융 억제

65 환율이 인상되었을 때 나타나는 현상은?

① 수입 원자재 가격의 상승으로 국내물가는 오른다.

② 수출품에 대한 해외수요의 감소로 수출은 줄어든다.

③ 수입품에 대한 국내수요의 증가로 수입은 늘어난다.

④ 이미 도입된 외국자본에 대한 상환부담은 감소한다.

⑤ 수입은 늘고 수출은 줄어들어 국제수지가 약화된다.

❀ Answer　　63.②　64.①　65.①

63 ② 지급준비율을 조절할 경우 은행이 대출할 수 있는 자금량과 은행수지에 끼치는 영향이 매우 크다. 지급준비율을 인하하면 일반은행의 대출이 증가되어 통화량이 증가한다.

※ 경기대책

구분	경기과열시(인플레이션)	경기침체시(디플레이션)
재정정책	긴축재정, 세율인상	적극재정, 세율인하
금융정책	• 지급준비율·재할인율 인상 • 유가증권 매각	• 지급준비율·재할인율 인하 • 유가증권 매입
공공투자정책	대규모 공공사업 억제	대규모 공공사업 추진

64 지급준비율의 인하, 국·공채의 매입, 재할인율 인하 등은 통화증가의 요인으로 물가상승을 초래한다.

65 환율인상(평가절하)이 되면 수입상품의 원화가격이 오르므로 수입이 감소되고, 수출상품의 외화가격을 내릴 수 있으므로 수출이 증가하게 되어 국제수지가 호전된다. 그러나 수입가격이 오르면 국내물가도 따라서 오르게 되어 물가안정을 저해하기도 한다.

66 실업자가 늘고 경기가 좋지 않아 기업의 부도율이 올라간다고 할 때, 정부는 재정정책으로 대처하려 한다. 적당한 재정정책은?

① 정부발주 각종 사업을 일시중단 또는 지체시킨다.

② 흑자예산을 편성한다.

③ 정부의 공공부문 공사를 늘린다.

④ 부가가치세 세율을 인상시킨다.

⑤ 부과된 세금을 조기에 거둬들인다.

67 남편은 식사를 준비하는데 3시간이 걸리고 설거지를 하는데 1시간이 걸린다. 부인은 식사를 준비하는데 1시간이 걸리고 설거지를 하는데 30분이 걸린다. 다음 중 옳은 것을 고르면?

> ㉠ 남편은 설거지를 하는데 비교우위가 있다.
> ㉡ 남편은 설거지를 하는데 절대우위가 있다.
> ㉢ 부인은 설거지를 하는데 비교우위가 있다.
> ㉣ 부인은 설거지를 하는데 절대우위가 있다.
> ㉤ 남편은 식사를 준비하고 부인은 설거지를 하는 것이 효율적이다.

① ㉠㉡
② ㉠㉢
③ ㉠㉣
④ ㉢㉣
⑤ ㉢㉤

Answer   66.③   67.③

66 경제안정화정책 … 정부가 인플레이션을 억제하고 완전고용 수준에 가깝도록 실업을 줄이면서 경제성장을 이루고자 재정정책이나 금융정책을 시행하는 것이다.
㉠ **불황기** : 팽창정책(조세인하, 재정지출 확대) → 국내수요 확대, 실업감소
㉡ **호황기** : 긴축정책(조세인상, 재정지출 감소) → 국내수요 억제, 물가안정

67 식사를 준비하고 설거지를 하는데 부인이 남편보다 시간이 적게 걸리므로 부인은 절대우위에 있다. 하지만 식사를 준비하는 것을 기준으로 한 설거지 소요시간의 두 사람 간 상대적 시간소요비율을 보면 남편은 부인보다 설거지를 하는데 비교우위가 있다.

68 다음 그래프에서 A점에서 B점으로의 이동을 바르게 해석한 것은?

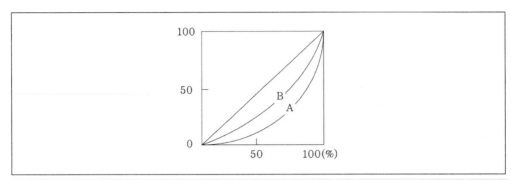

ㄱ 직접세보다 간접세를 늘린다.
ㄴ 누진세율을 인상한다.
ㄷ 공공부조의 이전지출을 줄인다.
ㄹ 불로소득을 제거하고 금융실명제를 실시한다.

① ㄱㄴ   ② ㄴㄷ

③ ㄴㄹ   ④ ㄷㄹ

⑤ ㄱㄷ

69 학교 앞에 있는 분식집에서 판매하는 어묵과 튀김은 학생들에게 대체재로 알려져 있다. 어묵 가격이 올라갔을 경우 나타나는 현상으로 옳은 것은?

① 튀김의 수요곡선은 우측으로 이동한다.   ② 어묵의 수요량은 증가한다.

③ 튀김의 가격은 하락한다.   ④ 튀김의 수요량은 감소한다.

⑤ 어묵의 공급곡선은 우측으로 이동한다.

Answer   68.③   69.①

68 A점에서 B점으로의 이동은 소득분배가 평등하게 개선되고 있는 상황이다.
※ 소득분배의 개선방법
ㄱ 공평과세 : 재산소득에 대한 누진세의 적용, 고율의 상속세와 증여세 부과로 세습을 예방하여야 한다.
ㄴ 지하경제의 근절 : 부동산 투기나 탈세 등에 의한 불로소득은 국민경제의 건전한 발전을 저해하므로 근절해야 한다.
ㄷ 분배정의의 실현 : 금융실명제, 부동산실명제, 금융소득종합과세를 실시한다.

69 어묵의 가격상승은 수요감소를 가져오고 대체재인 튀김의 수요증가를 가져온다. 튀김의 가격은 변동이 없는 상황에서 튀김에 대한 수요가 늘었다는 것은 튀김의 수요곡선을 우측으로 이동시키는 것을 의미한다.

70 다음의 글에 대한 설명으로 가장 적합한 것은?

> 구성초등학교에 다니는 동진이는 용돈 3,000원으로 과자 2개와 사탕 3개를 사 먹었다. 과자 1개의 가격은 500원이며, 사탕 1개의 가격도 500원이다. 남은 돈 500원을 가진 동진이는 지우개를 1개 구입하기로 했다.

① 동진이가 과자를 먹을 때마다 한계효용은 증가한다.
② 동진이가 과자를 세 개째 먹을 때와 사탕을 네 개째 먹을 때에 느끼는 한계효용은 같을 것이다.
③ 동진이의 친구인 승연이가 용돈 3,000원을 받았을 경우에도 동진이와 같은 선택을 할 수 밖에 없다.
④ 동진이가 두 번째로 사먹은 과자는 동진이에게 500원보다 작은 만족을 추가적으로 준다.
⑤ 동진이가 네 번째의 사탕을 먹을 때에 느끼는 만족감은 지우개를 한 개 살 때에 느끼는 만족감보다 작을 것이다.

70 모든 상품은 소비를 늘려감에 따라 추가로 얻는 만족감 즉, 한계효용은 점차로 감소한다. 또한 각 상품에서 얻는 효용의 크기는 각자 동일하지 않다.

※ 한계효용이론
　㉠ **효용**(utility) : 재화나 서비스를 소비함에 따라 느끼는 주관적 만족도를 나타낸 수치이다.
　㉡ **총효용**(total utility) : 일정기간 동안에 재화나 서비스를 소비함에 따라 얻게 되는 주관적인 만족도의 총량을 말한다.
　㉢ **한계효용**(marginal utility) : 재화나 서비스의 소비량이 한 단위 증가할 때 변화하는 총효용의 증가분을 말한다.
　㉣ **한계효용 체감의 법칙**(law of diminishing marginal utility) : 재화의 소비가 증가할수록 그 재화의 한계효용이 감소하는 것을 말한다.

71 영민이와 철민이는 구두를 사러 갔다가 영민이만 6만 원을 주고 한 켤레를 샀다. 다음 날 철민이는 동일한 구두가 할인되어 한 켤레에 3만 원씩 판매되는 것을 보고 그 구두를 두 켤레 샀다. 이 경우에 대한 설명으로 옳지 않은 것은?

① 철민이가 구두 두 켤레를 샀을 때에 얻은 잉여의 크기는 6만 원을 넘지 못한다.

② 철민이가 구두를 샀을 때에 얻은 잉여의 크기는 영민이의 것보다 크다고 할 수 있다.

③ 영민이가 구두를 샀을 때에 얻은 잉여의 크기는 철민이의 것보다 크다고 할 수 있다.

④ 영민이와 철민이는 잉여가 0원이 되는 수준에서 구두를 샀을 것이다.

⑤ 영민이는 정상가격을 지불하고 구두를 샀으므로 아무런 잉여도 얻지 못한 셈이다.

72 기술진보와 세금인하가 동시에 발생했을 때 실질GDP와 물가수준에 미치는 영향은?

① 실질GDP는 증가하고 물가수준은 상승한다.

② 실질GDP가 증가할지 감소할지 알 수 없으나, 물가수준은 하락한다.

③ 실질GDP가 증가할지 감소할지 알 수 없으나, 물가수준은 상승한다.

④ 실질GDP는 감소할 것이나, 물가수준은 상승할지 하락할지 알 수 없다.

⑤ 실질GDP는 증가할 것이나, 물가수준은 상승할지 하락할지 알 수 없다.

Answer 71.① 72.⑤

71 철민이는 3만 원에 구두를 샀지만 6만 원에 사지는 않았으므로 철민이의 한계효용은 3만 원 보다 크지만 6만 원 보다는 적다. 실제 지불한 금액은 3만 원이므로 두 켤레를 구입한 철민이가 얻는 총효용에서 총비용을 제한 잉여는 6만 원을 넘을 수 없다. 그러나 영민이가 6만 원에 구두를 샀을 때에 구두 구입에 따른 잉여의 크기는 알 수 없다.

72 기술진보는 총공급을 증가시키는 반면에 세금인하는 총수요를 증가시킨다. 즉 기술진보는 실질GDP를 증가시키고 물가를 하락시키는 요인인 반면에 세금인하는 실질GDP를 증가시키고 물가도 상승시키는 요인으로 작용한다.

73 다음 글을 바탕으로 하여 설명한 것으로 옳지 않은 것은?

> 옆집 미야가 치는 피아노 소리는 도도를 불편하게 한다. 미야가 피아노를 쳐서 얻는 효용을 화폐가치로 환산하면 10,000원이고, 도도가 그 소리 때문에 잃은 효용은 5,000원이다. 법원은 도도에게 조용히 휴식을 취할 권리가 있다고 인정하였다.

① 미야가 피아노를 치는 것은 도도에게 외부효과를 미치는 것이다.

② 미야가 피아노를 치기 위해 도도에게 지불해야 하는 최소 금액은 5,000원이다.

③ 도도가 미야에게 피아노를 칠 수 있는 조건으로 받을 수 있는 최대보상금액은 10,000원이다.

④ 미야가 도도에게 10,000원을 지불하고 피아노를 치는 것과, 5,000원을 지불하고 피아노를 치는 것이 두 사람의 효용의 합에 미치는 영향은 동일하다.

⑤ 미야가 도도에게 7,500원을 지불하고 그 대가로 미야가 피아노를 치는 것은 두 사람 모두에게 동일한 액수만큼 이득이 되는 거래이므로 이 금액이 가장 적절한 지불 액수이다.

74 2008년 10월에 우리나라에서 팔리는 빅맥 가격은 3,000원에서 2,500원으로 떨어졌다. 단, 미국에서의 빅맥가격은 2.54달러, 원화의 환율은 1달러=1,100원으로 불변이다. 한국의 빅맥지수와 관련된 다음의 기술 중 옳지 않은 것은?

> 빅맥지수 = 빅맥의 자국통화단위 가격/빅맥의 미국 내 가격

① 빅맥 이외의 다른 상품이라도 국제적으로 널리 소비되면 구매력을 평가하는 기준이 될 수 있다.

② 2008년 11월에 우리나라에 온 미국인들은 햄버거의 값이 싸다고 느낄 것이다.

③ 빅맥의 가격이 하락함에 따라 한국의 빅맥지수도 하락하였다.

④ 빅맥의 가격하락 이전에는 환율이 원화의 구매력을 과대평가하고 있었다.

⑤ 환율이 빅맥지수보다 클 경우, 그 나라의 환율은 화폐의 구매력을 과대평가하고 있다.

Answer 73.⑤ 74.⑤

73 외부효과에 대한 거래가 시장에서 이루어질 경우 자원배분을 효율적으로 이룰 수 있다는 코즈정리에 대한 문제로 미야가 10,000원을 도도에게 보상한다면 미야는 10,000원 지불로 10,000원에 해당하는 피아노를 치는 즐거움을 상쇄시킬 것이지만 도도는 5,000원의 이득을 얻게 된다. 두 경우 모두 두 사람의 효용을 합한 양인 사회적 후생은 5,000원으로 동일하다. 두 사람간의 거래는 5,000원에서 10,000원 사이의 경우 동일한 5,000원의 이득을 나누는 것일 뿐이지 그 중 어느 가격이 사회적으로 효율적이라고 말할 수 없다.

74 한국의 빅맥지수는 3,000원/2.54달러이므로 1,181이다. 하지만 환율이 1,100원인 상황에서 한국사람이 빅맥을 구입하는 3,000원은 미국의 달러로 환산하면 2.73달러가 되어 한국의 원화는 적정 구매력 즉 동질적인 빅맥을 1개 구입하는 데 필요한 2.54달러보다도 많은 화폐가치를 가진다.

75 다음의 글과 관련된 설명으로 가장 적절한 것은?

> 1998년 우리나라의 국내총생산(GDP)은 −5.2%의 실질성장을 보였음에도 350억 달러가 넘는 경상수지 흑자를 기록했다. 이와는 대조적으로 2008년에는 국내총생산의 실질 성장률이 7.1%에 달했음에도 경상수지 적자는 210억 달러에 이르렀다.

① 실질경제성장률은 경상수지와 반대방향으로 움직인다.
② 경상수지의 흑자 여부는 국내적 요인보다 해외 경기가 좌우한다.
③ 국내총생산의 증감과 경상수지는 상호 무관하게 독자적으로 결정된다.
④ 국내 경제 주체들의 총지출이 국내총생산에 미치지 못하면 경상수지 흑자를 나타낼 수 있다.
⑤ 실질성장률과 경상수지는 원칙적으로 같은 방향으로 움직이나 위의 경우는 극히 예외적인 경우다.

※ 다음 표는 A국과 B국이 부존자원을 효율적으로 사용할 때 생산 가능한 선박과 기차의 조합을 보여준다. 예를 들어 A국이 부존자원을 효율적으로 사용할 경우 선박 12대와 기차 2대를 만들거나, 선박 8대와 기차 4대를 만들 수 있다. 물음에 답하시오. 【76~77】

A국		B국	
선박 대수	기차 대수	선박 대수	기차 대수
16	0	12	0
12	2	9	2
8	4	6	4
4	6	3	6
0	8	0	8

🌿 Answer　75.④

75 경제성장률은 국내 부문과 해외 부문이 어떠한가에 따라 결정되며 단순히 경상수지 흑자나 적자와 같은 해외 부문에 의해서만 결정되거나 혹은 실질경제성장이 경상수지와 원칙적으로 같은 방향으로 움직인다는 말은 옳지 않다.

76 기회비용에 대한 다음 설명 중 맞는 것은?

① 선박 한 대 더 생산하는 것의 기회비용은 두 나라가 동일하다.
② 기차 한 대 더 생산하는 것의 기회비용은 A국이 B국보다 작다.
③ 기차 한 대 더 생산하는 것의 기회비용은 두 나라가 동일하다.
④ 선박 한 대 더 생산하는 것의 기회비용은 A국이 B국보다 작다.
⑤ A국이 선박을 많이 생산할수록 선박 생산의 기회비용이 증가한다.

77 다음 중 A국과 B국이 무역을 한다고 가정할 때 올바른 것은?

① A국은 선박만 생산하고, B국은 기차만 생산한다.
② A국은 기차만 생산하고, B국은 선박만 생산한다.
③ A국은 선박 8대와 기차 4대를 생산하고, B국은 기차만 생산한다.
④ A국은 선박만 생산하고, B국은 선박 6대와 기차 4대를 생산한다.
⑤ A국은 선박 8대와 기차 4대를 생산하고, B국은 선박 8대와 기차 4대를 생산한다.

78 독일은 상대적으로 자본이 풍부하고 인도는 노동력이 풍부하다. 만일 독일과 인도가 하나의 시장경제로 통합된다면, 독일의 임금과 이자율은 통합 이전과 비교하여 어떻게 변화할 것인가?

① 임금은 상승하고 이자율은 하락할 것이다.
② 임금은 하락하고 이자율은 상승할 것이다.
③ 임금과 이자율 모두 하락할 것이다.
④ 임금과 이자율 모두 상승할 것이다.
⑤ 임금과 이자율 모두 불변일 것이다.

Answer   76.④   77.①   78.②

76 양국 모두 선박 생산이 증가함에 따라 비행기 생산이 일정한 비율로 감소하므로 기회비용은 생산량에 상관없이 동일하다. 기차만 생산하면 동일하게 8대를 생산하지만 선박만을 생산하는 경우 A국이 더 많이 생산하므로, A국은 B국에 비해 선박 생산의 기회비용이 낮고 기차 생산의 기회비용이 높다.

77 각 나라는 기회비용이 낮은 상품의 생산에 비교우위를 가진다. A국은 선박 생산에 비교우위가 있어 선박만을 생산하고, B국은 기차 생산에 비교우위가 있어 기차만 생산할 것이다.

78 통합된 경제는 통합 이전의 독일과 비교할 때 노동력은 상대적으로 풍부한 반면에 자본은 상대적으로 부족하다. 따라서 통합된 경제의 임금은 통합 이전의 독일보다 낮고, 이자율은 통합 이전의 독일보다 높을 것이다.

79 통화정책의 전달경로를 아래와 같이 표현할 때, 통화량 증대를 통해 국민소득을 증가시키고 자 하는 정책이 더 효과적으로 되기 위한 조건으로 맞는 것을 고르면?

> 통화량 변화→이자율 변화→투자 변화→유효수요 변화→국민소득 변화

> ㉠ 한계소비성향이 클수록 정책 효과가 크다.
> ㉡ 유동성함정에 놓여 있을 때 정책 효과가 크다.
> ㉢ 투자함수의 기울기가 완만할수록 정책효과가 크다.
> ㉣ 경제가 완전고용에 가까울수록 정책효과가 크다.

① ㉠㉡   ② ㉠㉢
③ ㉠㉣   ④ ㉡㉢
⑤ ㉢㉣

80 개발도상국들이 생산하는 원자재에 대해 선진국들이 수입관세를 낮추는 정책의 효과로 적절 한 것은?

① 개발도상국과는 무관한 정책이다.
② 선진국의 원자재 생산업체를 돕는다.
③ 선진국의 완제품 제조 및 수출에 피해를 준다.
④ 원자재를 수출하는 개발도상국에 피해를 준다.
⑤ 완제품을 제조하여 수출하는 개발도상국에 피해를 준다.

Answer   79.②   80.⑤

79 중앙은행이 시중 통화량을 증가시키면 이자율이 감소하고 기업 혹은 개인에게 대출에 대한 부담을 줄여줌으로써 기업 혹은 개인의 투자가 늘어난다. 이때 투자함수의 기울기가 완만할수록 그 효과는 더 크다.

80 선진국들이 수입 원자재에 대한 관세를 인하하게 되면, 개발도상국의 원자재 수출이 증가하면서 원자재 가격은 상승한다. 반면에 선진국의 원자재 가격은 수입이 늘어나면서 하락한다. 따라서 선진국의 완제품 생산자와 개발 도상국의 원자재 생산자에게는 이익이 되지만, 개발도상국의 완제품 생산자와 선진국의 원자재 생산자에게는 피 해를 준다.

81 율도국에 위험기피자와 위험선호자가 존재하고, 기대가치가 0인 복권과 보험이 각각 존재한다. 옳은 설명을 모두 고르면?

> ㉠ 위험기피자와 위험선호자 모두 보험에 가입하지도 복권을 사지도 않는다.
> ㉡ 위험선호자는 모두 복권을 사고, 위험기피자는 모두 사지 않는다.
> ㉢ 위험기피자는 모두 보험에 가입하고, 위험선호자는 모두 가입하지 않는다.
> ㉣ 위험선호자 모두와 위험기피자 일부가 보험에 가입한다.

① ㉠   ② ㉠㉡
③ ㉡㉢   ④ ㉢㉣
⑤ ㉣

82 국내총생산에 관한 설명 중 옳지 않은 것은?

① 자가 아파트의 임대료 상승분은 국내총생산에 포함되지 않는다.
② 중고 자동차의 거래는 국내총생산에 포함되지 않는다.
③ 국내총생산은 생산자의 국적과 관계가 없다.
④ POSCO에 재고로 남아있는 강철은 생산년도의 국내총생산에 포함된다.
⑤ 최루탄의 생산은 국내총생산에 포함된다.

Answer　　81.③　82.①

81 공정한 도박은 기대가치가 0인 복권이고, 공정한 보험은 기대가치가 0인 보험이다. 공정한 보험이 제공된다면 위험기피자는 모두 보험에 가입하지만 위험선호자는 누구도 공정한 보험에 가입하지 않는다.

82 GDP에 포함되는 것은 자가보유주택으로부터 나오는 주거서비스의 가치에 해당하는 귀속임대료이다. 이것은 비록 시장에서 거래되지는 않더라도 GDP에 포함된다.

83 중앙은행의 본원통화 공급과 관련된 설명 중 옳은 것은?

① 재정적자가 증가하면 본원통화는 감소한다.

② 중앙은행의 예금은행에 대한 대출이 증가하면 본원통화는 증가한다.

③ 수출이 증가하면 본원통화는 감소한다.

④ 외채상환액이 증가하면 본원통화는 증가한다.

⑤ 중앙은행의 유자증권 매입액이 증가하면 본원통화는 감소한다.

84 예상하지 못한 인플레이션의 영향에 대한 설명 중 옳지 않은 것은?

① 명목환율이 불변이면 실질 순수출은 증가한다.

② 봉급생활자나 연금생활자가 불리해진다.

③ 고정이자를 지급하는 장기채권에 대한 수요가 감소한다.

④ 구두창비용과 메뉴비용이 발생한다.

⑤ 기업의 명목적인 조세부담이 증가한다.

85 초저금리 시대에 나타날 수 있는 현상을 모두 고른 것은?

㉠ 수익성 부동산에 대한 투자위축	㉡ 고금리 국가로의 자금유출
㉢ 증권투자의 필요성 대두	㉣ 연기금의 운영난 가중

① ㉠㉡㉢

② ㉠㉡㉣

③ ㉠㉢㉣

④ ㉡㉢㉣

⑤ ㉠㉡㉢㉣

Answer 　83.② 　84.① 　85.④

83 재정적자가 증가하면 중앙은행으로부터 차입을 하므로 정부부문을 통해 본원통화가 증가한다. 수출이 증가하면 본원통화가 증가하고 외채상환액이 증가하면 본원통화는 감소한다.

84 국내에서 생산된 재화가격이 상승하더라도 명목환율이 불변이면 상대적으로 국내에서 생산된 재화가 비싸지므로 순수출이 감소한다.

85 이자율이 낮으므로 수익성 부동산에 대한 투자가 늘어날 것이다.

86 수익과 위험의 관계에 대한 설명으로 옳지 않은 것은?

① 인도나 베트남 등 신흥국가에 대한 투자는 높은 위험이 따르지만 수익성이 높다는 점에서 매력이 있다.
② 인플레이션이 심한 상황에서 안정성을 확보하기 위해 모든 자산을 현금화하여 은행에 예금하였다.
③ 계란을 한 바구니에 모두 담지 말라는 것은 분산투자를 하라는 의미이다.
④ 스포츠 스타인 이씨는 노후대비와 아들 교육을 위해 연봉의 일정 부분을 신탁과 저축에 불입하고 있다.
⑤ 위험관리는 기대수익과 위험, 투자자의 위험성향을 전반적으로 고려한 것이다.

87 다음 중 수입관세가 수입국 경제에 미치는 경향이 아닌 것은?

① 해당 상품의 국내 생산이 증가한다.
② 해당 상품에 대한 국내 소비가 감소한다.
③ 소국의 경우 교역조건은 개선을 기대할 수 없다.
④ 해당 상품의 국내소비자가 누리는 소비자 잉여가 증가한다.
⑤ 관세의 상승은 정부의 조세 수입을 증가시킨다.

88 최근 신용카드와 현금카드의 증가로 인하여 현금을 들고 다니는 사람들이 줄어들고 있다. 이 같은 현상이 계속될 경우 우리나라 경제에 미칠 영향으로 볼 수 없는 것은?

① 물가의 상승　　　　　　　　② 통화량의 증가
③ 이자율의 상승　　　　　　　④ 투자의 증가
⑤ 총수요의 증가

🏵 **Answer**	86.② 87.④ 88.③

86 인플레이션으로 실질금리가 하락하게 되므로 실물자산을 현금화하여 은행에 예금한다면 실질 수익률이 오히려 마이너스를 기록하여 안정성과는 거리가 멀게 된다.

87 수입국에 관세를 부과하면 수입국의 소비자가 지불하는 가격이 상승하므로 소비는 감소하고 생산이 증가한다. 단, 소국은 관세를 부과하더라도 수출입가격에 영향을 미치지 못하므로 교역조건은 변화하지 않는다.

88 현금통화비율이 낮아지게 되면 통화승수가 커지므로 통화량이 증가하게 되고 이로 인하여 이자율의 하락, 투자의 증가, 총수요의 증가, 물가상승 등의 효과를 가져온다.

89 다음 중 수입자유화의 이점이 아닌 것은?

① 물가안정에 기여한다.
② 규모의 경제가 발생한다.
③ 국제경쟁력을 배양시킨다.
④ 현존하는 산업에 속한 기업들의 균형적 성장을 가져온다.
⑤ 산업 간 불균형성장을 가져올 수 있다.

90 10년 간 A사의 독점 생산을 보장한 로봇청소기 특허가 올해로 만료되었다. 다음 중 로봇청소기 시장에서 예상되는 상황으로 적절한 것을 〈보기〉에서 모두 고르면?

〈보기〉

㉠ 가격이 상승한다.
㉡ 생산자 수가 증가한다.
㉢ A사의 이윤이 감소한다.
㉣ 시장 거래량이 감소한다.

① ㉠, ㉡
② ㉠, ㉢
③ ㉡, ㉢
④ ㉡, ㉣
⑤ ㉢, ㉣

Answer 89.④ 90.③

89 수입자유화로 다양한 재화가 수입되면 소비자의 선택의 폭이 넓어질 뿐만 아니라 국내보다 가격이 싼 재화들이 수입되므로 물가를 하락시키는 효과가 있다. 단, 수입자유화에 따라 비효율적인 일부산업이 위축되고, 그 산업에서는 고용이 감소하는 등의 문제점이 발생한다. 그러나 경쟁이 심화되면 국내기업들의 경쟁력이 강화되는 긍정적인 측면도 동시에 지니므로 일반적으로 무역을 자유화하면 수출재산업은 더 급속하게 성장할 것이다. 반면 수입재산업은 그 이전보다 위축되므로 산업간 불균형적인 성장이 예상된다.

90 특허가 만료되면 법적인 진입장벽이 제거되므로 어느 누구나 로봇청소기를 생산·판매할 수 있게 된다. 그로 인해 로봇청소기 시장이 다수의 생산자가 존재하는 경쟁적인 상황으로 바뀌면 거래량이 늘어나고 가격은 하락하게 된다. A사의 경우 경쟁으로 인해 과거보다 더 적은 수량의 제품을 더 낮은 가격에 판매해야 하기 때문에 이윤이 감소하게 된다.

91 A는 매년 여름방학 중 아르바이트를 하는 데 이번 여름의 시간 당 임금은 작년보다 50% 높다. 이에 따라 A는 아르바이트 시간을 줄이고 여가를 더 즐기기로 했다. 다음 설명 중 옳은 것은?

① 여가에 대한 소득효과가 대체효과보다 크다.
② 여가에 대한 대체효과가 소득효과보다 크다.
③ 여가에 대한 소득효과가 대체효과를 정확히 상쇄한다.
④ A의 노동공급곡선은 수직선이다.
⑤ A의 노동공급곡선은 우상향한다.

92 한국은행이 물가상승을 우려하여 콜 금리 목표치를 인상하는 경우 환율 및 수입에 미칠 영향은?

① 환율하락과 수입증가
② 환율상승과 수입증가
③ 환율하락과 수입감소
④ 환율상승과 수입감소
⑤ 환율과 수입에 변화 없음

93 총수요에 영향을 미치는 요인으로 옳지 않은 것은?

① 조세 증가
② 통화량 증가
③ 이자율 하락
④ 노동공급 증가
⑤ 정부지출 증가

Answer   **91.① 92.① 93.①**

91 여가가 늘었다면 여가에 대한 소득효과가 대체효과보다 크다.

92 금리인상은 곧 수익률의 인상을 의미한다. 더 높은 수익을 쫓아 외국 자본이 국내에 유입될 것이므로 외환시장에서 달러와 같은 외국 돈의 공급이 늘고 한국 돈의 상대적 가치가 증가하므로 환율은 하락한다. 환율하락에 따라 수입은 증가한다.

93 총수요란 가계, 기업, 정부 등 모든 경제주체가 원하는 재화와 용역에 대한 수요의 총액을 말하는 것으로 노동공급의 증가는 총공급에 영향을 준다.

94 한 나라의 총수요가 총공급을 초과하여 일어나는 인플레이션을 바르게 나타낸 것은?

① 관리가격 인플레이션　　　　② 비용인상 인플레이션
③ 수요견인 인플레이션　　　　④ 초과공급 인플레이션
⑤ 수입 인플레이션

95 완전경쟁적 시장경제의 장점이라고 볼 수 없는 것은?

㉠ 소득분배의 공평성이 보장된다.
㉡ 언제나 완전고용이 달성된다.
㉢ 개인들은 자신이 원하는 직장을 선택할 수 있다.
㉣ 소비자들이 원하는 재화와 서비스의 생산이 이루어진다.
㉤ 주어진 양의 재화를 최소 비용으로 생산한다.

① ㉠㉡　　　　　　　　　　② ㉠㉢
③ ㉡㉢　　　　　　　　　　④ ㉢㉣
⑤ ㉣㉤

Answer　94.③　95.①

94 인플레이션의 요인과 대책

형태	요인	대책
수요견인 인플레이션	초과수요, 과잉통화	대출억제, 금리인상, 세출축소, 세입확대, 부분적 수요조절 등
임금인상 인플레이션	임금의 상승	소득정책(임금 및 물가의 동결과 통제)
관리가격 인플레이션	관리가격 인상	경쟁촉진정책(소비자운동, 경쟁기업육성)
구조적 인플레이션	저생산성	구조정책(산업합리화촉진, 유통구조의 개선)
수입 인플레이션	수입가격 상승, 수입물량 부족, 수출과다	수입촉진, 무역자유화, 관세인하, 특정부문의 수출조정, 환율정책, 국제협력 등

95 완전경쟁시장에서는 소득분배의 공평성과 완전고용은 달성되지 않는다.

96 다음 글에서 1년 동안 자동차를 사용한 것에 대한 정약용의 기회비용은?

> 정약용은 연초에 2,000만 원을 일시불로 주고 승용차를 구입하여 일 년간 타고 다니다가 연말에 이 차를 1,200만 원을 받고 팔았다. 정약용이 만일 자동차를 사지 않았더라면 이 돈을 은행에 연 5%에 예금했을 것이다.

① 800만 원　　　　　　　　　② 850만 원

③ 900만 원　　　　　　　　　④ 1,000만 원

⑤ 2,000만 원

97 빈곤의 악순환을 이해하고 있는 사람을 모두 고른 것은?

> 소득↓ → 저축↓ → 투자↓ → 자본형성↓ → 생산↓ → 소득↓

> 가영 : 후진국에 적용되는 모형이다.
> 나영 : 저축보다는 소비가 중요하다.
> 다영 : 수요와는 관계없이 공급적 측면의 문제로만 작용한다.
> 라영 : 해외 차관도입을 통해서 문제를 해결할 수 있다.

① 가영, 나영　　　　　　　　　② 가영, 다영

③ 가영, 라영　　　　　　　　　④ 나영, 다영

⑤ 다영, 라영

Answer　　96.③　97.③

96　기회비용은 어떤 선택에 따른 비용과 그 선택으로 인해 포기된 차선의 선택이 가지는 가치를 합한 것이다. 정약용은 1년 동안 자동차를 구입하는 데에 들어간 비용은 800만 원이다. 하지만 자동차 구입을 하지 않았다면 2,000만 원을 은행에 넣어 100만 원의 이자 수입을 얻을 수 있을 것이므로 기회비용은 900만 원이 된다.

97　빈곤의 악순환은 소비보다 저축을 강조하는 것으로 해외 차관을 도입하여 투자를 증가시키면 빈곤의 악순환을 끊을 수 있다.

98 수요와 공급에 대한 설명으로 옳지 않은 것은?

① 치킨 값이 상승하면 피자에 대한 수요가 증가한다.
② 특정재화의 가격하락은 재화의 공급량을 감소시킨다.
③ 엔진가격이 하락하면 자동차의 공급은 감소한다.
④ 원자재가 오르면 원자재의 수요가 감소한다.
⑤ 소득이 증가하면 열등재의 수요는 감소한다.

99 저축과 투자에 대한 설명으로 옳은 것은?

① 저축이 늘면 이자율이 상승하고 이자율이 상승하면 투자가 늘어 경기가 활성화 될 수 있다.
② 경제학적으로 저축과 투자는 서로 일치하지 않는다고 본다.
③ 일반적으로 대부자금시장에 수요자는 기업이다.
④ 투자는 시세차익을 목적으로 하는 거래를 말한다.
⑤ 이윤의 증대와 자산가치의 상승은 가계의 투자목적이다.

Answer   98.③   99.③

98 엔진가격이 하락하면 자동차의 생산비가 하락하므로, 자동차의 공급은 증가한다.

99 ① 저축이 늘면 이자율이 하락한다.
② 저축과 투자는 일치한다.
④ 투자는 장기적인 것으로 일시적인 시세차익을 목적으로 하지 않는다.
⑤ 가계의 투자목적은 소득증대이다.

100 X축과 Y축에 두 가지 상품을 놓고 소비자에게 동일한 만족을 주는 재화묶음을 연결한 곡선을 무차별곡선이라고 한다. 일반적으로 한계효용 체감의 법칙이 작용하므로 두 상품을 유사한 양으로 소비할 경우 한 상품을 많이 소비할 때보다 효용은 증가한다. 일반적으로 무차별곡선은 원점을 향해 볼록한 형태의 곡선을 나타내는데 만약 술만 좋아하고 다른 어떠한 재화도 효용을 증가시키지 못하는 알코올중독자의 무차별곡선은 어떠한 형태를 띠게 되는가? (단, 술은 X축, 다른 재화는 Y축으로 놓는다)

① Y축과 수직으로 된 직선
② Y축과 나란한 수직으로 된 직선
③ 원점에 대하여 볼록한 무차별곡선
④ 무차별곡선으로 나타낼 수 없음
⑤ 원점에 대하여 오목하게 나타나는 곡선

101 외환시장에서 환율에 영향을 주는 요인들을 열거한 것이다. 다른 조건이 일정하다고 가정할 때, 나머지의 요인들과는 다른 방향으로 환율에 영향을 미치는 요인은?

① 국내 기업의 외국직접투자가 증가한다.
② 정부가 외환시장에 개입하여 달러를 매각한다.
③ 세계 주요 외환시장에서 달러화의 약세가 지속된다.
④ 외국인 관광객들의 국내 지출이 큰 폭으로 증가한다.
⑤ 외국인 투자자들이 국내 주식을 매수하는 추세가 지속된다.

☆ Answer 100.② 101.①

100 무차별곡선 … 소비자에게 동일한 만족을 주는 재화묶음을 연결한 곡선을 말하며, 곡선상의 한 점에서 기울기는 그 점에서 소비자가 만족수준을 일정하게 유지하면서 한 재화를 다른 재화로 대체할 경우 교환되는 두 재화의 비율을 나타낸다. 그러므로 술만 좋아하고 다른 재화는 효용을 증가시키지 못하면 Y축의 재화가 증가하거나 감소하는 것에 관계없이 곡선이 형성되므로 Y축과 나란한 수직으로 된 직선이 나타나게 된다.

101 국내 기업의 외국 직접투자가 증가하면 국내 외환시장에서 달러에 대한 수요가 증가해 달러의 가치가 오르고 국내 통화의 가치는 떨어진다. 즉 환율이 오르게 된다.

102 리카도의 비교우위론에 관한 설명으로 옳지 않은 것은?

① 다른 생산자에 비해 같은 상품을 더 적은 양의 생산요소를 투입하여 생산할 수 있는 능력을 말한다.

② 다른 생산자에 비해 같은 상품을 더 적은 기회비용으로 생산할 수 있는 능력을 말한다.

③ 비교우위론에서는 생산요소가 노동 하나밖에 없다고 가정한다.

④ 일반적으로 기회비용이 체증하나 기회비용이 일정하다고 가정함에 따라 각 국은 한 재화 생산에만 완전 특화한다.

⑤ 모든 노동의 질은 동일하다고 가정한다.

103 가격통제의 유형에 따른 특징을 잘못 설명한 것은?

① 최저임금제는 저임금근로자의 노동소득을 보장하는 것이 목적이다.

② 최고가격제를 시행하면 암시장거래가 발생한다.

③ 이중곡가제도는 곡식의 수요가 비탄력적이므로 재정부담이 작다.

④ 농산물이 공급과잉으로 농산물 가격이 큰 폭으로 하락하는 경우에는 정부가 농산물 공급량을 통제하여 공급을 안정시킨다.

⑤ 최저가격제를 실시할 때 수요가 탄력적이면 공급자의 소득이 감소할 가능성이 있다.

104 한국전력이 심야 시간대와 주간 시간대의 요금을 다르게 책정하는 것을 가격차별이라고 한다. 이에 대한 설명으로 옳지 않은 것은?

① 가격차별로 인해 전기 생산량을 줄여야만 한다.

② 한국전력이 전기의 공급을 독점하고 있기 때문에 가능하다.

③ 소비자가 싼 심야전기를 저장하여 주간에 비싸게 파는 행위가 불가능하기 때문에 가능하다.

④ 수요의 가격탄력성은 주간에 비탄력적이다.

⑤ 수요의 가격탄력성은 야간에 탄력적이다.

Answer　　102.①　103.④　104.①

102 ① 비교우위가 아닌 절대우위에 대한 설명이다. 절대우위론은 자유무역의 근거를 최초로 제시하였다.

103 농산물 공급과잉으로 농산물 가격이 큰 폭으로 하락하는 경우 정부는 농산물 과잉분을 구매하여 공급을 안정시키고 농산물의 가격을 안정시켜 농가소득을 일정부분 보장하는 것이 바람직하다.

104 ① 일반적으로 가격차별이 이뤄지면 생산량이 가격차별 이전보다 증가한다.

105 소득재분배에 대한 설명으로 옳지 않은 것은?

① 시장거래를 통한 소득분배는 개인의 이기심 때문에 균등분배가 이루어질 가능성이 희박하다.

② 소득분배의 공평성을 높이기 위해서는 소비세보다는 소득세를 징수해야 한다.

③ 사회보험제도는 저소득층을 수혜자로부터 제외시키는 현상이 나타날 수 있다.

④ 공공부조는 저소득층의 가처분소득을 높여주는 효과를 가져온다.

⑤ 누진세제는 세제 자체만으로도 빈곤을 극복하는 효과를 가져올 수 있다.

106 부(−)의 소득세에 대한 설명으로 옳지 않은 것은?

① 소득효과에 의해 노동의욕이 증가하므로 노동의 효율적 배분을 이룰 수 있다.

② 대체효과에 의해 노동의욕은 감소한다.

③ 소득이 낮을수록 현금급여의 혜택이 크다.

④ 소득이 높을수록 조세부담비율이 높아진다.

⑤ 이익집단의 로비가능성이 줄어든다.

107 소득분배에 관한 다음 설명 중 옳지 않은 것은?

① 소득의 계층적 분배문제는 시장기구에 의해 해결하기 힘들다.

② 생산성의 변화는 소득의 기능적 분배에 영향을 준다.

③ 임금이 상승하면 노동의 분배몫은 항상 증가한다.

④ 지니(Gini) 계수의 값이 증가했다는 것은 소득의 계층별 분배가 악화되었음을 나타낸다.

⑤ 엣킨슨(Aktinson) 지수에는 상대적 불평등 기피도가 명시적으로 도입되었다.

Answer   105.⑤ 106.① 107.③

105 누진세제는 고소득층에게 많은 세금을 거둬서 가처분소득을 줄이는 효과만 있을 뿐 저소득층의 빈곤을 극복하는 효과는 없다.

106 부의 소득세는 노동의욕을 감퇴시키므로 노동의 효율적 배분은 어렵다.

107 요소대체탄력성이 1보다 크면 임금이 상승할 때 노동소득분배율은 오히려 감소한다.

108 비대칭정보의 상황에서 일어날 수 있는 현상이 아닌 것은?

① 시장에서의 거래규모가 축소될 수 있다.

② 자신이 공급하는 상품이 우수하다는 것을 알리는 신호를 보내려고 노력하게 된다.

③ 시장균형은 항상 존재하지만 파레토최적을 만족하지 않을 수도 있다.

④ 정보 우위자는 정보 열위자를 위하여 최선의 노력을 하지 않을 수도 있다.

⑤ 비대칭정보 상황이 악화될 경우 시장이 폐쇄될 수도 있다.

109 끈끈이 효과(Flypaper effect)와 관계가 없는 것은?

① 지방정부 관료들의 예산극대화 동기가 클수록 끈끈이 효과가 더 크게 나타난다.

② 무조건부 교부금이 조건부 교부금보다 끈끈이 효과가 크게 나타난다.

③ 재정착각이 작을수록 끈끈이 효과가 작다.

④ 해당지역의 주민들의 소득이 오르는 것보다 중앙정부의 지방정부에 대한 보조금이 증가할 때 공공재 공급이 더 증대된다.

⑤ 끈끈이 효과가 작을수록 지방정부에 대한 중앙정부의 영향력은 작다.

110 다음 중 외부효과(externality)로 인한 비효율적 자원배분을 개선하는 방법으로 옳지 않은 것은?

① 정부의 교육기관에 보조금을 지급한다.

② 양(+)의 외부효과를 초래하는 경우 새로운 기술에 대한 특허권의 제공한다.

③ 과수원과 양봉업자의 경우처럼 외부효과를 주고받는 두 기업의 합병한다.

④ 외부효과에 관련된 당사자가 많고 거래비용이 클 경우 정부 개입을 줄이고 자발적인 협상을 유도한다.

⑤ 정부가 오염배출권을 경매를 통해 팔고, 오염배출기업들 사이에 이를 거래할 수 있게 한다.

Answer 108.③ 109.② 110.④

108 정보의 비대칭성이란 경제주체들이 보유하고 있는 재화의 특성 등에 관한 정보수준이 서로 다른 경우를 말한다. 그리고 비대칭적 정보하에서는 시장 자체가 존재하지 않게 될 가능성도 있다. 이는 시장균형이 항상 존재하는 것은 아니라는 것을 나타낸다.

109 무조건부 교부금은 지역주민들의 조세부담을 줄이는데 사용될 수 있으므로 무조건부 교부금이 조건부 교부금보다 끈끈이 효과가 작다.

110 ④ 당사자 수가 작고 거래비용이 작아야 자발적 협상을 통한 효율적 배분이 이루어진다.

111 정부가 가난한 사람에게 식비를 보조하는 방법에는 다음과 같은 방법이 있다. 이 중에서 어느 방법이 파레토 효율성을 저해하지 않는가?

① 일정 소득 이하의 사람들에게 선착순으로 쌀을 배부하는 방법
② 민간 자선단체에서 낮은 가격의 식사를 제공하는 급식소 형태
③ 주식인 쌀의 가격을 규제하여 가격상한을 설정하는 방법
④ 일정 소득 이하의 가난한 사람에게 소득을 보조하는 방법
⑤ 최저임금제를 시행하여 비정규직의 최저소득을 설정하는 방법

112 독점적 경쟁산업에서 차별화된 휴대폰을 생산하고 있는 한 기업의 제품 가격이 높아질 때, 그 제품 수요량 변화에 대한 설명 중 옳은 것은?

> ㉠ 휴대폰 구입을 포기하는 소비자들이 발생하여 수요량이 감소한다.
> ㉡ 다른 속성을 가진 휴대폰으로 대체하려는 소비자들이 발생하여 수요량이 감소한다.
> ㉢ 다른 기업이 생산하는 제품의 가격도 같이 높아지고, 수요량은 감소하지 않는다.

① ㉠   ② ㉠㉡
③ ㉠㉢   ④ ㉡
⑤ ㉡㉢

Answer   111.④   112.②

111 정부가 가난한 사람에게 소득보조를 할 경우에는 예산선이 평행하게 이동하므로 재화의 상대가격체계의 왜곡이 발생하지 않는다.
① 현물보조가 소비자의 선택가능영역을 감소시킴으로써 쌀 이외에 다른 재화를 매우 선호하는 소비자의 후생을 감소시킨다.
② 가격보조의 방법이 상대가격체계를 교란시키는 대체효과에 의해 효율성을 저해시키게 된다.
③ 쌀의 가격상한을 설정하는 최고가격제는 사회적 후생손실을 야기시킨다.
⑤ 최저임금제 역시 시장가격체계의 교란을 일으켜 사회적 후생손실을 야기시킨다.

112 ② 독점적 경쟁기업이 가격을 올리면 수요자가 줄고 다른 대체재로 수요대체가 발생하여 수요량이 감소한다.

113 정부가 물가 폭등 상황에 대처하여 기업이윤을 생산 원가의 20% 이내로 제한하는 가격통제 정책을 시행하려 할 때, 가격통제 정책이 초래할 결과에 대한 설명으로 옳은 것은?

① 물가안정 및 원활한 공급을 보장한다.

② 품목에 따라서 암시장이 발생할 것이다.

③ 신상품을 개발하려는 의욕을 촉진한다.

④ 공급이 모자라는 품목을 증산하도록 유인을 제공한다.

⑤ 장기적으로 볼 때, 가격 하락을 장기화시키는 결과를 유발한다.

114 일반적으로 이자율이 상승하면 단기에 통화 공급량이 증가하는 경향이 있다. 그와 관련한 것으로 옳게 짝지어진 것을 모두 고르면?

㉠ 가계의 현금통화비율 감소	㉡ 은행의 대출 증가
㉢ 화폐유통속도의 감소	㉣ 은행의 초과지급준비율 감소
㉤ 기업의 현금통화비율 감소	

① ㉠㉢

② ㉠㉡㉢

③ ㉠㉢㉣

④ ㉠㉢㉣㉤

⑤ ㉠㉡㉣㉤

115 국내총생산(GDP)과 관련된 설명으로 옳지 않은 것은?

① 그 당시의 실제가격을 기준으로 산출한 것을 실질 GDP라고 한다.

② 전년대비 증가율을 경제성장률이라고 한다.

③ 국민총소득(GNI)보다 적거나 많을 수 있다.

④ 어느 국가에서 일정기간에 얼마만큼의 부가가치를 창출했는가를 나타낸다.

⑤ GDP를 지출(수요)측면에서 보면 개인소비, 민간설비투자, 정부지출, 순수출 등으로 크게 나누어진다.

Answer　113.② 　114.⑤ 　115.①

113 ② 정부가 가격통제 정책을 시행할 경우 희소자원을 배분해주는 가격의 균형이 깨져 암시장이 발생할 가능성이 높다.

114 ⑤ 화폐유통속도의 감소는 화폐보유비율의 증가를 의미하므로 이자율 상승의 효과로 타당하지 않다.

115 물가변동의 영향을 제외한 것을 실질 GDP라 하고 그 당시의 실제가격을 기준으로 산출한 것을 명목 GDP라고 한다.

116 A국가는 석유를 전액 수입하고 있다. 그런데 갑자기 중동지역에 큰 전쟁이 일어날 전망이 제기되면서 석유가격이 크게 상승하였다. 이때 A국가 정부가 가계생활의 안정을 위해 가격상승분의 일부를 유류세 인하로 보전해 주는 정책을 폈다고 할 경우 나타날 수 있는 결과를 나열한 것이다. 다음 중 A국가 석유시장과 유류세 인하의 효과에 대하여 바르게 설명한 것 만을 짝지은 것은?

> ㉠ A국의 석유 공급곡선은 비탄력적이다.
> ㉡ 유류세 인하는 석유의 시장가격을 떨어뜨릴 것이다.
> ㉢ 유류세 인하의 혜택은 공급자가 전부 가져갈 것이다.
> ㉣ 유류세 인하로 석유 수요곡선이 원점에서 멀어진다.
> ㉤ A국의 석유 공급곡선은 X축에 대하여 수평이다.

① ㉠㉡   ② ㉠㉣
③ ㉡㉢   ④ ㉡㉣
⑤ ㉡㉢㉤

117 어느 지역의 공해를 발생시키는 공장에서 80원의 비용을 들여서 100원짜리 상품을 하나 생산한다고 한다. 이 때 발생시킨 매연으로 50원어치의 대기 청정도 상실이 발생한다고 가정했을 때 이에 대한 경제학적 설명으로 옳지 않은 것은?

① 이 상품의 생산에 소요된 실제 비용은 130원이어야 한다.
② 소비자는 대기오염을 감수하는 대신 오염유발 상품을 100원의 가격으로 구입할 수 있다.
③ 소비자로 하여금 이 상품을 소비하기 위하여 150원의 실제비용을 부담하는 데도 100원짜리로 착각하게 만든다.
④ 매연 방출의 외부 불경제를 방치하면 시장신호는 정상적으로 작동할 때보다 더 많이 생산하고 매연도 더 많이 방출하도록 오작동 한다.
⑤ 외부 불경제는 사적비용이 사회적비용보다 더 큰 상황을 지칭한다.

✱ Answer   116.①   117.⑤

116 ㉢ 유류세 인하는 수요자에게는 가격 혜택을, 공급자에게는 사용량 증가로 인한 혜택을 제공하게 된다.
  ㉣ 유류세 인하는 수요곡선에는 영향을 미치지 않고 공급곡선에만 영향을 미친다.
  ㉤ A국의 석유 공급곡선은 X축에 대하여 수직이다.
  ※ 공급의 가격탄력성과 공급곡선
    ㉠ 공급의 가격탄력성 : 가격이 변화할 경우 공급량이 얼마나 변하는지를 나타내는 지표이다. 재화의 공급량이 가격변화에 대해 민감하게 변하면 그 재화의 공급은 탄력적이라 하며, 가격이 변할 때 공급량이 조금만 변하면 공급은 비탄력적이라 한다.
    ㉡ 공급곡선 : 가격과 공급량과의 관계를 나타내는 곡선을 말하며, 다른 변수들이 동일할 경우 가격이 높을수록 공급량은 증가하기 때문에 공급곡선은 우상향의 형태를 띠게 된다.

117 외부 불경제에 대한 설명이다. 상품생산에 소모되는 모든 것을 반영하는 '사회적 비용'은 환경오염까지 포함하지만, 기업에게 환경오염의 책임을 묻지 않는다면 기업이 부담하는 '사적비용'은 그 만큼 줄어든다. 즉 외부 불경제는 사회비용이 사적비용보다 더 큰 상황이다.

118 X재에 대한 수요의 가격 탄력성은 1보다 크고 Y재에 대한 수요의 가격 탄력성은 1보다 작을 때, (가)와 (나)의 상황이 가져 올 총판매 수입의 변화에 대한 예상으로 옳은 것은?

> (가) X재의 생산에 필수적인 원료 가격이 하락하였다.
> (나) Y재를 생산하는 기업에 제공되던 정부 보조금이 삭감되었다.

① X재의 총판매 수입 증가, Y재의 총판매 수입 감소
② X재의 총판매 수입 증가, Y재의 총판매 수입 증가
③ X재의 총판매 수입 감소, Y재의 총판매 수입 증가
④ X재의 총판매 수입 감소, Y재의 총판매 수입 감소
⑤ X재의 총판매 수입 불변, Y재의 총판매 수입 불변

119 아래 표는 어느 기업의 Y재 생산과 관련된 자료이다. 이에 대한 분석으로 옳은 것은? (단, 생산량은 모두 판매된 것으로 가정)

생산요소투입량(단위)	1	2	3	4	5	6
Y재 생산량(개)	5	12	18	24	28	29

* 생산요소의 단위당 가격 : 3만 원, Y재의 시장가격 : 2만 원

① 얻을 수 있는 최대 이윤은 58만 원이다.
② 생산성은 꾸준히 상승하고 있다.
③ 생산요소를 5단위 투입할 때 이윤이 가장 크다.
④ 생산요소 투입량이 2단위에서 3단위로 증가할 때 판매수익은 27만 원이다.
⑤ 생산요소를 증가시키면 단위 당 생산비용이 증가한다.

Answer 118.② 119.③

118 X재 생산에 필수적인 원료가격이 하락할 경우, X재 가격이 하락한다. X재의 수요의 가격 탄력성이 크므로, X재 가격의 하락은 총판매 수입을 증가시킨다. 또한 Y재를 생산하는 기업에 제공되던 정부보조금 삭감은 Y재의 공급을 감소시키며, 이는 Y재의 가격을 상승시킨다. Y재 수요의 가격 탄력성이 1보다 작으므로 Y재 가격의 상승은 총판매 수입을 증가시킨다.

119 판매수익은 (Y재 생산량 × 시장가격) − (생산요소투입량 × 생산요소 단위당 가격)이므로 생산요소당 판매수익을 계산하면 다음과 같다.

생산요소투입량(단위)	1	2	3	4	5	6
Y재 생산량(개)	5	12	18	24	28	29
판매수익	7	18	27	36	41	40

① 최대 이윤은 생산요소 5단위 투입할 때 41만 원이다.
② 생산성(생산량/생산요소투입량)은 2번째에만 증가하고 이후에는 감소한다.
④ 2단위에서 3단위로 증가 시, 판매수익은 9만 원(27만 원 − 18만 원)이 된다.
⑤ 생산요소의 단위 당 가격은 일정하므로 생산요소를 한 단위 증가시켜도 추가되는 생산비용은 일정하다.

120 다음 표는 ○○국 전체 가구의 분위별 평균 소득 지표이다. 이에 대한 설명으로 옳지 않은 것은?

(단위 : 천 달러)

구분	2015년	2016년
1분위	0	25
2분위	10	25
3분위	40	25
4분위	50	25
5분위	100	100
전체 평균	40	40

① 2016년에 십분위 분배율은 전년 대비 5배 증가하였다.

② 2016년 전체 인구의 80%는 동일한 소득을 가지고 있다.

③ 두 해의 로렌츠 곡선은 인구 누적 비율 80%에서 서로 만난다.

④ 인구누적비율 40% ~ 80% 구간에서 2015년의 로렌츠 곡선이 2016년보다 완전 평등선에 가깝다.

⑤ 2016년 하위 10%에 속하는 계층의 소득은 2015년 하위 10%에 속하는 계층의 소득보다 크다.

121 다른 모든 조건이 일정할 때 다음 중 토빈의 q를 증가시키는 요인은?

① 법인세율의 인상
② 주가상승
③ 자본재의 대체비용 상승
④ 실업률 상승
⑤ 통화공급의 감소

120 ④ 인구 누적 비율 40%의 소득 점유율의 경우 2015년은 5%이고 2016년은 25%이다. 인구 누적 점유율 80%의 소득 점유율은 2015년과 2016년이 50%로 동일하다. 따라서 인구 누적 비율 40% ~ 80% 구간에서 2016년의 로렌츠 곡선이 2015년보다 완전 평등선에 가깝다.

※ 각 분위별 소득 누적 점유율

구분	2015년	2016년
1분위(하위 20%)	0	12.5
2분위(20-40%)	5	25
3분위(40-60%)	20	37.5
4분위(60-80%)	50	50
5분위(상위 20%)	100	100

121 토빈의 q는 기업의 주식에 대한 시장가치를 기업의 자산에 대한 실물가치로 나누어서 구한다.

122 정부가 경기를 부양하기 위하여 재정지출을 확대하고, 그 재원을 한국은행에서 차입하기로 하였다. 국채를 발행해서 재원을 충당하는 경우와 비교하면?

① 재정적자가 더 증가할 수 있다.

② 소비가 더 증가할 수 있다.

③ 민간투자가 더 감소할 수 있다.

④ 이자율이 더 상승할 수 있다.

⑤ 물가가 더 안정될 수 있다.

123 최근 원유가격 상승이 국내 경제에 미치는 효과를 분석한 내용이다. 다른 조건에 변화가 없다면 다음 설명 중 가장 옳지 않은 것은?

① 경기침체와 물가상승이 동시에 나타날 수 있다.

② 국내 원유수요의 가격탄력도가 낮다면 경상수지가 악화될 수 있다.

③ 생산비용이 상승하여 단기 총공급곡선을 왼쪽으로 이동시킬 수 있다.

④ 경기를 부양시키려는 정책은 물가를 더 상승시킬 수 있다.

⑤ 원유가격 상승의 영향은 단기 필립스곡선 상의 이동으로 설명될 수 있다.

124 우리나라 화폐의 대외가치를 상승시키는 요인은?

① 자본 시장이 개방된 우리나라에서의 이자율 상승

② 외국과 대비한 우리나라의 높은 물가상승률

③ 국가 신임도 하락에 따른 자본유출

④ 해외 경기위축에 따른 우리나라 수출품에 대한 수요 감소

⑤ 우리나라에서의 외국 상품에 대한 수요 증대

Answer   122.②   123.⑤   124.①

122 정부지출 재원을 중앙은행 차입을 통해 충당하면 국채 발행의 경우보다 국민소득, 물가, 소비 등이 더 크게 증가하고, 이자율은 덜 상승하며 민간투자가 덜 감소한다.

123 원유가격 상승의 영향은 단기 필립스곡선 자체의 우상방 이동으로 설명될 수 있다.

124 자본 시장이 개방된 우리나라에서의 이자율 상승으로 달러 공급이 증가하면 환율은 하락하고 원화의 가치는 상승한다.

125 세 명의 주민이 살고 있는 어느 특정 지역에 공원이 건립되면 주민 갑, 을, 병은 각각 100만 원, 200만 원, 700만 원의 화폐가치에 해당하는 효용을 얻을 수 있다. 이 공원은 유지비용도 없고 입장료도 없다. 만일 건립과 관련하여 정부가 개입하지 않는다고 하면, 다음 설명 중 옳은 것은?

① 주민 갑만이 자신의 효용의 화폐가치를 밝히고, 그 만큼 부담하여 100만 원 규모의 공원이 건립될 것이다.

② 주민 갑, 을만이 각각 자신의 효용의 화폐가치를 밝히고, 그 만큼 부담하여 300만 원 규모의 공원이 건립될 것이다.

③ 주민 갑, 을, 병이 각각 자신의 효용의 화폐가치를 밝히고, 그 만큼 부담하여 1,000만 원 규모의 공원이 건립될 것이다.

④ 주민 갑, 을, 병이 각각 자신의 효용의 화폐가치를 밝히고, 그보다 조금씩 더 부담하여 1,000만 원 규모보다 큰 공원이 건립될 것이다.

⑤ 주민들 중 아무도 자신의 효용의 화폐가치를 밝히지 않고, 그 만큼 부담하지도 않아 공원은 건립되지 못할 것이다.

Answer 125.⑤

125 공원은 건설비를 부담하지 않은 사람도 이용할 수 있으므로 갑, 을, 병 아무도 자신의 진정한 선호를 밝히지 않으려 할 것이다. 그러므로 주민들의 자발적인 선택에 의해서 공원은 건립되지 못할 것이다.

P/A/R/T

제2과목

시사경제

시사 기초 영역

제 2 과목 시사경제

1 다음 사례에서 도출할 수 있는 정부의 경제적 역할로 가장 적절한 것은?

> 겨울철 에너지 가격 상승으로 인해 저소득층이 겨울을 보내는 데 큰 부담을 갖게 되자 갑국 정부는 에너지 바우처 정책을 시행하기로 하였다. 에너지 바우처 정책은 기준 소득 미만의 가구를 대상으로 일정 금액에 해당하는 에너지 이용권을 지급하는 제도이다. 정부 관계자는 다른 나라에서도 저소득층의 에너지 비용 부담 경감에 에너지 바우처 정책이 큰 효과가 있었다고 밝히며, "저소득층의 따뜻한 겨울나기에 도움되길 바란다."라고 말했다.

① 소득 재분배
② 물가 안정 유도
③ 외부 효과 개선
④ 경제 성장 촉진
⑤ 불공정 거래 규제

2 갑은 A주식회사의 발행주식 중 51%의 지분을 소유하고 있다. 회사에 대한 지배권을 유지하면서 자본을 증가시키는 방법으로 자금을 조달하려고 할 때, 옳지 않은 것은?

① 무의결주식 발행
② 우선주식 발행
③ 상환주식 발행
④ 전환주식 발행
⑤ 전환사채 발행

Answer 1.① 2.⑤

1 정부의 에너지 바우처 정책은 기준 소득 미만의 가구, 즉 저소득층의 소득을 증대시키는 효과를 가져다주므로 소득 재분배를 위한 정부의 경제적 역할에 해당한다.

2 ⑤ 전환사채는 일정기간 후 주식으로 전환할 수 있는 권리를 부여한 사채로, 만기에 주식으로 전환되는 과정에서 보통주 의결권이 희석되는 효과를 가져와 갑의 회사에 대한 지배력이 줄어들 수 있다.

3 다음 자료에 대한 옳은 분석만을 모두 고른 것은?

> A 영화관은 판매 수입 증대를 위해 상영관의 좌석을 Ⅰ ~ Ⅲ 구역으로 나누고, 구역별로 관람권의 가격을 다르게 책정하였다.
>
>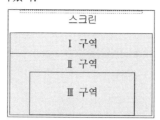
>
> 아래의 표는 구역별 관람권의 가격 변화율과 그에 따른 판매 수입 변화율을 나타낸다. 단, 각 구역의 관람권이 매진되는 경우는 없으며, 한 구역의 관람권 가격 변화는 다른 구역의 수요에 영향을 미치지 않는다.
>
> | 구분 | 가격 변화율(%) | 판매 수입 변화율(%) |
> |---|---|---|
> | Ⅰ 구역 | −5 | 5 |
> | Ⅱ 구역 | 5 | 0 |
> | Ⅲ 구역 | 10 | 5 |

㉠ Ⅰ 구역 관람권의 수요는 가격에 대해 탄력적이다.
㉡ Ⅱ 구역 관람권의 판매량은 가격 변화 이전과 동일하다.
㉢ Ⅱ 구역 관람권의 수요는 Ⅲ 구역 관람권의 수요보다 가격 변화에 민감하다.
㉣ 관람권 가격 변화로 인해 A영화관의 관람권 판매 수입은 10% 증가한다.

① ㉠㉡　　　　　　　　　　　② ㉠㉢
③ ㉡㉢　　　　　　　　　　　④ ㉡㉣
⑤ ㉢㉣

❄ Answer 　3.②

3　㉡ Ⅱ 구역 관람권의 판매량은 감소하였다.
　　㉣ 관람권 가격 변화로 인한 A영화관의 관람권 판매 수입 증가율은 5% 미만이다.
　　※ 구역별 관람권의 수요
　　　　㉠ Ⅰ 구역 관람권의 수요는 가격에 대해 탄력적
　　　　㉡ Ⅱ 구역 관람권의 수요는 단위 탄력적
　　　　㉢ Ⅲ 구역 관람권의 수요는 비탄력적

4 다음은 소정(주)의 글로벌 경영과 관련된 기사이다. ㈎에 해당하는 해외 진출 방식으로 가장 적절한 것은?

> 소정(주)는 최근 베트남 정부로부터 응에안성 꿘랍 지구의 석탄 화력 발전소 건설을 위한 발전 사업권을 공식 인가 받았다고 밝혔다. 이 사업은 _____㈎_____ 방식으로 추진된다. 소정(주)는 꿘랍 석탄 화력 발전소를 건설하고, 여기서 생산한 전력을 베트남 국영 전력청에 판매하는 방식으로 25년 간 운영한 후, 베트남 정부에 발전소를 양도하게 된다.
>
> – ○○신문, 2017년 5월 11일 자 –

① BOT
② 계약 생산
③ 턴키 계약
④ 국제 프랜차이징
⑤ 국제 경영 관리 계약

5 다음 중 GDP와 관련하여 발생할 수 없는 현상은?

① 수입품을 가공하여 수출한 규모가 큰 A국은 GDP가 수출보다 작았다.
② 순해외자산을 보유하고 있는 B국은 GNP가 CDP보다 컸다.
③ C국은 D국에 비해 GDP가 컸지만 1인당 GDP는 작았다.
④ 외국과의 교역이 전혀 없는 E국의 투자가 GDP보다 컸다.
⑤ F국의 실질 GDP가 증가했으나 명목 GDP는 감소했다.

Answer 4.① 5.④

4 해외 프로젝트 공사를 건설한 후, 일정 기간 운영 관리하여 투자금을 회수한 뒤 현지 정부에 양도하는 방식은 BOT 방식에 해당한다.

5 외국과의 교역이 전혀 없는 국가에서는 그 해에 생산한 모든 재화를 하나도 소비하지 않고 투자에 사용하는 경우에도 투자가 GDP와 같아질 수 있을 뿐이며, GDP보다 클 수는 없다. ①, ②, ⑤는 현실적으로 가능하며 각각 싱가포르, 쿠웨이트, 일본에서 발생한 적이 있다.

6 다음은 우리나라의 경제 현상을 나타낸 기사이다. 이와 같은 상황을 해결하기 위해 한국은행이 취할 수 있는 통화신용정책으로 적절한 것을 모두 고른 것은? (단, 통화량만 고려한다.)

> 통계청에 따르면 5월 소비자 물가가 작년 같은 달보다 2.0% 올랐다고 한다. 이와 더불어 서울을 중심으로 부동산 가격도 오르고 있다. 소비자 물가나 부동산 가격은 국민들이 가장 민감하게 느끼는 부분이기 때문에 국민들에게 가장 절실한 것은 물가 안정이다. 그러므로 물가 안정을 위한 적극적인 정책이 필요하다.

㉠ 기준 금리 인상
㉡ 지급 준비율 인하
㉢ 통화안정증권 발행
㉣ 시중 은행에 대한 대출액 증대

① ㉠㉡
② ㉠㉢
③ ㉡㉢
④ ㉡㉣
⑤ ㉢㉣

7 홍콩에서 해외기업이 발행하는 위안화 표시 채권을 부르는 말은?

① 딤섬본드
② 판다본드
③ 드래곤본드
④ 아리랑본드
⑤ 사무라이본드

🌸 **Answer**　　6.②　7.①

6 물가 안정을 위해 한국은행이 취할 수 있는 통화신용정책은 기준 금리 인상, 통화안정증권 발행(매각), 지급 준비율 인상, 시중 은행에 대한 대출액 감소이다.

7 글로벌 채권의 경우 발행지역의 특징을 이름으로 만드는 경우가 많다. 딤섬본드(홍콩), 판다본드(중국), 드래곤본드(일본을 제외한 아시아 지역), 아리랑본드(한국), 사무라이본드(일본), 양키본드(미국), 불독본드(영국), 캥거루본드(호주) 등이 있다.

8 세계적인 경제침체에 대응하여 각 국은 정부지출을 증가시키고 있다. 다음 중 정부지출이 총수요에 미치는 효과를 더욱 크게 만들어주는 조건으로 모두 고른 것은?

> ㉠ 정부지출이 증가할 때 이자율이 크게 상승하는 경우
> ㉡ 정부지출이 증가할 때 이자율이 크게 반응하지 않는 경우
> ㉢ 소득이 증가할 때 소비가 크게 반응하여 증가하는 경우
> ㉣ 소득이 증가할 때 소비가 크게 반응하지 않는 경우

① ㉠㉡　　　　　　　　　　　② ㉠㉢

③ ㉠㉣　　　　　　　　　　　④ ㉡㉢

⑤ ㉡㉣

9 다음은 한국은행이 통화신용정책을 수립하는 과정이다. ㈎에 들어갈 내용으로 옳은 것은?

> • 기준 금리 인하 배경
>
> | ㈎ |
> |---|
>
> • 기준 금리 결정
> 금융통화위원회는 기준 금리를 현재 2.75%에서 0.25%내려 연 2.5%로 통화 정책을 운용하기로 의결함
>
> • 향후 기준 금리 정책
> 중·장기적으로 급격한 금리 변동은 가계와 기업의 재무구조 변화에 영향을 미칠 수 있으므로 추후 금리 변동은 시장 상황에 따라 고려하여 결정함

✿ Answer　　8.④　9.④

8 ㉠ 구축효과란 정부지출이 증가할 때 이자율이 상승하여 총수요가 감소되는 현상을 말하므로 정부지출 증가에 이자율이 크게 반응하지 않을수록 총수요는 크게 증가한다.

㉣ 승수효과란 일정한 경제순환의 과정에서, 어떤 경제 요인의 변화가 다른 경제 요인의 변화를 유발하여 파급적 효과를 낳고 최종적으로는 처음의 몇 배의 증가 또는 감소로 나타나는 총효과를 말한다. 따라서 지문에서 정부지출이 총수요에 미치는 효과가 더욱 커지기 위해서는 소득 증가에 따라 소비도 크게 증가해야 한다.

9 기준금리 인하 배경은 경기 활성화를 위한 것으로 소비나 투자 증가의 효과를 예상하는 조치이다.

① 화폐 가치가 하락하고 있다.

② 물가 상승 현상이 나타나고 있다.

③ 경기 부양 현상이 나타나고 있다.

④ 국내 기업의 투자 심리가 위축되고 있다.

⑤ 국내 소비가 증가하고 있다.

10 다음 글에서 강조하는 자산관리의 원칙으로 가장 적절한 것은?

> 조선 시대에는 조선왕조실록을 보관하는 사고(史庫)가 5곳이나 되었다. 창덕궁의 춘추관을 비롯하여 강화도 정족산, 무주 적상산, 태백산과 오대산에 위치한 사고가 그것이다. 임진왜란과 같은 외침의 경험을 통해서 중요 문서를 안전하게 보관할 필요성을 깨달았기 때문이다. '계란을 한 바구니에 담지 마라.'라는 서양 격언과 같이 자산 관리에서도 이러한 원칙은 준수되어야 한다.

① 생애주기를 고려하여 투자해라

② 여러 자산에 분산해서 투자해라

③ 수입과 지출을 고려하여 투자해라

④ 수익성이 높은 자산에 집중 투자해라

⑤ 단기보다 장기 목표에 맞추어 투자해라

Answer   10.②

10   제시문은 자산을 특정 금융 상품에 집중 투자하는 것보다는 안전성과 수익성을 고려하여 여러 금융 상품에 분산 투자할 것을 강조하는 것이다.

11 지난 수년 동안 인수·합병(M&A)을 통해 몸집을 불린 기업들이 금융위기를 맞아 잇달아 경영난에 봉착하면서 일부 기업은 워크아웃 등 기업회생절차에 들어가기도 했다. 이런 상황을 설명하는 용어는 다음 중 무엇인가?

① 신용파산 스와프(CDS)　　　　　② 신디케이트
③ 승자의 저주　　　　　　　　　　④ 프리워크아웃
⑤ 법정관리

12 다음 두 주장의 타당성을 검증하기 위해 공통적으로 파악해야 할 경제 정보로 가장 적절한 것은?

> • 작년에는 근로자의 평균 임금이 3% 상승하였으나 근로자들의 생활수준은 오히려 악화되었을 것으로 추론된다.
> • 퇴직금을 은행에 예금하고 이자를 받아 생활하는 사람들의 경우 작년에는 경제적으로 많은 어려움을 겪었을 것으로 예상된다.

① 실업률　　　　　　　　　　　　② 물가 상승률
③ 투자 증가율　　　　　　　　　　④ 명목 이자율
⑤ 경제 성장률

✿ Answer　　11.③　12.②

11　승자의 저주(The Winner's Curse) … 미국의 행동경제학자 리처드 세일러가 사용하며 널리 쓰인 용어로 과도한 경쟁을 벌인 나머지 경쟁에서는 승리하였지만 결과적으로 더 많은 것을 잃게 되는 현상을 일컫는다. 특히 기업 M&A에서 자주 일어나는데 미국에서는 M&A를 한 기업의 70%가 실패한다는 통계가 있을 정도로 흔하다. 인수할 기업의 가치를 제한적인 정보만으로 판단하는 과정에서 생기는 '비합리성'이 근본적인 원인으로 지적되고 있다.

12　평균 임금 상승률보다 물가 상승률이 높으면 근로자들의 실질 소득이 줄어 생활수준이 악화될 수 있다. 또한 물가가 상승할 경우 실질 이자율이 떨어져 이자 소득자들의 생활이 어려워질 수 있다.

13 외국 자본은 여러 가지 형태로 국내에 투자된다. 다음 중 전형적인 외국인 직접투자(FDI)에 해당하는 경우는?

① 외국인이 상장 주식에 투자한다.
② 외국인이 정부 채권을 매입한다.
③ 외국 기업이 국내 기업을 인수한다.
④ 외국 은행이 국내 은행의 채권을 매입한다.
⑤ 외국 은행이 국내 은행에 대출을 제공한다.

14 미래 발전 가능성이 높아 세계 경제가 주목하고 있는 중국, 중동, 인도, 아프리카와 같은 국가들을 일컫는 신조어는?

① 브릭스   ② 베네룩스
③ 나일론콩   ④ 치미아
⑤ 친디아

15 LG텔레콤 · 데이콤 · 파워콤, 삼성SDS · 네트웍스, 한화리조트 · 한화개발 · 한화63시티 등 대기업들이 계열사를 합병하는 사례가 많다. 다음 중 이러한 사례의 이유로 적절하지 않은 것은?

① 규모의 경제를 통한 경쟁력 강화   ② 경쟁을 통한 자원배분의 효율성 제고
③ 수직결합을 통한 독점력 제고   ④ 혼합결합을 통한 영향력 확대
⑤ 거래비용의 절감

✿ Answer   13.③ 14.④ 15.②

13 ①②④⑤ 투자 차익을 목적으로 하여 주식, 채권, 부동산 등을 대상으로 투자하는 포트폴리오 투자에 해당한다.
　※ **외국인 직접투자**(FDI ; Foreign Direct Investment) … 단순히 자산을 국내에서 운용하는 것이 아니라 경영권을 취득하여 직접 회사를 경영하는 것을 목적으로 하며 경영참가와 기술제휴 등 지속적으로 국내기업과 경제관계를 수립한다.

14 ④ 치미아(Chimea)는 중국(China)의 'ch', 인도(India)의 'i', 중동(Middle East)의 'me', 아프리카(Africa)의 'a'를 합성한 신조어이다.

15 ② 대기업들은 계열사 합병을 통해 대형화로 독점력이나 영향력을 확보하는 등 경쟁력을 얻게 된다. 따라서 경쟁을 통한 효율적 자원배분은 해당하지 않는다.

16 실제로는 은행의 건전성에 큰 문제가 없지만 예금주들이 은행 건전성의 의문을 갖고 비관적으로 생각하는 경우 뱅크런(bank run)이 발생한다. 다음 중 이러한 뱅크런을 방지하기 위해 만들어진 제도로 가장 적절한 것은?

① BIS 규제　　　　　　　　　② 예금보험제도

③ 은행산업 허가제　　　　　　④ 자본시장법

⑤ 통화안정 증권

17 다음 글에 나타난 외부 효과에 대한 설명으로 옳은 것은?

> 자가용 차량의 운행으로 운전자 개인이 얻는 편익보다 사회 전체의 편익이 더 작다. 왜냐하면 자가용 차량의 운행으로 인한 교통 체증, 매연 등으로 제3자들이 고통을 받기 때문이다.

① 무임승차의 문제가 발생하게 된다.

② 사회적 최적 수준보다 적게 소비된다.

③ 소비 활동에서의 외부 불경제 상황이다.

④ 통행세를 징수하면 운전자 개인의 사적 편익은 증가한다.

⑤ 보조금을 지급하면 운전자 개인의 사적 편익은 감소한다.

Answer　　16.②　17.③

16 ② 뱅크런은 예금주들이 은행에 맡긴 돈을 제대로 받을 수 없을지도 모른다는 공포감에서 발생하는 예금주들의 예금인출사태를 말한다. 따라서 이러한 예금자들의 불안감을 해소하기 위해 금융당국은 은행이 예금지급불능사태가 되더라도 일정규모의 예금은 금융당국이 보호해주는 예금보험제도를 시행하고 있다.

17 재화나 서비스의 소비에서 사적 편익이 사회적 편익보다 큰 경우 시장에서는 사회적 최적 수준보다 많이 소비된다.
④ 통행세의 징수는 운전자 개인의 사적 편익을 감소시킨다.

18 다음은 세금 A, B에 대한 설명이다. 이를 잘못 서술한 것은?

> A는 기업 이익에 대해 부과하는 세금으로 기업이 적자면 안 낼 수도 있다.
> B는 상품 가격을 기준으로 계산한 세금으로 대개 세율이 10%이다.

① A에는 주로 누진세율을 적용하고 있다.
② B의 세율 증가는 소비자의 후생을 감소시킬 수 있다.
③ A는 목적세, B는 보통세로 분류된다.
④ A에 비해 B는 일반적으로 조세 저항이 작다.
⑤ A와 달리 B는 납세자와 담세자가 일치하지 않는다.

19 대형화·겸업화 된 투자은행(IB)의 출현기반을 마련해 주는 법률은?

① 자통법　　　　　　　　　② 금산법
③ 금통법　　　　　　　　　④ 지분법
⑤ 화의법

20 경쟁자가 없는 시장의 새로운 소비자 계층을 뜻하는 신조어는?

① 디슈머　　　　　　　　　② 프로슈머
③ 블루슈머　　　　　　　　④ 트윈슈머
⑤ 보테슈머

---

21 파산이나 자금난에 봉착한 기업을 헐 값에 사들이기 위해 조성된 펀드는?

① 국부펀드　　　　　　　　　　② 매칭펀드
③ 배드펀드　　　　　　　　　　④ 벌처펀드
⑤ 인프라펀드

22 2008년 노벨경제학상을 수상한 경제학자 폴 크루그먼(Paul Krugman)은 아시아의 경제기적을 영감(inspiration)이 아닌 땀(perspiration)에 의한 것이라 논평을 하였는데 이 크루그먼의 주장을 뒷받침하기 위하여 필요한 이론적 도구는 무엇인가?

① 신무역이론　　　　　　　　　② 내생성장이론
③ 외생성장이론　　　　　　　　④ 성장회계분석이론
⑤ 전략적 무역이론

23 다음 중 롱테일 법칙이 적용된 사례로 옳지 않은 것은?

① 국내 키워드 검색 광고시장의 대부분은 소규모 사업체가 고객이다.
② 음식점에서 높은 가격의 저녁 메뉴보다 저렴한 가격의 점심 메뉴가 주 수입원이다.
③ 옥션의 주된 수입원은 많은 사람들이 쉽게 거래를 해 주게 하고 나오는 몇 %의 수수료이다.
④ 20%의 베스트셀러보다 소수의 사람들이 구입하는 80% 책의 판매량이 인터넷 서점 아마존의 주 수익을 책임진다.
⑤ 한 기업의 20%에 해당하는 부서가 회사 전체 수입의 80%를 창출해 낸다.

✿ Answer　21.④　22.①　23.⑤

21　④ 죽은 고기만을 먹는 대머리 독수리를 의미하는 벌처(vulture)에서 유래한 벌처펀드(vulture fund)는 부실기업을 인수하는 회사나 그 자금을 의미한다.

22　신무역이론 … 산업조직이론과 국제무역이론을 결합한 이론으로 산업의 특성이 국제무역패턴을 일으킨다는 내용이다.

23　⑤ 전체 결과의 80%가 전체 원인의 20%에서 일어나는 것은 파레토법칙(Pareto's law)이다.

24 다음 중 ISO 26000에 대한 설명으로 옳지 않은 것은?

① 국제 표준화 기구(ISO)의 주도 아래 진행된다.

② 사회적 책임(Social Responsibility)에 대한 가이드라인을 제공한다.

③ 제품생산의 국제 규격을 제정한 품질보증제도이다.

④ 소비자의 권리 향상에 많은 영향을 준다.

⑤ 기존의 조직전략, 시스템의 사회적으로 책임 있는 행동의 통합을 추구한다.

25 다음 중 용어와 그 설명이 바르지 않은 것은?

① 블랙컨슈머 (Black Consumer) – 고의적으로 악성 민원을 제기하는 소비자

② 그린컨슈머(Green Consumer) – 친환경적 요소를 기준으로 소비활동을 하는 소비자

③ 애드슈머(Adsumer) – 광고의 제작과정에 직접 참여하고 의견을 제안하는 소비자

④ 마담슈머(Madamsumer) – 주부의 시각에서 상품이나 서비스를 평가하고 홍보하는 소비자

⑤ 트라이슈머(Try Sumer) – 다른 사람의 사용 후기를 참조해 상품을 구입하는 소비자

26 모든 사원이 회사 채무에 대하여 직접 · 연대 · 무한의 책임을 지는 회사 형태는 무엇인가?

① 합명회사   ② 합자회사
③ 유한회사   ④ 주식회사
⑤ 개인회사

✿ Answer   24.③   25.⑤   26.①

24 ③ ISO 9000에 대한 설명이다.

25 ⑤ 트라이슈머란 관습에 얽매이지 않고 항상 새로운 무언가를 시도하는 체험적 소비자를 지칭한다.

26 ② 사업의 경영은 무한책임사원이 하고, 유한책임사원은 자본을 제공하여 사업에서 생기는 이익의 분배에 참여하는 형태
③ 사원이 회사에 출자금액을 한도로 하여 책임을 질 뿐, 회사채권자에 대해서는 책임을 지지 않는 사원으로 구성된 회사
④ 주식의 발행으로 설립된 회사
⑤ 회사의 지분 또는 주식의 대부분이 개인소유에 속하며 그 개인이 회사 기업을 지배하는 회사

27 소비자 가격이 30만 원이었던 상품의 가격을 100만 원으로 올리자 오히려 매출이 증가했다. 이와 관련있는 것은?

① 디드로효과   ② 베블렌효과

③ 밴드왜건효과   ④ 스놉효과

⑤ 노시보효과

28 인터넷상에서 주민등록번호를 대신하여, 본인임을 확인받을 수 있는 사이버 신원 확인번호를 의미하는 것은?

① 아이핀   ② 아이디

③ 바코드   ④ ISN

⑤ 공인인증

29 다음 중 리디노미네이션에 대한 설명으로 옳지 않은 것은?

① 화폐 액면 단위의 변경을 의미한다.

② 단위의 변경에 따라 화폐의 가치도 함께 변경된다.

③ 통화의 대외적 위상이 높아지는 효과가 있다.

④ 인플레이션의 기대심리를 억제시킨다.

⑤ 새 화폐 제조를 위한 시설 구축에 많은 비용이 든다.

Answer   27.② 28.① 29.②

27 ② 베블렌효과(Veblen Effect)란 가격이 비쌀수록 오히려 수요가 늘어나는 비합리적 소비현상을 뜻한다.

28 ① 아이핀(Internet Personal Identification Number, i-PIN)은 인터넷 상에서 주민등록번호 사용에 따른 부작용을 해결하기 위해 개발된 일종의 인터넷 가상 주민등록번호이다.

29 ② 리디노미네이션(redenomination)은 화폐 액면 단위의 변경일뿐 화폐가치는 변하지 않기 때문에 물가 · 임금 · 예금 · 채권 · 채무 등의 경제적 양적 관계가 전과 동일하다.

30 적대적 M&A를 방어하기 위한 방법이 아닌 것은?

① 황금낙하산   ② 포이즌 필
③ 팩맨 방어   ④ 그린 메일
⑤ 백기사

31 상품판매의 목적을 숨기고 설문조사 등을 빙자하여 판매하는 수법은?

① 러브콜   ② 캐치세일
③ 감성마케팅   ④ 스팟세일
⑤ 니치마케팅

32 정부는 관세 납세자가 허위 증빙 문서를 작성, 수취하거나 악의적인 방법으로 세액을 과소 신고할 경우 부족 세액의 40%에 해당하는 (　　)을 부과할 방침이라고 밝혔다. 다음 중 (　　) 안에 들어갈 알맞은 단어는 무엇인가?

① 벌금   ② 범칙금
③ 부가세   ④ 가산세
⑤ 과징금

✿ Answer   30.④   31.②   32.④

30 ④ 그린 메일(green mail)은 위협을 목적으로 M&A 대상기업의 주식을 매수하여 높은 가격으로 주식을 되파는 공격 방법이다.

31 ① 백화점 등에서 단골고객을 대상으로 편법적인 세일을 실시하는 것을 뜻한다.
③ 향기 · 음악 · 맛 등 사람의 오감을 이용한 판매촉진 마케팅이다.
④ 특정 시점, 특정 장소(spot)에서 할인해 주는 행사를 말한다.
⑤ 틈새시장을 공략하는 마케팅 전략이다.

32 가산세 … 세법에 규정하는 의무의 성실한 이행을 확보하기 위하여 그 세법에 의하여 산출한 세액에 가산하여 징수하는 금액을 말한다. 가산세는 가산금과 유사하지만, 가산세는 세법상의 성실한 신고 · 납부의무의 준수에 중점을 두는 데에 비하여 가산금은 납기의 준수에 중점을 두는 것이 다르며, 정부는 세법에 규정하는 의무를 위반한 자에 대하여 세법이 정하는 바에 의하여 가산세를 부과할 수 있으며, 가산세는 당해 세법이 정하는 국세의 세목으로 한다.

33 부메랑 효과에 대한 사례로 바른 것은?

① 한정판 휴대폰을 사기 위해 치열한 경쟁이 벌어졌다.
② 인터넷 쇼핑몰의 연관상품 보기가 매출 상승에 도움을 주었다.
③ 월요일의 주가 상승률은 다른 날에 비해 유난히 낮다.
④ 멕시코의 금융위기가 이웃 남미국가 전반으로 확산되었다.
⑤ 우리나라의 반도체 기술을 도입한 중국이 한국 반도체 산업을 위협할 만큼 크게 성장했다.

34 삼백산업은 1950년대 우리나라 산업에서 중추적 역할을 담당하였던 3대 업종을 의미하는 말이다. 3대 업종을 바르게 짝지은 것은?

① 밀가루, 시멘트, 설탕　　　　　　② 면직물, 가발, 설탕
③ 시멘트, 설탕, 면직물　　　　　　④ 밀가루, 면직물, 설탕
⑤ 면직물, 밀가루, 시멘트

35 다음 중 벤처(Venture)기업에 대한 설명으로 옳지 않은 것은?

① 한 나라의 기초가 되는 산업을 말한다.
② 실리콘밸리가 미국의 벤처기업 거점이 되고 있다.
③ 1인 또는 소수의 핵심적인 창업인이 높은 위험을 부담하면서 높은 수익률을 추구하는 것이 특징이다.
④ 우리나라의 경우 '한글과 컴퓨터'가 그 대표적인 예라고 할 수 있다.
⑤ 기술과 아이디어의 사업장만 담보로 설립되는 회사이다.

Answer　　33.⑤　34.④　35.①

33 ⑤ 부메랑 효과(Boomerang effect)란 선진국이 개발도상국에 제공한 경제원조나 자본투자 결과 그 생산 제품이 선진국에 역수출됨으로써 선진국의 당해 산업과 경합하는 것을 말한다.
① 스놉 효과 ② 디드로 효과 ③ 주말 효과 ④ 테킬라 효과

34 삼백산업 … 중공업이나 첨단 산업이 발달하기 이전인 1950년대 한국 산업에서 중추적 역할을 했던 산업으로서, 제품이 흰색을 띠는 세 가지(三白) 즉, 밀가루·설탕·면직물을 지칭하는 말이다.

35 벤처기업 … 신기술이나 노하우 등을 개발하고 이를 기업화함으로써 사업을 하는 창조적인 기술집약형 기업을 말한다.

36 '잃어버린 10년'이라 불리는 1990년대 일본의 극심한 경기불황과 가장 관계 깊은 것은?

① 디노미네이션   ② 백워데이션

③ 디플레이션   ④ 쿼테이션

⑤ 애그플레이션

37 신용등급이 낮은 저소득층들을 대상으로 한 미국의 주택담보대출상품은?

① 클로즈드모기지   ② 제너럴모기지

③ 오픈모기지   ④ 서브프라임모기지

⑤ 프라임모기지

38 미국내 기업실적 악화와 시장 불안에도 불구하고 신흥시장은 증시호조를 보일 때 제기될 수 있는 주장은?

① 동조화   ② 재동조화

③ 탈동조화   ④ 구조화

⑤ 다중화

Answer   36.③   37.④   38.③

36 ③ '잃어버린 10년(the lost decade)'은 부동산 거품이 붕괴한 후, 주식시장에 이어 은행들이 연이어 파산한 디플레이션 악순환의 대표적인 사례이다.

37 ④ 서브프라임모기지(sub-prime mortgage)는 신용도가 낮은 저소득층을 대상으로 하기 때문에 높은 금리가 적용된다.

38 ③ 탈동조화 혹은 디커플링(decoupling)은 한 나라 또는 일정 국가의 경제가 인접한 다른 국가나 보편적인 세계 경제의 흐름과는 달리 독자적인 경제흐름을 보이는 현상을 말한다.

39 짧은 시간 동안에 시세변동을 이용하여 이익을 실현하고자 하는 초단기(초단위) 거래자를 지칭하는 용어는?

① 데이트레이더
② 스캘퍼
③ 노이즈트레이더
④ 포지션 트레이더
⑤ 스윙트레이더

40 가계지출 중 교육비가 차지하는 비율을 뜻하는 것은?

① 지니계수
② 베타계수
③ 엔젤계수
④ 엥겔계수
⑤ 샤프계수

41 상품에 예술이 결합된 디자인을 선호하는 소비자들을 일컫는 신조어는?

① 아티젠
② 크리슈머
③ 트레저 헌터
④ 몰링족
⑤ 맨슈머

Answer　　39.②　40.③　41.①

39　② 스캘퍼(Scalper)는 초단위로 매매하는 사람으로 하루에 많게는 50회 정도 한다. 이러한 행위를 스캘핑 (Scalping)이라고 한다.

40　③ 엔젤계수(angel coefficient)란 가계총지출에서 교육비가 차지하는 비율을 뜻한다. 대체로 부모들은 교육비를 미래에 대한 투자로 인식하므로 불황이 심할수록 높아진다는 특징이 있다.

41　① 아티젠(Artygen)은 'arty(예술적인)'와 'generation(세대)'의 합성어로 예술이 결합된 디자인을 중요하게 생각하는 소비계층을 이르는 신조어이다.

42 직업이나 자산이 없는 채무자에게 이뤄진 대출로 미국발 서브프라임모기지 사태의 원인으로 꼽히고 있는 것은?

① 오버론
② 닌자론
③ 데이론
④ 딜러론
⑤ 하드론

43 원유가 함유된 암석으로 기존의 원유를 대신할 새로운 자원으로 각광받고 있는 것은?

① 옐로샌드
② 오일볼
③ 오일샌드
④ 화이트샌드
⑤ 블랙샌드

44 '없는 것을 판다'는 뜻으로 주식이나 채권을 가지고 있지 않은 상태에서 매도주문을 내는 것은?

① 공매도
② 공매수
③ 공수표
④ 공모
⑤ 공탁

45 한국을 대표하는 주식 200개 종목의 시가총액을 지수화한 것은?

① 나스닥 100
② 다우지수
③ 단칸지수
④ 코스닥
⑤ 코스피 200

Answer 42.② 43.③ 44.① 45.⑤

42 ② 닌자론(ninja loan)이란 'No Income, No Job, No Asset'의 약자로 일자리나, 수입이 없는 고위험 채무자에게 이뤄진 대출을 말한다.

43 ③ 타르샌드(tar sand) 혹은 오일샌드(oil sand)는 원유가의 급등으로 주목받기 시작했으며 캐나다와 베네수엘라에 대량으로 매장되어있다.

44 ① 공매도(short stock selling)란 대차거래로 주식을 빌려 실제로 소유하고 있지 않은 주식을 매도하는 것을 말한다.

45 ⑤ 한국주가지수 200이라고도 하며, 1996년부터 실시된 우리나라 주가지수선물의 거래대상이 되는 지수이다.

46 선진국에 비해서는 기술과 품질 경쟁에서, 후발 개발도상국에 비해서는 가격 경쟁에서 밀리는 한국 경제의 위기상황을 일컫는 용어는?

① 곰의포옹　　　　　　　　　　　② 넛크래커
③ 크림스키밍　　　　　　　　　　④ 파레콘
⑤ 백데이팅

47 개인의 건강 뿐만 아니라 사회와 환경적 영향까지 생각하는 생활방식을 뜻하는 것은?

① 웰빙　　　　　　　　　　　　　② 슬로비
③ 로하스　　　　　　　　　　　　④ 웰루킹
⑤ 프로보노

48 매년 스위스에서 개최되는 세계경제포럼의 명칭으로 옳은 것은?

① 글로벌포럼　　　　　　　　　　② 국제금융회의
③ 세계화상회의　　　　　　　　　④ 다보스포럼
⑤ 태평양경제협력회의

49 경기불황에서 회복된 경제가 다시 침체에 빠지는 '이중하강현상'을 보이는 것은?

① 대공황　　　　　　　　　　　　② 디프레션
③ 더블딥　　　　　　　　　　　　④ 리세션
⑤ 리프레션

Answer　　46.②　47.③　48.④　49.③

46　② 넛크래커(The Economy Nutcracker)란 본래 호도를 양쪽으로 눌러 까는 도구로써 선진국과 후발 개도국 사이에 끼어있는 한국 경제의 처지를 빗댄 표현이다.

47　③ 로하스(Lohas)란 'Lifestyles of Health and Sustainability'의 약자로 공동체 전체의 보다 나은 삶을 위해 소비생활을 건강하고 지속가능한 친환경 중심으로 전개하자는 생활양식방식을 의미한다.

48　④ 다보스포럼(Davos Forum)은 1971년 클라우드 슈밥이 창립했으며 세계의 저명한 기업인·경제학자·저널리스트·정치인 등이 모여 세계경제에 대해 토론하고 연구하는 국제민간회의이다.

49　③ 더블딥(Double Dip)은 두 번의 침체의 골을 거쳐 회복기에 접어들기 때문에 'W자형' 경제구조라고도 한다.

50 '부익부빈익빈 현상'을 뜻하는 용어로 옳은 것은?

① 과시효과
② 디드로효과
③ 사일로효과
④ 마태효과
⑤ 베르테르효과

51 과중한 업무로 인한 시간 부족과 피로의 누적으로 성생활이 거의 없는 맞벌이 부부를 일컫는 용어는?

① 딩크족
② 딘스족
③ 그루밍족
④ 네스팅족
⑤ 반디족

52 다음 중 '헤지펀드'의 특징으로 옳지 않은 것은?

① 100명 미만의 투자가들로부터 개별적으로 자금을 모은다.
② 시장 상황과 상관 없이 꾸준한 수익을 내는 것이 목표이다.
③ 비과세 지역에 위장회사를 세우고 자금을 운영한다.
④ 헤지(hedge)는 울타리, 장벽, 방지책이란 뜻을 가지고 있다.
⑤ 투명성이 매우 높다는 특징이 있다.

✿ Answer　　50.④　51.②　52.⑤

50　④ 마태효과(Matthew Effect)란 '무릇 있는 자는 받아 넉넉하게 되되 무릇 없는 자는 그 있는 것도 빼앗기리라'는 마태복음(13장 12절)에서 착안한 용어이다.

51　② 딘스족(Double Income No Sex)이란 바쁜 사회생활로 인해 부부의 성생활이 큰 비중을 차지하지 않는 현상을 일컫는 신조어이다.

52　⑤ 헤지펀드(Hedge fund)는 금융감독당국에 등록할 필요가 없으며 규제를 받지 않으므로 그 투명성이 낮다.

53 최근 기업 면접에서는 엔터테인먼트에 능하고 대인관계가 폭 넓은 지원자들을 선호하고 있다. 이때 적용될 수 있는 기준은?

① 이큐(EQ)　　　　　　　　　　② 아이큐(IQ)

③ 엔큐(EnQ)　　　　　　　　　④ 쥐큐(GQ)

⑤ 에스큐(SQ)

54 FRB가 정기적으로 발표하는 미국경제동향 종합보고서의 명칭은?

① 그린북　　　　　　　　　　　② 웹북

③ 베이지북　　　　　　　　　　④ 패트북

⑤ 블랙북

55 공급자(producer)와 소비자(consumer)를 합성한 것으로 '생산적 소비자'를 의미하는 용어는?

① 크리슈머　　　　　　　　　　② 트라이슈머

③ 블루슈머　　　　　　　　　　④ 트윈슈머

⑤ 프로슈머

Answer　53.③　54.③　55.⑤

53 ③ 엔큐(EnQ)란 'Entertainment Quotient'의 준말로써 단순히 웃기는 유머의 범주를 넘어서서 의사소통을 원활히 하고 더불어 사람들을 즐겁게 만드는 능력을 말한다.

54 ③ 베이지북(Beige Book)이란 미연방제도이사회(FRB) 산하 연방준비은행이 경제 전문가의 견해와 각종 경기지표들을 조사분석한 것을 하나로 묶은 보고서로 매년 8차례 발표한다.

55 ⑤ 프로슈머(prosumer)란 앨빈 토플러의 저서 「제3의 물결」에서 생겨난 용어로 생산 활동에 직접 참여하는 소비자를 뜻한다.

56 백워데이션(back-wardation)에 대한 설명으로 옳지 않은 것은?

① 선물가격이 현물보다 낮아지는 현상을 말한다.

② 역조시장(逆調市場)이라고도 한다.

③ 일반적으로 선물가격이 현물보다 높은 까닭은 기회비용 때문이다.

④ 반대 현상을 콘탱고(contango)라고 한다.

⑤ 백워데이션 상태의 시장을 비정상시장(Inverted Market)이라 한다.

57 주식의 관한 설명 중 잘못된 것은 어느 것인가?

① 주식은 사원의 지위를 의미한다.

② 주식의 공유는 가능하지만 분할소유는 인정되지 아니한다.

③ 무기명주식과 무액면주식은 정관의 규정에 의하여도 발행할 수 없다.

④ 주주가 권리를 행사함에는 주권을 제시할 필요가 없다.

⑤ 액면주식의 권면액은 100원 이상 균일하여야 한다.

58 MSCI와 함께 세계 양대 투자지표의 하나로 선진국 지수에 2009년 9월부터 한국증시의 편입이 확정된 것은?

① FQ

② CI

③ FTSE

④ BSI

⑤ ETF

Answer 56.③ 57.③ 58.③

56 ③ 일반적으로 선물(先物)가격이 현물(現物)가격보다 높은 이유는 미래 시점에 받을 상품을 사는 것이므로 그에 대한 이자와 창고료, 보험료 같은 보유비용이 다 포함되어 있기 때문이다.

57 상법상 무기명주식의 발행(357조)과 권리행사(358조)는 폐지되었다. 무액면주식(329조 1항)은 정관규정으로 발행할 수 있다. 정관의 상대적 기재사항이다. 주식과 액면주식을 발행하는 경우는 정관에 기재할 필요없이 발행할 수 있다.

58 ③ FTSE지수(FTSE Index)는 영국 파이낸셜타임스(Financial Times)와 런던증권거래소(LSE)가 1995년 공동으로 산출한 글로벌 지수로 글로벌 권역을 선진시장(Developed)과 선진신흥시장(Advanced Emerging), 신흥시장(Secondary Emerging), 프런티어 시장(Frontier) 등 4개로 구분하고 있다.

59 종합주가지수가 전일에 비해 ±10%를 넘는 상태가 1분 이상 지속될 경우 모든 주식거래를 20분간 중단시키는 것은?

① 서킷 브레이커 ② 사이드 카
③ 캐시카우 ④ 에코에티카
⑤ 넛크래커

60 인수할 기업의 자산을 담보로 기업인수 자금을 조달하는 것으로 최근 배임죄 논란에 휩싸인 기법은?

① 장애물 없애기 ② 턴어라운드
③ 공개매수 ④ 차입매수
⑤ 시장매집

61 새로운 이머징 마켓 5개국을 지칭하는 비스타에 속하지 않은 국가는?

① 베트남 ② 인도네시아
③ 이란 ④ 남아프리카공화국
⑤ 터키

62 브렌트유, 두바이유와 함께 세계 유가 변동의 기준이 되는 미국의 대표적인 원유는?

① 서부텍사스원유 ② 네팔원유
③ 나이지리아원유 ④ 베트남원유
⑤ 본드중유

Answer   59.①   60.④   61.③   62.①

59 ① 서킷 브레이커(Circuit Breaker)란 주가가 갑자기 급·등락할 경우 시장에 미치는 충격을 완화시키기 위해 주식 매매를 일시 정지시키는 '주식거래 중단제도'를 말한다.

60 ④ 차입매수(leveraged buyout, LBO)란 M&A기법 중 하나로 피인수 기업의 자산을 담보로 투자자금을 빌려(leveraged) 저가로 회사를 사들인 다음(buy out), 대대적인 투자로 기업가치를 올린 뒤 여러 배의 차익을 남기는 기업 인수합병 기법이다.

61 ③ 비스타(VISTA)란 베트남(Vietnam), 인도네시아(Indonesia), 남아프리카공화국(South Africa), 터키(Turkey), 아르헨티나(Argentina)의 머리글자를 따서 만든 용어로 이들 5개국은 풍부한 자원을 바탕으로 높은 성장률을 보이고 있다.

62 ① 서부텍사스원유(WTI)는 국제 유가 시세를 이끄는 최대 지표이다.

63 2008 베이징 올림픽 이후 개최국 중국의 경기둔화가 예상되고 있다. 이를 설명할 수 있는 효과는?

① 나비효과
② 밸리효과
③ 메기효과
④ 자산효과
⑤ 피구효과

64 다음 고객행동의 유발 특성에서 고객의 구매유발 매개체를 만들고 이를 설득해서 고객의 행동을 유발하는 것과 관련이 깊은 것은?

① 고객이 현재 접촉 중인 기업의 상품이나 또는 서비스 등에 대한 갈등 및 망설임, 의문사항 등이 있을 시에 1:1 커뮤니케이션을 통해서 고객의 행동을 유도한다.
② 고객들의 과거경험 및 주관적 입장을 파악해서 고객들에게 새로운 것을 제시한다.
③ 상품 속성의 평가에 관한 절대적 기준이 없으므로, 차별적인 대안으로 비교분석할 수 있게 하여 고객이 직접적으로 구매가치를 결정할 수 있게 한다.
④ 어떠한 특정의 브랜드나 또는 회사명 등을 집중적으로 광고해 경쟁자가 회상되는 것을 저지한다.
⑤ 지명도 1위, 시장점유율 1위, 선호도 1위 등과 같이 시장 우위나 또는 브랜드 우위를 내세워 설득한다.

✵ Answer 63.② 64.②

63 ② 밸리효과(valley effect)란 월드컵이나 올림픽 등이 개최되기 전에 과도한 투자로 경기가 과열국면으로 들어섰다가 그 이후에는 투자가 급감해 개최국 경제가 급속히 침체되는 것을 뜻한다.

64 유인행동 효과는 고객들의 과거경험 및 주관적 입장을 파악해서 고객들에게 새로운 것을 제시하거나 또는 고객의 구매유발 매개체를 만들고 이를 설득해서 고객의 행동을 유발하는 것을 의미한다. ①번은 협상 커뮤니케이션 효과, ③번은 대조·나열행동 효과, ④번은 세뇌행동 효과, ⑤번은 선도효과를 각각 의미한다.

65 식물이나 농작물, 동물 배설물 등의 추출물을 원료로 만든 바이오연료(biofuel)의 사용 급증으로 야기될 수 있는 것은?

① 디플레이션
② 애그플레이션
③ 스태그플레이션
④ 인플레이션
⑤ 리디노미네이션

66 1987년 10월 19일 미국 뉴욕에 다우존스의 대폭락과 함께 세계적인 주가폭락의 시작점이 되었던 사건은?

① 블랙프라이데이
② 블랙먼데이
③ 그레이스데이
④ 레드먼데이
⑤ 사사데이

67 에너지 절약 소비자 제품의 사용을 장려하는 미국 정부의 국제 프로그램은?

① 그린마크
② 체크마크
③ 에너지스타
④ CE마크
⑤ NT마크

Answer   65.② 66.② 67.③

65 ② 애그플레이션(Agflation)이란 농업(agriculture)과 인플레이션(inflation)을 합성한 신조어로 농산물 가격이 오르면서 일반 물가도 동반 상승하는 현상을 말한다. 애그플레이션의 주된 원인으로 지구 온난화로 인한 식량 생산량 감소와 옥수수나 사탕수수를 이용한 바이오 연료 붐 등을 들 수 있다.

66 ② 블랙먼데이(black Monday)란 1987년 10월 19일 월요일 미국 뉴욕에서 주가의 대폭락이 있었던 사건을 말한다. 대폭락의 원인으로는 무역적자, 경제환경의 변화, 세제 개혁안, 과도하게 오른 주가에 대한 투자자들의 불안 심리가 크게 작용한 것으로 분석됐다.

67 ③ 에너지스타(Energy Star)란 1992년 미국 환경 환경보호국이 도입한 것으로 미국의 대표적인 에너지 효율성 마크이다.

68 환율이 약정된 구간 내에서 움직이면 이득을 보지만 그 구간을 벗어나면 막대한 손실을 보는 환 헤지 상품은?

① KIKO   ② CMS

③ CMA   ④ MTM

⑤ ALM

69 식품의 위해요소를 규명하고 안전성(safety)을 확보하기 위한 과학적인 위생관리체계의 명칭은?

① 긴급식품권   ② GMO

③ 통관기준   ④ 사후심리기준

⑤ HACCP

70 국제개발협회(IDA)는 차입국 현지통화로의 상환을 인정하는 등 대출조건이 비교적 까다롭지 않다. 이와 같은 종류의 차관은?

① 딜러론   ② 뱅크론

③ 오버론   ④ 소프트론

⑤ 임팩트론

Answer   68.①   69.⑤   70.④

68 ① KIKO(Knock-in Knock-Out)는 통화옵션 거래의 한 방식이다. 환율이 일정금액 아래로 떨어지는 녹아웃(Knock-Out)이 되면 거래가 소멸하지만 환율이 급등해 범위를 넘는 녹인(Knock-in)이 되면 액정금액의 두 배를 계약환율로 팔아야 한다.

69 ⑤ 위해요소중점관리기준(HACCP)은 1995년 국내에 도입되었고 적용대상범위도 점차 확대되고 있는 추세이다.

70 ④ 소프트론(soft loan)은 반환기간이 길거나 금리가 낮아 원리금 상환부담이 가벼운 차관이다.

71 은행의 금 투자와 금 관련 상품의 고객 매매 업무를 통칭하는 것은?

① 리모트뱅킹   ② 글로벌뱅킹

③ 골드트랑셰   ④ 옐로우뱅킹

⑤ 골드뱅킹

72 지속가능성장을 할 수 있는 새로운 시장을 창출하는 것을 뜻하는 용어는?

① 레드오션   ② 블루오션

③ 그린오션   ④ 글로벌루션

⑤ 듀레이션

73 경기에서 승자가 있으면 반드시 패자가 있어야 하는 구조를 뜻하는 것은?

① 제로섬게임   ② 공정게임

③ 롤플레잉게임   ④ 머니게임

⑤ 포지티브섬게임

74 각종 국가표준 인증마크를 통합하여 2009년부터 도입된 마크는?

① Ⓚ   ② KC

③ MIC   ④ KPS

⑤ FC

❀ Answer 71.⑤ 72.③ 73.① 74.②

71 ⑤ 골드뱅킹(Gold Banking)은 1998년부터 국내에서 허용됐으며 은행이 고객들을 대상으로 금을 사고 파는 것을 뜻한다.

72 ③ 그린오션(Green Ocean)이란 경제, 환경, 사회적으로 지속가능한 발전을 통한 가치 창출은 물론 친환경, 웰빙에 대한 새로운 시장에 대응하기 위한 개념을 말한다.

73 ① 제로섬게임(zero-sum game)이란 승자의 이득과 패자의 손실을 합하면 0이 되는 것을 말한다.

74 ② 국가통합인증마크(Korea Certification Mark)는 전기용품, 공산품, 승강기, 가스용품 등 품목별로 서로 다른 13개의 법정 강제인증마크를 통합한 단일 인증 마크이다.

75 전통적인 투자대상인 주식과 채권을 벗어나서 실물에 직접 투자하거나 실물 선물거래에 투자하는 실물펀드가 주목받고 있다. 다음 중 실물펀드에 해당하지 않는 것은?

① 인덱스펀드   ② 한우펀드

③ 와인펀드   ④ 아트펀드

⑤ 니켈펀드

76 유로달러 시장이 국제금융에 커다란 역할을 하면서 세계 각 국의 금리결정에 주요 기준이 되고 있는 것은?

① 콜 금리   ② 플랫금리

③ 리보금리   ④ 미연방기금금리

⑤ 바레인은행간 대출금리

77 초고속 인터넷망을 이용하여 제공되는 양방향 텔레비전 서비스는?

① HD TV   ② CA TV

③ 디지털 TV   ④ IP TV

⑤ 인터넷 TV

Answer   75.①   76.③   77.④

75 실물펀드는 금속, 부동산, 선박, 가축, 커피 등 원자재에 각 투자자들에게 모은 돈으로 투자를 한 후에 그 수익을 다시 배분을 해 주는 펀드로 전통적 재테크 수단인 주식과 채권을 대체하는 대안투자의 한 종류이다.
① 인덱스펀드는 주가지표의 움직임에 연동하여 포트폴리오를 구성하는 펀드이다.

76 ③ 런던은행 간 대출금리(LIBOR)는 런던금융시장에서 유로달러를 거래하는 국제은행 중 가장 신용도가 높은 은행들 간에 자금을 대출할 때 적용되는 이자율이다.

77 ④ IP TV(Internet Protocol Television)는 인터넷을 통한 동영상 콘텐츠 및 방송 등을 텔레비전 수상기로 제공하는 서비스를 말한다.

78 카자흐스탄, 불가리, 방글라데시와 같은 차세대 이머징마켓을 뜻하는 용어는?

① 그레이마켓   ② 불마켓

③ 프론티어마켓   ④ 오픈마켓

⑤ 애프터마켓

79 다음 중 핫머니에 대한 설명으로 옳지 않은 것은?

① 자금이동이 대량으로 이루어진다.

② 자금이동이 장기간에 걸쳐 지속적으로 이루어진다.

③ 헤지펀드가 대표적인 예이다.

④ 외환의 수급관계를 크게 동요시키며 국제금융시장의 안정을 저해한다.

⑤ 국제 정세의 급변, 사회적 · 정치적 불안, 환율 변동 등에 많은 영향을 받는다.

80 제4세대 카드로 불리며 신분증 · 신용카드 · 현금카드 등 응용분야가 다양한 카드는?

① 선불카드   ② 레이저카드

③ 스마트카드   ④ 플래티뉴카드

⑤ 체크카드

Answer   78.③   79.②   80.③

78 ③ 프론티어마켓(Frontier Market)이란 이머징마켓 중에서 아직 개발여력이 많고 도로, 항만 등 기간산업에 대한 투자가 늘면서 빠른 경제성장이 기대되는 국가들을 뜻한다.

79 ② 핫머니(hot money)는 국제금융시장을 이동하는 단기자금을 뜻한다. 자금이동이 일시에 대량으로 이뤄지며, 유동적인 형태를 취한다는 특징이 있다.

80 ③ 스마트카드(Smart Card)는 집적회로 기억장치(IC memory)와 중앙처리장치(CPU)를 탑재한 반도체 칩이 내장되어 안정성이 높고 위조가 불가능하여 그 활용범위가 매우 폭넓다.

81 정부 당국자의 말 실수로 인해 금융시장이 흔들리는 현상을 의미하는 것은?

① 모럴해저드 ② 오럴해저드
③ 워터해저드 ④ 오프더레코드
⑤ 포퓰리즘

82 시속 100km 안팎으로 달리는 차에서도 인터넷에 접속해 대용량 데이터를 주고받을 수 있고 인터넷 전화까지 할 수 있는 기술은?

① 셀룰러통신 ② NVM
③ 네오인터넷 ④ 차세대 인터넷
⑤ 와이브로

83 상품을 팔려는 다수의 공급자 중 가장 낮은 가격을 제시하는 업체의 자산을 매입하는 방식은?

① 강제경매 ② 역경매
③ 더치경매 ④ 재경매
⑤ 채팅경매

Answer 81.② 82.⑤ 83.②

81 ② 오럴해저드(Oral Hazard)란 모럴해저드(moral hazard)에서 파생된 용어로 무분별한 발언으로 인해 사회에 혼란과 불안을 가져오는 것을 뜻한다.

82 ⑤ 와이브로(WIBRO)란 무선(Wireless)과 광대역(Broadband)의 합성어로 휴대 인터넷을 칭하는 말로 우리나라가 최초로 개발했다.

83 ② 역경매란 판매자끼리 가격흥정을 붙여 소비자가 가장 낮은 가격에 물품을 구입할 수 있도록 하는 소비자 중심의 전자상거래이다.

84 인터넷과 디지털 제품의 사용이 능숙하고 막강한 구매력을 갖춘 전 세계 10대 청소년들을 일컫는 용어는?

① Q세대
② 파피붐세대
③ 식스포켓세대
④ 낫미세대
⑤ 글로벌 D세대

85 작은 사이즈로 휴대가 편리하면서도 노트북에 버금가는 성능을 갖춘 미니노트북을 뜻하는 것은?

① 넷북
② 전자북
③ 맥북
④ 오토 PC
⑤ 베어본 PC

86 세계 환경전문가들이 지구환경 파괴에 따른 인류 생존 위기감을 시각으로 나타낸 것은?

① 운명의시계
② 주기시간
③ 쿼츠시계
④ 환경위기시계
⑤ 역시계

87 패스트푸드에 반대하며 시작되었으며 느리게 사는 삶을 내세우고 있는 운동은?

① 제로디펙트운동
② 인클로저운동
③ 딜리트운동
④ 슬로우시티운동
⑤ 스마트시티운동

✿ Answer　　84.⑤　85.①　86.④　87.④

84　⑤ 글로벌 D세대란 디지털 네이티브(Digital native)인 10대를 뜻하며 소비 시장에서 이들의 영향력은 갈수록 증대할 전망이다.

85　① 넷북(net book)은 인텔사가 컴퓨터 칩 '아톰 CPU'를 출시하면서 선보인 용어로 작은 크기의 노트북을 말한다.

86　④ 환경위기시계는 세계 환경전문가들이 지구환경 파괴에 따른 인류 생존 위기감을 시각으로 나타낸 것을 평균 낸 값으로 12시는 인류 멸망을 뜻하며 9~12시면 '매우 불안', 6~9시는 '상당히 불안' 등을 나타낸다.

87　④ 자연 속에서 그 지역에 나는 음식을 먹고, 그 지역의 문화를 공유하며 느림의 삶을 추구하자는 국제운동이다.

88 패션과 미용에 아낌없이 투자하는 남성들을 가리키는 용어는?

① 공시족   ② 그루밍족

③ 나토족   ④ 기펜족

⑤ 몰링족

89 구매를 망설이던 소비자가 다른 소비자가 구매하기 시작하면 덩달아 같이 소비하는 현상을 이르는 말은?

① 관성효과   ② 펭귄효과

③ 대체효과   ④ 반동효과

⑤ 이력효과

90 A기업은 100만 원 어치의 재고자산 금액을 회계 장부에 1,000만 원으로 기입했다. 이와 같이 재무상태를 고의로 조작하는 것은?

① 관리회계   ② 리스회계

③ 특별회계   ④ 환경회계

⑤ 분식회계

Answer 88.② 89.② 90.⑤

88 ② 그루밍족(Grooming)은 마부(groom)가 말을 빗질하고 목욕을 시켜주는 데서 유래한 용어로 외모와 패션에 신경을 쓰는 남성들을 지칭한다.

89 ② 펭귄효과(Penguin effect)란 한 마리가 물 속에 뛰어들면 덩달아 뛰어내리는 펭귄처럼 어떤 제품에 대해 확신을 갖지 못하다가 주위의 누군가가 사계 되면 선뜻 구매대열에 합류하게 되는 현상을 가리킨다.

90 ⑤ 분식회계(window dressing settlement)란 기업이 자산이나 이익을 실제보다 부풀려 재무제표상의 수치를 고의로 왜곡시키는 것을 말한다.

91 기업이 문화예술 활동에 자금이나 시설을 지원하는 것을 일컫는 용어는?

① 메이저   ② 메세나

③ 레고문화   ④ 너바나

⑤ 메디치

92 자동차에 관한 소비자들의 성향이 앞으로 어떻게 바뀔 것인가를 전망하고 그에 맞게 제작한 자동차를 이르는 것은?

① 하이브리드카   ② 메탄올차

③ 콘셉트카   ④ 스마트자동차

⑤ 전기자동차

93 저금리 국가에서 돈을 빌려 금리가 높은 나라의 주식이나 채권 등에 거래하는 투자형태는?

① 트레이드오프   ② 캐리트레이드

③ 트레이드시크릿   ④ 당좌대출

⑤ 롬바르트 대출

Answer   91.②   92.③   93.②

91   ② 메세나(Mecenat)는 1967년 미국의 기업예술후원회가 발족하면서 처음 사용된 용어로 예술·스포츠·공익사업 등에 대한 기업의 지원활동을 총칭하는 용어이다.

92   ③ 콘셉트카(concept car)란 구매 경향을 알아보고자 소비자 성향을 겨냥해 개발하는 차세대 자동차를 말한다.

93   ② 캐리트레이드(carry trade)란 저금리로 자금을 차입해 상품이나 주식 등 자산에 투자하는 기법을 지칭하는 용어이다.

94 국제 금융시장에서 대표적 기준금리로 통하는 리보(LIBOR)를 벤치마킹한 국내 은행간 단기 기준 금리는?

① 코리보(KORIBOR)
② 기준대출금리
③ FF금리
④ 연방자금금리
⑤ 롬바르트금리

95 환경오염을 줄이는 동시에 지속적으로 성장을 추구하는 개념은?

① 제로성장
② 안정성장
③ 녹색성장
④ 녹색혁명
⑤ 그린라운드

96 리스산업이 의미하는 것은?

① 임대산업
② 건강산업
③ 교육산업
④ 공해방지산업
⑤ 레저산업

Answer　94.① 95.③ 96.①

94 ① 코리보(KORIBOR)는 2004년 7월 26일부터 은행연합회가 국내 시중은행 7곳과 특수은행 2곳, 대구·부산은행 등 지방은행 2곳, 외국계 은행 3곳 등 14개 은행으로부터 호가를 받아 산출한 단기 기준금리를 말한다.

95 ③ 녹색성장(Green Growth)은 미래세대를 위한 환경보전과 경제와 사회의 성장을 동시에 이루어 나간다는 개념이다.

96 ① 기업이 필요로 하는 기계 설비를 장기간 빌려주고 그 대가로 사용료를 받는 시설 임대산업이다.

97 다음 중 ( ) 안에 들어갈 말로 옳은 것은?

> 폴리실리콘사업의 전망이 밝다. 태양광 발전단가가 기존 화석연료의 발전단가 수준으로 떨어지는 ( ) 시기가 앞당겨질 것이란 판단 때문이다.

① 슬라이딩 패리티　　　　　　② 그린 그리드

③ 그리드 패리티　　　　　　　④ 전환 패리티

⑤ 평가 그리드

98 김 대리는 물가상승에 대비하여 부동산에 투자하였다. 다음 중 이와 가장 관련 깊은 용어는?

① 백워데이션　　　　　　　　② 인플레이션해지

③ 서킷 브레이커　　　　　　　④ 나비효과

⑤ KIKO

99 허황된 사업성에서 꿈을 좇다가 비용이 수익을 초과하여 낭패를 보는 것을 이르는 용어는?

① 머니게임　　　　　　　　　② 폰지게임

③ 롤플레잉게임　　　　　　　④ 보드게임

⑤ 치킨게임

✿ Answer　　97.③　98.②　99.②

97　③ 그리드 패리티(Grid Parity)란 태양광과 화력발전의 생산단가가 같아지는 균형점을 뜻한다.

98　① 선물가격이 현물보다 낮아지는 현상
　　② 인플레이션 시에는 실물자산의 가격상승으로 화폐자산의 실질구매력이 하락하게 된다. 따라서 인플레이션 발생으로 화폐가치가 하락하는 경우 이에 대한 방어수단으로서 부동산·주식·상품 등을 구입하여 물가 상승에 상응하는 명목 가치의 증가를 보장하는 것
　　③ 주가가 갑자기 큰 폭으로 변화할 경우 시장에 미치는 충격을 완화시키기 위해 주식매매를 일시 정지시키는 제도
　　④ 어떠한 일의 시작 시 아주 작은 양의 차이가 결과에서는 매우 큰 차이를 만들 수 있다는 이론
　　⑤ 환율이 일정금액 아래로 떨어지는 녹아웃(Knock out)이 되면 거래가 소멸하지만 환율이 급등해 범위를 넘는 녹인(Knock in)이 되면 액정금액의 두 배를 계약환율로 팔아야 하는 통화옵션 거래 방식의 하나

99　② 폰지게임(Ponzi game)은 1925년 미국 플로리다에서 막대한 투자배당을 미끼로 투자자를 끌어모았던 사기범 찰스 폰지(Charles K. Ponzi)의 범행수법에서 파생된 용어이다.

100 주가를 확인하지 못하면 초조해지고 일에 집중할 수 없는 등 감정조절 능력을 상실한 상태를 뜻하는 것은?

① 스톡홀릭   ② 하비홀릭
③ 워커홀릭   ④ 모라토리엄증후군
⑤ 스톡홀름증후군

101 다음 중 캐리트레이드와 관련된 해외 투자에 나선 일본의 주부 투자자들을 뜻하는 것은?

① 와타나베부인   ② 기무라부인
③ 나비부인   ④ 네스팅족
⑤ 딘트족

102 수익이 남는 상품이나 사업을 의미하는 것은?

① 스타   ② 도그
③ 캐쉬카우   ④ 프라블럼 차일드
⑤ 플렉스타임

Answer   100.①   101.①   102.③

100 ① 스톡홀릭(Stockholic)이란 주식 열풍과 더불어 생겨난 신조어로 일상을 영위하기 힘들 정도로 주가의 등락에 일희일비하는 상태를 말한다.

101 ① 와타나베부인(Mrs. Watanabe)은 해외 투자에 나선 일본 가정주부들을 일컫는 것으로 일본에서 흔한 성을 딴 금융가의 속어이다.

102 ③ 캐쉬카우(Cash Cow)란 제품 성장성이 낮아지면서 점유율이 높은 산업을 지칭한다.

103 다음에서 설명하고 있는 소비행태를 무엇이라 하는가?

> 대중들이 구매하는 제품은 거부한다. 남들이 구입하는 어려운 값비싼 상품을 보면 오히려 사고 싶어진다. 가격이 오를수록 구매욕구가 높아지며 명품 과시욕 또한 여기에 해당한다.

① 트리클 다운   ② 스필오버 효과
③ 스놉 효과   ④ 스톡홀름 증후군
⑤ 밴드왜건 효과

104 기술혁신이나 새로운 자원의 개발에 의해 나타나는 장기적 성격의 순환은?

① 주글라순환   ② 콘드라티에프순환
③ 키친순환   ④ 엘리엇순환
⑤ 쿠즈네츠순환

Answer   103.③   104.②

103 ③ 스놉 효과 … 특정 상품에 대한 소비가 증가하면 그에 대한 수요가 줄어드는 소비현상을 말한다. 다수의 소비자가 구매하는 제품을 꺼리는 소비현상을 뜻하는 경제용어로, 남들이 구입하기 어려운 값비싼 상품을 보면 오히려 사고 싶어하는 속물근성에서 유래한다. 소비자가 제품을 구매할 때 자신은 남과 다르다는 생각을 갖는 것이 마치 백로같다고 하여 백로효과(白鷺效果)라고도 하며, 스놉 효과라고도 한다.

104 ② 콘드라티에프순환(Kondratiev cycle)은 장기순환을 일컫는 용어이다.

※ 경기순환의 구분
    ㉠ 단기순환 : 3~4년의 짧은 순환주기를 가지며 수요와 공급의 균형을 이루기 위해서 기업의 재고를 조정하는 과정에서 생긴다. 키친순환 또는 재고순환이라고도 한다.
    ㉡ 주순환 : 7~12년의 순환주기를 가지며 설비투자를 늘이거나 줄이는 과정에서 생기는 기업의 움직임이 원인이다. 쥬글러순환 또는 설비투자순환이라고 한다.
    ㉢ 중기순환 : 14~20년의 순환주기를 가지며 쿠즈네츠순환 또는 건축순환이라고 한다.
    ㉣ 장기순환 : 순환주기가 40~70년이며 기술혁신이 주된 원인이다. 발견자의 이름을 따서 콘드라티에프순환이라고도 한다.

105 온라인 공간에서 다른 기업과 기술 및 정보 공유를 통해 수익을 창출하는 새로운 전자상거래 방식을 뜻하는 용어는?

① E – 커머스 　　　　　　　② Y – 커머스
③ C – 커머스 　　　　　　　④ T – 커머스
⑤ M – 커머스

106 증권시장에서 지수선물·지수옵션·개별옵션 등 3가지 주식상품의 만기가 동시에 겹치는 날을 뜻하는 것은?

① 넷 데이 　　　　　　　　② 레드먼 데이
③ 더블위칭 데이 　　　　　　④ 트리플위칭 데이
⑤ 쿼드러플위칭 데이

107 유가가 100불 위로 올라가 장기간 유지되는 현상을 뜻하는 용어는?

① 거품현상 　　　　　　　　② 풋 옵션
③ 슈퍼아이스 　　　　　　　④ 슈퍼스트라이크
⑤ 슈퍼스파이크

Answer　　105.③　106.④　107.⑤

105 ③ C – 커머스(Collaborative Commerce)란 1999년말 가트너그룹에서 제시된 용어로 경영기획에서부터 디자인, 설계, 제조, 생산, 납품, 물류, 구매, 판매 등 기업활동 전반의 업무 흐름에 걸쳐 협업과 지식공유를 지원하는 것을 말한다.

106 ④ 트리플위칭데이(Triple Witching Day)란 3·6·9·12월 둘째 목요일이면 지수선물·지수옵션·개별옵션 등 3가지 주식상품의 만기가 동시에 겹치는 것을 뜻한다.

107 ⑤ 슈퍼스파이크(Super Spike)란 2005년 말 골드만삭스가 처음 사용한 말로 원자재가격이 4 ~ 5년 간 급등하는 단계를 의미한다.

108 사모펀드에 대한 설명으로 옳지 않은 것은?

① 뮤추얼펀드에서는 50인 이하의 투자자를 대상으로 모집한다.
② 소수의 투자자로부터 자금을 모아 운용하는 펀드를 말한다.
③ 펀드규모의 10% 이상을 한 주식에 투자할 수 없다.
④ 기업들의 내부자금 이동수단으로 악용될 소지가 있다.
⑤ 국내에서는 M&A를 활성화하기 위한 수단으로 도입되었다.

109 포털사이트에서 보험상품을 판매하는 영업 형태는?

① 포타슈랑스   ② 방카슈랑스
③ 인슈런스   ④ 보이스포털
⑤ 어피니티포털

110 리츠펀드의 투자대상은?

① 와인   ② 부동산
③ 금   ④ 석유
⑤ 옥수수

111 디지털 시대를 맞아 중요한 통화가치 비교 지수로 떠오른 것은?

① 스타벅스지수   ② 닛케이지수
③ 빅맥지수   ④ 아이팟지수
⑤ 피셔지수

✿ Answer   108.③   109.①   110.②   111.④

108 ③ 사모펀드는 공모펀드에 비해 제한이 적어 이익이 발생할 만한 모든 대상에 투자할 수 있다.

109 ① 포타슈랑스(portasurance)란 인터넷 포털사이트와 보험회사가 연계해 일반인에게 보험상품을 판매하는 영업 형태를 말한다. 온라인을 이용해 다양한 판매망을 갖출 수 있으며 경쟁을 통해 수수료를 낮출 수 있어 새로운 형태의 보험 판매 방식으로 부상하고 있다.

110 ② 리츠(REITs)펀드는 투자자들로부터 자금을 모아 부동산이나 부동산 관련 대출에 투자하는 금융상품을 말한다.

111 ④ 콤섹아이팟지수(Commsec ipod Index)란 애플의 휴대용 음악기기 아이팟(2GB기준)의 26개국 판매가격을 달러로 환산해 비교한 것을 말한다.

112 조직 전체의 이익보다는 자기 부서의 이익만을 추구하는 것을 뜻하는 용어는?

① 대체효과 ② 사일로효과
③ 부메랑효과 ④ 샤워효과
⑤ 케인스효과

113 기업의 신용등급이 아주 낮아 회사채 발행이 불가능한 기업이 발행하는 회사채를 이르는 것은?

① 머천트뱅크 ② 공어음
③ 정크본드 ④ 복명어음
⑤ 양도담보

114 다음을 설명할 수 있는 시장은?

> 최근에는 냉장고 탈취제까지 냉동실용, 냉장실용, 김치냉장고용에 이어 야채실용까지 별도로 출시되고 있다. 냉장고의 온도와 용도가 다르기 때문에 탈취제 역시 특성에 맞춰 새로운 제품이 나오게 된 것이다.

① 그레이마켓 ② 니치마켓
③ 불마켓 ④ 비포마켓
⑤ 이머징마켓

✿ Answer 　112.②　113.③　114.②

112 ② 사일로효과(Organizational Silos Effect)란 곡식을 저장해 두는 굴뚝 모양의 창고인 사일로(silo)에서 유래했다. 한 조직에 속한 부서들이 서로 다른 부서와 담을 쌓고 내부 이익만을 추구하는 현상을 빗댄 용어이다.

113 ③ 정크본드(junk bond)란 신용등급이 낮은 기업이 발행하는 고위험, 고수익 채권을 이르는 말이다.

114 ② 니치마켓(Niche Market)이란 시장이 작거나 특화 되어 있는 소규모 시장을 말한다. 최근 세심한 곳까지 용도를 다양화해 전문화된 제품을 출시하는 것이 그 예라고 할 수 있다.

115 다음 중 에코 버블(echo bubble)에 대한 설명으로 가장 적합한 것은?

① 환경오염 물질이 적정 수준을 넘어선 현상을 말한다.

② 환경 관련 산업에 대한 투자가 지나치게 많이 이루어지는 현상을 말한다.

③ 부동산이나 주가가 지나치게 올라 경제 전체에 버블이 심한 현상을 말한다.

④ 주가에 소형 거품이 형성되었다가 꺼지는 현상이 반복되는 현상을 말한다.

⑤ 현실 경제에는 별 문제가 없지만 경제학 분석 모델에 의하면 버블이 형성되어 있는 것으로 평가되는 국면을 말한다.

116 다음 중 밑줄 친 ㉠에 해당하는 것은?

○○마트는 고유가와 고물가로 어려움을 겪고 있는 소비자들의 가계부담을 줄이기 위해 총 900여 개의 추석 선물세트 중 100여 개의 상품을 최저가로 선보였다. 또한 올 추석 행사 기간에 첫선을 보인 ㉠자체 상품 선물세트의 가격을 제조사 브랜드 상품보다 최대 40%가량 저렴하게 내놨다.

① 미투상품   ② 니치상품

③ OEM   ④ PB상품

⑤ NB상품

117 2001년 11월 카타르에서 열린 제4차 세계무역기구 각료회의에서 새로이 출범시킨 다자 간 무역 협상의 명칭은?

① 우루과이라운드   ② 그린라운드

③ 케네디라운드   ④ 도하개발어젠다

⑤ 블루라운드

✿ Answer 115.④ 116.④ 117.④

115 에코 버블(echo bubble) ⋯ 메아리처럼 반복된 거품이라는 의미로, 경기침체와 금융위기가 진행되는 가운데 단기간의 금리 급락과 유동성의 증가로 주식시장이 반등한 후, 다시 증시가 폭락하는 경우는 말한다. 즉, 에코 버블은 유동성의 힘에 의해 주가가 상승하지만 경기지표가 이를 받쳐주지 못하면 전저점을 뚫고 다시 폭락하게 된다.

116 ④ PB(Private Brand)상품이란 유통업체에서 자기 매장의 특성에 맞추어 자체적으로 내 놓는 맞춤상품을 말한다.

117 ④ 도하개발어젠다(DDA)란 2001년 11월, 카타르의 도하에서 열린 세계무역기구의 제4차 각료회의에서 합의되어 시작된 다자 간 무역협상을 말한다.

118 1980년대 미국 모토로라 사의 품질혁신 운동으로 시작된 이후 전 세계 기업들이 채택하고 있는 경영전략을 뜻하는 것은?

① QC
② TQC
③ Single PPM
④ 6 Sigma
⑤ 100 PPM

119 다음 중 기업 인수 · 합병(M&A)에 관한 설명으로 옳지 않은 것은?

① 막대한 프리미엄을 치르고 M&A를 하기도 한다.
② 적대적 M&A에서 피인수기업의 주주는 일반적으로 손실을 본다.
③ M&A 실패의 가장 큰 원인의 하나는 인수 후 통합 과정의 문제 때문이다.
④ M&A 시장의 활성화는 주주와 경영자 간 대리인 문제를 완화시키는 역할을 한다.
⑤ 자사주를 매입해 주가를 높게 유지하는 것 또한 경영권 방어를 위한 수단이 될 수 있다.

120 금융상품을 저축상품과 투자상품으로 구분한다면 다음 중 투자상품에 속하지 않는 것은?

① 투자신탁수익증권
② 정기예금
③ 주식
④ 채권
⑤ 옵션

Answer　118.④　119.②　120.②

118 ④ 6시그마(6 Sigma)는 1987년 모토로라에 근무하던 마이클 해리에 의해 창안된 경영혁신운동이다. 기존의 품질관리기법이 부분최적화에 관심을 갖거나 생산자 위주의 제조중심이었던 반면에 6시그마는 전사최적화가 목표인 전사적품질경영혁신운동으로 세계 유수기업들이 도입하고 있다.

119 ② 일반적으로 적대적 M&A는 공격하는 측과 공격하는 측의 경쟁적인 주식매집으로 인해 주가가 급등한다. 따라서 피인수기업의 주주가 손실을 본다는 것은 적절하지 않다.

120 ② 예금은 투자상품이 아니다.

121 뉴욕증권거래소에 상장된 주식 중에서 가장 안정적인 공업주 30개를 표본으로 해서 단순평균방식으로 산출된 시장지표는?

① S&P 30

② FTSE 100

③ 나스닥지수

④ 뉴욕증권시장지수

⑤ 다우존스산업평균

122 국제투자자금이 이머징마켓에 유입되어 그 지역의 주가가 오르고 있다는 내용에 언론에 보도되는 경우가 있다. 다음 중 일반적으로 이머징마켓에 분류되지 않는 국가는?

① 캐나다

② 말레이시아

③ 러시아

④ 한국

⑤ 브라질

123 고객은 기업이 제공하는 정보보다 공적인 정보나 또는 소비자의 개인적 원천(친구, 가족, 동료)을 통한 정보를 더 신뢰하는 경향이 있는데, 이를 무엇이라고 하는가?

① 외부탐색

② 내부탐색

③ 대안평가

④ 중심이론

⑤ 경험곡선

Answer   121.⑤   122.①   123.①

121 ⑤ 다우존수산업평균은 찰스다우가 창안해 낸 지수로서 실무에서는 세계적으로 가장 많이 이용되는 주가지수이다.

122 ① 캐나다는 선진시장으로 분류된다.

123 외부탐색은 자신의 기억 외의 원천으로부터 정보를 탐색하는 활동을 의미한다. 이러한 외부탐색은 제품의 판매점 또는 소비자 정보지 등을 알아보거나 아니면 구입하고자 하는 제품을 이미 사용한 사람들에게 의견을 물어보는 등의 행동이 포함된다.

124 다음과 같은 특징을 가진 간접투자상품은?

> - 고객의 금융자산을 포괄하여 관리하는 금융상품이다.
> - 고객 개인별로 맞춤식 투자 포트폴리오를 구성할 수 있다.

① MMF
② 뮤추얼펀드
③ 은행신탁
④ 랩어카운트
⑤ 주식형 수익증권

125 다음에서 설명하고 있는 불공정 매매와 관련된 것은 무엇인가?

> A는 △△ 제약회사에 근무중인 친구로부터 △△기업이 획기적인 당뇨병 치료제를 개발했다는 이야기를 들었다. 이에 A는 그 신약 개발이 발표되기 1주 전 △△기업의 주식을 매수했다.

① M & A
② 시세조종
③ 주가조작
④ 내부자거래
⑤ 불성실공시

126 증권회사에서 주식이나 파생상품, 채권 등을 매입 또는 매도하려는 투자자들을 위해 거래 주문을 받아서 거래를 성사시키는 일을 한다. 다음에서 설명하는 직업은?

① 펀드매니저
② 증권분석사
③ 공인회계사
④ 주식브로커
⑤ 공인중개사

Answer   124.④   125.④   126.④

124 ④ 랩어카운트(wrap account)란 증권회사가 투자자의 투자성향과 투자목적 등을 정밀하게 분석한 후 고객에게 맞도록 가장 적합한 포트폴리오를 추천하고 일정한 보수를 받는 종합자산관리계좌이다.

125 ④ 미공개 정보를 이용하여 증권투자하는 것은 불법행위이다.

126 ④ 주식브로커에 대한 설명으로 이들은 증권중개인 또는 채권브로커 등으로 불린다.

127 채권투자와 신용등급에 대한 설명으로 옳지 않은 것은?

① S & P사의 신용등급 분류기준 중 BB+ 등급은 투자적격 등급이다.

② 정크본드는 투자부적격 채권 중에서도 등급이 아주 낮은 채권이다.

③ 세계3대 신용평가회사는 S & P, Moody's, Fitch이다.

④ 신용등급은 일반적으로 투자적격 등급과 투자부적격 등급으로 구분된다.

⑤ 신용평가회사가 기업 신용등급을 부여하기 위해서는 해당 기업의 재무제표에 대한 분석이 선행되어야 한다.

128 PER(price earning ratio)에 대한 설명으로 옳지 않은 것은?

① PER는 불규칙적이거나 일시적인 손익으로 인해 신뢰성이 하락할 수 있다.

② PER는 주식의 시장가격을 주당순이익으로 나눈 값을 말한다.

③ PER를 이용해 해당 주식가치의 과소평가 여부를 분석할 수 있다.

④ PER는 다른 산업간 보다 동일 산업 내 기업의 주가를 비교할 때 유용하다.

⑤ 동종업의 경우 PER가 높은 주식일수록 주식가격이 낮게 평가된다.

129 다음과 같은 특징을 가지고 있는 보험제도는?

> 나중에 받는 보험금이 미리 정해지지 않고 보험사가 보험료를 주식·채권에 투자하여 얻는 수익에 따라 보험금의 액수가 달라진다.

① 국민보험   ② 강제보험

③ 산재보험   ④ 공영보험

⑤ 변액보험

Answer   127.①   128.⑤   129.⑤

127 ① BB등급 이하의 채권은 투기등급에 해당한다.

128 ⑤ 동일한 조건의 경우 주가수익비율(PER)이 낮은 종목의 주식이 주가가 오를 가능성이 높다.

129 ⑤ 변액보험에 관한 설명이다.

130 적립식 펀드에 대한 설명으로 옳지 않은 것은?

① 정기적으로 목돈을 마련하는데 유리하다.

② 일정기간마다 일정금액을 투자하는 펀드이다.

③ 장기적으로 볼 때 수익률 변동성을 줄일 수 있다.

④ 매입단가평준화효과로 원금을 보장해주는 상품이다.

⑤ 주식형 적립식 펀드의 경우 주식매매차익에 대해 비과세이므로 절세에 유리하다.

131 다음에서 설명하고 있는 주식시장의 명칭은?

> (   )은 성장단계에 있는 중소, 벤처기업들이 원활히 자금을 조달할 수 있도록 비상장 벤처기업들의 자금난을 해소하는 창구가 되고 있다.

① KRX

② AMEX

③ NYSE

④ NASDAQ

⑤ Free Board

132 다음 중 유가증권시장과 코스닥시장의 주식을 동시에 구성종목으로 채택하고 있는 것은?

① 스타지수

② 코스닥지수

③ KRX 100

④ KOSPI 200

⑤ 한국종합주가지수

⚜ Answer   130.④ 131.⑤ 132.③

130 ④ 적립식 펀드는 투자상품이므로 투자원금에 대한 보장성이 없다.

131 ⑤ 프리보드(Free Board)는 유가증권과 코스닥시장에 상장되지 않은 종목을 모아 거래하는 제3시장의 이름이다.

132 ③ KRX 100은 유가증권시장의 87개 종목과 코스닥시장의 13개 종목으로 구성되어 있다.

133 다음에 해당하는 채권은?

> 미국의 양키본드, 일본의 사무라이본드, 영국의 불독본드 등과 같이 외국인이 특정국가의 채권시장에서 해당국 통화로 발행하는 채권의 일종으로 외국인이 국내에서 우리나라 통화인 원화로 발행하는 채권의 애칭이다.

① 양키본드　　　　　　　　　② 김치본드
③ 아리랑본드　　　　　　　　　④ 무라야마본드
⑤ 오페라본드

134 다음 중 세계 주식시장의 주가지수 명칭과 해당 국가를 잘못 연결한 것은?

① 일본 – TOPIX　　　　　　　　② 홍콩 – 항생지수
③ 중국 – STI　　　　　　　　　④ 미국 – 다우존스지수
⑤ 대만 – 가권지수

135 주주총회의 특별결의에 관한 설명 중 틀린 것은?

① 자본금의 감소를 위해서는 주주총회의 특별결의가 필요하다.
② 판례에 따르면, 영업의 중단 또는 폐지의 결과를 가져오는 회사의 유일무이한 재산에 대한 매도담보계약을 체결하기 위해서는 주주총회의 특별결의가 필요하다.
③ 주식의 포괄적 교환과 포괄적 이전을 위하여는 주주총회의 특별결의가 필요하다.
④ 해산, 회사의 합병, 회사의 분할을 위하여는 주주총회의 특별결의가 필요하다.
⑤ 이사·감사의 선임과 해임, 주주 외의 자에 대한 전환사채·신주인수권부사채의 발행을 위해서는 주주총회의 특별결의가 필요하다.

Answer　133.③　134.③　135.⑤

133 ③ 외국기업이 국내에서 원화 이외의 통화로 발행하는 채권을 김치본드라고 하고 역외에서 발행지 통화로 발행하는 외국채권을 아리랑본드라고 한다.

134 ③ 중국은 상하이 지수이며, STI지수는 싱가포르 주식시장의 주가지수이다.

135 이사, 감사의 선임은 주주총회보통결의사항이고, 해임은 특별결의사항이다.
제3자에게 전환사채·신주인수권부사채를 발행하는 경우는 정관에 규정이 없으면 주주총회 특별결의로 정한다 (513조 3항, 516조의2 제4항, 418조 2항 단서).
제3자에게 발행하는 경우는 신주발행과 마찬가지로 신기술의 도입, 재무구조의 개선 등의 경영상의 목적을 달성하기 위한 경우만 발행할 수 있다.

136 다음에 해당하는 용어로 옳은 것은?

내비게이션을 만드는 ○○기업은 자사 내비게이션 사용자의 온라인 커뮤니티를 개설하여 회원들이 내놓은 의견을 토대로 다중 경로 탐색, 라디오 주파수 안내 등 새로운 기능을 선보였다.

① 글로벌소싱 ② 비즈니스프로세스아웃소싱
③ 홈소싱 ④ 아웃소싱
⑤ 크라우드소싱

137 다음 중 마케팅의 4P's에 해당하지 않는 것은?

① Product ② Place
③ Price ④ Plan
⑤ Promotion

138 문자메세지를 이용한 휴대전화의 해킹 기법은?

① 스미싱 ② 리픽싱
③ 보이스피싱 ④ 트로이목마
⑤ 웜바이러스

Answer　136.⑤　137.④　138.①

136 ⑤ 크라우드소싱(Crowdsourcing)은 군중(crowd)과 아웃소싱(outsourcing)을 합쳐 만든 용어로 기업이 고객을 비롯한 불특정 다수에게서 아이디어를 얻어 이를 제품 생산과 서비스, 마케팅 등에 활용하는 것을 뜻한다.

137 ④ 마케팅 전략의 4P's란 상품(Product), 유통장소(Place), 가격(Price), 판촉(Promotion)이다.

138 ① 스미싱(SMiShing)이란 SMS와 Phishing의 합성어로 휴대전화의 텍스트 문자메시지를 이용, 휴대전화에서 트로이목마를 주입하는 새 해킹 기법을 말한다.

139 지적·신체적 능력이 충분함에도 불구하고 사회진출을 꺼리는 현상을 뜻하는 것은?

① 실직증후군   ② 스톡홀릭증후군

③ 피터팬증후군   ④ 놀토증후군

⑤ 모라토리엄증후군

140 소득수준이 낮을수록 전체 가계비에서 차지하는 주거비의 비율이 높아진다는 법칙은?

① 슈바베의 법칙   ② 그레샴의 법칙

③ 엥겔의 법칙   ④ 세이의 법칙

⑤ 메트칼프의 법칙

141 다음 ( ) 안에 들어갈 용어로 옳은 것은?

> ( )은(는) 카드 대금을 매달 고객이 정한 비율(5~100%)만큼 결제하는 제도로 자금 부담을 줄이는 장점이 있지만 나중에 결제해야 하는 대금에 대한 높은 수수료가 문제되고 있다.

① 모빙   ② 리볼빙

③ 그린·옐로우카드제   ④ 몬덱스카드

⑤ 선불신용카드

Answer   139.⑤   140.①   141.②

139 ⑤ 모라토리엄 증후군(Moratorium Syndrome)이란 지적, 육체적인 문제가 없음에도 불구하고 사회적 책무를 기피하는 것을 말한다. 대개 20·30대의 고학력 청년들에게 많이 보이는 현상이다.

140 ① 슈바베의 법칙(Schwabe's law)은 독일 통계학자 슈바베가 발견한 근로자 소득과 주거비 지출의 관계 법칙이다.

141 ② 리볼빙(Revolving)이란 일시불 및 현금서비스 이용액에 대해 매월 대금결제시 카드사와 회원이 미리 약정한 청구율이나 청구액 만큼만 결제하고, 결제된 금액만큼만 사용이 가능하도록 하는 제도이다.

142 지난 2000년 웹사이트 '마이클럽'은 서울시내 곳곳에 '선영아 사랑해'라는 현수막을 내걸어 사람들의 궁금증과 화제를 불러일으키는 등 엄청난 주목 효과를 봤다. 이와 관련된 광고기법은?

① 검색광고   ② 네거티브광고

③ 시즐광고   ④ 티저광고

⑤ PPL광고

143 북경, 서울, 도쿄를 연결하는 동북아 중심 도시 연결축을 이르는 용어는?

① NAFTA   ② BESETO

③ EU   ④ INTIDE

⑤ Baht

144 전자문서나 음악파일, 동영상과 같은 디지털 저작물의 불법복제를 막기 위한 기술은?

① 마크다운   ② 소스마킹

③ 디지털워터마킹   ④ 체크마크

⑤ SD마크

Answer   142.④   143.②   144.③

142 ④ 티저광고(teaser advertising)란 중요한 내용을 감춰 소비자들의 궁금증을 유발한 뒤 점차 본모습을 드러내어 소비자의 궁금증을 유발하는 광고를 말한다.

143 ② 베세토라인(BESETO line) 한, 중, 일 3국의 수도를 하나의 경제단위로 묶는 초국경 경제권역을 뜻한다.

144 ③ 디지털워터마킹(Digital Watermarking)이란 '인터넷 DNA'로도 불리며 음악 등 멀티미디어 콘텐츠에 파일 형태의 저작자 로고 및 상표 인감 서명 등을 넣어 저작권을 보호하는 기술이다.

145 2008년 9월 미국 내 4위의 증권사였으나 파산신청을 해서 전 세계적 금융혼란을 몰고 온 기업은?

① 메릴린치 ② 리먼브라더스

③ 모건스탠리 ④ 골드만삭스

⑤ AIG

146 PDM의 4요소에 해당하지 않는 것은?

① 저장소 ② 프로세스 포착

③ 프로세스 관리 ④ 목표관리

⑤ 정보포착과 관리

147 다음 중 G8에 해당하지 않는 국가는?

① 미국 ② 중국

③ 프랑스 ④ 이탈리아

⑤ 러시아

Answer   145.② 146.④ 147.②

145 ② 리먼 브라더스 홀딩스(Lehman Brothers Holdings Inc.)는 1850년에 생긴 국제금융회사로 2008년 9월 15일 약 6천억 달러에 이르는 부채를 감당하지 못하고 파산 신청을 했다.

146 ④ PDM(Product Data Management)이란 신제품의 개발이나 기존 제품을 수정하는 데 사용되는 조직 내의 모든 정보의 흐름을 관리하는 것을 말한다.

147 ② G8은 미국, 일본, 영국, 프랑스, 독일, 이탈리아, 캐나다, 러시아로 구성되며 세계경제방향과 정책협조 등을 논의한다.

148 다음 중 '콜'에 대한 설명으로 옳은 것은?

① 금융기관 간의 초단기 대출을 의미한다.

② 콜 거래가 이루어지는 추상적인 시장을 콜 시장이라고 한다.

③ 자금을 공급하는 측을 콜 머니, 수요자측을 콜 론이라고 한다.

④ 은행으로서는 일시적인 유휴자금을 운용하는 최적의 방법이다.

⑤ 콜 금리는 시중의 자금사정을 반영하는 지표로 이용된다.

149 부도 위험을 보장해 주는 신용파생상품은?

① CME ② CALL

③ CMA ④ CDS

⑤ CDMA

150 국토교통부가 매년 1월 1일을 기준으로 전국의 땅 값을 발표하는 것은?

① 토지등급 ② 종합토지세

③ 공시지가 ④ 갑근세

⑤ 경기종합지수

Answer   148.③   149.④   150.③

148 ③ 공급자측에서는 콜 론(call loan), 수요자측에서는 콜 머니(call money)라고 부른다.

149 ④ 크레디트 디폴트 스와프(Credit Default Swap)는 신용위험을 회피하려는 채권 매입자가 신용 위험을 부담하는 매도자에게 프리미엄을 지불하고 보상받기로 하는 계약을 의미한다.

150 ③ 공시지가란 국토교통부 장관이 조사·평가하여 공시한 표준지의 단위면적(m^2)당 가격을 말한다.

151 다음은 누구에 대한 설명인가?

> 1987년부터 FRB 의장을 수 차례 연임했으며, 1970년대 초 이후 미국의 28년 만의 최저실업률, 29년만의 재정흑자 및 고성장 등을 이끈 인물로 평가받는다.

① 헨리 폴슨
② 벤 버냉키
③ 바니 프랭크
④ 앨런 그린스펀
⑤ 워렌 버핏

152 다음 중 MMF의 특징으로 옳지 않은 것은?

① 입출금이 자유롭다.
② 예금자보호제도의 보호대상 상품이다.
③ 증권사뿐만 아니라 은행에서도 가입가능 하다.
④ 단기 여유자금을 예치하는데 알맞다.
⑤ 실적배당금융상품이다.

153 생산 설비만 있는 기업이 다른 나라의 기업으로부터 주문 받은 상품을 만들어 납품할 때 이용하는 방식은?

① OEM
② OJT
③ OTP
④ OMR
⑤ OPT

Answer   151.④   152.②   153.①

151 ④ 미국 연방준비제도이사회(FRB)의 의장이었던 앨런 그린스펀에 대한 설명이다.

152 ② MMF(money market fund)란 '수시입출금식 초단기 채권형펀드'를 의미하며 예금자보호제도의 비보호대상 이다.

153 ① OEM(original equipment manufacturing)은 다른 기업으로부터 주문을 받아 생산한 제품에 주문자의 상표 가 부착되는 것을 뜻한다.

154 공간의 제약없이 네트워크에 접속할 수 있는 시스템화 된 첨단도시를 뜻하는 용어는?

① U – 시티
② 위성도시
③ 컨벤션시티
④ 베드타운
⑤ 디지털시티

155 비록 낮은 소득일지라도 여유 있는 직장생활을 즐기면서 삶의 만족을 찾으려는 사람들을 지칭하는 용어는?

① 토피족
② 캥거루족
③ 다운시프트족
④ 플리퍼족
⑤ 시피족

156 다음은 패스트푸드 업체인 맥도널드사의 프랑스 지사 광고 캠페인이다. 여기에서 볼 수 있는 마케팅 전략은?

> "어린이는 주 1회만 오세요."

① 버즈마케팅
② 걸리시마케팅
③ 신데렐라마케팅
④ 디마케팅
⑤ 접속자마케팅

Answer 154.① 155.③ 156.④

154 ① U – 시티(Ubiquitous City)란 IT 기반시설과 유비쿼터스 정보서비스 등을 도시공간에 융합하여 시민의 다양한 정보욕구를 충족시키며 안전하고 편리한 생활에 기여하는 미래형 도시를 말한다.

155 ③ 다운시프트족(downshifts)이란 빨리 달리는 자동차를 저속 기어로 바꾸듯, 소득과 승진에 쫓기느라 바쁜 일상에서 벗어나 생활의 여유를 가지고 삶을 즐기려는 이들을 말한다.

156 ④ 디마케팅(demarketing)은 상품의 소비를 억제시키기거나 수익에 도움이 안 되는 고객들을 의도적으로 제외시키는 마케팅 전략을 말한다.

157 다음 중 오쿤의 법칙에 대한 설명으로 바른 것은?

① 경제성장률과 실업률은 부(負)의 상관관계에 있다.
② 경제성장률과 실업률은 정(正)의 상관관계에 있다.
③ 실업률과 국민생산손실은 부(負)의 상관관계에 있다.
④ 물가상승률과 실업률은 부(負)의 상관관계에 있다.
⑤ 물가상승률과 실업률은 정(正)의 상관관계에 있다.

158 다음 중 무자본 특수은행은?

① 농협   ② 한국은행
③ 한국산업은행   ④ 한국수출입은행
⑤ 중소기업은행

159 로스쿨 설립과 시장에 관한 다음 주장들 가운데 시장경제 논리에 입각한 것이라고 보기 어려운 것은?

① 로스쿨 설립 요건을 엄격히 강화하도록 해야 한다.
② 국민 부담이 늘어나더라도 변호사 수임료의 현실화를 허용해야 한다.
③ 로스쿨의 정원을 줄여 변호사의 수를 제한하면 법률 서비스의 질은 떨어진다.
④ 선진 법률 서비스의 공급을 위해서는 변호사들에게 적절한 물질적 보상을 지급해야 하지만 경쟁의 원칙은 법률 시장에도 적용되어야 한다.
⑤ 양질의 법률 서비스를 제공하는 것이 변호사들의 자기 이익 추구와 합치할 때 국민의 권리가 보장된다.

Answer   157.① 158.② 159.①

157 ① 오쿤의 법칙(Okun's law)은 실업률과 경제성장률간의 상관관계를 나타낸 법칙으로, 실업률이 약 1% 늘어날 때마다 산출량이 약 3% 감소한다는 사실을 밝혀 내어 경제성장률과 실업률이 부(負)의 관계에 있다는 것을 보여준다.

158 ② 한국은행은 금융 질서를 유지하기 위하여 한국은행법에 의해 설립된 무자본 특수 법인이다.

159 ① 설립요건의 강화는 규제를 의미하며, 이는 자유로운 경쟁을 방해하므로 시장경제 논리에 어긋난다.

160 외환위기와 같은 긴급한 시점에 급격한 외환 유출입을 제한하는 조치는?

① 블루 가드
③ 수출자주규제
⑤ 반덤핑 관세
② 슈퍼 가드
④ 금융 세이프가드

161 동물검역에 관한 국제기준을 수립하는 국제기관의 명칭은?

① ITU
③ OECD
⑤ IPU
② OIE
④ GATT

162 기업을 인수한 뒤 그 가치를 높여 되파는 펀드의 명칭은 무엇인가?

① 국부펀드
③ 바이아웃펀드
⑤ 컨트리펀드
② 벌처펀드
④ 타이거펀드

163 영화나 드라마 등에서 특정 제품을 노출시켜 광고 효과를 노리는 마케팅 기법은?

① 네거티브광고
③ 팝업광고
⑤ PPL
② 배너광고
④ POP

Answer   160.④   161.②   162.③   163.⑤

160 ④ 금융 세이프가드란 단기간에 외화가 국내금융시장을 이탈할 경우 외환위기를 막기 위해 강제적으로 외화송금을 막을 수 있는 제도를 말한다.

161 ② 국제수역사무국(Office International des Epizooties)은 가축의 질병과 그 예방에 대해 연구하고 국제적 위생규칙에 대한 정보를 회원국에게 보급하는 국제기관을 말한다.

162 ③ 바이아웃펀드(buyout fund)란 부실기업을 인수해 구조조정을 통해 기업가치를 높인 뒤 되팔아 수익을 거두는 펀드를 말한다.

163 ⑤ PPL(Product placement)이란 영화나 드라마, 뮤직비디오 같은 영상 매체에 기업의 상품을 배치하여 무의식적으로 이미지를 남기는 간접 광고를 통한 마케팅 기법이다.

164 전쟁이나 자연재해 등으로 인해 예상치 않았던 지출이 생길 경우 본예산과는 별도로 추가 편성하는 예산은?

① 가예산
② 균형예산
③ 추가경정예산
④ 추가조정예산
⑤ 성과주의예산

165 다음 중 투자은행(IB ; Investment Bank)에 해당하는 금융기관은?

① HSBC
② 씨티(Citi) 은행
③ 골드만삭스(Goldman Sachs)
④ 스탠다드차타드(Standard Chartard)
⑤ 뱅크오브아메리카(Bank Of America)

166 M&A 경쟁 속에서 높은 가격을 써내고 인수한 기업이 후유증을 겪을 때 자주 쓰는 용어는?

① OA증후군
② LID증후군
③ ADD증후군
④ 승자의 저주
⑤ 공소증후군

Answer　　164.③　165.③　166.④

164 ③ 추가경정예산(supplementary budget)이란 본예산이 상정된 후 정세의 변화에 따라 추가·변경하여 국회에 제출하는 예산을 말한다.

165 ③ 투자은행(IB ; Investment Bank)
①②④⑤ 상업은행(CB ; Commercial bank)

166 ④ 승자의 저주(The Winner's Curse)란 미국의 행동경제학자인 리처드 세일러가 제시한 용어로 경쟁에서는 이겼지만, 그 과정에서 너무 많은 것을 투자해 결과적으로 많은 것을 잃는 현상을 뜻한다.

167 다음 중 기업의 사회적 책임(CSR)에 해당하지 않는 것은?

① 이윤창출　　　　　　　　　　② 법률준수

③ 윤리적 책임　　　　　　　　　④ 자선적 책임

⑤ 정보화 책임

168 달리는 차량에서 무선 통신을 이용하여 통행료를 지불하는 고속도로 통행료 자동 징수 시스템은?

① 바이패스　　　　　　　　　　② 머니패스

③ 하이패스　　　　　　　　　　④ 사이코패스

⑤ 패스트트랙

169 대출을 받기 힘든 영세민들의 창업을 지원하는 무담보 소액대출은?

① 메일크레디트　　　　　　　　② 마이크로크레디트

③ 백투백크레디트　　　　　　　④ 에버그린크레디트

⑤ 스탠드바이크레디트

Answer　167.⑤　168.③　169.②

167 기업의 사회적 책임(CSR ; Corporate Social Responsibility)
　㉠ 이윤창출 : 사회의 기본 경제 단위로서 재화와 서비스를 생산
　㉡ 법률준수 : 법의 범위내에서의 경제활동
　㉢ 윤리적 책임 : 사회적 기대치에 맞는 윤리적 행동 준수
　㉣ 자선적 책임 : 사회의 공익을 위한 자선활동

168 ③ 하이패스(High-pass)란 톨게이트를 통과할 때 차량 내부에 부착된 하이패스 카드와 무선 통신을 통해 정지할 필요없이 요금이 자동결제되는 시스템이다.

169 ② 마이크로크레디트(Micro Credit)는 저소득 계층이 사업을 시작할 수 있도록 도와주기 위한 무담보 신용대출로 금융기관의 이익을 사회에 환원하는 성격이 강하다.

170 고급기술 인력을 필요로 하는 기업이나 기관에 소개해 주는 대가로 수수료를 받는 사람이나 업체를 가리키는 말은?

① 컨설턴트   ② 카운슬러
③ 헤드서처   ④ 헤드헌터
⑤ 헤드코멘더

171 국민연금은 증권시장은 물론 부동산, 인수·합병(M & A) 시장에서도 큰 영향력을 행사하고 있으며 국민들의 노후 자금이므로 그 운용에 대한 원칙을 법으로 정해놓고 있다. 다음 중 기금 운용에 대한 설명으로 옳지 않은 것은?

① 기획재정부장관은 국민연금제도 및 기금의 관리·운용 주체이다.
② 기금운용관리법은 기금 운용을 규정하고 있는 법률이다.
③ 기금운용위원회는 기금의 관리·운용에 대한 심의·의결을 한다.
④ 보건복지부장관은 기금의 관리·운용에 대한 감독을 맡는다.
⑤ 연금 제도 관련 사항을 심의하는 보건복지부장관의 자문기구는 연금심의위원회이다.

172 상법상 주주총회 결의하자의 소에 관한 설명으로 틀린 것은?

① 주주총회의 결의내용이 정관에 위반된 경우 결의취소의 소의 원인이 된다.
② 적법한 주주총회 소집통지를 받은 주주는 다른 주주에 대한 소집절차상의 하자를 이유로 주주총회결의 취소의 소를 제기할 수 없다.
③ 판례에 의하면 유효한 주주총회가 종료한 후에 일부 주주들만 모여 개최한 주주총회에서의 결의는 주주총회결의 부존재확인의 소의 원인이 된다.
④ 상법은 주주총회결의 무효확인의 소의 제소권자에 대하여 아무런 규정을 두고 있지 않으나 판례에 의하면 무효확인에 관하여 정당한 법률상 이익이 있는 자가 무효확인의 소를 제기할 수 있다.
⑤ 주주총회결의 취소의 소가 제기된 경우 법원은 그 소의 원인이 인정되어도 회사의 현황과 제반사정을 참작하여 그 결의의 취소가 부적당하다고 인정한 때에는 그 청구를 기각할 수 있다.

Answer   170.④   171.①   172.②

170 ④ 헤드헌터(head hunter)란 원시 부족들이 상대 부족들의 머리를 잘라오는 것에서 유래한 용어로 임원이나 전문 인력 등을 기업체에 소개해 주는 민간 인력 소개업체를 말한다.
171 ① 국민연금제도 및 기금의 관리·운용 주체는 보건복지부장관이다.
172 하자와 무관한 주주도 다른 주주에 대한 소집절차의 하자를 이유로 소를 제기할 수 있다.

173 특정 기간이 지나면 일정 가격에 발행회사의 주식으로 전환할 수 있는 특약이 있는 사채는?

① 보증사채
② 전환사채
③ 이익참가부사채
④ 신주인수권부사채
⑤ 주식연계증권

174 기업이 신주를 발행할 경우 그 인수가액을 현금이나 현물로 납입시켜 신주자금 또는 재산이 기업에 들어와 실질적인 자산증가를 가져오게 하는 것은?

① 유상증자
② 무상증자
③ 무상교부
④ 선물거래
⑤ 옵션

175 채권을 사고팔 때 부도가능성을 고려해 기준금리에 추가로 덧붙는 금리는?

① 채권금리
② 부도금리
③ 가산금리
④ 공정금리
⑤ 콜금리

176 유가가 많이 올랐을 경우 항공사에서 항공료 외에 받는 추가 요금은?

① 운임할증료
② 운항할증료
③ 운송할증료
④ 유류할증료
⑤ 선택할증료

🌟 **Answer** 　173.② 174.① 175.③ 176.④

173 ② 전환사채(convertible bond)란 주식과 채권의 중간 형태로 주식으로 전환할 수 있는 권리가 붙은 사채를 말한다.

174 ① 유상증자(capital increase with con-sideration)란 발행주식수와 함께 회사 자산도 함께 늘어나는 것을 말한다.

175 ③ 가산금리(Spread)란 고객의 신용도나 대출기간 등 여러 가지 조건에 따라 추가되는 금리를 말한다.

176 ④ 유류할증료(fuel surcharge)란 유가 상승에 따른 손실을 막기 위해 운임에 부과하는 할증료를 말한다.

177 상대를 신뢰하지 못하는 전자상거래에서 거래가 성립될 때까지 제3의 계좌에 돈을 묶어놓는 거래 방법은?

① 신용거래　　　　　　　　　　② 위탁거래
③ 전자거래　　　　　　　　　　④ 웹트레이딩
⑤ 결제대금예치제

178 군사력과 경제력을 내세운 '하드파워'와 문화나 아이디어를 통해 자발적 매력을 느끼게 하는 '소프트파워'를 접목한 것은?

① 바잉파워　　　　　　　　　　② 스마트파워
③ 마이크로파워　　　　　　　　④ 템테이션파워
⑤ 페이버파워

179 상품의 홍보를 위해 자극적이고 좋지 않은 내용의 구설수를 퍼뜨려 소비자의 입에 오르내리게 하는 마케팅 방법은?

① 노이즈 마케팅　　　　　　　　② 스캔들 마케팅
③ 다이렉트 마케팅　　　　　　　④ 마이크로 마케팅
⑤ 릴레이션십 마케팅

Answer　　177.⑤　178.②　179.①

177 ⑤ 결제대금예치제(escrow account)란 제3자가 소비자의 결제대금을 예치하고 있다가 상품배송이 완료된 후 그 대금을 통신판매업자에게 지급하는 전자상거래 보호장치이다.

178 ② 스마트파워(smart power)란 하드 파워와 소프트 파워의 균형을 이뤄 지속 가능한 발전을 이루고자하는 능력을 말한다.

179 ① 노이즈 마케팅(noise marketing)이란 상품의 홍보를 위해 고의적으로 각종 이슈를 만들어 소비자의 호기심을 불러 일으키는 마케팅기법을 말한다.

180 다음 중 공개매수에 대한 설명으로 옳지 않은 것은?

① 공개매수는 공격적 M&A 방법 중 하나이다.

② 기간과 가격을 정해놓고 시장 밖에서 사들이는 것이다.

③ 시장에서 거래되는 가격보다 더 저렴한 가격에 사들이게 된다.

④ 기업인수를 추진하는 쪽을 돕는 이들을 백기사라고 부른다.

⑤ 공개매수의 목적은 타 회사의 경영권을 확보하기 위해서이다.

181 다음 중 중산층의 몰락 정도를 간접적으로 추정하는 지수는?

① 엥겔지수   ② 울프슨지수

③ 필립스지수   ④ 슈바베지수

⑤ 경제불쾌지수

182 주식 등 자산을 인수한 투자자들이 일정한 가격에서 되팔 수 있는 권리를 부여하는 것은?

① 중복 옵션   ② 리얼 옵션

③ 풋백 옵션   ④ 네거티브 옵션

⑤ 인뎀니피케이션

183 다음 중 기업이 개발하는 자급자족형 도시인 '기업도시'에 해당하지 않는 곳은?

① 강원 원주   ② 충북 충주

③ 전남 무안   ④ 전남 목포

⑤ 충남 태안

✿ Answer   180.④   181.②   182.③   183.④

180 ④ 공개매수를 통해 기업 인수를 추진하는 쪽을 돕는 세력을 흑기사라고 부른다.

181 ② 울프슨지수(Wolfson Index)란 중위소득으로부터 소득의 분산 정도가 클수록 중산층 규모가 감소한다는 가설을 전제로 중산층의 몰락 정도를 표시한 지수이다. 울프슨지수는 수치가 높을수록 소득 양극화와 중산층 몰락이 심화되고 있음을 나타낸다.

182 ③ 풋백 옵션(put back option)이란 실물이나 금융자산을 약정된 기일이나 가격에 팔 수 있는 권리인 풋옵션을 매각자에게 행사하는 것을 말한다.

183 ④ 기업도시(company city)란 민간 기업이 토지수용권 등을 가지고 주도적으로 개발한 특정 산업 중심의 자급자족형 복합 기능도시를 말한다.

184 상법 상 주식회사의 이사회에 관한 설명 중 옳은 것은?

① 집행임원은 필요하면 회의의 목적사항과 소집이유를 적은 서면을 이사(소집권자가 있는 경우에는 소집권자)에게 제출하여 이사회 소집을 청구할 수 있고 그 이사가 지체 없이 이사회를 소집하지 아니하면 그 청구한 집행임원이 직접 소집할 수 있다.

② 이사회를 소집함에는 회일을 정하고 그 1주간 전에 각 이사 및 감사에 대하여 통지를 발송해야 하며, 그 기간은 정관으로 단축할 수 없다.

③ 이사회는 이사 및 감사 전원의 동의가 있는 때에는 각 이사 및 감사에 대하여 통지를 발송하는 절차 없이 언제든지 회의할 수 있다.

④ 이사회의 결의는 이사 과반수의 출석과 출석이사의 과반수로 해야 하지만, 정관으로 그 비율을 완화할 수 있다.

⑤ 특별이해관계가 있는 이사는 의사정족수 산정의 기초가 되는 이사의 수에는 물론이고, 결의의 성립에 필요한 출석 이사의 수에도 산입되지 않는다.

185 다음 중 기업경기전망지수(BSI)에 대한 설명으로 옳지 않은 것은?

① 기업경기의 구체적이고 객관적인 자료를 확보할 수 있다.

② 다른 경기지표와는 달리 기업가의 주관적이고 심리적인 요소까지 조사가 가능하다.

③ 한국은행, 전국경제인연합회, 상공회의소 등에서 조사·발표하고 있다.

④ 기업가의 판단과 계획이 단기적인 경기변동에 중요한 영향을 미친다는 점에서 중요하다.

⑤ 지수가 100이상이면 경기나 업황이 좋아질 것으로 보는 기업이 많다는 뜻이다.

Answer   184.③   185.①

184 이사회는 이사와 감사전원의 동의가 있는 경우는 소집절차를 생략할 수 있다(390조 4항).
① 집행임원은 필요하면 회의의 목적사항과 소집이유를 적은 서면을 이사(소집권자가 있는 경우에는 소집권자)에게 제출하여 이사회 소집을 청구할 수 있고 그 이사가 지체 없이 이사회를 소집하지 아니하면 소집을 청구한 집행임원은 법원의 허가를 받아 이사회를 소집할 수 있다(408조의7 제1항, 2항).
② 정관으로 그 기간을 단축할 수 있다(390조 3항).
④ 정관으로 그 비율을 높게 정할 수 있다(391조 1항).
⑤ 의사정족수에는 산입되고, 결의 정족수에는 산입되지 않는다. 이사 과반수의 출석(의사정족수)할 때는 포함되고 출석이사의 과반수(결의정족수)에는 포함되지 않는다(391조 2항, 371조 2항).

185 ① 조사자의 주관적인 판단이 개입될 여지가 많은 것이 BSI의 단점이다.

186 다음 중 피크오일에 대한 설명으로 바른 것은?

① 석유 생산량이 증가하는 시점을 말한다.
② 석유 소비량이 감소하는 시점을 말한다.
③ 석유 매장량이 최저치에 이르는 시점을 말한다.
④ 석유 소비량이 최고점에 이른 뒤 급감하는 지점을 말한다.
⑤ 석유 생산량이 최고점에 이른 뒤 급감하는 지점을 말한다.

187 유가뿐만 아니라 모든 원자재 가격이 동반 상승하는 것을 이르는 용어는?

① 슈퍼랠리　　　　　　　　　② 퍼펙트스톰
③ 슈퍼사이클　　　　　　　　④ 슈퍼스파이크
⑤ 슈퍼리스크

188 다음은 주식매수선택권제도에 관한 설명이다. 틀린 것은?

① 주권상장법인뿐만 아니라 주권비상장법인도 이용할 수 있는 제도이다.
② 회사가 이 권리를 부여할 수 있는 상대방은 일정한 요건을 갖춘 회사의 이사, 집행임원, 감사 또는 피용자에 한한다.
③ 이 권리는 타인에게 양도할 수 없다. 그러나 이 권리를 부여받은 자가 사망한 경우에는 그 상속인이 이를 행사할 수 있다.
④ 이 권리를 행사할 수 있는 주식은 회사의 발행주식총수의 100분의 10을 초과할 수 없다.
⑤ 이 권리의 행사가격은, 신주를 발행하는 경우에는 이 권리의 부여일을 기준으로 한 주식의 실질가액과 주식의 권면액 중 낮은 금액으로 한다.

Answer　　186.⑤　187.②　188.⑤

186 ⑤ 피크오일(Peak Oil)이란 원유 생산량이 기하급수적으로 확대되었다가 급격히 줄어드는 현상을 말한다.

187 ② 퍼펙트스톰(perfect storm)이란 모든 원자재 가격이 동시에 오르는 국면을 뜻한다.

188 신주를 발행하는 경우에는 이 권리의 부여일을 기준으로 한 주식의 실질가액과 주식의 권면액 중 높은 금액이어야 한다(340조의2 제4항 1호).

189 다음 중 어닝 쇼크에 대한 설명으로 옳지 않은 것은?

① 어닝 쇼크가 자주 나오는 기업은 이익의 변동성이 크다는 의미이다.

② 예상했던 기업실적보다 양호하거나 실적이 좋을 경우를 말한다.

③ 시장의 예상치보다 기업실적이 저조하며 주가의 하락이 동반된다.

④ 주식 투자자 입장에서는 이러한 실적이 나오는 기업을 피하려고 할 것이다.

⑤ 시장에서 예측하지 못했던 어떤 사건이나 안 좋은 변화가 있었다는 신호를 나타낸다.

190 바하마나 버뮤다와 같이 소득세나 법인세를 과세하지 않거나 아주 낮은 세율을 부과하는 나라를 뜻하는 용어는?

① 리걸헤븐   ② 택스헤븐

③ 택스셸터   ④ 택스리조트

⑤ 택스프리

191 다음 중 청년실업난을 해소하기 위해 2000년 벨기에 정부가 도입한 정책은?

① 롤링플랜   ② 로제타플랜

③ 마스터플랜   ④ 청소년 보증

⑤ 청소년 건축 프로그램

192 다음 중 유로존에 해당하지 않는 국가는?

① 프랑스   ② 덴마크

③ 이탈리아   ④ 룩셈부르크

⑤ 슬로베니아

Answer   189.②   190.②   191.②   192.②

189 ② 어닝 쇼크는 기업의 실적이 시장의 기대수준보다 나쁜 경우를 일컫는 말이다.

190 ② 택스헤븐(Tax heaven)이란 세금 피난처를 말하는 것으로 바하마나 버뮤다 등이 있다.

191 ② 벨기에 실업 청년을 소재로 한 영화 '로제타'에서 따온 로제타플랜(Rosetta)은 직원 50명 이상의 기업은 고용 인원의 3%를 청년 노동자로 채우도록 의무화하는 제도이다.

192 유로존 해당 국가 … 오스트리아, 벨기에, 시프러스, 에스토니아, 독일, 그리스, 아일랜드, 이탈리아, 라트비아, 리투아니아, 룩셈부르크, 몰타, 네덜란드, 포르투갈, 슬로바키아, 핀란드, 프랑스, 슬로베니아, 스페인

193 다음 중 바젤Ⅱ 협약(신 BIS협약)에 대한 설명으로 옳지 않은 것은?

① 신용도가 좋은 기업이든 나쁜 기업이든 위험부담을 100%로 둔다.
② 복잡한 금융상품에 관한 리스크 평가에 적합하다.
③ 위험에 대한 많은 충당금을 쌓아야 한다.
④ 은행들의 BIS 비율이 하락할 가능성이 있다.
⑤ 중소기업의 대출이 줄어들 것이다.

194 다음 중 ( ) 안에 들어갈 용어로 바른 것은?

( )는 공정거래위원회에서 담합행위에 대해 조사에 협조한 업체가 담합 혐의를 인정하면 과징금 등 패널티를 감면해 주는 제도다.

① 그린프라이스제도   ② 특별사면제도
③ 리니언시제도   ④ 간이과세제도
⑤ 감액청구권제도

195 다음 중 스톡그랜트에 대한 설명으로 옳지 않은 것은?

① 기업이 유능한 인재를 영입하기 위해 도입한 보상제도이다.
② 회사주식을 직접 무상으로 주는 인센티브 방식이다.
③ 주가 변동에 크게 좌우되어 불안정하다.
④ 임직원들에게 주식을 주는 시점에 비용이 확정된다.
⑤ 주주들의 손실을 막을 수 있고 절차가 간단하다.

Answer   193.① 194.③ 195.③

193 ① 바젤 II(BASEL II)는 기업대출 시 신용에 대해 차별을 둬 신용위험을 차별적으로 적용하고 금리 또한 신용상태에 따라 차등을 둔다.

194 ③ 담합자진신고자감면제(Leniency)란 기업 간의 지능적인 담합 혐의를 스스로 인정하거나 고발하면 처벌을 감면해 주는 제도를 말한다.

195 ③ 스톡그랜트(stock grant)는 주가가 하락해도 일정 수준의 보상은 확보할 수 있기 때문에 한층 안정적이다.

196 세계석유수출기구(OPEC)의 초대 설립국이 아닌 국가는?

① 이라크   ② 이란

③ 앙골라   ④ 사우디아라비아

⑤ 베네수엘라

197 이자받는 것을 금기시 한 이슬람 경전 코란의 정신에 따라 정해진 이자가 아닌 수익금을 배당금 형태로 받는 채권은?

① 리스채   ② 수쿠크

③ 사모사채   ④ 리먼채권

⑤ 환매조건부채권

198 다음 중 (   ) 안에 들어갈 용어로 알맞은 것은?

> 우리나라가 21세기 청정 에너지원으로 꼽히는 (   )를(을) 세계 5번째로 실물 채취하는 데 성공했다. (   )는(은) 심해저의 저온·고압상태에서 물과 결합된 고체 에너지원으로 드라이아이스와 비슷하다. 불에 타는 성질을 갖고 있어 '불타는 얼음'으로도 불린다.

① 오일볼   ② 오일샌드

③ 수소에너지   ④ 바이오에탄올

⑤ 가스하이드레이트

Answer   196.③   197.②   198.⑤

196 ③ 세계석유수출기구(OPEC)는 1960년 9월 14일, 원유가격 하락을 방지하기 위해서 5대 석유 수출국인 이라크, 이란, 사우디아라비아, 쿠웨이트, 베네수엘라가 바그다드에서 설립한 기구이다.

197 ② 수쿠크(Sukuk)는 일반채권과 기능은 동일하나 금리 대신 실물자산의 매매를 포함하는 무라바하(Murabaha) 등을 통해 얻은 이익의 일부를 동 채권의 보유자에게 지급한다는 특징이 있다.

198 가스하이드레이트(gas hydrate)는 천연가스가 저온·고압 상태에서 물과 결합해 형성된 고체 에너지원으로 친환경 미래 에너지원으로 각광받고 있다.

199 경제협력개발기구(OECD)의 17개국이 주축이 되어 1974년 발족한 채권국 모임은?

① 로마클럽
② 뉴욕클럽
③ 도쿄클럽
④ 파리클럽
⑤ 런던클럽

200 다음 중 용어와 설명이 바르게 연결되지 않은 것은?

① 팩토리 숍 : 즉석으로 만든 제품을 직판하는 매장
② 편집 숍 : 특정 아이템에 관한 모든 브랜드를 갖춰 놓은 매장
③ 숍 인 숍 : 매장 안에 또 다른 매장을 만들어 상품을 판매하는 형태
④ 안테나 숍 : 신제품의 개발이나 소비자 수요 조사를 위해 개설한 매장
⑤ 플래그십 스토어 : 다양한 국가의 브랜드를 모아놓은 멀티 매장

201 선진국들의 온실가스 배출량을 의무적으로 감축해야 한다는 내용을 골자로 한 교토 의정서에 따라 그 중요도가 높아진 펀드는?

① 물 펀드
② 산소 펀드
③ 탄소 펀드
④ 머니 펀드
⑤ 섹터 펀드

Answer 199.④ 200.⑤ 201.③

199 ④ 파리클럽(Paris Club)은 OECD 회원국을 중심으로 결성된 선진 채권국 비공식 협의체이다.

200 ⑤ 플래그십 스토어(flagship store)란 시장에서 성공을 거둔 특정 브랜드를 중심으로 하여 브랜드의 성격과 이미지를 극대화 한 매장을 말한다.

201 ③ 탄 소펀드(carbon fund)는 온실가스감축을 위한 프로젝트에 투자하여 탄소배출권(CER) 획득을 목표로 운용되는 펀드를 말한다.

202 전문인력을 확보하거나 신기술을 도입할 목적으로 이뤄지는 M&A기법은?

① 흑기사
② 백기사
③ 헤드헌팅
④ 황금수갑
⑤ 황금낙하산

203 다음 중 걸프협력회의(GCC)의 회원국에 해당하지 않는 국가는?

① 이라크
② 카타르
③ 바레인
④ 쿠웨이트
⑤ 아랍에미레이트

204 거래가 부진한 약세장 속에서의 일시적 반등장세를 지칭하는 용어는?

① 불마켓랠리
② 베어마켓랠리
③ 크리스마스랠리
④ 산타랠리
⑤ 서머랠리

205 미국이 대중무역 적자의 원인으로 위안화의 저평가를 내세우며, 그에 따라 중국에게 요구하고 있는 것은?

① 평가절상
② 평가절하
③ 시가평가
④ 듀레이션
⑤ 디노미네이션

Answer   202.④ 203.① 204.② 205.①

202 ④ 황금수갑(golden handcuff)이란 M&A 대상 기업의 주요 임직원들에게 높은 급여 혹은 인센티브 등을 지급하거나 약속해 회사에 묶어 두는 것을 말한다.

203 ① 걸프협력회의(GCC)는 1981년 5월에 창설된 걸프만 국가들의 지역협력기구로서 가맹국은 사우디아라비아, 바레인, 쿠웨이트, 오만, 카타르, 아랍에미레이트의 6개국이다.

204 ② 베어마켓랠리(Bearmarket Rally)는 곰처럼 느리고 거래가 부진한 약세시장에서의 일시적 반등장세를 의미한다.

205 ① 평가절상(revaluation)이란 고정환율제도 아래에서 환율을 하락시키는 것을 뜻한다.

206 다음 중 엔젤투자자에 대한 설명으로 옳지 않은 것은?

① 기술은 있으나 자금조달이 어려운 벤처기업에 투자하는 기업 투자자를 말한다.

② 첨단산업이 주 투자대상이다.

③ 무담보로 투자하는 것이므로 투자자금을 돌려받을 수 없다.

④ 사업성공률이 10% 미만일 정도로 위험성이 높다.

⑤ 지분을 갖고 자본참여를 한다는 점에서 사채업자와 다르다.

207 보통예금이 일정금액 이상 쌓이면 별도의 계좌로 자동이체해 높은 이자를 주는 방식은?

① 신용계좌　　　　　　　　　　② 깡통계좌

③ 스윙계좌　　　　　　　　　　④ CMA

⑤ CDMA

208 세계적인 축구 선수가 축구화 제작에 조언하는 것처럼 각 분양의 전문가가 상품 제작에 참여하는 것은?

① 프로슈머　　　　　　　　　　② 프로마스터

③ 블루슈머　　　　　　　　　　④ 마에스트로

⑤ 마스터

Answer　206.① 207.③ 208.②

206 ① 엔젤(Angel)투자자는 개인이 자기 책임하에 투자하는 것이므로 벤처캐피탈과는 다르다.

207 ③ 스윙계좌(Swing Account)란 예금 금액별로 금리를 차등화해 예금액이 일정액을 초과하면 자동적으로 더 높은 금리를 주는 계좌로 돈을 옮겨주는 서비스이다.

208 ② 프로마스터(promaster)란 생산자를 뜻하는 프로듀서(producer)와 분야별 최고 권위자를 뜻하는 마스터(master)의 합성어이다.

209 포털사이트 네이버의 '지식인' 서비스와 같이 개방과 공유를 바탕으로 한 자발적인 대규모 협업시스템은?

① 미디어믹스   ② 에고노믹스

③ 인포데믹스   ④ 위키노믹스

⑤ 이코노믹스

210 생산비용의 상승을 기업이 가격에 전가함으로써 발생하는 물가상승을 지칭하는 것은?

① 비용인플레이션   ② 스태그플레이션

③ 디스인플레이션   ④ 보틀넥인플레이션

⑤ 디맨드풀인플레이션

211 다음 자료에 나타난 2012년 국내 총생산의 변화로 옳은 것을 고르면?

X국은 2012년 말 해외에서 오렌지 1억 원어치를 수입하여 모두 소비하였고 기계 설비 2억 원어치를 수입하여 모두 설비 투자에 이용하였다.

---

① 변하지 않았다.   ② 1억 원 감소했다.

③ 2억 원 감소했다.   ④ 1억 원 증가했다.

⑤ 2억 원 증가했다.

Answer　209.④　210.①　211.①

209 ④ 위키노믹스(Wikinomics)란 위키피디아(Wikipidia)와 이코노믹스(Economics)를 결합한 용어이다.

210 ① 비용인플레이션(cost inflation)은 노동비용, 원자재비용, 이윤, 환경보전 등 사회적 비용의 상승을 기업이 가격에 전가함으로써 생기는 물가상승을 말한다.

211 2012년 말 3억 원어치를 수입하여 순수출이 3억 원 감소했지만 소비와 투자가 각각 1억 원과 2억 원 증가하므로 국내총생산의 크기는 변하지 않는다.

212 다음 중 국가와 통화단위 명칭이 바르게 연결되지 않은 것은?

① 인도네시아 – 루피아   ② 일본 – 엔

③ 러시아 – 유로   ④ 중국 – 위안

⑤ 독일 – 유로

213 재무보고를 위한 개념체계에서 기본 가정은 무엇인가?

① 발생주의   ② 계속기업의 가정

③ 역사적 원가주의   ④ 완전공시의 원칙

⑤ 현금주의

214 현재 한국 · 일본 자동차에 대한 관세율은 15%, 미국 · 일본 간 관세율은 10%로 변동이 없다고 가정할 때 최근 한 · 미 FTA의 타결로 인하여 한 · 미간 자동차에 대한 관세가 10%에서 0%로 변할 경우 나타날 수 있는 영향을 바르게 추론한 것은?

① 한국 · 미국간 국민 소득은 변화가 없다.
② 무역 이익이 가장 많아진 나라는 일본이다.
③ 한국 · 미국 소비자들의 경제적 후생 수준은 감소한다.
④ 한국 · 미국 시장에서 일본 자동차의 가격 경쟁력은 약화된다.
⑤ 한국 · 미국의 국민 소득은 변화가 없다.

215 희소금속(Rare Metal)에는 특정 제품에 필수적인 것이 있다. 다음 중 금속명과 제품의 편성으로 잘못되어 있는 것은?

① 리튬 – 휴대전화 등의 소형 전지   ② 갈륨 – 발광다이오드
③ 백금 – 초경량 공구   ④ 인듐 – TV용 액정 투명 전극
⑤ 마그네슘 – 디스플레이 보호막

✿ Answer   212.③   213.②   214.④   215.④

212 ③ 러시아의 통화단위는 루블(Rubles)이다.

213 재무보고를 위한 개념체계에서는 계속기업을 유일한 기본 가정으로 규정하고 있다.

214 한국과 미국의 관세가 완전 철폐되고 일본과의 종전의 관세가 그대로 적용되므로 한국과 미국 시장에서의 일본 자동차의 가격 경쟁력이 약화된다.

215 희소금속에 대한 명확한 정의는 없지만 희소하거나 다량으로 존재하고 있어도 그 추출이 경제적, 기술적으로 쉽지 않은 금속을 가리킨다. 러시아, 중국, 아프리카 등 특정 지역에 편재하고 있어 항상 공급 불안이나 가격 변동의 리스크가 있다. 인듐은 휴대전화의 액정에 사용되는 금속이다.

216 아래 제시문의 상황에서 가장 많은 투자손실을 본 투자자는?

> 지난 11월 11일 이른바 빼빼로 데이(?)라고 불리는 그 날, 주식시장 마감이 임박했을 때 외국인들의 엄청난 매물 출회로 장이 폭락했다. 코스피 지수는 전일대비 무려 53.12 포인트가 빠진 1,914.73에 마감을 하였다.

① 콜 옵션 매수자   ② 콜 옵션 매도자
③ 풋 옵션 매수자   ④ 풋 옵션 매도자
⑤ 주식현물 매수자

217 카르텔이나 공공 공사의 입찰 담합이 금지되는 이유로서 옳지 않은 것은?

① 담합 등을 방치하면 지자체 등이 불필요한 지출이 증가하므로
② 사업자가 경쟁을 하지 않게 되어 혁신적인 서비스 등의 제공이 어렵기 때문에
③ 사회적 자원의 유효 이용을 진행시키려는 동기가 감소하므로
④ 재화나 서비스 가격의 변동을 방지하기 위하여
⑤ 소비자의 효용이 감소하므로

Answer   216.④   217.④

216 풋 옵션이란 일정시점에서 일정가격으로 팔 수 있는 권리를 말하며 '풋 옵션 매도자'의 경우는 '풋 옵션 매수자'가 '팔겠다는 권리'를 행사할 경우 무조건 사줘야 할 의무가 있다. 따라서 주가 상승 시 옵션 가격만큼의 이익을 얻지만 주가가 하락하면 무한대의 손실을 볼 수 있다.

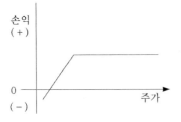

풋 옵션 매도시의 손익구조

217 복수의 사업자가 판매 가격이나 생산량 등에 대해서 합의하는 것은 공정거래법으로 금지되고 있다. 사업자 사이에 자유 경쟁을 통하여 서비스 등의 가격이나 질을 향상시킬 수 있으나 가격협정 등을 하게 되면 사업자는 좋은 제품을 사게 만드는 동기가 줄어들어, 기술혁신이나 비용 삭감에의 노력 등을 소홀히 하게 되어 결과적으로 사회적 자원의 유효 활용에도 해당하지 않는다. 가격 카르텔 등을 금지하는 것은 물가의 안정이 목적은 아니다.

218 대표적인 투자 척도인 PER(주가 수익률)의 설명으로서 잘못되어 있는 것은?

① 주가가 주당 이익의 몇 배인지를 나타낸다.

② 기업이 향후 성장한다고 하는 기대가 큰 만큼, PER는 높아지기 쉽다.

③ 기업의 해산 가치에 주목한 투자 척도로, 1을 밑돌면 저렴한 느낌이 나온다.

④ 이익의 예상이 같으면, 주가가 상승하면 PER는 높아진다.

⑤ PER가 높으면 기업의 주가가 최근 이윤실적에 비하여 높다는 뜻이다.

219 다음의 상품과 국제 거래 단위의 편성으로 올바른 것은 어떤 것인가?

① 원유=배럴, 곡물=부셸(bushel), 귀금속=트로이 온스(troy ounce), 동=톤

② 원유=갤런, 곡물=숏톤, 귀금속=온스, 동=톤

③ 원유=갤런, 곡물=롱톤, 귀금속=킬로, 동=파운드

④ 원유=배럴, 곡물=디닐, 귀금속=캐럿, 동=파운드

⑤ 원유=배럴, 곡물=디닐, 귀금속=캐럿, 동=톤

220 기업의 활동과 관계되는 모든 이해관계자를 뜻하는 것은?

① Business partner ② Customer equity

③ Stake holder ④ Coporate citizen

⑤ Free rider

Answer   218.③ 219.① 220.③

218 ③ 주가 순자산 배율(PBR)에 대한 설명이다. PBR은 주가를 주당 순자산으로 나누어 계산하며 기업의 주당 해산 가치를 의미하기 때문에, 1이하이면 그 주식은 저렴한 느낌이 있다고 판단한다.

※ PER … PER는 주가를 1주 이익으로 나누어 계산한다. 주가가 상승하면 PER는 비례해 높아진다. 일반적으로 성장기대가 큰 만큼, 장래의 이익 성장을 전망해 PER는 높아지고 성장기대가 작으면 낮아진다.

219 동이나 니켈 등 비철금속의 지수 거래소인 LME(런던 금속거래소)의 거래 단위는 파운드로부터 톤 단위로 변경되어 있다. 귀금속의 계량 단위는 야드ㆍ파운드법의 트로이 온스(troy ounce)가 여전히 사용되고 있다. 디닐은 섬유의 굵기의 단위, 캐럿은 보석의 무게나 금의 순도에 사용한다. 원유에는 배럴을 사용하며 곡물에 사용하는 부셸(bushel)은 용량을 의미하며 곡물의 비중에 따라서 무게가 다르다.

220 스테이크 홀더(Stake holder)라는 것은 기업의 활동에 직접적, 간접적인 이해관계를 가지는 개인이나 단체 등을 뜻하며 거래처, 종업원, 노동조합, 투자가, 금융기관, 지역사회 등이 이에 해당한다.

시사 응용 영역

제2과목 시사경제

1 다음 자료에서 재화 가격이 6원일 때 시장 수요량을 구하면?

어느 나라에 두 유형의 소비자가 거주하고 있다. 유형 A는 100명, 유형 B는 200명이다. 그림은 두 유형 소비자의 수요 곡선을 나타낸다.

〈유형 A〉

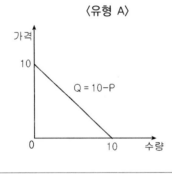

〈유형 B〉

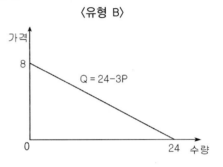

① 420
② 1,200
③ 1,600
④ 1,800
⑤ 2,000

1 P=6에서 유형 A소비자의 수요량은 4, 유형 B소비자의 수요량은 6이다. 유형 A와 유형 B의 소비자가 각각 100명과 200명 있으므로 4×100+6×200=1,600이다.

2 다음은 수연씨가 6월의 가계 수입과 가계 지출을 모두 정리한 것이다. 이에 대한 설명으로 옳은 것은?

- 수입
 - 인터넷 쇼핑몰 운영 수익　　　200만 원
 - 남편 월급　　　　　　　　　300만 원
 - 남편 2분기 상여금　　　　　150만 원
 - 돌잔치 축하금(언니)　　　　 10만 원
 - 돌잔치 축하금(친구들)　　　 20만 원
- 지출
 - 식비, 통신료 등 소비 지출　　450만 원
 - 세금 등 비소비 지출　　　　130만 원

---

① 이전 소득은 30만 원이다.　　　　② 근로 소득은 450만 원이다.

③ 비경상 소득은 발생하지 않았다.　④ 처분 가능 소득은 680만 원이다.

⑤ 저축은 발생하지 않았다.

3 '큰 정부와 작은 시장'보다 '작은 정부와 큰 시장'이 더 낫다는 주장의 근거가 되는 것으로 옳지 않은 것은?

① 정부의 생산성이 시장의 생산성보다 낮다.

② 정부가 개입함으로써 문제를 야기하는 경우가 더 많다.

③ 정부는 타율적이나 시장은 자율성을 확대한다.

④ 시장실패보다 정부실패의 파급력이 훨씬 크다.

⑤ 시장정보를 정부가 잘 파악할 수 있으므로 작은 정부로도 충분하다.

Answer　　2.② 3.⑤

2　근로 소득은 남편의 월급과 2분기 상여금을 합한 450만 원이다.
　①이전 소득은 발생하지 않았다.
　③돌잔치 축하금 30만 원은 비경상 소득이다.
　④처분 가능 소득은 소득에서 비소비 지출을 제외한 550만 원이다.
　⑤100만 원의 저축이 발생하였다.

3　정부는 시장의 정보를 충분히 알지 못하기 때문에 시장실패를 보완하기 위해 시장에 개입할 때에도 정부실패의 가능성이 상존한다.

4 최근 무상급식을 둘러싼 논란이 지속되고 있다. 이는 보편적 복지에 대한 사회적 관심을 불러일으켰는데, 다음 중 보편적 복지론에 대한 설명으로 잘못된 것은 무엇인가?

① 중산층에서 빈민으로의 계층이동을 완화한다.
② 계층갈등에 대한 완충장치 역할을 함으로써 사회적 안정성을 높인다.
③ 비용에 비하여 효율적인 서비스를 이루기 어렵다.
④ 보편적 이타심에 기반하여 국가가 사회적 약자를 보살피는 개념이다.
⑤ 특정한 수급대상자에게 가해지는 낙인이 없다.

5 밑줄 친 ⓐ, ⓑ의 경제적 유인에 대한 옳은 설명을 모두 고른 것은?

> A 항공사는 노쇼※를 줄이기 위해 환불 수수료 외에 10만 원의 ⓐ <u>위약금을 부과하는 제도</u>를 시행하였다. 이후 노쇼 비율이 4분의 1 수준으로 감소하였다. 한편 B 항공사는 성인 항공권 2매를 구입할 경우, 12세 미만 동반 자녀 1인에게 동급 좌석 항공권을 무료로 제공하는 2+1의 ⓑ <u>프로모션</u>을 진행한 결과 상반기 이윤이 증가하였다.
>
> ※ 노쇼(No-Show, 예약 부도) : 예약 후 취소하지 않고 나타나지 않는 고객

> ㉠ ⓐ와 같은 성격을 가진 사례로는 불법 주·정차에 대한 과태료 부과를 들 수 있다.
> ㉡ ⓑ를 이용하여 항공권을 구매한 소비자는 이익을 얻을 수 있다.
> ㉢ ⓐ는 긍정적 유인, ⓑ는 부정적 유인에 해당한다.
> ㉣ ⓐ와 달리 ⓑ는 사람들이 합리적으로 행동한다는 것을 전제로 한다.

① ㉠㉡ 　　　　　　　② ㉠㉢
③ ㉡㉢ 　　　　　　　④ ㉡㉣
⑤ ㉢㉣

🌸 **Answer**　　4.④　5.①

4 보편적 사회복지란 선별적 사회복지에 대비되는 개념으로, 빈부격차에 관계없이 다수의 국민에게 동등한 복지 혜택을 제공하는 것이다. 사회적 약자를 위한 것은 선별적 사회복지의 개념에 더 가깝다.

5 ㉢ ⓐ는 부정적 유인, ⓑ는 긍정적 유인에 해당한다.
　　㉣ ⓐ, ⓑ 모두 사람들이 합리적으로 행동한다고 전제한다.

6 1990년대부터 2000년대 초까지 정보통신 기술의 발달에 따라 등장한 이른바 신경제(혹은 디지털 경제)하에서 관찰된 경제적 특징과 관계없는 것은?

① 경제의 장기호황　　　　　　　② 거래비용의 감소

③ 수확체감의 현상　　　　　　　④ 인플레이션 없는 성장

⑤ 지식집약형 산업의 성장

7 아래의 사건을 잘 설명해주는 경제이론은?

> 20○○년 11월 경북 안동 와룡면 축산농가에서 돼지 구제역이 발생하였다. 한 달 사이에 경기 양주, 강원, 인천 강화 등 4개 시·도로 구제역이 확산되자 방역당국은 가축전염병 위기경보를 '경계'에서 최고단계인 '심각'으로 격상시켰다. 그러나 1월 한 달 사이에 충남, 충북, 대구, 경남까지 8개 시·도에 걸쳐 구제역이 확산되었고 결국 농림축산식품부 장관이 사의를 표명하기에 이르렀다. 최초의 구제역 감염에 대하여 베트남 농장을 방문한 안동의 축산농장 주들이 귀국하는 과정에서 검역검사를 제대로 받지 않고 국내 축산농가와 접촉한 것이 원인으로 추정된다. 이에 대하여, 해마다 구제역 사태가 되풀이되는 것은 구제역 피해농가에 대한 정부의 실비보상 원칙 때문이라는 의견이 적지 않다.

① 외부효과　　　　　　　　　　② 공급독점

③ 도덕적 해이　　　　　　　　　④ 경제적 지대

⑤ 역선택

✿ Answer　　6.③　7.③

6 ③ 디지털 시대에는 컴퓨터 등 정보통신분야의 기술혁신을 통해 생산성이 지속적으로 증가하는 수확체증의 현상이 나타난다.

※ **신경제(New Economy)** … 정보기술(IT) 혁명과 지식산업이 이끄는 고성장·저물가의 새로운 경제체제를 이르는 것으로, 디지털경제(digital economy) 또는 지식경제(knowledge economy)라고도 한다. 특히 미국이 디지털 기술을 바탕으로 장기호황을 누린 현상을 일컫는데 기존의 경제원리로는 설명할 수 없어 신경제라 명명하였다.

7 정부의 보상이 잘 갖추어졌으므로 농장주들이 예방을 소홀히 하는 현상은 도덕적 해이(moral hazard)로 설명된다.

8 다음의 ○○전자(주)가 새롭게 개편한 조직에 대한 설명으로 가장 적절한 것은?

> ○○전자(주)는 점차 복잡해지고 불확실성이 높아가는 비즈니스 환경에 대비하기 위해 조직을 개편하였다. 기존의 개발부, 영업부, 자재부, 생산부 등으로 구성된 기능별 조직을 가전제품, 반도체 제품, 휴대 전화 등 제품별 조직으로 개편하였다.

① 사업 단위별로 조직의 권한을 분산시키는 조직이다.
② 특정 과제가 해결되면 해체되는 일시적인 조직이다.
③ 최고 경영자의 명령이 수직적으로 전달되는 조직이다.
④ 라인 조직에 조언하는 스탭 조직이 상호 연결된 조직이다.
⑤ 각 부분에서 선정된 사람으로 위원회를 구성하는 조직이다.

9 그리스 등 남유럽 국가들은 방만한 재정 운용으로 위기에 빠져 있다. 다음 중 재정위기가 초래할 상황이 아닌 것은?

① 정부는 재정을 긴축할 수 밖에 없고 재량의 범위도 줄어든다.
② 국채 발행이 늘어나면 국채 가격이 높아질 것이다.
③ 중앙은행이 국채 매입에 나서면서 인플레이션이 발생할 것이다.
④ 정부가 적자를 메우기 위해 국채발행을 늘릴 것이다.
⑤ 가계와 기업들은 시중 금리가 높아져 부채 부담이 커질 것이다.

Answer 　8.① 　9.②

8 제시문은 사업부제 조직에 대한 내용이고 사업부제 조직은 사업 단위별로 조직의 권한을 분산시키는 조직이다.

9 ② 중앙은행이 국채를 사들이면서 시중에 돈을 풀면 인플레이션을 자극하게 되기 때문에 재정위기로 돈이 부족한 정부는 적자를 감소시키기 위하여 국채를 발행하게 된다. 하지만 재정위기 상황의 국채는 채무불이행의 위험을 안고 있기 때문에 높은 수익률을 요구하게 되고 결국 국채 가격은 낮아진다.

10 다음은 무역 불공정 행위와 관련된 제소 내용의 일부이다. 이에 따라 A국의 정부가 취할 수 있는 조치로 적절한 것만을 바르게 고른 것은? (단, 제시된 자료 외에는 고려하지 않는다.)

> A국의 ○○기업은 경쟁사인 B국의 △△기업이 아래와 같은 무역 불공정 행위를 했다고 A국 정부에 B국의 △△기업을 상대로 무역 제소를 하였다.
>
> [B국의 △△기업의 무역 불공정 행위]
> • B국의 판매 가격보다 낮은 가격으로 수출을 하여, A국의 동종 상품보다 저렴한 가격으로 판매하고 있음
> • B국의 정부로부터 해외 수출 상품에 대한 보조금을 받고 있음

㉠ 상계 관세를 부과한다.
㉡ 덤핑 방지 관세를 부과한다.
㉢ 수입 담보금 제도를 확대한다.

① ㉠
② ㉢
③ ㉠㉡
④ ㉡㉢
⑤ ㉠㉡㉢

11 다음 중 지문에서 제시된 세금에 관한 설명으로 옳지 않은 것은?

> • 세금 A : 모든 국가 간 자본 유출입 거래에 대해 단일세율을 적용하는 외환거래세의 일종
> 이다. 외환·채권·파생상품·재정거래 등으로 막대한 수익을 올리는 투기자본을 규제하
> 기 위하여 단기성 외환 거래에 부과한다.
> • 세금 B : 2008년 9월 글로벌금융위기 이후 은행 구제금융에 들어간 재원을 회수하는 동
> 시에 은행의 건전성을 높이기 위하여 은행에 부과하는 세금으로 은행이 보유하고 있는
> 자산중 안전성이 낮은 자산에 부과하는 것으로 벌칙성 세금성격이 강하다.

① 세금 A는 금융시장 불안정성의 주요 원인인 단기 투기적 자본 유출입을 억제하기 위해
제안되었다.

② 세금 A를 선제적으로 실시하는 경우, 역외금융 시장의 금융거래가 국내금융시장으로 유
입됨으로써 조세부과의 효과가 더욱 극대화될 수 있다.

③ 세금 B는 '오바마세'라고도 불리며, 금융위기 당시 정부가 지원한 은행들에 대한 구제금
융 자금 회수 및 대형 투자은행에 대한 규제적 성격을 모두 지닌다.

④ 세금 B는 은행들이 고수익 위험 자산에 무분별하게 투자하는 행위를 방지하여 도덕적
해이를 줄일 수 있게 해준다.

⑤ 세금 A와 세금 B는 모두 일종의 조세로서 금융시장의 효율성을 저해하는 자중손실
(deadweight loss)을 야기할 수 있음을 유념해야 한다.

Answer　11.②

11　세금 A는 토빈세, 세금 B는 은행세에 대한 설명이다. 토빈세는 관련국들이 공조하여 동시에 과세하는 형태로
이루어져야 효과를 극대화할 수 있다.

12 유통업체들이 다음과 같은 가격경쟁을 벌이는 이유에 대한 설명으로 틀린 것은?

> 신세계 이마트의 12개 생필품 가격 인하 선언으로 촉발된 대형마트 업계의 가격인하 전쟁이
> 불붙고 있다. 롯데마트는 14일 "이마트가 신문에 가격을 내리겠다고 광고한 상품에 대해서는
> 단돈 10원이라도 더 싸게 판매하겠다"고 발표했다. 홈플러스도 가격에서 밀리지 않겠다고 밝
> 혔다. 이에 맞서 이마트는 15일 추가 가격인하 품목을 공개하겠다며 재반격에 나섰다. '빅3'
> 대형마트 간 가격인하 경쟁이 본격화하고 있는 것이다. 지난주 이마트의 가격인하 방침 발표
> 후 일부 품목의 가격은 일주일 새 40% 넘게 떨어졌다.

① 대형 유통업체의 가격 경쟁은 상품을 납품하는 중소 공급업체에 피해를 주기도 한다.
② 기업들이 납품가격보다 더 낮게 판매가격을 낮추는 경우도 있다.
③ 대형 유통업체의 가격 경쟁은 소비자들에게 손실이 된다.
④ 대형마트 시장은 과점 상태에 있다.
⑤ 과점기업이라도 공정한 가격 경쟁을 하면 초과이윤이 없는 상태까지 완전경쟁 상태와 유
사해진다.

⅏ Answer   12.③

12   ③ 대형 유통업체의 가격 경쟁이 심화되면 소비자들을 유인하기 위해 납품 가격보다 낮은 가격의 상품 이른바
미끼상품을 판매하기도 한다.

13 다음은 주식 시세표에 관한 자료이다. 이 자료를 분석한 내용으로 옳은 것은?

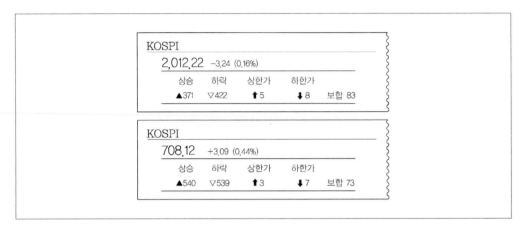

① 유가 증권 시장의 전일 주가 지수는 2008.98이다.
② 코스피 지수는 기준 시점에 비해 200배 이상 상승했다.
③ 유가 증권 시장에서 가격 제한 폭까지 변동한 종목의 수는 13개이다.
④ 코스닥 시장은 유가 증권 시장에 상장된 종목이 거래되는 시장이다.
⑤ 코스닥 시장에서 거래되는 종목은 상대 매매 방식으로 거래를 체결한다.

Answer   13.③

13   주식 시세표에서 가격 제한 폭까지 변경된 종목의 수를 나타낸 것은 상한가와 하한가이며 코스피를 달리 표현하면 유가 증권 시장이다.

14 영국의 이코노미스트(The Economist)지(誌)가 정기적으로 조사하는 빅맥 지수는 구매력 평가설에 근거를 두고, 일정 시점에서 미국 맥도날드의 햄버거 제품인 빅맥의 각국 가격을 달러로 환산한 후 미국 내 가격과 비교한 지수다. 다음 중 구매력 평가설이 성립하기 위한 조건을 바르게 묶어 놓은 것은?

> ㉠ 국가 간 인건비나 재료비의 차이가 없어야 한다.
> ㉡ 국가 간 자본이동이 자유로워야 한다.
> ㉢ 국가 간 상품 운송비용이 저렴하여야 한다.
> ㉣ 국가 간 무역장벽이 없어야 한다.

① ㉠㉡　　　　　　　　　　　　　② ㉠㉢
③ ㉠㉣　　　　　　　　　　　　　④ ㉡㉢
⑤ ㉢㉣

Answer　　14.⑤

14 구매력 평가설(purchasing power parity)은 화폐 단위당 구매력(실질가치)은 어느 나라에서나 동일하다고 하고 재화의 거래비용이 존재하지 않는다고 가정하고 있다.

15 최근까지 주요 번화가 일대에 커피전문점이 번성하였다. 등장 초기에는 수익성이 매우 높았으나 최근 들어 그 수익성이 주춤해지고 있다. 중소 커피전문점의 경우는 폐업을 하는 경우도 속출하고 있다. 커피전문점들의 수익성이 저하되는 가장 기본적인 원인은 무엇인가?

① 임대료 상승 등 비용 증가
② 시민들의 높은 커피가격의 실질적인 인식
③ 진입장벽의 부재
④ 대체재의 등장에 따른 커피수요 감소
⑤ 정부의 커피가격 규제

16 다음의 빈 칸에 들어갈 질문 내용으로 가장 알맞은 것은?

여름 휴가철을 맞아 가족과 함께 해외여행을 간 철수는 여행업체 직원 영희의 여행안내를 받았다.

[철수와 영희의 경제 활동 분류]

질문 내용	철수의 경제 활동	영희의 경제 활동
( )	예	아니요

① 재화를 객체로 한 경제 활동인가?
② 서비스를 객체로 한 경제 활동인가?
③ 만족감을 얻기 위한 경제 활동인가?
④ 부가가치를 창출하는 경제 활동인가?
⑤ 생산에 참여한 대가를 받는 경제 활동인가?

Answer 　15.③　16.③

15 커피전문점은 독점적 경쟁산업으로 진입과 퇴거가 자유로워 보통 정상이윤만을 획득하게 된다. 따라서 장기적인 수익성 둔화의 가장 큰 원인은 진입장벽의 부재 때문이라 할 수 있다.

16 철수는 여행안내 서비스를 소비하였고, 영희는 생산하였음을 통해 정답을 알 수 있다.
소비는 만족감을 얻기 위한 경제 활동이고, 생산은 부가가치를 창출하는 경제 활동이며, 분배는 생산에 참여한 대가를 받는 경제 활동이다.

17 다음에서 설명하는 것은 무엇인가?

> • 두 재화를 따로 생산하는 경우보다 같이 생산할 때 비용이 인하되는 현상
> • 교수가 강의와 연구를 같이 하는 경우
> • 자동차 공장에서 자동차와 작은 크기의 트럭을 생산하는 경우

① 규모경제   ② 범위경제

③ 외부경제   ④ 내부경제

⑤ 규모불경제

18 다음은 경영권 보호에 대한 상반된 주장이다. 각 주장에 대한 보완 설명으로 옳지 않은 것은?

> 주장 A : 증권시장을 통한 경영감시제도는 대주주의 횡포를 막고 투자자의 이익을 보호함으로써 증권시장을 발전시키고 기업의 적정 주가를 발견해가는 등의 고유의 기능을 지녀 선진화된 경제에서 매우 중요한 역할을 담당하고 있어. 대주주 경영권 보호는 자칫하면 잠자는 게으른 자본을 생성해내고 자본의 생태계에서도 먹이사슬의 균형을 파괴할 위험이 있다구.
>
> 주장 B : 하지만 과도한 주주평등주의는 기업가로부터 기업경영권을 빼앗아 펀드매니저니, 소액주주니 하는 사람들에게 넘겨주는 거라고 봐. 이렇게 되면 결국 기업가들은 지분하락을 초래하는 투자는 회피하고 자사주매입이나 고배당을 하는 등 기업의 투자여력을 낭비하게 되니 차라리 기업가들의 경영권을 보호하여 위험감수라는 본연의 기능을 다할 수 있도록 하는게 낫지.

① 주장 A는 투자자는 기업가와 본질적으로 같지 않다고 판단한다.
② 주장 A는 적대적인 기업 인수합병(M & A)의 활성화에 찬성하는 입장이다.
③ 주장 B는 대주주와 소액주주의 의결권 차등화에 찬성할 것이다.
④ 주장 B는 경영권 방어 수단 포이즌 필의 도입에 긍정적인 입장을 보일 것이다.
⑤ 주장 B는 최근의 투자 부진은 증권제도에도 그 원인이 있다고 판단한다.

Answer   17.②   18.①

17   ② 범위경제란 두 재화를 따로 생산하는 경우보다 같이 생산할 때 비용이 인하되는 현상이다.

18   ① 주장 A에서는 투자자를 기업가를 견제하는 동등한 위치로 판단하고 있다. 따라서 경영권을 방어하는 수단인 포이즌 필이나 대주주와 소액주주의 의결권을 차등화 하는 등의 의견에는 반대하는 입장을 보일 것이다.

19 피셔의 대부자금이론은 고전학파의 실물 이자론과 케인즈의 유동성 선호설을 포괄하는 일반적 이론이다. 시장이자율은 다음 중 어떤 요인에 의해 결정되는가?

① 사람들의 소비하고자 하는 욕구
② 자금소유자들에게 주어진 투자기회
③ 자본의 생산력
④ 기업의 노동력
⑤ 사람들의 소비하고자 하는 욕구와 투자기회의 상호작용

20 아래에 제시된 사례는 코틀러 교수가 제시한 제품개념 중 무엇과 가장 관련성이 높은가?

> 롯데마트는 최근 경기도 수원의 중계·광교점을 온·오프라인을 통합한 '디지털 풀필먼트 스토어'로 리뉴얼한다. 또 이달 말부터 '바로 배송' 서비스를 시작한다.
> 디지털 풀필먼트 스토어는 온라인 쇼핑과 오프라인 매장이 합쳐진 '옴니 채널' 형태를 띈다. 풀필먼트 스토어는 전담 직원이 매대에 있는 상품을 트레이에 담아 레일에 트레이가 실어 이동한다. 이 중 온라인 주문이 잦은 350여개 상품은 창고에서 곧바로 트레이에 실린다. 이에 주문 상품을 합친 뒤 배송 직전까지 걸리는 시간은 30분 이내다.
> 롯데마트는 배송 시간을 합쳐 이르면 1시간, 늦어도 1시간 30분 안에 서비스가 가능할 것으로 보고 있다. 주문 가능 시간은 오전 10시부터 오후 9시 30분까지다. 매장 인근 5km 안에 거주해야 한다. 롯데마트는 이 같은 매장을 9곳까지 늘릴 계획이다.

① 핵심제품
② 유형제품
③ 확장제품
④ 비매품
⑤ 비탐색품

Answer 19.⑤ 20.③

19 대부자금이론에서의 시장이자율은 대부자금에 대한 가계와 기업의 수요의 이자율을 통해 얻어지는 시간선호곡선에 의해 결정된다.

20 확장제품은 유형제품의 효용가치를 증가시키는 부가서비스 차원의 상품을 의미하는데 이는 소비자들이 구매한 유형 제품에 부가적으로 제공되는 서비스, 혜택을 포함한 개념을 의미한다.
예) 구매한 제품의 설치, 구매한 제품의 배송(배달), A/S, 품질보증 등

21 다음의 경제 기사를 보고 밑줄 친 ㉠, ㉡에 대한 설명으로 옳은 것은?

> 중앙은행은 현재의 경기 과열 상황을 진정시키기 위해 강도 높은 ㉠긴축 통화 정책을 실시하기로 결정하고 이를 위해 ㉡모든 통화 정책 수단을 동원하겠다고 발표하였다.

① ㉠은 시중 금리를 하락시킬 것이다.
② ㉠은 통화량을 증가시키려는 것이다.
③ ㉠은 적자 재정 정책과 함께 시행되면 더욱 효과적이다.
④ ㉡에는 국·공채 매입이 포함된다.
⑤ ㉡에는 지급준비율 인상이 포함된다.

22 다음 중 금융시장이 불안하게 된 배경으로 옳지 않은 것은?

> 환율상승과 외국인들의 주식시장 이탈 등이 가속화되면서 국내 금융시장이 불안을 면치 못하고 있다. 여기에 세계의 경제도 흔들리고 있어 수출 의존도가 높은 우리나라 경제는 타격을 받고 있다.

① 국내 경기침체
② 미국의 금융불안
③ 정부의 외환보유액 대규모 방출
④ 경상수지의 적자 및 무역수지의 흑자
⑤ 원달러 환율의 증가

Answer　21.⑤　22.④

21　긴축통화정책은 국·공채 매각과 지급 준비율 인상 등을 통해 통화량을 감소시키려는 것이다.

22　④ 경상수지가 악화될 때 환율은 상승하고 외국인들의 주식시장 이탈 역시 외화 유출을 의미하고 환율은 상승한다.

23 기말에 선수수익의 당기 실현액을 정리해주지 않으면 어떤 현상이 나타나는가?

① 자산의 과대평가와 비용의 과소평가

② 부채의 과대평가와 수익의 과소평가

③ 비용의 과소평가와 수익의 과소평가

④ 비용의 과대평가와 수익의 과소평가

⑤ 부채의 과소평가와 비용의 과소평가

24 다음 기사제목을 통해 앞으로 일어날 수 있는 경제현상을 유추한 것으로 틀린 것은?

> • 원화 환율 급락 달러당 900원대 깨져
> • 국제 석유가격 급등 배럴당 140달러 돌파
> • 유로화 달러에 대해 초강세! 1유로당 1.62달러로 올라

① 미국인들이 유럽으로 쇼핑을 떠날 것이다.

② 자녀를 유럽으로 유학 보낸 학부모들의 학비 부담이 커질 것이다.

③ 한국의 수출경쟁력은 미국보다 유럽에서 상대적으로 강해질 것이다.

④ 한국의 1인당 국민소득(GDP) 3만 달러 시대 도래가 앞당겨질 것이다.

⑤ 국내 주유소의 석유 판매 가격이 상승할지 하락할지는 예측하기 어렵다.

Answer　　23.②　24.①

23　기말에 선수수익의 당기 실현액을 정리해주지 않으면 부채의 과대평가와 수익의 과소평가가 일어난다.

24　① 달러화에 대한 유로화, 원화 강세 상황이므로 해외여행 및 유학의 급증을 유추할 수 있다.

25 다음 대화에 대한 설명으로 가장 적절한 것은?

> 사회자 : 현재의 경제 상황을 해결하기 위한 대책은 무엇입니까?
> 이병훈 : ㉠정부의 재정 지출을 축소해야 합니다.
> 장근섭 : ㉡통화량을 줄이는 정책을 실시해야 합니다.

① 이병훈과 장근섭 모두 현재의 경제 상황을 불황이라고 보고 있다.

② ㉠은 확장 재정 정책의 수단이다.

③ ㉡의 수단으로 국공채 매입을 들 수 있다.

④ ㉠, ㉡ 모두 고용 감소를 초래할 수 있다.

⑤ ㉠은 총수요 감소, ㉡은 총수요 증가 요인이다.

26 정부가 보유세 완화, 거래세 인하, 재산세 인상의 최소화, 1가구 2주택자에 대한 양도 세 완화 등의 정책을 시행한다고 할 때 다음 중 나타날 수 있는 부작용에 해당되는 것은?

① 강남권 종부세의 부과기준이 증가될 우려가 있다.

② 개인별 합산이 세대별 합산으로 바뀌어 버릴 수 있다.

③ 부동산 시장에 투기 심리를 자극할 수 있다.

④ 세제 개편에 다른 수혜가 중산층만을 위한 것이 아니냐는 비판이 나올 수 있다.

⑤ 정부의 개편안이 과거 정부의 세제 기조를 파괴한다는 전망이 나올 수 있다.

Answer　　25.④　26.③

25　현재의 경기 과열 상황을 해결하기 위한 대책으로 이병훈과 장근섭은 각각 긴축 재정 정책, 긴축 금융 정책을 제시하고 있다. 긴축 정책을 실시하면 생산과 고용이 감소할 수 있다. 긴축 재정 정책과 긴축 금융 정책 모두 총수요 감소를 목적으로 실시한다.

26　부동산 세제 완화에 따른 부작용
　　㉠ 하향 안정세로 접어든 부동산 시장에 투기 심리를 자극할 수 있다.
　　㉡ 서민과 중산층이 아닌 부유층만을 위한 개편이라는 비난이 나올 수 있다.

27 다음의 내용을 보고 긍정적으로 예상하고 있는 의견으로 맞는 것은?

> 정부는 주택공급기반 강화 및 건설경기 보완방안을 발표하였다. 이는 수도권에 주택을 지속적으로 공급하고 부동산 거래를 활성화하는데 초점을 둔 것이다. 정부는 또한 경기부양을 위하여 소득세율과 법인세율, 상속세, 증여세, 양도소득세 등을 낮추기로 하였다.

① 부동산 투기를 부추겨 시장안정을 해칠 수 있다.
② 규제의 완화가 미분양 해소에 영향을 줄 것이라고는 생각할 수 없다.
③ 특권층을 위한 조치이므로 소득의 양극화 현상이 초래될 것이다.
④ 주택공급의 확충 및 일자리 창출효과가 나타날 것이다.
⑤ 수도권 중심의 부동산 활성화 대책으로 지역 내 부동산 경기회복에 걸림돌로 작용할 것이다.

28 다음에서 시사하는 바로 가장 적절한 것을 고르면?

> 최근 많은 국가에서 사회적 기업에 대한 관심이 높아지고 있다. 사회적 기업은 지속 가능한 일자리의 제공을 통해 고용 안정에 기여할 뿐만 아니라 사회 서비스를 확충하여 지역 사회를 건전하게 활성화시키며, 윤리적 소비 시장의 확산에도 기여한다. A국 정부에서도 고질적인 실업 문제와 사회 양극화 현상을 극복하고 다양한 사회 문제를 해결해 줄 대안으로 사회적 기업의 필요성 및 발전 가능성에 주목하고 이들 기업에 대한 경영 컨설팅 제공, 사회보험료 지원, 각종 세금 감면 혜택 등을 지속적으로 확대해 왔다. 그 결과 최근에는 국내 총생산에서 사회적 기업이 차지하는 비중이 10%를 넘어설 만큼 급성장하고 있다.
>
> ※ 사회적 기업 : 저소득자, 고령자, 장애인, 장기 실업자 등 취약 계층에게 일자리 또는 사회 서비스를 제공하거나 지역 사회에 공헌하는 등 사회적 목적을 추구하는 기업

Answer　　27.④　28.④

27　①②③⑤ 부정적인 측면에 해당한다.

28　제시문을 통해 사회적 목적을 추구하는 사회적 기업의 활성화를 통해 실업, 양극화 현상 등의 사회 문제를 극복할 수 있음을 알 수 있다. 이는 취약 계층의 고용 창출을 유도함으로써 복지를 실현할 수 있음을 시사한다.

① 고용 구조의 유연화는 기업의 생산성을 증대시킨다.

② 복지의 실현을 위해 정부보다는 기업의 자율적 노력이 중요하다.

③ 정부는 행정적 규제 완화를 통해 분배를 둘러싼 갈등을 해결해야 한다.

④ 사회적 목적을 추구하는 기업의 활성화를 통해 복지를 확대할 수 있다.

⑤ 계획과 명령에 의한 경제 운용 방식으로의 변화를 통해 사회적 이익의 극대화를 실현할 수 있다.

29 정부가 외국인 투자유치 확대를 위한 정책적 노력을 강화함에도 불구하고 GDP 대비 FDI의 비율은 선진국 대비 상당히 낮은 편이다. 2008년 상반기에는 외국인들이 한국에 직접 투자한 금액보다 회수한 금액이 훨씬 많아 충격을 주기도 하였다. 이에 따라 OECD가 제시하는 FDI 촉진방안으로 옳지 않은 것은?

① 세금 및 금융감독의 투명성을 높이고 자의적 해석, 적용, 집행의 여지를 없앰으로써 기업환경의 예측가능성을 제고한다.

② FDI에 대한 인센티브를 활용하여 고용창출에 기여한다.

③ 외국인투자자로부터 얻는 이득에 대한 분명한 증거를 제공함으로써 친 외국인투자환경을 조성한다.

④ 외국계 기업에 대한 현금지원 등 특별 인센티브를 제안함으로써 정부의 투명성을 제고한다.

⑤ 관세, 비관세 장벽을 포함한 무역 제한 수준을 더욱 높이기 위해 다자간 무역협상을 통한 무역장벽의 자유화를 모색한다.

Answer   29.⑤

29	⑤ 관세, 비관세 장벽을 포함한 무역 제한 수준을 더욱 낮추기 위하여 다자간 무역협상을 통한 무역장벽의 자유화를 모색한다.

30 다음은 영국 런던에서 열렸던 주요 20개국(G20) 정상회의에서 주요국의 입장이다. 옳은 것을 모두 고르면?

> ㉠ 미국 : 미국은 이미 경기부양책을 쓰고 있다. 세계경제의 회복을 위해서 G20 회원국들이 공동으로 재정지출을 늘리는 부양책을 취해야 한다.
> ㉡ EU : 추가경기부양 정책공조에 대한 입장은 미국과 같다. 또한 IMF의 역할을 강화하기 위해 IMF의 대출재원을 크게 늘려야 한다.
> ㉢ 일본 : 경기부양 정책 공조에 대하여는 같은 입장이지만 미국과 유럽은 금융사들의 심각한 부실을 조속히 복원해야 한다.
> ㉣ 한국 : G20의 '보호무역주의 반대' 결의는 각국이 반드시 준수해야 하며 세계교역의 활성화를 위해서는 개발도상국의 무역금융을 지원하는 것도 중요하다.
> ㉤ 중국 : 최우선으로 금융시장에 대한 규제를 강화해야 한다. 또한 미국 달러화의 기축통화 역할은 의문이 있으며 ISDR의 역할을 확대하는 방안을 논의하는 것이 필요하다고 생각한다.

① ㉠㉡㉣
② ㉠㉢㉣
③ ㉠㉢㉣㉤
④ ㉡㉢㉣
⑤ ㉡㉢㉣㉤

31 다음은 한 시사 프로그램에서의 대화 내용이다. 이에 대한 설명으로 적절한 것은?

> 손석이 : 최근 기업의 국내 투자가 부진한 가운데 생산 시설의 해외 이전을 포함한 해외 투자는 증가하고 있다고 합니다. 그 원인이 무엇이라고 생각하십니까?
>
> 김동언 : 국내 투자 부진은 국내 경제의 불확실성에서 찾아야 합니다. 기업가는 경제 지표 상으로 경기가 회복된 것을 확인한 후에 움직이는 경향이 있습니다.
>
> 고형건 : 정부에게도 일부 책임이 있습니다. 그동안 국내에서는 기업들이 선호하는 몇몇 지역에 대해서는 투자에 대한 규제가 너무 많았습니다.
>
> 이나견 : 해외 투자가 늘어난 것은 기업가 정신의 산물이라고 생각합니다. 해외 투자 증가 는 생산비가 가장 적게 드는 방법을 찾아내고자 했던 노력의 결과입니다.
>
> 손석이 : 그렇군요. 하지만 국내 투자가 감소한다면, 국민 경제에 나쁜 영향을 미칠 것으 로 보이는데, 어떤 영향이 있을까요?

① 김동언은 기업가들이 경기를 주관적으로 판단한다고 보고 있다.

② 고형건은 신자유주의를 반대하는 입장이다.

③ 이나견은 기업들의 해외 투자 증가를 혁신의 결과로 보고 있다.

④ 김동언과 고형건은 기본적으로 개입주의를 선호하고 있다.

⑤ 김동언, 고형건, 이나견은 모두 기업가의 사회적 책임을 강조하고 있다.

Answer   31.③

31 이나견은 해외 투자를 기업가 정신, 즉 혁신의 산물이라고 보고 있다.

32 '불황에 알뜰주부는 지출을 감소시키나 20대는 불황의 심각성을 인지하는 정도가 적어 지출을 감소하는 경향이 적다.'는 글을 가지고 신문기사를 작성하려고 한다. 신문기사의 예로 가장 적절한 것은?

① 롯데백화점 카드 고객 분석에 의하면 계속되는 불황으로 젊은 직장인들의 미래가 불확실해짐에 따라 30대의 씀씀이가 대폭 감소한 것으로 나타났다. 그러나 20대의 소비는 거의 줄지 않았다.

② 20~30대 젊은 층 사이의 최대 화두는 웰빙이다. 웰빙열풍은 신드롬이라 불릴 정도로 무섭게 확산되고 있으며, 기업들은 신종 웰빙 상품을 잇달아 출시하고 있고 신문과 방송도 연일 웰빙족의 생활을 집중 조명하고 있다.

③ LG카드 채권단은 LG카드의 연내 매각이 어려워지자 출자전환을 통해 채권단이 공동 관리하는 방향으로 가닥을 잡고 있다. LG카드 8개 채권은행은 지난 27일 부행장급이 모여 실무회의를 갖고 LG카드 경영 정상화 방안에 대해 이 같이 의견을 모았다.

④ 과학기술 혁신과 신성장전략이 정부의 10대 과제 중 하나로 채택되었다. 새 정부 과학기술정책은 기존 연구개발 중심에서 벗어나 신산업정책이나 일자리 창출까지 포괄하는 넓은 의미로 패러다임에 대한 전환을 시사하고 있다.

⑤ 아파트 청약에 줄을 서서 기다리는 경우 투기적 성격이 추가되고, 청약에 성공할 경우 이에 따른 수익이 시간의 기회비용을 초과하기 때문에 시간의 기회비용이 적은 사람은 서 있고 싶어도 돈이 없어 제약조건 때문에 불가능하게 된다.

Answer　32.①

32　불황에도 20대의 소비가 여전하다는 주제로 쓰여 있는 글이 가장 적당하다.

33 아래에 제시된 표는 허츠버그의 2요인 이론에 관련된 요인들을 제시한 것이다. 이 중 동기요인으로만 바르게 묶인 것을 고르면?

ㄱ 책임감
ㄴ 성취감
ㄷ 성장 및 발전
ㄹ 감독 스타일
ㅁ 개인 간 인간관계
ㅂ 임금

---

① ㄱ, ㄴ, ㄷ
② ㄴ, ㄹ, ㅁ
③ ㄷ, ㄹ, ㅁ
④ ㄷ, ㅁ, ㅂ
⑤ ㄹ, ㅁ, ㅂ

34 불과 3년 전만 하더라도 ℓ 당 500원에 거래되던 가솔린이 지금은 ℓ 당 1,700원에 거래되고 있다. 이러한 유류 가격의 급등으로 인하여 국제수지에 심각한 문제가 발생하였다. 경제적 측면에서 유류 소비를 줄이는 가장 효율적인 방안으로 옳은 것은?

① 주4일 근무제를 도입하여 출퇴근의 필요성을 줄인다.
② 항공기의 유류 소모가 가장 크므로 국적기의 운행편수를 10% 감축한다.
③ 매주 특정일을 정하여 자동차 운행을 전면 금지하고, 도보나 자전거 이용을 장려한다.
④ 가격을 올리면 일부 부유층을 제외한 서민들은 유류를 구매하기가 어려워지므로 공평하게 절약에 동참할 수 있도록 차량 홀짝제 운행을 시행해야 한다.
⑤ 가격이 오르면 소비가 줄어들 것이므로 원유가격이 상승하는 것에 따라 국내 유류가격도 상승하도록 허용한다.

Answer 33.① 34.⑤

33 동기요인은 작업자들로 하여금 직무의 만족을 느끼게 하고, 작업자들의 동기부여를 유발하는 직무내용과 관련되는 요인들로 직무 자체, 성취감, 책임감, 안정감, 성장과 발전, 도전감 등의 요인들이 있다. 이러한 동기요인은 다른 말로 만족요인이라고도 한다.

34 ⑤ 자원은 시장에 맡겨둘 때 가장 효율적으로 배분하므로, 해외 유류 가격의 상승에 따라 국내 가격의 상승을 유도하여 소비를 줄이도록 한다.

35 다음은 신문보도의 내용이다. 다음의 내용을 바탕으로 시민보호운동가 대엽씨가 할 일로 가장 적절한 것은?

> 식품의 유해성 여부를 판정하는 민간 식품위생 검사기관이 검사 성적을 허위로 발급하는 '엉터리 검사'를 하다 보건 당국에 적발된 것으로 확인됐다. 멜라민 파동이 확산되자 정부와 여당이 식품 검사를 강화하는 내용의 종합대책을 발표했지만, 일선 검사기관에 만연한 이 같은 문제점을 바로잡지 않는 한 실효를 거두기 어려울 것으로 보인다.

① 기업의 도덕적 해이와 관련된 폐해를 수집하여 경각심을 일깨울 수 있는 책자를 제작한다.
② 공무원의 고용증가를 위한 시민운동을 추진하여 정부의 정책이 실효를 거둘 수 있도록 한다.
③ 소비지향적인 문화세대를 비판하며 귀농캠페인을 벌인다.
④ 기업이 자율적으로 경쟁하는 환경을 조성하기 위해 정부의 규제를 완화에 대한 비평을 게재한다.
⑤ 해당업체의 대표자에 대한 신원을 조사하여 인터넷상에서 많은 사람들에게 질책을 받을 수 있도록 한다.

Answer   35.①

35 제시된 내용은 더 많은 정보를 가진 검사기관이 상대적으로 정보를 덜 갖고 있는 소비자에게 필요한 정보를 감추는 행위를 말하고 있다. 이러한 행동은 도덕적 해이(moral hazard)의 사례로서 시민운동가 대엽씨는 이러한 사례를 수집하여 경각심을 일깨울 수 있을 것이다.
② 도덕적 해이의 문제를 해결하기 위해서는 근본적으로 윤리적인 경제관이 필요하다.
③ 문제의 근본원인을 소비지향적인 문화세대로 잘못 이해하고 있다.
④ 사례는 정부의 규제를 완화하기 보다 적당한 규제를 가하는 것이 더 바람직하다.

36 다음은 한 신문의 기사내용이다. 다음의 내용을 바탕으로 할 때 가장 합리적인 행동으로 적합한 것을 고르면?

> 29일 환율의 종가는 1,188원으로 엿새 동안 49원, 두 달 사이 무려 180원 정도 올랐다. 장중한 때 1,200원 선에 올랐으나 외환당국의 개입으로 그나마 상승세가 제한됐다. 30일에는 결국 1,200원을 돌파해 10시 현재 1,220원 선까지 상승했다.

① 경제분석 전문가 마봉길씨 – 최근 환율의 고공행진으로 금융시장 불안이 장기화되고 있는데 이는 물가 상승과 내수 위축 등 앞으로의 우리 경제를 더욱 어렵게 할 것으로 우려됩니다.

② 주부경력 19년 김똘순씨 – 환율이 인상되면 금리는 인하될테니 이번 기회에 은행에서 대출을 받아 내집을 마련하는 것도 고려해 보겠어요.

③ 기러기아빠 한상춘씨 – 아이쿠! 저번 달에는 100만 원을 보냈지만 이번 달은 환율이 상승했으니 미국에 사는 우리 딸에게는 94만 원만 보내도 괜찮겠구나.

④ 특종신문 경제부기자 조장길씨 – 환율이 상승한다면 경기는 점점 디플레이션 현상을 보일테니 외국의 디플레이션 극복사례를 미리 조사해놓도록 해야겠군.

⑤ 수입명품 도매상 안성숙씨 – 환율상승이다 뭐다 시끄럽지만 결국 수입업자에겐 아무 상관없는 일이라고 생각해요. 환율이 올라가거나 내려간다고 수입하는 물품의 가격이 올라가거나 떨어지거나 하진 않자나요. 그러니 전 걱정할 필요도 못느끼겠네요.

⚓ Answer   **36.①**

36 환율상승의 효과를 묻는 문제이다. 경제학에서는 일반적으로 환율이 상승할 때 발생할 수 있는 효과로는 수입제품의 감소, 인플레이션 발생 가능성, 외채부담의 증가, 국제수지개선 등이 있다.

37 다음은 한 잡지에 실린 창업 성공기이다. 당신이 잡지사 기자라고 가정할 경우 이 성공담을 모두 실은 페이지의 제목을 정한다면?

- 다팔아 매장에서는 다양한 브랜드의 청바지를 한 번에 만나볼 수 있다. 기존에는 마음에 드는 청바지를 고르기 위해 10군데가 넘는 매장을 둘러봐야 하는 불편함이 있었지만 다팔아매장에서는 30여 가지 브랜드의 청바지를 바로 한 매장에서 비교할 수 있는 장점이 있다.
- 다있어 매장에서는 고객의 청바지를 원하는 모양으로 수선하는 서비스를 제공하고 있다. 스팽글을 달거나 원하는 만큼의 워싱을 넣는 서비스를 제공함으로 나만의 청바지를 만들 수 있다.
- 향이나 커피숍은 고객의 편의를 위해 무료로 주차장을 제공함과 동시에 발렛파킹 서비스까지 제공하고 있다.
- 그윽해 커피숍은 이미지 제고를 위해 매장 한편에 그림을 감상할 수 있는 공간을 마련하였다.

---

① 가격경쟁력은 창업의 성공신화!
② 상품의 차별화를 통해 소비자의 기호를 만족시켜라!
③ 치열한 경쟁은 당신을 성공으로!
④ 새로운 기업이 침범하지 못하게하라!
⑤ 아주 조금만 생산하는 것도 경쟁!

✲ Answer   37.②

37 제시문은 독점적 경쟁시장에서 이루어지는 비가격경쟁의 예이다. 독점적 경쟁시장에서는 가격뿐만 아니라 상품의 차별화를 통해 소비자의 다양한 기호를 충족시켜 시장지배력을 확장한다.

38 다음은 국내의 마트에서 과일가격의 추석 전과 추석 후 한 달 간의 가격변화를 나타낸 것이다. 당신이 경제학자라고 할 때 다음과 같은 상황의 발생원인을 가장 적절하게 설명한다면?

> • ○○마트 – 신고배 3,790원→1,990원 / 감 799원→389원
> • △△마트 – 신고배 2,820원→1,320원
> • ▢▢마트 – 신고배 2,980원→980원 / 사과 1,080원→498원

① 과일가격이 폭락한 것은 유례없는 풍년으로 공급이 크게 늘었기 때문으로 볼 수 있다.
② 라면의 가격 하락으로 과일에 대한 수요가 감소했기 때문에 과일의 가격은 폭락할 수 밖에 없다.
③ 과일의 가격이 하락하는 대신 그 수요는 증가할 것이므로 농가는 타격을 받지 않을 것이다.
④ 일반적으로 추석 이후 과일에 대한 공급과 수요가 함께 증가하기 때문에 가격의 폭락은 당연한 결과이다.
⑤ 이처럼 농산물의 가격이 폭락한 원인은 농가의 경쟁력 상실에 따른 상품성 저하에 있다.

39 다음 중 자산의 증가와 결합될 수 있는 거래는?

① 부채의 감소
② 자본의 감소
③ 비용의 발생
④ 수익의 발생
⑤ 자산의 증가

Answer   38.① 39.④

38 제시된 내용에서 추석 전과 후는 과일값이 절반정도로 폭락한 것을 볼 수 있다. 일반적으로 추석 이후는 과일에 대한 수요가 감소하는 시기이다. 따라서 추석 이후 과일가격의 폭락원인은 한정된 수요에 비해 공급 과잉이 이루어진 것으로 볼 수 있다.

39 자산의 증가와 결합될 수 있는 거래는 자산의 감소, 부채의 증가, 자본의 증가, 수익의 발생이다.

40 다음은 어떤 나라의 고용과 관련한 자료이다. 이 자료에 대한 설명으로 옳지 않은 것은?

연도	2010	2015
경제활동참가율	50%	40%
실업률	5%	4%
생산가능인구	1,000명	1,000명

① 2015년에 이 나라의 고용률은 감소했다.
② 2015년에 이 나라의 실업자 수는 감소했다.
③ 2015년에 이 나라의 취업자 수는 증가했다.
④ 2010년과 2015년 모두 고용률이 50% 미만이다.
⑤ 2015년에 이 나라의 비경제활동인구는 증가했다.

41 다음은 뉴스를 통해 보도된 자료의 일부이다. 다음의 정책에 대한 시민들의 반응으로 적절하지 않은 것은?

> 교육당국이 올 12월부터 학원 적정 수강료를 공포하고 과다 수강료 징수 학원에 대해서는 운영정지, 등록말소 등 행정조치를 강력히 실시한다. 학원 적정 수강료 산출 시스템은 학원의 강좌별 수강료를 소요 원가로 산정한 것으로 개별 학원의 강좌별 수강료 적정 수준과 과다 징수 정도를 산출할 수 있는 시스템이다.

① 정책이 실시되면 천정부지로 치솟던 사교육비가 절감되는 효과를 거둘 수 있을 것이다.
② 정책이 실효성을 발휘하기 위해서는 이행 상황을 점검할 단속 체계는 여전히 취약하다는 점을 염두에 두고 위반하는 학원에 대한 적절한 규제대책을 마련해야 한다.
③ 정책이 실시되면 맹목적으로 브랜드만 내세우며 허위 과장광고에 의해 수강료를 부풀리는 학원은 줄어들 것이다.
④ 정책이 실시된다면 학원의 수강료는 일률적으로 동일해질 것이다.
⑤ 학원비 폭등을 이끈 주요 요소들을 수강료 산정에 반영해 상한선만 합법적으로 높이는 꼴이 될 수도 있다.

42 집을 구입하기 위해 은행에서 대출을 받고자 한다. 3개월 양도성 예금증서(CD)에 연동하여 매월 대출이자를 갚는 경우 어떤 형태의 금리 조건인가?

① 가산금리   ② 복리
③ 변동금리   ④ 확정금리
⑤ 명목금리

⚛ Answer　　41.④　42.③

41　적정 수강료 산출 시스템의 기능은 적정한 수강료의 산출이므로 각 학원의 환경에 따른 적정한 수강료 책정이 가능해질 것이다.

42　③ 미래 지급해야 할 금리가 확정되지 않은 대출로 매월 특정 기준금리에 연동되어 이자를 납부하는 것을 '변동금리대출'이라 한다.

43 다음은 최근 문제가 되고 있는 기업들에 대한 신문기사의 내용이다. 이와 관련한 내용으로 옳지 않은 것은?

> • ○○그룹 △△△회장의 개인 자금을 관리하던 전 자금관리팀장에 대한 경찰 수사 과정에서 회장의 개인자금 200억 원이 그룹임직원 45명의 차명계좌로 운용된 사실이 확인됨에 따라 이 회장의 차명재산에 대한 의혹이 증폭되고 있다.
> • 납품 업체로부터 거액을 받은 혐의로 구속영장이 청구된 △△△그룹 □□□사장의 영장 실질심사가 오늘 오후에 열립니다.

① ○○그룹의 경우 차명재산에 대한 내역을 투명하게 밝혀야 한다는 경제단체의 목소리가 커질 것이다.

② 검찰의 ○○그룹 차명계좌 수사소식의 영향으로 유명세를 탄 ○○그룹의 주가는 폭등할 것이다.

③ △△△그룹의 경우 비상경영체제에 돌입할 것이며 이러한 상황은 기업에 악재로 작용할 것이다.

④ △△△그룹은 비상경영체제가 장기화될 경우 경영의 공백이 생기게 되므로 후임자 선출을 발빠르게 추진할 것이다.

⑤ △△△그룹의 제품은 시장에서의 위치가 불안정한 상태에 놓이게 되었다.

---

44 캐리 트레이드(carry trade)에 대한 설명 중 옳지 않은 것은?

① 재정거래(arbitrage)와 관련이 깊다.

② 토빈세는 캐리 트레이드를 활성화하기 위한 세금이다.

③ 금리 차이와 환율 움직임에 따라 수익률이 좌우된다.

④ 최근 금리가 낮은 대표적 국가로는 미국, 일본, 유럽 등을 꼽을 수 있다.

⑤ 금리가 낮은 나라에서 자금을 조달해 금리가 높은 나라의 자산에 투자하는 것이다.

45 채식주의자들만 모여 있는 마을이 있다. 이들은 단백질 보충을 위해 아침식사로 두부와 우유를 먹는다. 그런데 광우병으로 인하여 많은 젖소들이 도살되었다. 어떤 일이 일어날 것으로 예상되는가?

① 두부와 우유 값이 올라 아침 식사량이 줄 것이다.

② 아침식사량이 줄 것이며 두부 값은 떨어지게 될 것이다.

③ 두부 값은 변하지 않을 것이며 아침 식사량은 오히려 늘어날 것이다.

④ 아침식사를 위한 수요가 고정되어 있으므로 우유 값은 변하지 않을 것이다.

⑤ 아침식사에 함께 필요한 우유와 두부의 가격은 항상 같은 방향으로 움직일 것이다.

Answer　　**44.②　45.②**

44　② 토빈세는 이런 캐리 트레이드를 제한하기 위해 단기 외환거래에 물리는 세금이다.

45　② 우유와 두부는 보완재이다. 광우병으로 인하여 많은 젖소들이 도살되었다면, 우유의 공급이 줄어들어 우유 가격이 오를 것이다. 우유 가격의 상승은 우유 수요량을 감소시키고 보완재인 두부 수요를 감소시키게 된다. 두부 수요의 감소는 두부 가격과 거래량을 떨어뜨리게 되고, 결과적으로 아침 식사량이 줄어들게 된다.

46 다음은 세입예산안을 전년도와 비교한 것이다. 이 나라의 정부지출 내역에 대해 올바르게 해석한 것은?

2009년 세목별 세입예산 (단위 : 원)

	2008년	2009년	증가율(%)
총국세	166조8939억	179조6058억	7.6
소득세	36조9368억	42조8790억	16.1
법인세	38조6886억	39조2512억	1.5
상속증여세	3조195억	3조2530억	7.7
부가가치세	44조2631억	48조4552억	9.5
개별소비세	4조8381억	4조6211억	−4.5
증권거래세	2조5535억	3조2594억	27.6
인지세	6024억	6380억	5.9
과년도수입	3조8960억	4조1765억	7.2
교통에너지환경세	10조6673억	11조1640억	4.7
관세	8조4220억	9조1019억	8.1
교육세	3조9160억	4조2477억	8.5
종합부동산세	2조6072억	1조7882억	−31.4
주세	2조5861억	2조5881억	0.1
농어촌특별세	3조8974억	4조1825억	7.3

자료 : 기획재정부

① 직접세 부담은 줄지만 소득에 관계없이 일괄적으로 내는 간접세는 늘어날 것이다.
② 기업이 내는 세금의 증가율이 대폭 상승할 것이다.
③ 전년과 비교하여 국세의 총액은 감소할 것이다.
④ 간접세의 증가로 소득재분배의 효과를 거둘 수 있을 것이다.
⑤ 부가가치세가 증가하는 것으로 보아 제품의 가격은 하락할 것이다.

Answer   46.①

46   ② 기업이 내는 세금은 법인세로 미약하게 증가한 것을 확인할 수 있다.
　　③ 전년과 비교하여 국세의 총액은 증가할 것이다.
　　④ 간접세는 소득재분배의 기능을 하지 못한다.
　　⑤ 일반적으로 부가가치세가 증가하면 기업은 제품의 가격을 인상시킨다.

47 다음은 한국은행이 발표한 우리나라 2008년 3분기 국민소득으로 국내총생산과 국민총소득의 전년 동기 대비 성장률 동향을 나타낸 것이다. 이를 통하여 경제현상을 해석할 경우 그에 대한 설명으로 적절하지 못한 것끼리 짝지어진 것은?

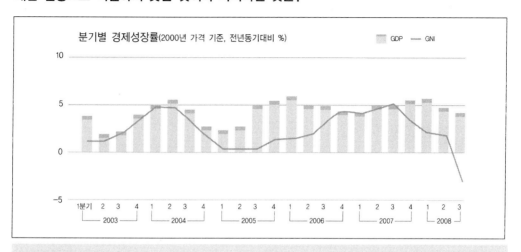

ㄱ GDP성장률과 GNI성장률은 명목변수인지 실질변수인지 명확하지 못하다.

ㄴ 교역조건이 개선되었다 하더라도 우리나라의 대외지급 요소소득이 대외수취 요소소득에 비하여 작은 경우라면 GNI성장률이 GDP성장률에 비해 낮을 수 있다.

ㄷ 2008년의 경우 성장률이 다소 낮아지기는 하였으나 우리나라에서의 경제활동은 여전히 전년 동기 대비 규모가 증가하였다.

ㄹ 다른 조건의 변화가 없을 경우 교역조건이 악화되면 GDP성장률에 비하여 GNI성장률이 낮아질 수 있다.

ㅁ 2008년 3분기 이후의 소비는 증가할 것으로 예상되어진다.

① ㄱㄴㄷ

② ㄱㄴㅁ

③ ㄴㄷㄹ

④ ㄷㄹㅁ

⑤ ㄱㄴㄹㅁ

Answer 47.②

47 ㄱ 2000년 가격기준이라고 명시되어 있으므로 GDP성장률과 GNI성장률은 실질변수이다.
　　ㄴ 교역조건이 개선되었다 하더라도 우리나라의 대외지급 요소소득이 대외수취 요소소득에 비하여 작은 경우라면 GDP성장률이 GNI성장률에 비해 낮을 수 있다.
　　ㅁ 2008년 3분기 이후의 소비는 감소할 것으로 예상할 수 있다.

48 다음을 바탕으로 신문기사의 헤드라인을 작성할 때 가장 적절한 것은?

> 20××년 인터넷 이용실태조사 결과가 발표됐다. 조사에 따르면 인터넷 이용자수는 30대
> 817만 명(98.6%), 20대 717만 명(99.7%), 40대 685만 명(82%), 10대 633만 명(99.9%)이다.
> 이 중 40대와 3 ~ 9세(82.2%)의 비중은 지난해 대비 각각 2.8%포인트, 2.7%포인트 높아져
> 증가폭이 가장 컸다. 성별로는 남성 81.6%, 여성 71.5%로 격차가 10%포인트에 달했다.
> 학업별로는 대졸 이상 일반인들이 97.1%, 고졸 이상 78.2%, 중졸 이상 34%, 초졸 이하
> 28.4%로 격차가 심했다. 학생들은 대학생이 100%를 기록하는 등 모든 학생(99.8~99.9%)
> 이 인터넷을 이용하는 것으로 조사되었다.

① 디지털 디바이드 심각　　　　　　② 디지털 중독에 빠진 대한민국
③ 전자상거래의 증가　　　　　　　　④ 디지털 정보사회화
⑤ 정부의 인터넷 규제완화

49 다음은 정부의 정책을 몇 가지 요약한 것이다. 이와 부합되는 정책으로 옳지 않은 것은?

> • 여의도 면적 109배 군사보호구역 규제 풀려
> • 기업투자 애로 실질 해소→중기 · 벤처 지원 강화
> • 증권사 · 자산운용사의 파생거래 포괄적 인정

① 대기업 · 신문 · 외국인의 방송소유 제한 완화
② 제2롯데월드 신축 허용 검토
③ 대외채권 회수의무 폐지
④ 1인 기업지원 프로그램 가동
⑤ 주식시장에서 주식 공매도의 금지

Answer　48.①　49.⑤

48 제시된 내용은 인터넷 이용 인구를 나이, 학업 등으로 조사한 결과이다. 조사에 따르면 대졸 이상의 학력을 가진 사람과 초졸 이하의 학력을 가진 사람들 사이의 이용실태가 크게 차이나 IT기술의 발달로 빚어지는 정보격차가 심각함을 보여주고 있다.

49 제시된 정부의 정책은 모두 규제를 완화하는 정책이다.
⑤ 주식시장에서 주식 공매도가 2008년 10월 1일부터 완전금지되었다. 이는 미국의 금융위기로 촉발된 글로벌 금융시장이 공황 상태에 빠진 가운데 정부가 국내 주식시장에 미칠 영향을 최소화하고, 시장심리를 한정시키기 위한 대책으로 규제를 강화하는 것으로 해석할 수 있다.
※ 1인 기업지원센터 … 새로운 아이디어나 기술 보유자, 금융전문가, 프리랜서, 프로그래머 등 1인 기업들이 많이 나올 수 있도록 창업을 촉진하는 기구이다.

50 다음에서 설명하는 투자자보호 제도는?

> S중공업은 최근 드릴십 수주 내용을 발표해 주가가 급등하였으나, 며칠 뒤 발표 내용이 허위라는 사실이 밝혀지면서 주가가 급락, 발표 내용을 믿고 투자했던 사람들은 큰 손해를 입게 되었다. 이에 따라 S중공업이 주가를 의도적으로 조작한 정황이 명백하다고 판단한 일부 투자자들이 소송 제기를 추진 중에 있다. 만약 소송에서 승소할 경우, S중공업의 투자로 인해 손실을 본 피해자는 소송에 직접 참여하지 않아도 모두 배상을 받을 수 있게 된다.

① 스톡옵션제도
② 법인등록제도
③ 분쟁조정제도
④ 집단합의제도
⑤ 집단소송제도

51 다음의 지문을 읽고 어떤 주제로 기사를 쓸 수 있겠는가?

> • 국내 4개 정유사들이 석유의 판매가격을 공동으로 인상
> • 대형 교복업체들의 고가 교복 판매
> • 8개 제분업체 밀가루 가격을 공동으로 인상

① 가격차별
② 묶어 팔기
③ 독점
④ 최저가격
⑤ 담합

Answer   50.⑤   51.⑤

50 ⑤ 소액주주가 주가조작, 허위공시, 분식회계 등으로 피해를 입었을 경우 한 사람이 소송을 제기해 승소하면 동일한 피해를 입은 나머지 투자자들은 별도의 소송없이 동일한 보상을 받을 수 있는 제도이다.

51 지문은 담합에 관련한 것으로 과점시장에서 경쟁기업이 가격을 인상하면 같이 올리거나, 가격인하 요인이 발생하여도 서로 눈치를 보며 현재 가격을 유지하는 암묵적 담합 등이 있다.

52 다음의 글과 관련한 설명으로 옳은 것은?

> 상해 보험회사가 시장조사를 한 결과 앞으로 잠재 고객의 50%는 상해로 100만 원의 재산 손실을 입고, 나머지 50%는 1,000만 원의 손실을 낼 것으로 밝혀졌다. 각 개인은 자신의 손실에 대해 알고 있지만, 보험회사는 전체적인 확률만 알 뿐, 누가 어느 쪽인지는 알지 못한다. 보험회사는 고객이 손실을 입을 경우 전액을 보상해 준다고 할 때, 보험회사는 모든 고객의 평균 손실을 550만 원으로 계산하고, 보험을 판매한다.

① 보험회사는 이 보험을 팔아 이익을 낼 가능성이 높다.
② 보험회사와 잠재 고객 사이에는 정보의 비대칭이 존재한다.
③ 보험료를 공정하게 생각하고 많은 사람들이 보험에 가입한다.
④ 예상손실이 100만 원인 잠재 고객은 보험에 더 많이 가입한다.
⑤ 예상손실이 1,000만 원인 잠재 고객은 보험에 가입하지 않으려 한다.

53 다음 글에 나타난 경제적 제도와 관련한 내용 중 옳지 않은 것은?

> 대부분의 나라에서는 불경기일 경우 저절로 재정지출이 늘고 조세 징수액이 줄어 경기 팽창 효과가 생긴다. 반면 호황기에는 그 반대로 경기를 저절로 진정시키는 효과를 내는 장치가 제도화되어 있다.

① 자동안전화 장치를 말한다.
② 경제 회복기에는 회복 과정을 오히려 더디게 할 수 있다.
③ 대표적인 사례로 누진세 제도와 실업보험제도가 있다.
④ 누진세 제도는 경기가 불황일 때, 실업보험제도는 경기가 호황일 때 더 효과적이다.
⑤ 불경기일 경우, 정부수입이 줄어드는 반면, 정부의 지출은 증가하여 재정이 악화될 가능성이 크다.

Answer 52.② 53.④

52 ② 정보의 비대칭성에 관한 문제이다. 잠재고객들은 자신이 상해로 인해 입을 손실을 알고 있으나 보험회사는 알고 있지 못한다. 그로 인해 잠재고객들에 대한 적절한 보험요율을 책정할 수 없다. 그러므로 1,000만 원의 상해손실을 낼 잠재고객은 550만 원의 보험료로 가입하려고 할 것이다. 이에 반해 100만 원의 상해손실을 낼 잠재고객은 550만 원의 보험료가 높아 가입하지 않으려고 할 것이다. 또한 상해가 발생한다면 보험회사는 손실을 입을 가능성이 높게 된다.

53 ④ 지문은 자동안전화 장치를 설명하는 것으로 경기가 과열될 때는 누진세 제도를 통해 세금을 더 걷어 총수요를 줄이고, 불황일 때는 실업보험제도를 통해 소득을 보전하고 총수요를 지지하려 하기 때문에 누진세제도는 경기가 호황일 때, 실업보험제도는 불황일 때 더 효과적이다.

54 다음의 글에서 밑줄 친 잠재성장률과 관련한 설명이 옳지 않은 것은?

> 최근 우리나라 잠재성장률 수준을 놓고 정부와 민간경제연구소 간의 공방이 오갔습니다. 민간경제연구소가 2000~2008년 잠재성장률은 5.4%였지만 2009~2012년에는 4.0%로 하락할 것이라고 전망하자 정부가 아직도 5%대라고 반박한 것입니다.
> 민간경제연구소가 잠재성장률을 4.0%로 낮춘 근거는 자본과 노동 등 요소 투입의 성장률 기여도가 2.3%에서 2.0%로 떨어지고 총요소생산성의 성장률 기여도도 3.1%에서 2.0%로 하락한다고 보았기 때문입니다. 그러나 정부는 생산성의 성장률 기여도를 1.1% 포인트나 떨어뜨린 것은 지나치게 비관적으로 본 것이라는 반론입니다. 경제 시스템을 선진화하고 새로운 성장 동력 발굴을 통해 자원분배의 효율성을 높인다면 생산성을 높일 수 있다는 것입니다.

① 완전고용 상태에서의 잠재성장률을 말한다.
② 인구구조의 고령화는 잠재성장률을 상승시킨다.
③ 장기적으로 기술진보 등에 따라 증가할 수 있다.
④ 단기적으로 경제가 잠재성장률 이상으로 성장하면 인플레이션이 유발되는 경우가 있다.
⑤ 인플레이션을 유발시키지 않는 범위 내에서 달성할 수 있는 가장 높은 경제성장률을 말한다.

⭐ Answer 54.②

54 ② 인구구조의 고령화는 잠재성장률을 하락시킨다.
  ※ 잠재성장률
    ㉠ 정의 : 한 경제가 주어진 생산능력 하에서 물가상승을 유발시키지 않고 달성할 수 있는 가장 높은 경제성장률을 말한다.
    ㉡ 성격
      • 잠재성장률이 커지거나 작아지는 경우는 생산능력이 변화되는 경우로써 노동력의 증가, 생산 기술의 증가, 자본의 추가 투입 등을 통해서 잠재성장률이 증가할 수 있다.
      • 한 국가의 경제가 단기적으로 잠재성장률보다 더 성장할 때 인플레이션이 발생한다.

55 다음 글의 ㉠과 관련하여 옳지 않은 것은?

- 최근 우리 경제는 설비투자 위축 및 수출의 감소로 계속 부진한 모습을 보이고 있으며, 경기 회복에 대한 전망이 아직도 불확실한 상황이다.
- 중앙은행은 물가에 크게 부담을 주지 않는 범위 내에서 경기 회복을 촉진하기 위해 2008년에 세 차례에 걸쳐 콜금리 목표 수준을 0.25%포인트씩 인하하였다.
- 콜금리 인하와 함께 은행 정기예금의 세후 실질금리가 마이너스 수준을 나타내기에 이르렀으며, 명목 평균대출금리도 7%대로 낮아졌다.
- 그러나 저금리에도 실물경제가 부진한 모습을 지속함에 따라 일부 전문가들은 우리 경제가 (㉠)에 빠졌다고 주장하고 있다.

① 유동성 함정이라고 한다.
② 재정정책보다는 금융정책을 펴는 것이 효과적이다.
③ 일본의 장기 불황이 대표적인 사례로 꼽힌다.
④ 통화량을 늘려도 소비, 투자 심리가 살아나지 않는다.
⑤ 1930년대 세계 경제 대공황 때 케인즈가 제기한 학설이다.

※ Answer　　55.②

55　② 유동성 함정에 관련한 문제이다. 투기적 동기의 화폐수요는 이자율에 대해 매우 민감한데, 이자율이 높다면 투기적 동기의 화폐수요는 적어진다. 반면에 이자율이 낮아지면 투기적 기회를 기다리며 화폐수요는 증가한다. 이자율이 매우 낮아지면 화폐의 공급이 이루어져도 투기적 동기 때문에 공급된 화폐는 이자율에 영향을 미치지 못하고 화폐수요에 흡수된다. 따라서 통화정책보다는 재정정책이 더 효과적이다.

※ 다음 글을 읽고 물음에 답하시오.　【56~57】

S국가는 4km의 막대기 모양으로 되어 있으며 주민들은 국토 전체에 고르게 분포해 있다.

S국가의 정부는 휴대폰을 판매하는 상점 A와 B를 각각 乙과 丁지점에 설치하고, 판매 가격을 1,000원으로 정했다. 각 주민은 휴대폰으로부터 4,000원의 편익을 얻으며, 상점까지 갔다오는 데에 km당 1,000원의 비용이 발생한다. 각 주민은 휴대폰의 구입에 따른 순편익(= 편익 − 비용)을 고려하여 구입 여부와 구입할 상점을 결정한다.

56 다음 내용 중 옳지 않은 것은?

① 상점 A를 甲지점으로, 상점 B를 乙지점으로 옮기면 두 상점 모두 매출액이 감소할 것이다.
② 휴대폰 구입으로부터 얻는 순편익은 乙, 丁지점 주민들이 가장 크다.
③ 어느 상점에서 구입해도 丙지점 주민들의 순편익은 동일하다.
④ 모든 주민들이 휴대폰을 구입할 것이다.
⑤ 두 상점의 매출액은 동일할 것이다.

57 S국가 정부가 두 상점에게 위치를 자유롭게 정할 수 있도록 허용했다. 각 상점이 가능한 한 많은 휴대폰을 판매하고자 할 때, 상점 A, B의 위치와 전체 주민들의 순편익 합계의 변화를 바르게 짝지은 것은?

① 甲　戊　증가　　　　　② 乙　丁　불변
③ 丙　丙　감소　　　　　④ 丁　乙　증가
⑤ 戊　甲　감소

❈ Answer 　56.① 　57.③

56　① 상점 A, B가 각각 甲, 戊지점으로 이동하더라도 여전히 甲~丙지점에 있는 주민은 상점 A에서, 丙~戊지점에 있는 주민은 상점 B에서 구입할 것이므로 매출액의 변화는 없을 것이다

57　③ 한 상점이 가장 많은 주민에게 휴대폰을 판매할 수 있는 곳은 국토의 중간지역인 丙지점이다. 따라서 두 상점 모두 丙지점으로 위치를 옮기게 될 것이다. 두 상점의 이동에 따라 乙, 丙의 중간점과 丙, 丁의 중간점 사이에 있는 1/4에 해당하는 주민은 이전보다 상점과의 거리가 가까워지므로 순편익이 늘어난다. 그러나 乙, 丙의 중간점보다 왼쪽에 있거나 丙, 丁의 중간점보다 오른쪽에 있는 위치에 있는 인구 3/4에 해당하는 주민은 이전보다 상점과의 거리가 멀어지므로 순편익이 줄어들게 된다. 이때 줄어든 순편익이 늘어난 순편익보다 크기 때문에 전체 주민의 순편익 합계는 두 상점의 위치가 丙으로 이동한 후에 감소할 것이다.

58 다음의 글과 관련하여 옳지 않은 것은?

> 근래에 들어 정보통신기술의 발달로 인터넷뱅킹을 비롯하여 각종 전자자금이체, 온라인 증권거래, 전자화폐 도입, 모바일 결제 등이 보편화 되었다. 그로 인해 전자방식에 의한 금융거래가 급속도로 확산되게 되었다.

① 전자화폐는 가치 저장의 기능을 가진다.
② 통화 정책 관련 통계지표의 왜곡을 초래할 수 있다.
③ 중앙은행의 금리 조절 능력이 강화될 수 있다.
④ 통화정책의 파급 경로가 변화할 수 있다.
⑤ 금융거래비용은 줄어들 수 있다.

59 다음의 제도와 성격이 다른 것은?

> 기업의 임원은 기업을 소유한 주주와 다른 이해관계를 가질 수 있다. 이러한 상황에서 주주와 임원의 이해를 위해 스톡옵션(기업이 임직원에게 일정기간 후에 일정량의 자사 주식을 일정 가격에 살 수 있는 권리를 주는 제도) 제도를 통해 임원이 자기가 일하는 기업의 주식가치를 높이도록 노력한다.

① 수강생의 강의 평가 결과를 강사의 재계약에 반영한다.
② 재판에서 이길 경우 변호사에게 추가 보수를 지급한다.
③ 프로 야구 선수에게 고정된 연봉 외에 팀 성적에 따른 보너스를 지급한다.
④ 최저 가격을 보장하는 할인점이 더 저렴하게 파는 곳이 있을 경우 구매자에게 차액을 지급하기로 한다.
⑤ 영화 배우에게 관객 수에 비례하는 성과금을 지급한다.

Answer   58.③   59.④

58 ③ 기존 화폐 이외의 전자화폐 도입으로 기존 통화지표통화정책의 파급경로, 금리조절기능 등의 변화가 발생하여 중앙은행의 금리조절 능력이 약화될 수 있다.

59 ④ 경제적 관계를 맺고 있으나 이해관계가 다른 양 당사자 중 본인이 대리인의 행동을 관찰할 수 없는 경우에 발생하는 문제를 해결하는 방식에 관련한 문제이다. 본인이 대리인으로 하여금 본인의 이익을 위해 노력하게 만드는 유인을 제공하는 제도가 아닌 것을 고르면 된다. 할인매장이 구매자에게 최저가격을 보장함으로써 고객을 확보하는 판매 전략에서는 본인과 대리인의 관계는 발견되지 않는다.

60 다음 글에 포함되어 있지 않은 경제적 개념은?

> 영화 '멋진 하루'가 개봉되었다. 서정이는 극장에서 볼지 아니면 2~3달 후에 집에서 비디오로 볼지 고민하다가 극장에서 보기로 결정했다. 그런데 서정이는 A신문에서 "이동통신사들이 자사 카드 사용자에 대한 영화 관람료 할인제도를 폐지하자 관람객 수가 감소했다"는 기사를 읽게 되었다. 예전에 이동통신사의 관람료 할인제도를 이용하던 서정이는 대신 조조할인을 받기 위해 일요일 아침 일찍 극장에 갔다. 영화를 보며 마시려고 매점의 커피를 샀는데, 일반 시중가격에 비하여 매우 비싸다고 느꼈다. 이 극장은 외부 음식물 반입을 금지하고 있다.

① 대체재
② 외부효과
③ 가격차별
④ 진입장벽
⑤ 수요의 가격 탄력성

61 다음 중 우리나라와 가장 먼저 자유무역협정(FTA)을 체결한 나라는 어느 국가인가?

① 호주
② 미국
③ 칠레
④ 인도
⑤ 싱가포르

✿ Answer   60.②   61.③

60 ① 극장 관람과 비디오 시청은 서로 '대체재'의 성격을 갖고 있다.
③⑤ 조조할인 제도는 극장이 동일한 영화에 대한 관람객의 특성(수요의 가격탄력성)에 따라 다른 가격을 매겨 이윤을 높이는 가격차별 전략이다.
④ 외부 음식물 반입을 금지하면서 시중보다 높은 가격을 받고 있는 극장 내의 매점은 '진입장벽'을 통해 독점의 이익을 누리고 있다.

61 ③ 칠레와는 2004년도에, 싱가포르와는 2006년도에 자유무역협정(FTA)을 맺었다.

62 다음은 국민소득의 순환을 나타내는 그림이다. ㈀~㈁의 예로 옳지 않은 것은?

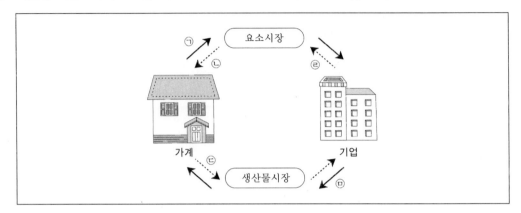

① ㈀ : 성진이의 아버지는 K출판사의 편집장으로 일하고 있다.
② ㈁ : 성진이의 아버지는 가게를 세 놓아 임대료로 매달 100만 원을 받고 있다.
③ ㈂ : 성진이의 아버지는 성진이의 생일 선물을 사기 위해 5만 원을 지불했다.
④ ㈃ : 성진이의 아버지가 다니는 K출판사가 보유하고 있던 부동산을 팔았다.
⑤ ㈄ : 성진이의 아버지가 다니는 K출판사는 이번 달에 100만부의 책을 판매했다.

63 다음 중 국내 이동전화 서비스 시장에서 1분 당 통화 요금을 상승시킬 가능성이 가장 큰 것은?

① 이동전화 사업자 간의 번호이동 허용
② 외국 이동전화 사업자의 국내 시장 진입
③ 새로운 무선통신 기술의 개발
④ 전반적인 경기침체
⑤ 휴대폰 가격의 인하

❄ Answer　　62.④　63.⑤

62　④ 기업은 가계로부터 토지, 노동, 자본 등 생산요소를 구입하고 이에 대한 대가로 지대, 임금, 이자 등을 지불한다. 기업이 보유하던 부동산을 판매하는 것은 소유권이 다른 기업으로 이전되는 것이므로 국민소득의 순환에 포함되지 않는다.

63　⑤ 휴대폰과 이동전화 서비스는 보완 관계에 있다. 휴대폰 가격의 인하는 전화 통화 수요증가를 가져오고 이는 요금상승 요인이 된다.

64 다음은 한국, 핀란드, 캐나다 여성의 연령별 경제활동 참가율을 나타낸 그림이다. 이 그림으로부터 유추할 수 있는 내용으로 옳은 것은?

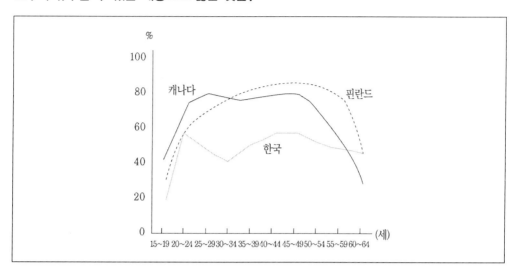

① 기혼 여성의 단시간(part time) 근로 기회는 핀란드보다 캐나다에 많다는 것을 짐작할 수 있다.

② 한국과 캐나다에서 60대 초반 여성의 실업률이 동일하다면, 이들 중 취업하는 여성의 비중은 캐나다보다 한국에서 낮을 것이다.

③ 여성의 경제활동이 활발한 핀란드와 캐나다에서도 50대부터는 여성의 실업률이 점차 높아지는 것으로 추론할 수 있다.

④ 한국 정부가 출산장려금을 지원하면 20대 후반부터 30대 초반 한국 여성의 경제활동 참가율이 높아질 것이다.

⑤ 출산과 육아가 여성의 경제활동 참가율 하락에 미치는 영향은 핀란드나 캐나다보다 한국에서 클 것이다.

🌿 **Answer**   64.⑤

64 ① 기혼 여성의 단시간 근로 기회가 많은 것은 이들의 경제활동 참가율을 높일 수 있는 요인이다.
② 60대 초반 여성의 실업률이 동일하다면 그래프에서 나타난 경제활동 참가율의 차이는 취업률의 차이로 해석할 수 있다. 따라서 이들 중 취업 여성의 비중은 캐나다보다 한국에서 높을 것이다.
③ 핀란드와 캐나다 여성의 경제활동 참가율이 50대부터 낮아지고 있는 것을 보고 실업률의 상승을 판단할 수 없다.
④ 우리나라 정부가 20대 후반에서 30대 초반 여성의 경제활동 참가율을 끌어올리기 위해서는 출산장려금보다는 보육시설 지원이 효과적이다.

65 다음 글과 비슷한 경제 현상은?

K마을에서 어린 자녀를 둔 부부들이 외출할 때 다른 집에 아이를 맡길 수 있도록 탁아조합을 만들었다. 조합원들은 탁아 쿠폰을 5장씩 나눠 갖고, 아이를 다른 조합원 집에 맡길 때 시간당 쿠폰 1장을 주기로 했다. 또한 다른 조합원의 아이를 맡을 때에는 그 시간만큼의 쿠폰을 받는다.

그런데 대부분의 부부들은 장시간 외출이나 갑작스런 경우에 대비하기에는 쿠폰이 너무 적다고 생각했다. 따라서 쿠폰을 모으기 위해 외출을 자제하고, 다른 집의 아이들을 맡기 만을 기대했다. 결국 쿠폰은 거의 유통되지 않고 각 조합원의 집의 서랍에 보관되고 있었다.

① 최저임금제로 인해 실업률이 상승한 경우
② 저축률 하락으로 인해 투자가 부진한 경우
③ 세수 부족으로 인해 정부 지출이 감소한 경우
④ 통화량 부족으로 인해 경기가 침체된 경우
⑤ 금리 인상으로 인해 주식 가격이 하락한 경우

66 다음 글과 비슷한 성격의 실업은?

나를 비롯한 많은 사람들이 일자리를 찾고 있지만, 현재 직장이 있는 사람들조차 해고당하는 실정이니 당분간은 취업이 어려울 것 같다. 경기가 좋아져야 취업이 가능할 것이다.

① 내가 근무하던 중소기업에서는 계속 근무해 주기를 원했지만 월급을 더 많이 주는 대기업을 찾기 위해 사표를 냈다.
② 내가 가진 기능은 타이핑인데 타자수를 원하는 직장이 거의 없어서 직장을 구할 수 없다.
③ 나는 스키장에서 제설작업을 하는데, 겨울 한 철에만 하고 여름에는 주로 쉰다.
④ 나는 대학을 졸업하고 직장없이 유학을 준비하고 있다.
⑤ 우리나라는 1997년 말 시작된 외환위기로 대량 실업을 경험하였다.

Answer　　65.④　66.⑤

65　④ 쿠폰은 조합원 간에 탁아 서비스를 교환하기 위한 수단이다. 이는 경제 주체들이 재화나 서비스를 교환하기 위해 화폐를 사용하는 것과 유사하다. 그러므로 탁아조합이 침체된 것은, 통화량이 부족하여 경제 활동이 위축되는 현상으로 해석할 수 있다.

66　제시된 내용은 경기적 실업을 나타내는 것으로 1997년 말 외환위기로 인한 대량실업이 이에 해당한다.
　　①④ 자발적 실업　② 구조적 실업　③ 계절적 실업

67 S학교는 통학 버스를 한 대 구입하였다. 이 학교가 버스를 이용하는 학생들에게서 받는 요금 수입만으로 운영비를 충당하려고 할 때, 단기적으로 가장 효율적인 운영 방안은?(단, 버스는 당분간은 되팔 수 없다)

① 이미 버스를 구입했으므로, 수입에 관계없이 버스를 운행한다.
② 요금수입으로 운영비를 충당할 수 있는 한 운행을 계속한다.
③ 요금수입으로 버스 구입비용을 회수할 수 없을 경우 운행을 중단한다.
④ 요금수입으로 버스 구입비용과 운영비는 충당할 수 있으나 추가수익을 올리지 못하면 운행을 중단한다.
⑤ 요금 수입으로 버스 구입비용과 운영비를 충당하지 못하면 운행을 중단한다.

68 다음의 정부정책 중에서 장기적으로 실업률을 낮추는 것은?

> ㉠ 장래 유망직종에 대한 정보를 제공한다.
> ㉡ 정부가 직업훈련 프로그램을 운영한다.
> ㉢ 최저임금 수준을 높인다.
> ㉣ 실업보험 혜택을 늘린다.

① ㉠㉡
② ㉠㉢
③ ㉡㉢
④ ㉡㉣
⑤ ㉢㉣

Answer 67.② 68.①

67 ② 단기적으로 고정비용인 통학버스 구입비용은 통학버스 운행에 대한 의사결정에 영향을 줄 수 없다. 그러므로 요금수입으로 현재의 운영비를 충당할 수 있다면 통학버스 운행을 계속한다.

68 ㉢은 기업의 비용부담 증가(노동수요 감소), ㉣은 구직활동 감소로 실업증가 요인이 된다.

69 다음 중 EU, NAFTA 등과 같은 경제블록과 관계 없는 것으로 짝지어진 것은?

> ㉠ 역내 국가 간 자유무역을 통한 회원국들의 후생 증대
> ㉡ 회원국 간의 자유무역의 혜택을 비회원국으로 확대
> ㉢ 더 큰 경제 단위로서 국제통상 협상에서 유리한 지위 확보
> ㉣ 협상을 통한 국내 취약산업의 보호

① ㉠㉡ ② ㉡㉢
③ ㉡㉣ ④ ㉢㉣
⑤ ㉠㉣

70 K국가에서 자동차 수입에 대하여 높은 관세를 부과할 경우 예상되는 결과는?

① 다른 나라들이 K국에 자동차를 더 많이 수출한다.
② K국의 국민들의 자동차 구입이 늘어난다.
③ K국의 자동차 제조업자들은 더 많은 자동차를 생산한다.
④ 국제시장에서 자동차의 가격이 상승한다.
⑤ K국의 소비자들은 더 나은 품질의 자동차를 구입하게 된다.

71 F편의점에서는 한 달의 마지막 일주일 동안에는 한 개에 700원 하는 삼각김밥을 같은 가격으로 2개를 구입할 수 있다. 이 행위의 경제적 이유를 가장 잘 설명한 것은?

① 이 가게 주인은 진심으로 고객들에게 감사해 하기 때문이다.
② 이 가게 주인은 자선 사업을 좋아하기 때문이다.
③ 이 가게 주인은 가끔 비합리적인 행동을 하기 때문이다.
④ 음료수를 손님들에게 더 많이 판매할 수 있기 때문이다.
⑤ 삼각김밥과 음료수는 대체재이므로, 삼각김밥의 가격을 낮추어 음료수의 소비를 증가시킬 수 있다.

Answer　69.③　70.③　71.④

69 ㉠㉢은 경제블록화가 지향하는 목표이다. ㉡㉣은 경제블록화의 목적과 관계가 없다.

70 ③ 관세부과로 인하여 수입이 줄어들면 부족한 공급분을 국내업체가 담당하게 된다.

71 ④ F편의점 주인은 삼각김밥을 저렴하게 제공함으로써 보완관계에 있는 음료수를 더 많이 판매할 수 있다.

72 21세기는 '디지털 경제'시대라고 한다. 다음 중 디지털 경제의 특성으로 옳은 것은?

① 중간상인의 역할이 감소하고 유통과정이 복잡해진다.

② 생산자와 소비자가 직접 만날 필요가 늘어난다.

③ 시장의 중심이 생산자 위주에서 소비자 위주로 이동한다.

④ 거래의 시간적, 공간적 제약이 증가한다.

⑤ 무점포 창업이 가능하게 되어 기업의 시장진입이 어려워진다.

73 다음은 브룸(Vroom)의 기대이론에 대한 공헌 및 시사점 등에 관한 설명 중 가장 부적절한 내용은 무엇인가?

① 직원들을 동기화하기 위해서 우선적으로 구성원들이 원하는 것을 대가로 지불해 주어야 한다는 점에서 보상이 중요하게 고려되어야 한다.

② 성과 및 보상과의 연결을 명확하게 하고, 그러한 결속관계를 증진시켜주면 모티베이션의 향상에 있어 도움을 준다는 사실을 알 수 있다.

③ 직원들을 효과적으로 동기화하기 위해서 조직이 제공하는 보상이 그들에게 얼마나 매력적인지를 파악해야 하고, 그들이 가치를 부여하는 것을 보상으로 제공해야 한다.

④ 개인의 목표 및 조직의 목표를 합치시키기 위한 많은 전략 및 전술 등을 제시해 주었다.

⑤ 직원들의 동기부여 수준은 사실여부보다는 그 자신의 성과, 보상, 목표만족 등에 대한 스스로의 기대에 의해 결정되지 않는다는 점을 유의하여야 한다.

Answer　　72.③　73.⑤

72　① 중간상인의 역할이 감소하고 유통과정이 단순화된다.
② 생산자와 소비자가 직접 만날 필요가 줄어든다.
④ 거래의 시간적, 공간적 제약이 감소한다.
⑤ 무점포 창업이 가능하게 되어 기업의 시장진입이 쉬워진다.

73　직원들의 동기부여 수준은 사실여부보다는 그 자신의 성과, 보상, 목표만족 등에 대한 스스로의 기대에 의해 결정된다는 점에 주의하여야 한다.

74 甲사는 올해 휴대폰 단말기인 A2014를 출시했다. 다음 중에서 금년에 甲사의 A2014와 경쟁 관계에 있는 제품을 모두 고르면?

> ㉠ 乙사에서 제작한 B 휴대폰 단말기
> ㉡ 잠재적인 시장진입자가 생산할 휴대폰 단말기
> ㉢ 작년에 발매된 甲사의 A2013
> ㉣ 내년에 발매될 甲사의 A2015

① ㉠
② ㉠㉡
③ ㉠㉢
④ ㉠㉡㉢
⑤ ㉠㉡㉢㉣

75 다음 글에 대한 설명으로 옳은 것은?

> • 장미와 보라는 현재 배 10개, 송편 10개씩을 가지고 있다.
> • 현재 상황에서 장미는 송편 1개를 더 먹는 대신 배 2개를 덜 먹어도 좋다고 여긴다.
> • 현재 상황에서 보라는 배 1개를 더 먹는 대신 송편 2개를 덜 먹어도 좋다고 여긴다.

① 장미는 보라보다 배를 더 좋아한다.
② 보라는 장미보다 송편을 좋아한다.
③ 장미와 보라의 선호는 동일하다.
④ 장미의 배와 보라의 송편을 조금씩 교환할 때 둘의 만족이 모두 커질 수 있다.
⑤ 장미와 보라의 현재 배분 상황은 가장 만족스러운 상태에 있다.

🌿 **Answer** 　74.⑤　75.④

74 경쟁 관계에 있는 제품이란 소비자가 잠재적으로 대체하여 선택할 수 있는 재화이다. 소비자가 A2014를 선택함에 있어서 다른 회사의 휴대폰을 쓸 것인지, 과거의 제품을 그대로 사용할 것인지, 또는 새로운 제품의 발매를 기다릴지를 고려해야 한다.

75 ④ 장미가 보라에게 배를 주고, 대신 송편을 받으면 모두에게 이익이 된다.

76 대통령 후보로 출마한 어느 후보가 자신이 당선되면 내년부터 '투자세액 공제 제도'를 실시하겠다고 했다. 기업체 대다수가 이 후보가 당선될 것으로 믿고 있다. 이와 관련한 설명 중 옳지 않은 것은?

① 투자세액 공제 제도란 기업이 납부해야 하는 총 세금에서 투자 금액의 일정 부분만큼을 감면해 주는 제도이다.

② 기업체들은 올해의 투자를 증가하고 내년의 투자를 감소시킬 것이다.

③ 기업의 투자촉진을 통해 경기를 본격적으로 부양하려고 할 때 주로 활용한다.

④ 우리나라의 경우 1982년 처음 적용했다.

⑤ 기업의 투자결정은 일차적으로 투자로부터 얻어지는 기대수익과 투자비용을 비교하여 이루어진다.

77 A정부는 고용주가 불법 체류 외국인 노동자를 고용하는 경우 벌금을 부과하기로 했다. 불법 체류 외국인 노동자에 대한 수요량과 공급량이 임금 수준에 따라 변화한다고 할 때, 이 정책의 영향으로 옳지 않은 것은?

① 불법 체류 외국인 노동자와 내국인 노동자가 대체관계라면 내국인 노동자의 임금 증가

② 불법 체류 외국인 노동자와 내국인 노동자가 보완관계라면 내국인 노동자에 대한 수요 증가

③ 불법 체류 외국인 노동자의 임금 감소

④ 불법 체류 외국인 노동자에 대한 수요 감소

⑤ 불법 체류 외국인 노동자 1인 당 고용 비용 증가

Answer　　76.②　77.②

76 ② '투자세액 공제'가 내년에 실시된다면, 기업은 올해 시행하려고 했던 동일한 투자 계획을 내년으로 연기하여 투자비용을 줄이게 되므로 내년의 투자비용이 올해의 투자비용보다 낮아진다.

77 ② 보완관계일 경우 내국인 노동자에 대한 수요는 감소한다.

78 다음의 우리나라 경제성장률 추이를 보고 바르게 추론한 것은?(단, 전 기간에 걸쳐 우리 경제의 총생산능력 증가율에는 변화가 없었다고 가정)

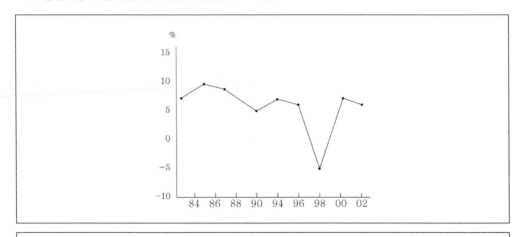

ㄱ 1986, 1988년은 경기가 호황이었을 것이다.

ㄴ 1992년에는 1988, 1990년에 비해 물가상승률이 낮았을 것이다.

ㄷ 1998년에는 교역 대상국들의 경제성장률에 큰 변화가 없었다면 무역수지가 개선되었을 것이다.

ㄹ 2000년에는 총수요가 1998년에 비해 감소하였을 것이다.

① ㄱㄴ

② ㄱㄷ

③ ㄱㄴㄷ

④ ㄱㄴㄹ

⑤ ㄱㄴㄷㄹ

Answer 78.③

78 ㄱ 1986년과 1988년은 다른 기간에 비해 경제성장률이 높았던 시기이다. 문제에서 전 기간에 걸쳐 우리 경제의 총생산능력 증가율에는 변화가 없었다고 가정하였으므로, 1986년과 1988년에는 생산 능력에 비해 수요가 상대적으로 크게 증가하였을 것으로 추론된다.

ㄴ 1992년의 경우 1988년과 1990년에 비해 경제성장률이 낮았던 시기이므로 물가상승률도 낮았을 것이다.

ㄷ 1998년에는 경제성장률이 음의 값을 나타내고 있는데, 이는 교역 대상국들의 경제성장률에 큰 변화가 없어 수출에도 큰 변화가 없었다면 내수가 크게 부진하였음을 의미한다. 따라서 무역수지는 개선되었을 것이다.

ㄹ 2000년의 경제성장률이 양의 값을 나타내므로 총수요는 증가하였음을 알 수 있다.

79 K마을에서 케이블TV 서비스와 인터넷 서비스를 독점 판매하는 '서원유선방송'은 수입을 최대화하는 판매 방법을 모색하고 있다. 서원유선방송은 두 서비스를 분리해서 따로 팔 수도 있고, 묶어서 한 상품으로 팔 수도 있다. K마을에는 두 명의 소비자 甲과 乙이 있다. 甲은 케이블TV에는 15, 인터넷에는 10을 乙은 케이블TV에는 8, 인터넷에는 12로 지불할 용의가 있다면, 다음 중 가장 많은 수입을 올릴 수 있는 판매 방법은?

① 두 서비스를 묶어서 20의 가격으로 판매한다.
② 두 서비스를 분리하여 케이블TV 서비스는 8에, 인터넷 서비스는 10에 판매한다.
③ 두 서비스를 분리하여 케이블TV 서비스는 15에, 인터넷 서비스는 10에 판매한다.
④ 두 서비스를 분리하여 케이블TV 서비스는 8에, 인터넷 서비스는 12에 판매한다.
⑤ 두 서비스를 묶어서 25의 가격으로 판매한다.

80 다음 중 '도덕적 해이(moral hazard)'를 해결하거나 완화시키는 방안으로 옳지 않은 것은?

① 보험회사가 사고 시 보험가입자에게 손실의 일부만을 보상해주는 공동보험제도를 채택한다.
② 고용주가 근로자에게 시장균형임금보다 높은 임금을 지급한다.
③ 보험회사가 손실액 중 일정금액까지는 보험가입자에게 부담시키는 기초공제제도를 도입한다.
④ 임금지급방식을 성과급에서 고정급으로 전환한다.
⑤ 무엇보다 도덕적 해이의 문제를 해결하려면 보험가입 이후 위험회피노력에 대하여 소홀히 하는 것을 방지해야 한다.

Answer　79.①　80.④

79 ① 甲, 乙 모두 서비스에 대해 금액을 지불할 용의가 있으므로 20×2 = 40, 총수입 = 40
② 케이블TV 서비스를 두 사람 모두에게 판매한 경우 : 8×2 = 16
　　인터넷 서비스 판매를 두 사람 모두에게 판매한 경우 : 10×2 = 20, 총수입 = 36
③ 甲에게 케이블TV 서비스를 판매한 경우 : 15
　　두 사람 모두에게 인터넷 서비스를 판매한 경우 : 10×2 = 20, 총수입 = 35
④ 케이블TV 서비스를 두 사람 모두에게 판매한 경우 : 8×2 = 16
　　乙에게 인터넷 서비스를 판매한 경우 : 12, 총수입 = 28
⑤ 甲에게 두 가지 서비스를 판매한 경우 : 25, 총수입 = 25

80 ④ 임금지급방식을 고정급에서 성과급으로 전환한다.

81 다음은 조선시대 서적 내용의 일부이다. 글에서 밑줄 친 ㉠과 ㉡에 해당하는 정책을 옳게 짝지은 것은?

> • 상인이란 저렴한 곳의 물건을 가지고 와서 비싼 곳에 판매하는 존재인데, 지금, ㉠의 명령을 시행한다면 서울의 상인들은 장차 곡물을 다른 데로 옮겨 가 버릴 것이다.
> • 조선시대에는 재정 수입의 확대를 위해 육의전을 비롯한 시전상인에게 서울 도성 안과 도성 아래 십리 이내 지역에서 난전의 활동을 규제하고 특정 상품에 대한 전매권을 지키도록 ㉡금난전권을 부여하였다.

① 곡물 수입 금지, 최고 가격제　　② 곡물 수입 금지, 최저 가격제
③ 최고 가격제, 진입 규제　　④ 최저 가격제, 진입규제
⑤ 진입 규제, 최고 가격제

82 E랜드(놀이공원)는 적자 해소를 위해 입장료를 10% 인하한 반면, '서울시'의 지하철공사는 적자 해소를 위해 지하철 요금을 20% 인상하였다. 다음에서 옳은 설명을 모두 고르면?

> ㉠ 지하철과 같은 노선을 운행하는 시내버스 회사의 수입은 증가한다.
> ㉡ 서울시의 지하철공사는 지하철에 대한 수요가 가격에 대해 비탄력적이라고 판단하고 있다.
> ㉢ E랜드에 인접한 놀이공원 C랜드의 수입은 증가한다.
> ㉣ E랜드는 입장 수요가 가격에 대해 비탄력적이라고 판단하고 있다.

① ㉠㉡　　② ㉠㉢
③ ㉠㉣　　④ ㉡㉢
⑤ ㉢㉣

Answer　　81.③　82.①

81 ㉠의 명령은 서울의 곡물 가격을 제한하는 정책이며, 금난전권은 난전의 진입을 제한하는 것이므로 진입 규제라고 할 수 있다.

82 가격의 인상은 대체재(시내버스)의 수요를 증가시키고 이를 생산하는 자(시내버스 회사)의 수입은 증가한다. 또한 수요가 가격에 대해 탄력적이라면 가격인하가 수입을 증가시키고, 비탄력적이라면 그 반대가 된다. 따라서 지하철공사가 지하철 요금을 인상한 것은 지하철에 대한 수요가 가격에 대해 비탄력적이라고 판단한 것이라고 할 수 있다.

83 서원학원에는 A강사와 B강사가 있다. 그런데 A강사가 이 곳에서 B강사의 평균 임금이 A강사보다 높다는 것을 밝히면서, 이는 명백한 차별이라고 주장하였다. 그러나 B강사는 보수가 차이 나는 것은 사실이지만 이는 차별이 아니라고 주장한다. B강사가 자신의 주장에 대한 근거에 포함할 수 있는 것은?

① A강사가 클럽 활동 지도 등으로 더 많은 시간 일하는 것으로 나타났다.
② A강사와 B강사간에 학생의 수업 만족도는 차이가 없었다.
③ A강사와 B강사의 평균 교육 수준이 동일한 것으로 나타났다.
④ A강사의 평균 강사 경력이 B강사의 경력보다 적게 나타났다.
⑤ A강사가 보충 수업을 하는 경우가 B강사에 비해 많게 나타났다.

84 다음은 작년과 올해의 A국 경제를 비교한 것이다. 다음 중 적절한 것을 지문에서 모두 고르면?

> A국에서는 은퇴자들이 이자소득만으로 소비 생활을 영위하고 있다. 이 경제의 작년 이자율은 5%였고, 물가상승률은 2%였다. 올해에는 이자율은 6%에 물가상승률은 4%였다.

> ㉠ 은퇴 생활자의 이자소득은 명목가치는 증가하였지만, 실질가치는 감소하였다.
> ㉡ 은퇴 생활자의 이자소득은 명목가치는 감소하였지만, 실질가치는 증가하였다.
> ㉢ 은퇴 생활자의 이자소득의 명목가치와 실질가치 모두 증가하였다.
> ㉣ 기업들의 투자는 증가하였을 것이다.
> ㉤ 기업들의 투자는 감소하였을 것이다.

① ㉠㉣　　　　　　　　　　　② ㉠㉤
③ ㉡㉣　　　　　　　　　　　④ ㉡㉤
⑤ ㉢㉣

83 보수의 차이가 경력이나 생산성과 같은 조건에 기인한 것이라면 차별이라고 할 수 없다. 예컨대 B강사가 더 오래 일하거나, 교육 수준이나 경력 수준이 높아 수업을 잘하리라고 예상할 수 있다거나, 실제로 수업을 더 잘해서 학생들의 수업 만족도가 높다면 더 많은 보수를 받을 수 있으며 이는 차별이라고 할 수 없다.

84 이자소득은 명목가치는 5%에서 6%로 증가하였지만, 실질이자율은 물가상승률을 감안하여야 하므로 3%에서 2%로 감소하였다. 또한 기회비용이란 기업가가 기업에 투자할 돈을 은행에 예금했다면 받을 수 있는 이자를 말하는데, 이는 실질이자율로 판단하는 것이다. 따라서 투자의 기회비용이 낮아졌으므로 기업들의 투자는 증가하였을 것이다.

85 다음은 아일랜드의 구제금융과 관련된 신문 기사 중 일부이다. 아일랜드 위기의 근원은 무엇이라고 볼 수 있는가?

> "아일랜드 사람은 유머감각이 뛰어나다. 아일랜드의 브라이언 레니한(Rrian Lenihan) 재무장관도 유럽연합(EU)의 구제금융 권유에 대해 '아일랜드 은행들은 자금조달에 전혀 문제가 없다'라고 응수함으로써 유머감각을 잃지 않았다." 지난주 아일랜드의 구제금융 협상을 앞두고 파이낸셜 타임즈가 비꼬아서 한 말이다. 레니한 장관의 장담과 달이 11월 21일 아일랜드는 유럽연합(EU)과 국제통화기금(IMF)으로부터 850억 유로의 구제금융을 지원받기로 공식 결정했다. 지난 5월 그리스에 이어 두 번째로 외부자금을 수혈받는 국가가 되면서 아일랜드 국민들의 자존심에 큰 상처를 입혔다.
> 2008년 글로벌 금융위기가 발생하기 전만 하더라도 아일랜드가 위기를 겪을 것이라고 예상한 사람은 없었다. 아일랜드는 외국인 투자 유치, IT 붐 등에 힘입어 10여년 동안 연평균 7.3%의 고성장을 하면서 1990년대 말부터는 1인당 소득이 영국을 앞섰다. 재정수지도 2007년까지 10년 동안 흑자를 지속할 정도로 건전했다. 전문가들은 아일랜드를 셀틱 타이거(Celtic Tiger)라고 치켜세웠다.
>
> — ○○일보 2010년 12월 1일 —

① 무역수지 적자
② 국가부도 위험
③ 금융정책 실패
④ 인플레이션
⑤ 은행부실

86 항운 노조의 독점적 노무공급권을 사업주가 직접 노동자와 고용 계약을 할 수 있을 때, 노동시장에서 발생할 현상으로 옳지 않은 것은?

① 고용량의 증가
② 기존에 고용되었던 항만 노동자의 손해
③ 항만 노동시장에서 발생했던 비효율성의 감소
④ 고용주의 항만 노동자에 대한 변화 없는 수요
⑤ 독점 노조의 금지로 인한 모든 노동자들의 더 높은 임금의 요구로 인한 임금 상승

Answer   85.⑤   86.⑤

85 아일랜드 위기의 근원은 그리스와 같은 국가 부도 위험이 아니라 은행 부실에서 비롯되었다. 총 외채 중에서 정부가 2%를 보유하고 있는 반면 은행들은 5%를 넘게 가지고 있었다. 경제여건이 어려워질 경우 정부보다 은행이 위기에 빠질 가능성이 높은 구조였다.

86 ⑤ 독점 노조는 공급을 제한해서 높은 임금을 요구하므로, 이것이 사라지면 임금은 감소하고 고용량은 증가하게 될 것이다.

87 미국산 소고기 수입과 관련한 광우병의 공포로 인하여 비육돈 평균가격이 5,178원을 기록했다. 이는 지난해 같은 기간 평균가격 3,837원대에 비해 35% 오른 것으로 1마리 당 10만원이 상승한 셈이다. 삼겹살 시장의 균형을 위해 균형 가격과 균형 거래량에 미친 영향과 관련한 설명 중 옳지 않은 것은?

① 돼지고기 사료가격의 인상으로 생산비용이 상승함으로써 돼지고기 가격을 인하시킬 수 있다.

② 돼지고기 수요량의 증대에 따라 돼지고기 수입량을 증대시켜 가격을 인하시킬 수 있다.

③ 삼겹살의 과다섭취는 각종 성인병의 원인이 된다는 연구 결과의 발표는 가격을 하락시키고 수급량을 감소시킬 수 있다.

④ 삼겹살의 대체재인 닭고기 수요가 증가하면 삼겹살 수급량이 감소할 수 있다.

⑤ 광우병 공포의 확산으로 돼지고기 소비의 증가로 인하여 돼지고기 가격은 상승한다.

88 지난 4년 간의 DVD 대여시장의 가격과 대여량을 나타낸 것이다. 이러한 변화의 원인으로 옳은 것은?

연도 구분	2012	2013	2014	2015
가격	3,100	3,300	3,500	3,600
대여량	22	27	31	33

① DVD 플레이어 가격의 하락　　　② DVD 제작비용의 하락

③ 비디오테이프 대여 가격의 하락　　　④ 비디오테이프 플레이어 가격의 하락

⑤ 케이블 TV의 유료 채널 서비스 가격의 하락

Answer　　87.①　88.①

87 ① 돼지고기 사료가격의 인상으로 인해 생산비용의 증대로 공급량을 줄여 가격은 상승하고 수급량은 감소할 수 있다.

88 ① DVD 플레이어 가격의 하락은 보완재의 가격하락이므로 DVD의 대여 수요를 증가시킨다. 따라서 가격과 대여량 모두를 증가한다.
② DVD 제작비용의 하락은 공급의 증대를 가져오므로 가격이 하락하게 된다.
③ 비디오테이프 대여 가격의 하락은 대체재의 가격 하락이므로 대여 수요를 감소시켜 가격하락과 대여량 감소를 가져온다.
④ 비디오테이프 플레이어 가격의 하락은 대체재의 가격 하락이므로 대여 수요를 감소시켜 가격 하락과 대여량 감소를 가져온다.
⑤ 케이블 TV의 유료 채널 서비스 가격의 하락은 대체재의 가격 하락이므로 대여 수요를 감소시켜 가격 하락과 대여량 감소를 가져온다.

89 대학 진학률이 상승하면서 청년층의 학력수준과 직업에 대한 기대수준은 높아졌으나 이에 상응하는 일자리는 충분히 늘지 않아, 우리나라 15~29세의 실업률은 이 전체 실업률의 2배를 훨씬 넘는다. 또한 취업포기나 학업연장 등의 이유로 경제활동인구에 포함되지 않는 청년층까지 감안한다면 청년실업률은 이보다 높을 것으로 나타났다. 이와 관련한 설명 중 옳지 않은 것은?

① 청년실업률이 높은 이유는 자신에게 잘 맞는 직장을 찾는 과정에서 일시적으로 발생하는 마찰적 실업이 청년층의 경우 많기 때문이다.

② 청년실업은 마찰적 실업에만 국한되지 않고 구조적 실업의 문제도 가지고 있다.

③ 대졸자수가 크게 증가하여 고학력 인력의 공급은 증가하는 데 반해 일자리는 그만큼 늘지 않고 있는 노동력 수급불일치 현상이 심화되고 있기 때문이다.

④ 장기적으로 경제성장에 좋지 않은 영향을 미치며 사회적으로도 큰 문제가 될 수 있으므로 청년층 고용을 확대할 수 있도록 노력을 기울여야 한다.

⑤ 해수욕장에서 장사를 하는 나는 여름 한 철에만 영업을 하고 겨울에는 쉬고 있다. 이는 구조적 실업에 해당한다.

90 오헨리의 「크리스마스 선물」에서는 짐(남편)이 시계를 팔아 델라(아내)의 비녀를 사고, 델라(아내)는 머리카락을 팔아 짐(남편)의 시계줄을 산다. 이와 관련한 설명 중 옳지 않은 것은?

① 짐의 시계와 델라가 선물한 시계줄은 보완재의 관계이다.

② 델라의 머리카락과 짐이 선물한 비녀 역시 보완재의 관계이다.

③ 두 선물은 결국 두 사람에게 필요 없는 물건이 되었으므로 짐과 델라가 갖는 효용은 감소하였다.

④ 짐이 시계를 팔았다는 사실을 델라에게 알려 델라가 값이 싼 시계와 시계줄을 함께 선물한 경우 짐이 갖고 있던 시계와 값이 싼 시계 역시 보완재가 된다.

⑤ 만약 짐이 가진 시계의 가격이 오른다면 델라는 머리카락을 더 많이 팔아야 시계줄을 살 수 있다.

❀ Answer 89.⑤ 90.④

89 ⑤ 청년실업은 마찰적 실업이자 구조적 실업으로 볼 수 있으며, 구조적 실업의 문제가 되었을 때 정부는 이를 해결하기 위한 노력을 하여야 한다. 해수욕장에서 장사를 하다가 겨울에 잠시 쉬는 것은 계절적 실업이라고 할 수 있다.

90 ④ 보완재는 용도가 서로 보완적이어서 두 재화를 함께 소비할 때 더 큰 만족을 얻는 재화를 말한다. 따라서 값이 싼 시계와 짐이 가진 시계는 대체재의 성격을 지닌다.

91 맥주시장의 57.5%를 점유하고 있는 H사와 소주시장의 55.6%를 차지하고 있는 J사의 결합과 관련한 설명으로 옳지 않은 것은?

① 공정거래위원회는 맥주와 소주는 맛, 도수, 수요 형태 등에서 차이가 없고 긴밀한 대체 관계가 있기 때문에 같은 시장으로 봐야한다고 결론을 내렸다

② 맥주와 소주의 관계에 관련하여 맥주가격이 오르면 소주 소비가 늘어나기 때문에 두 관계를 대체재로 보아야 한다.

③ '폭탄주'처럼 맥주와 소주를 섞어 먹는 소비자들에게 있어서는 보완재라는 주장도 있다.

④ 소주를 먹은 후 맥주를 입가심으로 마신다면 둘의 관계는 보완재로 볼 수 있다.

⑤ 맥주와 소주가 서로 보완재인지 대체재인지에 따라 두 기업 합병의 주류시장 독과점 여부가 달라지기 때문에 재화 간의 관계를 판별하는 것이 문제 해결의 주안점이다.

92 다음 중 임파워먼트에 대한 내용으로 가장 거리가 먼 것은?

① 개인이 자신의 일을 유능하게 수행할 수 있다는 느낌을 갖도록 하는 활동과 그 결과 그렇게 되는 것을 가리키는 것을 말한다.

② 우수한 인력의 확보 및 양성 등에 초점을 두며 업무수행 기량(Skill)을 향상시키는데 초점을 둔다.

③ 구성원들로 하여금 그들의 일이 회사의 성패를 좌우한다는 강력한 사명의식을 갖도록 하게 한다.

④ 조직의 구성원들이 고객들에 대한 서비스를 향상시키고 동시에 환경변화에 신속히 대응할 수 있도록 한다.

⑤ 담당직무에 대해서 의사결정권을 갖게 하지 못하게 하여 통제감을 낮춤으로써 무기력감 및 스트레스를 해소하고 더욱 강한 업무의욕을 갖도록 하여 성취감을 준다.

Answer　　91.①　92.⑤

91 공정거래위원회는 맥주와 소주는 맛, 도수, 수요 형태 등에서 차이가 있고 긴밀한 대체 관계가 없기 때문에 서로 다른 별개 시장으로 봐야한다고 결론을 내렸다.

92 임파워먼트는 구성원 개개인이 업무의 수행을 유능하게 수행할 수 있다는 자신감, 에너지 활력 등의 느낌을 갖도록 하는 활동 및 그로 인한 결과로 자발적인 자신감을 형성하는 임파워먼트는 내재화된 몰입을 강조하는 동기부여 이론을 말하며, 이러한 임파워먼트는 구성원 개개인의 담당직무에 대해 의사결정권을 갖게 하여 통제감을 높임으로써 무기력감 및 스트레스 등을 해소하고 강한 업무의욕을 갖도록 하여 성취감을 준다.

93 종합부동산세의 존·폐에 관한 상반된 주장을 통해 이들 논리로부터 유추한 내용으로 가장 옳지 못한 것은?

> • 존치론 : 종합부동산세란 소수의 부동산 부자들로부터 걷은 세금으로 지방의 서민들을 지원하는 세금이다. 우리나라보다 부동산 보유세율이 몇 배나 높은 미국과 같은 선진국들은 보유세율을 정상화한다는 의미에서도 종부세는 폐지할 수 없다. 부동산 시장을 안정시키고 투기를 잡기 위해서라도 종부세는 필수적이다. 만약 종부세를 폐지한다면 이는 소수의 부자들만을 위함이다.
>
> • 폐지론 : 선진국의 보유세는 일반적으로 종부세와 같은 누진율이 아닌 부동산을 가진 모든 국민이 동일한 세율로 납부하는 정률세로 운영된다. 일부 부자들에게만 지방재정에 관한 책임을 떠넘긴다는 점에서 종부세는 정의롭지도 못하며, 더구나 고가의 부동산을 보유했다고 해서 진짜 부자인 것도 아니다. 또한 세금이 부동산 가격을 안정시키는 효과 역시 없다.

① 폐지론자는 세금은 고루 부담하는 보편성을 가져야 정의롭다고 믿는다.

② 존치론자의 논리에 따르면 종부세가 아닌 재산세를 올려야 한다.

③ 폐지론자는 보유세를 무겁게 매기는 것에 포괄적으로 반대한다.

④ 존치론자는 세금 인상이 부동산 투기를 억제한다고 믿는다.

⑤ 폐지론자는 순자산에 매기는 부유세에 찬성할 가능성이 높다.

※ 다음의 지문을 읽고 옳은 것을 고르시오. 【94~95】

> S사의 김대리는 중고시장에서 자동차를 구매하고자 한다. 그는 사고 경력이 없는 차는 500만 원에, 사고경력이 있는 나쁜 차는 300만 원까지 지불할 용의가 있다. 그러나 실제로는 겉모습만 보아서는 좋은 차인지 나쁜 차인지 구별이 가지 않으므로 결국 그는 확률이 반반이라는 생각에 400만 원의 가격으로 차량을 구입하였다. 그러나 판매자는 자신이 내놓은 차가 어떤 차라는 것을 알고 있다. 즉 사고 경력이 없는 차는 400만 원에 팔지 않을 것이며, 사고 경력이 있는 차는 400만 원에 팔 가능성이 많다. 결국 ㉠ 김대리와 판매자가 가지고 있는 정보의 차이로 인하여 ㉡ 김대리는 나쁜 차를 구매했을 가능성이 높다.

94 밑줄 친 ㉠에 해당하는 것은?

① 선택 　　　　　　　　　　　② 역선택
③ 정보의 대칭성 　　　　　　　④ 정보의 비대칭성
⑤ 역차별

95 밑줄 친 ㉡에 해당하는 것은?

① 선택 　　　　　　　　　　　② 역선택
③ 차별 　　　　　　　　　　　④ 역차별
⑤ 정보의 대칭성

✿ Answer 　　94.④　95.②

94　④ 한쪽이 다른 한쪽보다 많은 정보를 가지고 있는 것을 정보의 비대칭성이라고 한다.

95　② 정보의 비대칭성으로 인한 잘못된 선택을 역선택이라고 한다.

96 어떤 사람이 사건을 의뢰하기 위해 변호사 사무실을 찾은 경우, 사건을 의뢰하는 사람의 입장에서는 자신을 변론하게 될 변호사가 재판에서 거둔 승률이 얼마나 되는지 궁금하지만 이에 대한 정확한 정보는 변호사만 알고 있을 뿐이다. 이처럼 정보가 한쪽에만 있고 다른 쪽에는 없는 경우를 무엇이라고 하는가?

① 정보의 대칭성　　　　　　　　② 정보의 비대칭성
③ 디드로 현상　　　　　　　　　④ 차이니즈 월(Chiness Wall)
⑤ 파이어 월(Fire Wall)

97 각종 언론매체들이 북한의 미사일 실험발사를 계기로 미국의 반응과 그에 따른 북한의 움직임을 보도하면서 자칫 치킨게임의 양상으로 치닫지 않을까 하는 우려의 목소리가 높다. 여기서 치킨게임에 관련한 설명으로 옳지 않은 것은?

① 1950년대 미국 젊은이들 사이에서 유행하던 게임으로 두 명의 경쟁자가 자신의 차를 몰고 정면으로 돌진하다가 충돌 직전 핸들을 꺾는 사람이 지는 경기에서 유래했다.
② 어느 한쪽도 양보하지 않고 극단적으로 치닫는 무모한 게임을 일컫는다.
③ 치킨게임은 게임이론의 하나로 1950년대 미국과 소련의 심각한 군비 경쟁을 비꼬는 말로 쓰였다.
④ 극단적인 노사대립의 양상은 치킨게임의 범주에 드는 것은 아니다.
⑤ 치킨게임에는 '모 아니면 도'라는 흑백논리만이 존재한다.

Answer　96.②　97.④

96　② 지문은 정보의 비대칭성에 대한 사례이다.
97　④ 극단적인 노사대립의 양상도 치킨게임의 범주에 든다.

98 다음은 우리나라의 고용전망에 대한 보고서의 일부이다. 이 보고서에 나타난 고용전망에 근거가 된 경제논리를 가장 바르게 설명한 것은?

> 고용흡수력이 높은 서비스업을 중심으로 고용이 증가하였을 것으로 기대하였으나 내수침체 및 경기불확실성의 증가에 따라 내수 관련 중소기업 및 자영업 부분의 신규 고용창출이 크게 저조한 것으로 나타났다. 이러한 일자리부진 추세는 하반기에도 계속될 것으로 보인다. 민간소비 설비투자 등 내수 부문을 중심으로 경기둔화가 가시화되고 물가 불안이 심화됨에 따라 20××년 하반기에는 취업자 수가 약 22만 1,000명 증가할 것으로 전망하고 있다. 20××년 연간 경제성장률 전망치가 4.7%에서 4.6%로 낮아진다는 전제하에 연간 고용률 59.7%, 경제활동참가율 61.7%, 실업률 3.2% 수준이 될 것이라고 예상되며, 하반기 또한 경제성장률 전망치가 4.4%에서 4.0%로 낮아진다는 전제하에 고용률 60.0%, 경제활동참가율 62.0%, 실업률 3.2% 수준이 될 것으로 전망된다.
>
> — 한국노동연구원, 「20××년 하반기 고용평가 및 하반기 전망」 —

① 소비와 투자의 감소는 물가를 하락시킨다.
② 임금이 높아지면 노동수요는 감소한다.
③ 경제성장이 둔화되면 경제활동참가율은 높아진다.
④ 자본의 공급탄력성이 높기 때문에 노동수요가 감소한다.
⑤ 노동에 대한 수요는 파생수요로서 내수 침체에 따라 신규고용이 감소한다.

99 한국은행의 콜금리 인하로 발생하는 경기 부양의 파급과정에 대한 설명 중 옳지 않은 것은?

① 주식가격이 상승하면 소비의 자산효과(wealth effect)로 인하여 소비가 증가한다.
② 금리인하의 결과 화폐보유의 기회비용을 감소시켜 화폐수요를 증가시킨다.
③ 시장이자율의 상승으로 기업의 투자가 위축된다.
④ 은행의 대출이 증가하여 기업의 투자가 증가한다.
⑤ 자본유출로 국내통화의 가치가 절하되어 수출이 증가한다.

Answer | 98.⑤ 99.③

98 ① 소비와 투자의 감소는 물가를 상승시킨다.
② 임금이 높아지면 노동수요는 증가한다.
③ 경제성장이 둔화되면 경제활동참가율은 낮아진다.
④ 자본의 공급탄력성이 높기 때문에 노동수요는 증가한다.

99 ③ 금리인하의 결과 이자율이 하락한다. 이자율의 하락은 화폐보유의 기회비용을 감소시켜 화폐수요를 증가시키며 기업의 투자를 증가시킨다.

100 다음 지문의 내용과 관련한 설명 중 옳지 <u>않은</u> 것은?

> 서정이는 주말마다 근처 대형마트에서 생필품을 구입하곤 한다. 그녀는 종종 가공식품을 구입할 때마다 그와 관련된 소비재를 생산하는 기업의 할인쿠폰을 이용하여 보다 값싸게 구매한다. 그러나 그녀의 남동생인 준수는 쿠폰을 가위로 잘라서 이를 보관하였다가 사용하는 불편을 감수하는 것이 번거로워 쿠폰을 잘 사용하지 않는다.

① 쿠폰은 가격차별의 수단이다.

② 서정이는 가격에 더 민감한 소비자라고 할 수 있다.

③ 준수는 서정이 보다 가격탄력성이 높은 수요를 가지고 있으며 더 낮은 유보가격을 가지고 있다.

④ 기업들은 할인쿠폰을 발행함으로써 자신의 고객을 두 그룹으로 나눌 수 있다.

⑤ 가격에 더 민감한 고객에게는 다른 고객들보다 더 낮은 가격을 책정할 수 있다.

101 다음의 세 가지 시장에서 공통적인 특징에 관한 내용으로 옳지 <u>않은</u> 것은?

> • 다양한 영화들이 발표되면서 소비자들은 이 중에서 취향에 따라 영화를 선택하여 볼 수 있다.
> • 많은 가수들이 새 음반을 발표하여 시장에서 경쟁한다.
> • 상업 지역, 아파트 지역, 대학가 등에서 다양한 종류의 음식점들이 경쟁하고 있다.

① 각각의 시장에서 공급자들은 차별화 된 제품을 공급한다.

② 균형에서 각 공급자들은 초과 생산설비(유휴 생산능력)를 가지게 된다.

③ 각 시장에서 공급자들은 각각 어느 정도의 독점력을 보유하고 있다.

④ 공급자들은 장기에 최저의 평균비용수준에서 생산한다.

⑤ 세 시장의 공통점은 충분한 경쟁이 이루어지고 있는 완전경쟁적 여건을 갖춘 시장이다.

✿ Answer   100.③   101.④

100 ③ 준수보다 서정이가 더 가격에 민감하게 반응하므로 가격탄력성이 높다.

101 ④ 최저수준의 비용으로 공급할 수 있는 능력을 갖춘 생산자만 살아남을 수 있다.

102 다음의 지문을 읽고 ㉠에 들어갈 말은?

계용묵의 수필 「구두」를 보면, 주인공이 뒤축에 박아놓은 징 때문에 어스름한 창경원 곁 담을 걷다가 한 여인에게 오해를 사는 내용이 나온다. 주인공의 또각또각하는 징 박은 구두소리가 앞서 가던 여자에게 두려움과 불안감을 느끼게 했다는 것인데, 주인공이 전혀 의도하지 않았음에도 불구하고 결과적으로는 아무 상관없는 다른 사람에게 좋지 않은 영향을 미친 것이다. 이 경우와 같이 어떤 사람의 행동이 제삼자에게 의도하지 않은 영향을 주지만 이에 대해 어떠한 대가를 요구하거나 비용을 지불하지 않는 경우를 (㉠)가(이) 발생한다고 한다.

① 독점적 경쟁   ② 혼합 전략
③ 외부효과   ④ 반복 게임
⑤ 선점자 우위

103 괴테의 「파우스트」에서는 용병들의 급료를 지불하지 못하고 나라의 금고도 비어 있어 이를 해결하기 위해 세금을 걷는 대신 영토 내에 매장된 보화를 담보로 화폐를 발행하는 장면이 나온다. 정부가 치안, 국방, 일반행정, 사회복지 등과 같은 국가사업을 하는데 필요한 자금을 주로 세금부과나 국채발행을 통해 조달하는데, 시중에 통화량이 증가해서 물가수준이 상승하여 통화의 가치가 이전보다 떨어짐으로써 발생할 수 있는 것은 무엇인가?

① 외부적 한계혜택   ② 사회적 한계혜택
③ 인플레이션 조세   ④ 디플레이션 조세
⑤ 효율적 배분

Answer   102.③ 103.③

102 외부효과(externality) … 어떤 경제활동에 있어 타인에게 의도하지 않은 혜택이나 손해를 주면서도 이에 대한 대가가 발생하지 않는 상태를 말하며, 외부경제와 외부불경제로 구분된다.

103 인플레이션 조세 … 정부가 화폐발행을 통해 조달하는 수입을 말한다. 통화량이 늘어나면 물가수준이 상승하면서 돈의 가치가 이전보다 떨어지는데, 인플레이션 조세는 화폐를 갖고 있는 모든 사람에게 부과되는 세금과 같다는 의미에서 붙여진 이름이다.

※ 다음의 지문을 읽고 물음에 답하시오. 【104~105】

조선말 흥선대원군은 경복궁 중건과 군사력 증강에 필요한 재정 지출을 위해 당백전을 발행하였다. 당백전은 액면가치가 상평통보 1개의 100배여서 당백전으로 불리게 되었는데, 당백전의 남발은 화폐가치의 하락과 물가상승, 즉 (㉠)을 초래하였다. 당백전 발행 당시 7~8냥 하던 쌀 1섬의 값은 이후 44~45냥으로 무려 6배나 폭등하여 일반백성들의 생활이 극도로 피폐하게 되었다.

104 당백전 남발의 결과와 관련한 설명 중 옳지 않은 것은?

① 당백전 남발은 결국 인플레이션을 가지고 왔다.
② 제1차 세계대전 후 전쟁에 패한 독일이 전쟁 배상금 지급과 경제 재건을 함에 따라 정부 지출이 세입을 초과하게 되면서 부족한 자금조달을 위하여 많은 양의 화폐를 발행하게 되었는데, 이는 당백전 발행과 유사하다.
③ 국채발행을 통한 정부자금조달은 미래세대와 무관하다.
④ 정부가 화폐를 지나치게 많이 발행하면 인플레이션이 발생한다는 것이다.
⑤ 인플레이션발생은 동일한 재화들을 사는데 비용이 몇 배 이상 상승할 수 있다.

105 ㉠에 들어갈 적절한 용어는?

① 외부적 한계혜택　　　　　　② 사회적 한계혜택
③ 인플레이션　　　　　　　　　④ 디플레이션
⑤ 효율적 배분

106 원화와 엔화가 달러화에 비해 모두 강세를 보이고 있다. 그런데 원화의 강세가 엔화에 비해 상대적으로 더 강하다고 할 때 나타나는 현상에 대한 설명 중 옳지 않은 것은?

① 서정이는 친구들과 함께 일본으로 온천 여행을 가기로 했는데, 그 부담이 줄어들었다.
② 미국이 한국에서 수입하는 자동차 가격이 올라갔다.
③ 일본산 부품을 사용하는 우리나라 기업의 생산비용은 증가하였다.
④ 미국에 수출하는 우리나라 자동차의 가격경쟁력은 일본에 비해 떨어졌다.
⑤ 엔화표시 채무를 가지고 있는 우리나라 기업의 원리금 상환부담은 감소하였다.

107 재료나 제품 등 실물의 보관이나 운송의 흐름을 관리하는 산업을 물류산업이라고 하는 데, 다음 중 이러한 물류산업의 발전 동향에 관한 설명으로 적절하지 않은 것을 고르면?

① 전자상거래의 비중이 늘어남에 따라 신속하고 신뢰성 높은 저비용 물류체계의 구축이 더욱 중요해지고 있다.
② 물류정책은 물류인프라 확충, 정보화 및 표준화를 통한 물류선진화를 추구하면서 환경과 안전을 중시하는 경향이 커지고 있다.
③ 물류산업의 국제화가 가속화되어 국내시장에서 세계 유수기업들과 경쟁이 심화되고 있다.
④ 중소기업들은 경쟁력 확보를 위해 독자적인 물류 체계를 구축하는 형태로 자사창고 및 수송차량 확보를 증가시키는 추세이다.
⑤ 국제화가 진전됨에 따라 국제 표준화에 대한 적응과 국가 간 규제에 대한 대응력 강화가 필요하다.

Answer   106.③ 107.④

106 ③ 화폐가치의 강세순서는 '원화 > 엔화 > 달러화'로 나타나므로 우리나라 제품은 일본 제품이나 미국 제품에 비하여 가격경쟁력이 없다. 상대적으로 일본 제품은 우리나라 제품보다는 가격경쟁력이 있고, 미국제품에 비해서는 가격경쟁력이 없게 된다. 따라서 일본산 부품을 사용하는 우리나라 기업의 생산비용은 감소하게 된다.

107 중소기업의 경우에는 물류비의 절감 및 경쟁력 등의 향상을 위해서 공동 물류체계를 구축하고 있는 상황이다.

108 유가상승으로 인하여 김대리는 자신의 SM5를 팔고 대신 소형차를 구입하려고 한다. 그런데 중고차 시장에서는 중고차를 팔려는 사람들이 많은 정보를 가지고 있는데 반해, 사려는 사람들은 정보가 적다. 그 결과 일반적으로 중고차를 구입하려는 사람들이 피해를 보는 경우가 종종 있는데, 이 같은 현상과 관련이 있는 것은?

① 공공재의 존재로 시장실패가 나타난다.
② 외부성의 존재로 시장기능이 실패한다.
③ 정보의 대칭성으로 시장실패가 발생한다.
④ 규모에 대한 보수가 체증하여 시장실패가 발생한다.
⑤ 역선택의 문제가 나타나서 시장기능이 실패한다.

109 다음 신문기사의 내용과 관련 있는 개념은 무엇인가?

우리나라 이동통신 가입자수는 1987년 1만 명에 불과하였으나 1988~1999년 동안 연평균 90%씩 가입자가 급증하여 2005년 말 기준 3,822만 명이 이동통신을 이용하고 있는 것으로 나타났다.
1998년 10월경 우리나라 KOSDAQ 주식시장의 주가지수는 600 수준에 불과하였으나 일부 투자자가 벤처투자로 큰 이득을 얻었다는 뉴스에 많은 사람들이 KOSDAQ 시장에 몰려들면서 2000년 3월경에는 주가지수가 2,800을 상회하기도 하였다.

① 디드로 효과   ② 죄수의 딜레마
③ 카르텔   ④ 밴드왜건 효과
⑤ 독점적 경쟁

Answer   108.⑤   109.④

108 중고차의 구매자와 판매자의 정보 비대칭성으로 인한 역선택에 관한 내용이다.

109 밴드왜건 효과 … 어떤 재화나 서비스의 경우 누군가 이에 대한 수요를 늘릴 때 이전에는 해당 재화나 서비스에 대하여 별다른 필요를 느끼지 않던 사람들도 타인의 수요에 편승하여 수요를 늘리는 경우가 있는데 이러한 현상을 퍼레이드의 악대차에 빗대어 밴드왜건 효과(또는 편승효과)라고 한다.

110 졸업을 앞두고 있는 준수는 S사에 입사하기를 희망한다. S사는 준수만이 아니라 대학생들이 가장 선호하는 기업 1위의 기업이다. 만약 S사의 노동수요가 탄력적인 반면 노동공급이 매우 비탄력적이라고 가정할 때, 정부가 근로자에게 근로소득세를 부과하면 귀착은 어떻게 되는가?

① 근로자에게 과세되어 근로자가 모두 부담한다.
② 노동공급이 비탄력적이므로 근로자가 모두 부담한다.
③ 근로자에게 과세되어 기업주는 일체 부담이 없다.
④ 근로자에게 과세되고 기업주도 일부 부담하나 근로자의 부담보다 작다.
⑤ 근로자에게 과세되나 기업주의 부담이 더욱 크다.

111 국민연금제도의 경제적 효과에 관한 설명으로 옳지 않은 것은?

① 저축의 중요성을 깨닫게 하는 인식효과가 발생한다.
② 연금급여에 대한 기대로 조기에 퇴직하는 경우가 있다.
③ 조기퇴직효과는 저축을 증가시키는 효과가 있다.
④ 자산대체효과로 인하여 자발적 저축이 감소한다.
⑤ 부과방식으로 운용된다면 세대간 부의 이전을 기대할 수 없다.

112 정부에서 '최저 임금제'에 근거하여 내년도에 최저 임금을 인상할 경우에 예상되는 상황으로 가장 거리가 먼 것은?

① 생활보호의 수급자가 줄어든다.　　　② 실업률이 저하된다.
③ 아르바이트 구인수가 감소한다.　　　④ 아르바이트 구직활동을 하는 사람이 증가한다.
⑤ 사업자의 인건비가 증가한다.

⁂ Answer 　110.④　111.⑤　112.②

110 ④ 노동공급의 비탄력성 때문에 근로자의 부담이 크다.

111 ⑤ 부과방식으로 운용된다면 세대간 부의 이전을 기대할 수 있고, 적립방식으로 운용된다면 세대간 부의 이전 문제가 나타나지 않는다.
　※ 국민연금 재정운용방식 유형
　　㉠ 적립방식 : 국민들이 낸 보험료 혹은 사회보장세를 적립해 기금을 만들고 이 기금에서 나오는 수익으로 연금을 지급하는 방식이다.
　　㉡ 부과방식 : 현재 일하고 있는 사람들에게서 거둔 돈으로 은퇴한 사람들에게 혜택을 지급하는 방식이다. 수지 차액이 없어서 적립금이 불필요하며, 연도별 수지균형의 원칙에 따르며 일정한 재분배 기능을 가진다.

112 정부에서 소득격차 시정을 위해 최저임금을 인상하게 되면 노동자들에게는 소득이 증가하여 구직활동이 증가할 수 있다. 반면 사용자측에서는 인건비 부담으로 인하여 아르바이트 고용을 늘리려 하지 않기 때문에 구직자는 증가하고 구인자는 감소하므로 실업률은 상승할 수 있다.

113 "중산층"을 정확하게 규정하는 것은 용이하지 못하다. 다음 중 중산층에 대한 설명으로 옳지 않은 것은?

① 소득수준이 최저 생계비의 2배~2.5배에 속하는 계층을 말한다.
② 소득 3~7 분위에 속하면서 전문대 이상의 학력을 가진 사람을 말한다.
③ 사회 전체 가구 중 중위 소득의 50~150%에 해당하는 소득을 올리는 가구를 말한다.
④ 서울 강남 등에 주택을 보유하고 있으면서 35% 소득세율 구간의 소득을 올리는 사람을 말한다.
⑤ 먹고 살아갈 만한 충분한 소득이 있고 퇴근 후 영화나 피자 한 판을 사는데 부담을 느끼지 않을 정도의 소득을 올리는 계층을 말한다.

114 자유무역협정을 옹호하는 논리로 볼 수 없는 것은?

① 무역으로 인하여 시장이 커진다.
② 무역으로 인하여 다양한 상품의 선택이 가능해진다.
③ 무역으로 인하여 특화가 가능해지고 비용이 하락한다.
④ 무역으로 인하여 숙련 노동자의 임금이 더 상승하게 된다.
⑤ 무역이 행하여진다는 것은 교역 쌍방이 모두 이득을 보고 있기 때문이다.

Answer   113.④   114.④

113 중산층을 판단하는 데 가장 중요한 것은 소득 및 자산 등 경제적 지수를 중심으로 한다. 일반적으로 소득수준이 최저생계비의 2~2.5배에 달하는 계층을 중산층으로 보며, 경제개발협력기구에서는 중간값 소득의 50~150%에 해당하는 소득을 올리는 가구를 중산층으로 정의하고 있다. 또한 소득분배기준 10분위에서 47분위 및 3~7분위를 중산층으로 보기도 한다.

114 자유무역협정(FTA) … 국가간 상품의 자유로운 이동을 위해 모든 무역 장벽을 제거시키는 협정을 말하며, 특정 국가 간의 상호 무역증진을 위해 물자나 서비스 이동을 자유화시키는 협정으로, 나라와 나라 사이의 제반 무역 장벽을 완화하거나 철폐하여 무역자유화를 실현하기 위한 양국간 또는 지역 사이에 체결하는 특혜무역협정이다. 그러나 자유무역협정은 그동안 대개 유럽연합(EU)이나 북미자유무역협정(NAFTA) 등과 같이 인접국가나 일정한 지역을 중심으로 이루어졌기 때문에 흔히 지역무역협정(RTA ; regional trade agreement)이라고도 부른다.

115 다음 제시문의 밑줄에 공통으로 해당하는 경제 용어는?

> 한국은행 집계에 따르면 농산물(채소 및 과일) 가격 급등으로 국내 2010년 2분기 _____ 는(은) 9년 만에 최고치를 기록하였다. 한편 이상기온 등으로 인한 채소 등 식료품비의 급등으로 저소득층의 _____도 5년 만에 최고치를 기록하였다.

① 인플레이션율
② 지니지수
③ 엥겔계수
④ 실업률
⑤ 소비성향

116 밑줄 친 변화와 관련된 경제적 상황으로 옳은 것은?

> Y재는 우리나라와 미국에서만 생산되는 재화이다. 그림에서 S는 국내산 Y재의 공급을, D는 Y재에 대한 국내 수요를 나타낸다.
> 한-미 FTA 체결 이전 미국산 Y재는 관세를 포함하여 P_1에서 무한정 공급 가능한 상태였다. FTA의 체결로 **미국산 Y재에 대해 P_1, P_2만큼 부과되던 관세가 철폐**되었다.

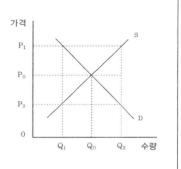

① 관세 철폐 이전 미국산 Y재의 국내 거래량은 Q_1이다.
② 관세 철폐 이후 미국산 Y재의 국내 거래량은 Q_2이다.
③ 관세 철폐 이후 Y재의 국내 거래량은 Q_0, Q_2만큼 증가하였다.
④ 관세 철폐로 우리나라 국제 수지는 $P_0 \times Q_1$, Q_2만큼 악화되었다.
⑤ 관세 철폐로 우리나라 재정 수입은 $P_1P_2 \times Q_1$, Q_2만큼 감소하였다.

✿ Answer   115.③   116.③

115 엥겔계수(Engel's coefficient)는 19세기 독일의 통계학자 엥겔이 발견한 법칙으로 전체 소비지출에서 식료품비 (주류음료 포함) 지출이 차지하는 비율 즉, 식료품비가 가계의 소비지출에서 차지하는 비중(비율)을 뜻한다.
※ 엥겔계수 = 식료품비/소비지출 × 100

116 관세 철폐 이전 Y재는 국내산 수요 곡선과 공급 곡선이 만나는 점에서 균형을 이룬다.
(균형가격 P_0, 균형 거래량 Q_0) 관세 철폐 이후에는 Y재의 국내 가격이 P_2가 되고 거래량은 Q_2가 된다. 따라서 관세 철폐 이후 Y재의 국내 거래량은 Q_0, Q_2만큼 증가한다.
① 관세 철폐 이전 미국산 Y재는 높은 관세로 인해 국내에서는 거래되지 않는다.
② 관세 철폐 이후 미국산 Y재의 국내 거래량은 Q_1, Q_2이다.
④ 관세 철폐로 우리나라 국제 수지는 $P_2 \times Q_1$, Q_2만큼 악화되었다.
⑤ 관세 철폐 이전에 미국산 Y재는 국내 시장에서 거래되지 않았기 때문에 관세가 철폐되더라도 정부의 관세 수입은 변동이 없다.

117 북미자유무역협정(NAFTA)의 체결 이후 미국과 멕시코간의 무역자유화가 크게 확대되었다. 미국은 멕시코보다 자본이 풍부한 반면, 멕시코는 미국보다 노동이 풍부하다고 할 때, 이와 같은 무역의 자유화가 멕시코의 자본가와 노동자 간의 소득분배에 어떠한 영향을 미치는가?

① 소득분배에 영향을 주지 않는다.

② 소득의 격차를 확대시킨다.

③ 소득의 격차를 줄인다.

④ 소득분배에 미치는 영향이 불확실하다.

⑤ 초기에는 소득의 격차를 확대시키지만 장기에는 영향을 주지 않는다.

118 다음 중 우리나라 금리정책에 대한 설명으로 옳지 않은 것은?

① 2016년 이후 중기 물가안정 목표는 2%이다.

② 목표 대상 물가지수는 소비자물가지수이다.

③ 한국은행은 물가 안정 목표를 달성하기 위하여 1999년 5월부터 매월 한국은행 정책금리의 목표 수준을 정하고 있다.

④ 한국은행은 2008년 3월부터 정책 금리를 '한국은행 기준금리'에서 '콜 금리'(익일을 기준)으로 변경하였다.

⑤ 시장 금리는 콜 시장, 채권 시장과 같이 다수의 거래 당사자가 참가하는 공개 시장에서 수요와 공급에 따라 형성되는 금리이다.

Answer　　117.③　118.④

117 ③ 멕시코의 경우 노동이 풍부하므로 노동의 소득은 증가하고 희소한 자본의 소득은 감소하므로 자본가와 노동자 간의 소득 격차는 줄어드는 반면에, 미국의 경우 자본이 풍부하므로 자본의 소득은 증가하고 희소한 노동의 소득은 감소하므로 자본가와 노동자 간의 소득 격차가 커진다.

※ **자유무역의 효과** … 자유무역을 통해 각국에서 상대적으로 풍부한 요소의 소득은 증가하고 희소한 요소의 소득이 감소하므로 요소 소득 격차가 감소한다.
　　㉠ **자본풍부국** : 상대적으로 풍부한 자본의 소득 증가
　　㉡ **노동풍부국** : 상대적으로 풍부한 노동의 소득 증가

118 한국은행은 2008년 3월부터 정책 금리를 '콜 금리(익일을 기준)'에서 '한국은행 기준금리'로 변경하였으며 콜 금리는 통화정책 파급경로의 시발이 되는 시장 금리로서의 기능을 수행하므로 기준금리 수준에서 크게 벗어나지 않는다.

119 다음 신문기사에서 언급되는 MAVINS에 해당하지 않는 국가는?

> **'브릭스(BRICs)의 뒤를 이을 마빈스 (MAVINS)를 잡아라.'**
>
> 한국 경제에서 마빈스 국가들이 차지하는 비중이 해마다 높아지면서 정부가 이들과 경제협력을 강화할 방침이다. 기획재정부에 따르면 올해 1월부터 지난 10월까지 한국과 마빈스 간 교역액은 전년 동기 대비 41.3% 상승해 같은 기간 전체 교역 증가율 31.4%를 압도했다. 한국이 마빈스에 직접 투자한 규모는 2004년 3억 1,800만 달러에서 올해 15억 4,700만 달러로 4.86배나 증가했다. 한국의 교역 규모에서 차지하는 비중도 2004년 6.6%에서 2010년 8.8%로 상승했다. 세계 경제에서 이들이 차지하는 비중도 높다. 지난해 이들 6개국의 총 인구는 6억 6,000만 명(9.7%), 국내총생산(GDP) 합계는 4조 4,000억 달러(6.3%), 수출은 6,800억 달러(5.4%)를 기록했다. 미국 중앙정보국(CIA)은 현재 미국 GDP의 31% 수준에 불과한 마빈스 경제 규모가 2050년 244%로 급증할 것으로 전망한 바 있다.

① 멕시코
② 호주
③ 베트남
④ 나이지리아
⑤ 인도

P/A/R/T

제3과목

응용복합

추론 판단 영역

추론 판단 영역

제3 과목 응용복합

1 다음 자료에 대한 분석으로 옳은 것은?

그림은 세율 적용 방식에 따른 소득세 제도를 나타낸다. 갑국은 현행 소득세 제도를 (가) 또는 (나)로 개정하려고 한다.

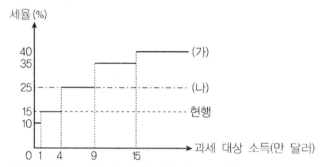

- 현행은 과세 대상 소득에 관계없이 15%의 세율을 적용한다.
- (가)는 과세 대상 소득 구간에 따라 다른 세율을 적용한다. 예를 들어 과세 대상 소득이 6만 달러인 경우 1만 달러는 10%, 1만 달러 초과 4만 달러 이하의 구간에 해당하는 3만 달러는 15%, 나머지 2만 달러는 25%의 세율을 적용한다.
- (나)는 과세 대상 소득에 관계없이 25%의 세율을 적용한다.

---

① (가)로 개정할 경우 과세 대상 소득 증가율과 세액 증가율은 같다.

② (나)로 개정할 경우 누진세율이 적용된다.

③ (가)에 비해 (나)로 개정할 경우 소득 재분배 효과가 크다.

④ 과세 대상 금액이 10만 달러인 사람은 (나)에 비해 (가)로 개정할 경우 납부할 세액이 크다.

⑤ 과세 대상 금액이 5만 달러인 사람은 (나)로 개정할 경우 증가하는 세액이 (가)로 개정할 경우 증가하는 세액의 10배이다.

2 다음 글에 제시된 정부의 역할과 다른 것을 고르면?

> 연구 개발 활동은 기초연구, 응용연구, 개발연구로 구분된다. 기초연구는 기초지식의 창출을 목적으로 하는 반면, 개발연구는 바로 상업화가 가능한 제품 또는 공정기술의 설계와 개발을 목적으로 하고 있다.
> 응용연구는 기초연구와 개발연구의 중간적인 성격을 갖고 있다.
> 기초연구에 필요한 재원이 대부분 정부에 의해 조달되는 이유 중 하나는 기초연구의 사회적 편익이 사적 편익보다 높기 때문이다.

① 녹지 보전을 위해 개발제한구역을 지정한다.

② 공무원 조직을 혁신하여 예산을 절감한다.

③ 초등학생의 예방접종을 무료로 실시한다.

④ 초등교육에 대해 재정지원을 한다.

⑤ 폐수처리시설을 지원한다.

Answer 2.②

2 긍정적 외부성(외부 경제)을 갖고 있는 재화나 서비스를 정부가 공급하는 경우가 아닌 것을 찾으면 된다.

3 다음은 일상생활에서 쉽게 볼 수 있는 경제현상들이다. 공통적인 원인은 무엇인가?

> • 입시철마다 대학 주변의 하숙촌은 호황을 누린다.
> • 여름철마다 동해안 해수욕장의 민박촌은 호황을 누린다.
> • 졸업식 · 입학식 시즌의 장미 가격은 평소보다 비싸다.
> • 단기적으로 토지에 조세를 부과하면 조세자본화 현상이 일어난다.

① 담합   ② 규제
③ 수요 초과   ④ 정보 비대칭
⑤ 공급 비탄력성

4 한국정부는 소말리아 해적에 피랍된 한국 선원을 구하기 위하여 협상 전략을 주로 구사해왔다. 그러나 최근 군함을 파견하고 인질구출작전을 펴는 등 전략적 변화를 보이고 있는데 이러한 전략 변화를 잘 설명할 수 있는 게임이론의 형태는 무엇인가?

① 사슴사냥게임   ② 최후통첩게임
③ 죄수의 딜레마 반복게임   ④ 동전 맞추기 게임
⑤ 가위 · 바위 · 보 게임

Answer   3.⑤   4.③

3 공급이 비탄력적일 때(공급곡선이 수직에 가까울 때), 시장가격은 수요의 변동에 민감하게 반응한다. 수요초과는 하숙촌이나 민박촌 사례에는 해당되나 나머지 현상을 설명하지는 못한다.

4 일회적인 죄수의 딜레마 게임이라면 협상하는 것이 정부의 우월전략이 될 수 있으나, 지속적으로 반복된다면 어느 순간부터는 군사적으로 대응하는 것이 우월전략이 될 수 있다. 한국 정부의 전략 변화는 이러한 맥락에서 이해할 수 있다.

5 다음 자료에 대한 설명으로 옳지 않은 것은?

(가)는 2014년 갑국의 15세 이상 인구 구성을 나타낸다. A ~ C는 각각 취업자, 실업자, 비경제 활동 인구 중 하나이고, 실업률은 10%이다.
(나)는 갑국 고용률의 변화를 나타낸다. 단, 15세 이상 인구와 경제 활동 인구는 일정하다.

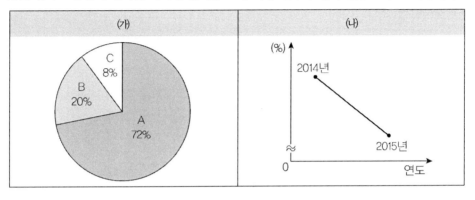

① A는 취업자이다.
② 전업 주부와 취업 준비생은 B에 포함된다.
③ 2014년의 경제 활동 참가율은 80%이다.
④ 전년 대비 2015년의 실업률은 하락하였다.
⑤ 전년 대비 2015년의 취업자 수는 감소하였다.

⚜ Answer 5.④

5 A는 취업자, B는 비경제 활동 인구, C는 실업자이다.
15세 이상 인구와 경제 활동 인구는 변하지 않았으나 고용률은 하락하였으므로, 취업자 수는 감소하고 실업자 수는 증가하였다.
따라서 실업률은 상승하였다.

6 다음 밑줄 친 부분에 대한 옳은 분석을 고른 것은?

> 현재 수영이는 ⑦6천만 원의 연봉을 받고 서원헤어숍의 헤어 디자이너로 일하고 있다. 수영이는 ⑥동일한 연봉을 받으면서 계속 서원헤어숍에서 일하는 것과 ⑥직장을 그만두고 자신의 헤어숍을 개업하는 것을 두고 고민 중이다. 헤어숍을 개업할 경우 1년 동안 ⑧3억 원의 수입과 ⑨2억 5천만 원의 운영비용이 예상된다. 단, 다른 요소들은 고려하지 않는다.

① ⑥을 선택할 경우 ⑧은 명시적 비용이다.
② ⑥을 선택할 경우 ⑨은 암묵적 비용이다.
③ ⑥을 선택할 경우 ⑨은 매몰 비용이다.
④ ⑥보다 ⑥을 선택하는 것이 합리적이다.
⑤ ⑥을 선택할 경우 ⑦은 매몰 비용이다.

7 수험서 인쇄업체인 ㈜서원은 내년에 인쇄교재량을 1만 4,000부로 잡고 권당 생산원가를 재료비, 인건비 등 변동비 500원, 고정비 100원 등 600원으로 예상하고 있다. 교재 판매가격은 개당 700원이다. 이런 상황에서 ㈜서원은 지방의 출판사로부터 권당 600원에 교재 3,000개를 인쇄하겠다는 특별 주문을 받았다. ㈜서원의 연간 최대 생산능력은 1만 6,000권이다. 지방 출판사의 주문을 받아들일 경우 조판조정을 위한 투자비 8만 원이 들어가야 한다. 특별 주문에 대한 옳은 의사결정은?

① 회사에 8만 원의 이익감소를 가져오므로 거부해야 한다.
② 회사에 2만 원의 이익감소를 가져오므로 거부해야 한다.
③ 회사에 38만 원의 이익감소를 가져오므로 거부해야 한다.
④ 회사에 2만 원의 추가이익을 가져오므로 받아들여야 한다.
⑤ 회사에 32만 원의 추가이익을 가져오므로 받아들여야 한다.

⁂ Answer　　6.④　7.④

6　⑥을 선택할 경우의 명시적 비용은 자료에 나타나 있지 않다.
　　⑥을 선택할 경우 ⑨은 명시적 비용이다.
　　⑥을 선택할 경우 ⑦은 암묵적 비용이다.

7　특별 주문을 받아들였을 때 발생하는 추가 수입과 비용을 비교해서 판단한다. 추가수입은 (600 − 500)원 × 3,000권 − 8만 원이므로 22만 원이며 정규매출이 1,000개 감소하므로 (700 − 500)원 × 1,000권 = 20만 원이 기회비용이다. 따라서 2만 원만큼 이익이 생기므로 특별주문을 받아들이는 것이 유리하다. 이때 고정비(권당 100원)는 매몰비용이므로 감안할 필요가 없다.

8 밑줄 친 ⓐ~ⓓ에 대한 옳은 분석 및 추론을 바르게 나열한 것은?

> 올해 초 정부가 ⓐ담배 생산자에게 조세를 부과하여 가격을 인상함과 동시에 음식점에서의 전면 금연 정책을 실시하자 전국적으로 금연 열풍이 불었다. 이번 기회에 금연을 성공하겠다고 다짐한 금연파도 있지만, 애연가들 중에는 ⓑ기존 담배 대신 전자 담배로 옮겨간 변심파, 흡연량을 줄여 ⓒ기존의 담배 소비 지출액만큼만 흡연하겠다는 절약파 등 대처 방법도 다양했다. 정부는 국민 건강 증진을 위하여 다양한 방법으로 금연을 유도하고 있다. 특히 이번 담배 가격 인상으로 인한 ⓓ금연 효과는 성인보다 청소년이 더 큰 것으로 나타났다.

> ㉠ ⓐ로 인해 담배 공급량은 감소한다.
> ㉡ ⓑ에서 기존 담배와 전자 담배는 대체재 관계이다.
> ㉢ ⓒ에서 담배 수요의 가격 탄력성은 완전 비탄력적이다.
> ㉣ ⓓ에서 담배 수요의 가격 탄력성은 성인에 비해 청소년이 더 크다.

① ㉠㉡
② ㉠㉢
③ ㉡㉢
④ ㉡㉣
⑤ ㉢㉣

Answer   8.④

8 ㉠ 담배 공급이 감소한다.
    ㉢ 담배 소비 지출액은 변화가 없으므로 단위 탄력적이다.

9 조선업의 불황이 지속되고 있는 상황에서 이미 체결된 선박건조 수주 계약의 취소사태가 발생되고 있다. 선박건조 대금의 10%를 계약금으로 먼저 받고 3년 후에 건조작업을 개시하는 계약이 건조 개시일 전에 취소되는 사례가 지속적으로 발생할 경우 그 영향에 대한 설명으로 틀린 것은?

① 선수금이 몰수되어도 조선업체의 현금흐름과는 관련이 없다.

② 선수금이 몰수되어 조선업체의 당기순이익이 감소한다.

③ 수주잔량이 줄어들어 조선업체의 조업도 관리에 장애요인이 생긴다.

④ 장기적 이익창출 능력의 저하로 조선업체의 주가 하락이 발생한다.

⑤ 수주경쟁 격화에 따른 가격 인하로 조선업체의 채산성이 악화된다.

10 같은 목적지로 이동하는 A, B, C 세 사람이 각각 자가용, 버스, 기차를 선택했다. 각 교통수단의 비용과 소요 시간이 아래와 같다고 할 때 보기 중 적절한 추론은?

사람	교통수단	비용	소요시간
A	승용차	연료비 27,000원	2시간
B	고속 버스	요금 16,000원	4시간
C	KTX	요금 18,000원	3시간

① 연료비가 인상되어도 A의 선택은 변하지 않을 것이다.

② A는 B나 C에 비해서 시간의 기회비용이 작다.

③ 자가용은 가장 비싼 교통수단이다.

④ 고속버스 요금이 6,000원 인상되면 B는 고속버스를 선택하지 않는다.

⑤ 시간의 기회비용이 공통적으로 1만 원이라면 기차가 가장 비싸다.

Answer 9.② 10.④

9 ② 이미 계약금으로 지급받은 선수금은 돌려주지 않아도 된다. 따라서 계약 취소시 당기순이익은 오히려 증가한다.

10 ㉠ 승용차 : 27,000원/2시간→14,000원/1시간
㉡ 고속버스 : 16,000원/4시간→4,000원/1시간
㉢ KTX : 18,000원/3시간→6,000원/1시간
소요시간을 동일하게 놓고 기회비용을 살펴볼 때 고속버스 요금이 6,000원 인상되면 고속버스가 기차보다 비싼 교통수단이 되므로 B는 고속버스를 선택하지 않는다.

11 다음의 신문 기사에서 시사하는 것 중 가장 적절한 것은?

> 1,000만 관객을 넘은 영화 OOO가 1,000억 원 이상의 순수입을 올린 것으로 나타났다.
> 이는 최근 출시된 A사의 최고급모델 승용차 2,000대를 판매해서 얻은 순수입과 비슷하
> 다. ……(중략)…… 단지 웃고 즐기던 영화가 황금알을 낳는 거위가 된 것이다.

① 한 나라의 문화 수준이 경제적 부를 결정한다.
② 영화 산업에 대한 지나친 강조는 경제에 부담으로 작용한다.
③ 경제 발전을 위해서는 자동차 생산보다 영화제작이 더 낫다.
④ 현대 사회에서 문화는 고부가가치를 창출하는 산업이 되었다.
⑤ 문화를 올바르게 이해하기 위해서는 경제적 관점이 필요하다.

12 당좌차월은 무엇으로 분류되는가?

① 유동부채　　　　　　　　　② 비유동부채
③ 유동자산　　　　　　　　　④ 비유동자산
⑤ 자본

🌟 **Answer** 　11.④　12.①

11 영화 산업이 향후 고부가가치 산업이 될 수 있다는 것을 나타내고 있다.

12 당좌차월은 유동부채로 분류된다.

13 다음의 가설 A, B를 검증하기 위한 자료가 바르게 연결된 것은?

> A : 대체재가 많아질수록 수요의 가격 탄력성은 커진다.
> B : 기간이 길어질수록 수요의 가격 탄력성이 커진다.

> ㉠ 극장에서 첫 회 상영 시 조조할인을 하고 있으나 빈 좌석이 많은 반면, 오후에는 관람료가 비싼데도 불구하고 빈 좌석을 찾아보기 힘들다.
> ㉡ 관광지에서는 호텔 숙박료가 비싸더라도 이용할 수밖에 없으나, 시내에서는 호텔 숙박료가 비싸지면 다른 숙박시설을 이용하게 된다.
> ㉢ 전기요금이 오를 경우 곧바로 전기 사용량을 줄이기 어려우나, 장기적으로는 절전형 가전제품으로 교체하는 등의 노력으로 전기 사용량을 줄이게 된다.
> ㉣ 여러 가지 음식에 들어가는 고추는 가격이 비싸지더라도 구입량을 줄이기 어려우나, 귀금속 가격이 비싸지면 구입시기를 늦추거나 구입을 포기한다.

	A	B
①	㉠	㉡
②	㉠	㉢
③	㉡	㉢
④	㉡	㉣
⑤	㉢	㉣

Answer 13.③

13 대체재가 적은 관광지에서는 호텔 숙박료가 비싸더라도 이용할 수밖에 없지만, 대체재가 많은 시내에서는 호텔 이용량이 호텔 숙박료의 변화에 더 민감하게 반응하여 호텔 수요의 가격 탄력성이 커진다.

14 석유수출기구(OPEC)에서 석유의 생산량을 줄이기로 결정했다. 이에 따라 일어날 수 있는 현상을 바르게 설명한 것은?

> ㉠ 석유수입국의 물가가 상승한다.
> ㉡ 천연가스의 수요가 증가한다.
> ㉢ 석유의 수요량이 감소한다.
> ㉣ 자동차 수요가 감소한다.
> ㉤ 하이브리드 자동차 개발을 가속화한다.

① ㉠

② ㉠㉡

③ ㉠㉡㉢

④ ㉠㉡㉢㉣

⑤ ㉠㉡㉢㉣㉤

15 삼순이는 차를 몰고 미시령을 올라가다 눈길에 미끄러져 더 이상 올라가지 못하게 되었다. 스노체인을 파는 행상이 이를 발견하고 30만 원에 스노체인을 팔겠다고 제의했다. 흥정 끝에 삼순이는 시중 가격보다 훨씬 비싸다는 것을 알면서도 10만 원에 스노체인을 구매했다. 이 거래를 통한 행상과 삼순이의 경제적 후생변화는?

① 두 사람 모두 증가

② 두 사람 모두 감소

③ 행상은 감소, 삼순이는 증가

④ 행상은 증가, 삼순이는 감소

⑤ 행상은 감소, 삼순이는 변화없음

Answer　　14.⑤　15.①

14 석유생산량의 감소는 공급곡선을 좌측으로 이동시켜 석유가격을 상승시킨다. 석유가격의 상승은 대체재인 천연가스의 수요를 증가시킨다. 석유가격의 상승은 보완재인 자동차 수요를 감소시키고 물가를 상승시킨다.

15 자발적으로 거래에 참여했다는 것은 모든 거래 당사자의 경제적 후생이 증가하였음을 의미한다.

16 A마을에 개울이 흐르고 있는데 개울의 상류부근에는 염색공장이 있고, 하류부근에는 채소가게가 있다. 염색공장에서 1t의 염색물을 처리하면 염색공장은 5억 원의 수익을 얻는 반면, 염색물에서 나온 구정물을 개울에 버리면 채소가게는 1t당 5억 5천만 원의 피해를 입는다. 어느 날 채소가게주인이 염색공장 사장에게 함께 문제해결을 해보자고 제안한 후 구청에 갔다. 어떤 방법이 가장 적당한가?

① 염색공장의 영업허가권을 취소시킨다.
② 염색공장사장이 개울에 버릴 수 있는 폐수량을 구청에서 정해준다.
③ 염색공장사장은 현재와 같이 업무를 처리하고 그 대신 채소가게에서 발생하는 손실을 모두 배상하게 한다.
④ 구청에서 개울의 관리권을 양쪽의 어느 누구에게 부여하고 당사자들이 해결하도록 한다.
⑤ 개울의 사용권은 채소가게에게 부여되어야 한다.

17 다음은 한 신문에 난 기사이다. 다음과 같이 마트가 생필품의 가격을 할인하는 것에 대한 이유로 적절한 것은?

> 방관마트가 오는 15일까지 생필품 500개 품목을 최대 50%까지 할인 판매한다. 브랜드 삼겹살은 100g에 1,280원으로 평소보다 30%이상 싸다. 머루포도는 5kg 한 박스에 1만 1,800원으로 50%할인한다. ○○○매직팬티는 3만 3,900원으로 정상가격보다 30%이상 저렴하다. □□□□샴푸(820ml)는 5일까지 50%가량 할인된 4,950원에 판매한다. 단, 할인 품목은 1일 300개의 물량으로 한정판매한다.

① 생필품은 수요탄력도가 큰 편이므로 가격을 할인한다면 그 수요가 급증할 것이다.
② 생필품은 수요탄력도가 크지 않기 때문에 가격을 할인하여도 수요는 한결같을 것이다.
③ 생필품의 가격 할인으로 인해 마트의 이윤은 감소할 것이다.
④ 마트가 생필품을 저렴하게 판매하는 것은 생필품의 가격 탄력도가 높기 때문이다.
⑤ 생필품은 가격 탄력도가 높지 않지만 한정된 수량으로 수요는 증가할 것이다.

Answer　16.④　17.⑤

16 코즈 정리에 의하면 외부비경제가 발생할 경우 정부는 민간에게 공유지의 소유권을 부여하고 당사자들의 협상을 통해 해결하는 것이 사회적 후생수준을 증가시킬 수 있다고 본다.

17 생필품은 가격 탄력도가 낮다. 즉, 가격이 오르더라도 그 수요가 줄지 않는다. 하지만 방관마트에서는 1일 300개로 물품이 한정되어 있으므로 저렴한 가격으로 생필품을 구입하고자 하는 사람의 수요가 증가할 것이다.

18 대저택에 사는 한 여성이 자신의 집에 거주하는 집사와 혼인을 하였을 경우 혼인 후 그녀의 남편이 혼인 전과 동일하게 시중을 들었다. 그러나 고용인으로서가 아닌 남편으로서 시중을 들었다고 한다면 이 혼인이 GDP에 미친 영향으로 옳지 않은 것은?

① 총소득이 집사의 임금손실분 만큼 감소하므로 GDP는 원래 남편이 집사였을 때의 임금만큼 감소하게 된다.
② 재화와 용역의 가치를 정확하게 측정할 수 있을 경우 혼인은 GDP를 감소시키게 된다.
③ 남편이 집사의 일을 하지 않고 자기 가정의 일을 하게 되므로 집사의 일은 GDP에 계산되지 않는다.
④ GDP는 일반적으로 가정에서 생산된 생산물의 가격은 포함하지 않는다.
⑤ 일부 재화와 용역의 가치가 누락되기 때문에 실제 GDP는 경제활동을 불완전하게 측정한다.

19 다음과 같은 경제현상에 대한 설명으로 적절한 것은?

• ○○전자는 전문가와 소비자들로 구성된 '○○브랜드 스토리 공동기획단'을 출범하여 제품의 기획과 디자인, 가격, 마케팅 정책을 정하여 ○○ 신제품을 출시하였다.
• △△가구는 소비자를 대상으로 '나만의 가구만들기' 행사를 진행하였고 당선작을 실제로 제작하여 상품으로 만들었다.
• ㅁㅁ식품은 주부를 대상으로 하여 ㅁㅁ식품의 제품 품평회를 열고 있다. 이를 통해 주부의 의견을 반영하여 새로운 포장을 시도한 제품이 실제로 출시되어 좋은 반응을 얻고 있다.

---

① 고객의 의견을 제품에 반영함으로써 고객만족도 증대의 효과가 있다.
② 검증되지 않은 전문가집단에 의한 제품개발로 비용이 상승되는 단점이 있다.
③ 소비자가 제품개발에 관여함으로써 경쟁이 활발해지는 장점이 있다.
④ 비전문가 집단에 의한 제품개발이므로 소비자를 파악하기 위해 시장조사를 다시 해야 하는 번거로움이 있다.
⑤ 고객만족의 효과는 있지만 다양한 고객의 의견을 반영함으로 소요기간이 길어진다는 단점이 있다.

Answer　　18.②　19.①

18 GDP는 모든 재화와 용역의 가치를 정확하게 측정할 수 있을 경우 경제활동의 총량은 변하지 않기 때문에 혼인은 GDP에 영향을 주지 않는다.

19 제시된 내용은 '프로슈머(prosumer)'에 관한 내용이다. 프로슈머는 상품의 제조과정에 소비자가 관여하여 소비자의 의견이 반영된 제품을 생산해 내는 생산적 소비자를 말한다.
②④ 시장조사는 고객의 취향을 파악하기 위해 하는 것이 일반적이다. 따라서 고객의 취향이 반영된 제품이므로 시장조사를 별도로 할 필요가 없어 비용절감의 효과를 가져 온다.
③ 경쟁이 활발해지는 것은 소비자가 제품의 생산에 참여하기 때문으로 볼 수 없다.
⑤ 고객의 의견이 반영되는 것과 기간은 직접적 연관이 없다.

20 다음 중 과점시장에 해당하는 것을 바르게 고른 것은?

① 각종 수험서계를 선도하는 서원각출판사
② 대한민국 대표 영화사 중 하나인 쇼박스 영화사
③ 시내에서 멀리 떨어진 공장 지대에 있는 식당들 중 청옥식당
④ 원유값이 폭등한 국제원유시장
⑤ 리니지를 만들어 세계로 도약하는 엔씨소프트

21 다음의 기사와 같은 사례가 점점 증가하고 있다. 다음 중 자료와 같은 문제의 해결책으로 적절하지 않은 것은?

> ○○차 노사, 올해 임단협 극적타결
> 4개월여 끌어온 ○○자동차 노사의 올해 임금 및 단체협상이 완전 타결됐다. ○○차 지부는 이날 임금 협상안에 대해 투표 인원의 76.84%가, 단체협상은 72.27%가 각각 찬성해 결국 잠정합의안을 가결시켰다. 이에 따라 ○○차 노사는 지난 5월 29일 상견례 이후 4개월여 이어져온 올해 임금 및 단체협상을 모두 마무리했다.

① 사용자는 노조를 탄압하지 않고 그 실체를 인정하고 존중한다.
② 노사 협의회를 통해 서로의 입장을 이해하도록 한다.
③ 노사가 함께 성장할 방법을 공동으로 모색한다.
④ 각자 자신들의 주장을 뒷받침할 수 있는 이론을 확보한다.
⑤ 정부는 산업 현장의 구체적 문제를 해결하기 위해 노력해야 한다.

Answer   20.④   21.④

20 ①②③⑤ 독점적 경쟁시장 ④ 과점시장
　※ 독점적 경쟁시장과 과점시장
　　㉠ 독점적 경쟁시장 : 수많은 공급자들이 같지 않지만 유사한 상품을 공급하고 있는 시장을 말한다.
　　㉡ 과점시장 : 유사하거나 동일한 상품을 공급하는 소수의 공급자들이 존재하는 시장을 말한다.

21 노사 분규의 증가는 기업의 경쟁력을 약화시키는 작용을 하며 이러한 기업경쟁력의 약화는 경제의 성장과 안정을 저해한다. 노사 문제라는 것은 워낙 첨예한 문제이기 때문에 어느 쪽이 옳다 그르다는 확언은 할 수 없다. 따라서 사용자와 노동자 모두 대화와 타협이라는 선진적인 노사관계가 정착되도록 노력해야 한다.

22 작은 국가가 자국통화를 발행하여 사용할 경우에 대한 의견으로 적절한 것은?

① 자국통화는 화폐주조세를 통해 수입을 올릴 수 없으므로 사용해서는 안 된다.

② 자국통화를 사용할 경우 이득은 인플레이션이 국내 정치의 통제하에 있지 않게 되는 것이므로 유리하다.

③ 정부가 화폐주조세에 너무 의존할 경우에는 인플레이션이 발생하게 된다.

④ 외국의 통화가 안정할 경우 작은 국가는 자국통화를 이용하는 것이 유리하다.

⑤ 외국통화를 사용할 경우 발생하는 이득과 비용은 자국통화를 사용하는 것과 동일하다.

23 수업시간 오늘의 신문기사를 본 후 토론시간을 가졌다. 다음 중 내용이 올바른 것은?

> 농산물과 석유류 가격이 내려가면서 소비자물가 증가세가 2개월 연속 둔화됐다. 1일 통계청이 발표한 소비자 물가동향에 따르면 9월 소비자 물가는 지난해 같은 달에 비해 5.1% 상승했다. 소비자 물가는 올해 들어 2월 3.6%, 3월 3.9%, 4월 4.1%, 5월 4.9%, 6월 5.5%, 7월 5.9% 등으로 증가폭이 커지다 8월 5.6%에 이어 9월 5.1%로 2개월 연속 증가세가 둔화됐다. 9월 소비자 물가는 전월에 비해서는 0.1% 상승했다.

① 시은 : 물가증가세가 둔화되었지만 물가는 상승하였으므로 지난달과 임금이 동일하다면 실질임금은 줄어든 것과 마찬가지라고 생각합니다.

② 바다 : 하지만 명목임금이 상승했다면 결국 실질임금도 상승했었다고 보는 것이 적절하지 않을까요?

③ 미림 : 물가가 무서운 속도로 상승하고 있으니 시민들의 기대 인플레이션도 심각할 것으로 예상됩니다.

✦ Answer **22.③ 23.①**

22 ① 외국통화를 사용할 경우 화폐주조세를 통한 수입을 올릴 수 없다.

② 외국통화를 사용할 경우 이득은 인플레이션이 국내정치의 통제하에 있지 않게 된다.

④ 외국의 통화가 불안정할 경우 자국통화가 유리하다.

⑤ 외국통화를 사용할 경우 발생하는 이득과 비용은 자국통화를 사용할 때와 정반대현상이 나타난다.

23 제시된 자료는 소비자 물가 지수 현황이다. 제시된 자료에 따르면 물가는 지속적으로 성장했지만 증가폭이 계속 커지다 지난 8월과 9월 물가의 증가세는 감소하였다.

② 명목임금의 상승으로 실질임금도 상승되었다고 할 수 없으며 성장률을 살펴보아야 하지만 주어진 자료를 통해서는 알 수 없다.

③ 물가의 성장세는 두 달 동안 감소하였으니 기대 인플레이션을 우려할 수준이 아니다.

④ 지난 3월부터의 물가상승으로 인플레이션에 대한 대책을 염두에 두어야 하며 주어진 자료를 통해서 스태그플레이션을 짐작할 수는 없다.

⑤ 물가의 상승은 반드시 경기의 침체라고 할 수 없으며 일반적으로 경기가 호황일 때 물가가 상승하는 경향이 있다.

④ 정현 : 이러한 시점에서 정부는 스태그플레이션을 염두에 두고 경제정책을 세워야 할 것입니다.

⑤ 승일 : 하지만 물가 상승보다 걱정되는 것은 경제의 성장입니다. 물가 상승은 곧 경제의 침체라고 봐도 무방하니 요즘 우리 경제가 얼마나 어려운지를 알 수 있는 자료라고 생각합니다.

24 투자란 자본재 시장에서 새롭게 자본재를 임대해오는 유량(flow)의 개념을 내포한다. 다시 말하면 기업가는 새롭게 자본재를 임대함으로 얻게 되는 이득의 현재가치와 자본재임대비용을 비교하여 투자의사결정을 한다는 것이다. 그렇다면 기업이 다음과 같은 상황일 때 자본재 구입으로 인한 순수익의 현재가치와 투자결정에 대한 판단을 바르게 연결한 것은? (단, 기타 추가비용 및 감가상각비용은 없다고 가정)

- 자본재 시장의 이자율 : 월 5% 고정
- 자본재 한 단위당 구입비용 : 100만 원
- 예상수익 : 자본재 구입 다음 달부터 매달 55,000원

	㉠	㉡
①	0원	투자함
②	10만 원	투자함
③	10만 원	투자하지 않음
④	65만 원	투자함
⑤	−65만 원	투자하지 않음

❀ Answer   24.②

24 투자결정은 비용과 수익을 비교하여 수익이 비용보다 많다면 투자를 결정하고 그렇지 않을 경우 투자를 포기한다. 이렇게 투자를 하기 전에 미리 수익의 예상 및 비용을 산정하는 것을 비용−편익분석이라 한다. 비용−편익분석에서의 미래수익은 이자율을 고려한 현재가치로 환산하여 비용과 편익을 같은 시간으로 비교한다. 제시문에서는 기타 추가비용 및 감가상각비용은 무시한다고 하였으므로 비용−편익분석은 다음과 같다.
㉠ 총비용 = 100만 원
㉡ 미래수익의 현재가치 = 55,000 ÷ 0.05(이자율) = 110만 원
㉢ 순수익의 현재가치 = 110만 원 − 100만 원 = 10만 원 ∴ 수익 > 비용이므로 투자
※ 미래가치의 현재가치로 변환
  ㉠ 미래가치가 매년 일정할 경우 : 미래가치를 cf, 할인율 · 자본조달비용 · 기대수익률을 r이라고 할 때 현재가치
  $$pv = \frac{cf}{r}$$
  ㉡ 미래가치가 매년 일정한 속도로 증가할 경우 : 증가하는 정도를 g라 할 때 현재가치
  $$pv = \frac{cf \times (1+g)}{(r-g)}$$

25 생명의 묘약을 발명한 회사의 간부들이 생산량을 늘릴 것인가를 놓고 의논을 하고 있다. 이 의논을 보고 가장 적절한 내용으로 옳은 것은?

> • 장미 : 먼저 우리 회사의 근로자 1인당 생산량이 상승할지 하락할지 알아보아야 한다.
> • 보라 : 먼저 생산량 증가 때문에 증가되는 매출액과 추가 생산비 중 어느 것이 더 큰 가를 비교해야 한다.
> • 주황 : 먼저 우리 회사의 근로자 1인당 생산비용이 증가할지 감소할지를 알아보아야 한다.

① 모두 생산적인 측면만을 생각하고 있다.
② 기업의 이익을 증가시키려면 생산비와 판매수입을 모두 생각하여야 한다.
③ 생산량을 증가시키려면 추가비용과 추가수입을 비교하여 추가수입이 작을 경우 생산량을 감소시켜야 한다.
④ 생산량을 증가시키려면 추가비용을 고려하여 생산량을 조절하여야 한다.
⑤ 생산비와 판매수익 보다는 추가비용과 추가수입의 결정을 예상하여야 한다.

26 다음의 내용을 보고 계란의 수요 및 공급에 미치게 될 영향을 바르게 추론한 것은?

> • 닭 사료의 가격 하락
> • 닭의 보완재인 베이컨의 가격 하락
> • 미디어를 통한 계란이 인체에 미치는 악영향에 대한 보도

① 계란이 인체에 미치는 악영향이 보도되면 계란의 가격이 하락하여 계란에 대한 수요가 증가한다.
② 사료의 가격이 하락하면 닭의 생산과 공급이 감소하여 계란의 공급은 감소하게 된다.
③ 베이컨 가격의 하락은 베이컨에 대한 수요를 증가시키고 계란의 수요도 증가시킨다.
④ 보도에 의해 계란에 대한 수요가 감소하게 되면 균형거래량은 증가하게 된다.
⑤ 사료 가격이 하락하게 되면 균형가격은 증가하고 균형거래량은 감소하게 된다.

Answer   25.②   26.③

25 기업의 이익을 증가시키기 위해서는 생산비와 판매수익을 모두 생각하여야 하며, 생산량을 증가시키는데 필요한 추가비용과 추가 생산물을 통한 추가수입을 비교하여 추가수입이 더 클 경우 생산량을 증가시키는 것이 당연하다.

26 ①④ 계란이 인체에 미치는 악영향이 보도되면 계란에 대한 수요가 감소하고 가격이 하락하며 균형거래량이 감소하게 된다.
② 사료의 가격이 하락하면 닭의 생산·공급이 모두 증가하여 계란의 공급은 증가하게 된다.
⑤ 사료가격이 하락하게 되면 계란의 공급곡선이 오른쪽으로 이동하게 되어 균형가격은 하락하고 균형거래량은 증가하게 된다.

27 기술혁신에 의해 텔레비전 모니터 생산비가 하락했을 경우 텔레비전 모니터 시장에 나타날 변화에 대한 예상으로 옳은 것은?

① 텔레비전 모니터의 생산비가 하락하게 되면 모니터의 공급량은 감소하게 될 것이다.

② 모니터의 균형가격은 상승하고 균형거래량 또한 증가하게 될 것이다.

③ 텔레비전 모니터의 생산비가 하락하게 되면 모니터의 공급량에는 아무 변화가 없을 것이다.

④ 모니터의 균형가격은 하락하고 균형거래량 또한 감소하게 될 것이다.

⑤ 모니터의 균형가격은 하락하고 균형거래량은 증가하게 될 것이다.

28 다음 중 6-시그마 기법에 관한 설명으로 가장 옳지 않은 것은?

① 6-시그마 기법은 수치데이터를 통하여 분석적인 접근방식과 오픈마인드 수행을 요구한다.

② 6-시그마 기법은 상의하달 방식으로 강력하게 추진하는 것이 보다 효과적이다.

③ 6-시그마 기법은 프로세스 중시형 접근방법이다.

④ 6-시그마 기법을 도입하여 고품질을 추구하는 기업은 지속적으로 비용이 더 많이 소요된다.

⑤ 6-시그마 기법을 활용하면 제품 또는 서비스의 리드타임이 단축되고 재고감축 효과가 있다.

Answer   27.⑤   28.④

27 텔레비전 모니터의 생산비가 하락하게 되면 모니터의 공급량은 증가하게 되어 결과적으로 모니터 균형가격은 하락하고 균형거래량은 증가하게 된다.

28 6-시그마 기법으로 인해 품질의 향상 및 비용의 절감이 나타나며 이로 인해 고객의 만족과 회사의 발전이 실현되게 된다.

29 다음에 제시된 내용들을 토대로 추론한 것으로 바른 것은?

- 소비자소득의 증가
- 컴퓨터 소프트웨어 가격의 상승
- 대학들이 신입생들에게 반드시 컴퓨터를 구입하도록 요구
- 컴퓨터 칩 가격의 하락

① 소비자의 소득이 증가하게 되면 컴퓨터 수요가 증가하게 되므로 컴퓨터의 가격은 하락하고 균형거래량은 증가하게 된다.

② 소프트웨어의 가격이 상승하게 되면 컴퓨터의 수요는 증가하게 된다.

③ 컴퓨터의 구입이 의무화가 되게 되면 컴퓨터의 수요가 증가하여 거래량 또한 증가하게 된다.

④ 칩 가격이 하락하게 되면 컴퓨터 공급량이 증가하게 되어 균형거래량은 하락하게 된다.

⑤ 소프트웨어와 컴퓨터는 서로 보완적인 관계에 있으므로 소프트웨어 가격의 상승은 컴퓨터의 가격과는 무관하다.

30 정부는 담배 시장에 영향을 미치는 두 가지 프로그램을 운영할 계획이다. 하나는 언론매체를 통한 홍보와 담뱃갑에 표기한 경고문을 통한 흡연의 폐해를 국민들에게 알려주는 것이고, 다른 하나는 농림축산식품부가 담배 재배 농가에 대한 가격지지 정책을 통해 담배 가격을 균형수준보다 높게 설정하는 것이다. 이 두 가지 정책이 종합적으로 시행될 경우 담배 가격에 미치는 영향에 대한 추론으로 옳은 것은?

① 담배가 인체에 미치는 폐해를 홍보하는 정책만이 담배 가격의 상승을 가져온다.

② 담배 재배 농가에 대해 가격지지정책만을 실시하면 담배의 가격은 하락하게 된다.

③ 두 정책을 동시에 시행하게 되면 담배의 가격은 떨어지게 된다.

④ 두 정책을 동시에 시행하게 되면 담배의 가격은 상승하게 된다.

⑤ 두 가지 정책을 동시에 실시하게 되면 담배 가격에 미치는 영향을 알 수 없다.

Answer   29.③   30.⑤

29 ① 소비자소득이 증가하게 되면 컴퓨터의 수요가 증가하게 되면서 컴퓨터 가격의 상승과 균형거래량의 증가를 가져온다.
② 소프트웨어의 가격이 상승하게 되면 컴퓨터의 수요는 감소하게 되고 가격의 거래량의 하락을 가져온다.
④ 칩 가격이 하락하게 되면 컴퓨터 생산비용이 하락하므로 공급은 증가하나 균형가격의 하락과 균형거래량의 증가를 가져온다.
⑤ 소프트웨어와 컴퓨터는 서로 보완재의 관계에 있으므로 소프트웨어 가격의 상승은 컴퓨터에 대한 수요를 감소시키므로 컴퓨터의 가격은 하락하게 된다.

30 두 가지 정책 모두를 실시하게 되면 언론매체의 한 담배의 폐해의 경우 담배 가격을 하락시키고, 담배 재배 농가에 대한 가격지지정책은 담배 가격을 상승시키게 된다.

31 몇 해 전 홍수로 인하여 한 지역의 경작지가 큰 피해를 입었다. 그런데 이 홍수로 인하여 농사를 망친 농부들은 손해를 보았으나 피해를 입지 않은 농부들은 이득으로 보았다. 이 이유를 가장 잘 설명한 것은?

① 이 지역의 피해를 입은 농부들과 피해를 입지 않은 농부들 모두는 천재지변에 의한 국가 보상을 받게 되므로 피해를 입지 않은 농부들은 수확물의 판매와 국가배상 모두를 통해 이득을 챙길 수 있다.

② 피해를 입지 않은 농부들은 농작물 공급량의 감소로 인하여 높은 가격으로 팔 수 있게 되어 이득을 보게 된다.

③ 피해를 입은 농부들은 농작물의 피해로 인한 소득의 감소를 보충하기 위해 농산물을 수입하여 팔 것이다.

④ 피해를 입지 않은 농부들의 수입증가는 피해를 입은 농부들의 수입감소와 동일한 가격으로 책정할 수 있다.

⑤ 이 지역 농부들이 전체적으로 손해를 입었는지 이득을 보았는지의 여부를 알기 위해서는 피해 농부들의 피해액을 계산하면 된다.

32 클래식을 좋아하는 사람들이 국회에 탄원을 하여 클래식 음악회의 입장권에 가격상한제를 설정하였다고 할 때 클래식 음악회를 이용할 사람들의 수요에 대한 예측으로 적절한 것은?

① 입장권에 가격상한제가 설정되면 입장권을 구매하려는 사람들이 증가하게 된다.

② 입장권을 구매하려는 사람들이 늘어나면 입장권의 공급량도 증가하게 된다.

③ 가격상한제로 인하여 사람들의 수요는 증가하게 될 것이라 예상되나 클래식에 관심이 있는 사람들은 소수이므로 예전과 별 차이가 없을 것이다.

④ 가격상한제로 인하여 입장권에 대한 수요가 증가하게 되나 결과적으로는 음악회에 입장할 사람들의 수는 줄어들게 된다.

⑤ 가격상한제로 인하여 입장권에 대한 수요는 감소하게 되고 결과적으로 음악회에 입장하는 사람들의 수는 증가하게 된다.

Answer 31.② 32.④

31 홍수로 인한 농작물 수확의 감소는 균형가격의 상승을 초래하므로 홍수피해를 입지 않은 농부들은 이득을 볼 수밖에 없다.

32 입장권의 가격상한제가 설정되면 입장권에 대한 초과수요가 발생하고 공급물량이 줄어들기 때문에 정작 음악회에 입장할 수 있는 사람의 수는 감소하게 된다.

33 자원을 효율적으로 배분하는 것이 암표시장이라고 할 때 그 이유에 대한 추론으로 적절한 것은?

① 입장권을 미리 사 두었다가 비싼 가격에 파는 것이 자원에 대한 효율적 배분에 해당되기 때문이다.

② 희소자원에 대한 효율적 사용이 바로 암표매매이기 때문이다.

③ 많은 사람들이 입장권 등을 구매하기 위하여 돈을 아끼지 않기 때문이다.

④ 가장 낮은 가격으로 팔아야 하므로 손해를 감수하며 거래를 해야 한다.

⑤ 입장권에 대해 높은 가격을 지불할 수 있는 자들만이 구입을 할 수 있으므로 자원의 효율적 배분에는 부적합하다.

34 지난 10년 동안 스테레오 시스템의 생산비가 현저하게 저하되었다고 할 때 이 문제가 스테레오 시스템의 가격과 거래량에 미치는 효과를 가장 바르게 분석한 것은?

① 스테레오 시스템의 가격이 하락하게 되면 생산자와 소비자 모두가 손해를 보게 된다.

② 스테레오 시스템의 가격하락은 생산자의 이익을 극대화시킬 수 있다.

③ 스테레오 시스템의 가격하락은 소비자의 이익을 극대화시킬 수 있다.

④ 스테레오 시스템의 가격하락으로 인하여 산출량은 감소하게 된다.

⑤ 스테레오 시스템의 가격하락은 소비자와 생산자 모두에게 이득을 가져온다.

Answer   33.②   34.③

33 암표란 시장에서 받을 수 있는 최고의 가격을 받는 것으로 가장 높은 지불용의가 있는 소비자들 만이 입장권 등을 구입할 수 있다. 이는 희소자원에 대한 효율적인 사용에 관계된 것으로 재화는 가장 귀하게 여기는 사람들에게 배분되어야 한다는 것을 보여준다.

34 스테레오시스템의 생산비가 감소할 경우 공급곡선은 오른쪽으로 이동하게 되므로 균형가격은 하락하고 균형산출량은 증가하게 된다.

35 우리나라가 자동차부품을 유럽에 수출을 하고 있을 경우 관세가 미치는 경제적 효과를 바르게 나타낸 것은?

① 관세부과를 통하여 수출물량이 감소되어 국내가격의 상승효과를 가져오게 된다.
② 관세에 의해 우리나라의 경제적 총잉여는 증가하게 된다.
③ 우리나라는 관세가 경제에 아무런 영향도 미치지 않는다.
④ 유럽의 경우 관세부과는 수입물량을 감소시키고 국내가격의 하락을 초래하게 된다.
⑤ 우리나라는 생산자와 소비자 모두의 이득을 위하여 관세를 부담한다.

36 A와 B 두 사람이 강남 최고의 레스토랑에 가서 한 사람당 20만 원 하는 최고급 바닷가재 요리를 주문하였다. 그런데 절반쯤 먹고 나자 느끼하고 배가 너무 불렀다. B는 이미 돈을 다 지불하였으니 다 먹자고 할 때 A가 취할 수 있는 행동으로 가장 적당한 것은?

① 손해를 막기 위하여 억지로라도 다 먹어야 한다.
② 기회비용 차원에서 돈을 지불했으므로 포장을 해서 집에 가져가도록 한다.
③ B와 내기를 하여 한 사람이라도 다 먹도록 한다.
④ 이미 계산이 끝난 것이므로 그냥 나오도록 한다.
⑤ 소화제를 복용하면 되므로 억지로라도 다 먹는 것이 경제적으로 유리하다.

Answer   35.③   36.④

35 관세는 외국에서 생산되어 국내에서 판매되는 재화에 대한 세금을 말하므로 수출국의 경우 경제에 아무런 영향을 미치지 아니하며 수입국의 경우 수입물량을 감소시켜 국내가격을 상승시키고 생산자 잉여를 증가시키나 소비자 잉여를 감소시켜 경제적 총잉여는 감소하게 된다.

36 바닷가재 요리를 이미 주문하였으므로 그 비용은 매몰된 상태이고 기회비용에 포함되지 않으므로 음식을 남기던지 억지로 다 먹는다고 하여 달라질 것은 없다. 때문에 건강을 생각해서 남기고 그냥 나오는 것이 경제학적 최상의 선택이 된다.

37 자기 자신이라는 희소자원의 독점적 소유자인 가수 K군, 그만이 오직 K군 콘서트를 열 수 있다. 이때 K군의 독점력을 규제하기 위해 정부에서 콘서트 입장권 요금을 규제한다는 의견을 내놓았다고 할 때 가장 현명한 의견에 해당하는 것은?

① K군만이 K군 콘서트를 열 수 있으므로 입장료가 너무 비싸면 팬들이 갈 수 없으므로 규제하여야 한다.

② 자기 노래에 독점력을 가지고 있는 가수는 많으므로 이런 의견은 불필요한 것이다.

③ K군 콘서트를 보고 싶은 사람들만 보면 되므로 입장권 요금의 규제는 반드시 필요하다.

④ 가수는 자기 자신을 사랑하는 팬들의 사랑을 먹고사는 것이므로 모두를 위해 입장권 요금의 규제는 필수이다.

⑤ 입장권 요금이 너무 높을 경우 K군 콘서트 외의 다른 가수들에게 가버리게 되므로 입장권 요금을 규제할 필요가 없다.

38 서울의 한 거리에 K샌드위치와 A샌드위치 두 가게만 존재한다고 한다. 두 가게는 현재 새로운 광고를 해야 할지를 고민하고 있는데 상대방이 광고를 하지 않아야 이익이 증가한다고 한다. 두 가게가 모두 최고 수준의 이익을 창출하려고 할 때 가장 적합한 내용은?

① K가게만 광고를 하고 A가게는 광고를 하지 않아야 한다.

② A가게만 광고를 하고 K가게는 광고를 하지 않아야 한다.

③ 두 가게 모두 광고를 하여야 한다.

④ 두 가게 모두 낮은 가격으로 책정하여야 한다.

⑤ 두 가게 모두 높은 가격으로 책정하여야 한다.

Answer   37.⑤   38.⑤

37 가수는 K군 외에 자기 노래에 모두 독점권을 가지고 있다. 그러므로 콘서트 입장권 요금을 너무 높게 책정하면 다른 가수들에게 사람들을 빼앗기게 되므로 입장권 요금의 규제는 필요하지 않다.

38 두 가게 모두가 좋은 수준의 이익을 내기 위해서는 둘 다 높은 가격을 책정하여야 한다. 그러나 이는 두 가게가 담합을 하여야 하는 조건이 성립되어야 하고 이를 통해 가격이 상승하고 수량이 작아지면 소비자는 손해를 보게되나 두 가게는 이득을 쟁취하게 된다.

39 카세트 테이프의 발명으로 인하여 가수들이 적은 비용으로 대중들에게 음악을 제공하게 되었다고 할 때 인기가 최고인 가수들에게 미치는 영향으로 옳은 것은?

① 일반 가수들과 동일하게 소득이 증가할 것이다.

② 일반 가수들보다 소득이 감소할 것이다.

③ 일반 가수들이 최고 가수들의 비해 소득이 증가할 것이다.

④ 일반 가수들에 비해 최고 가수들의 소득이 증가할 것이다.

⑤ 일반 가수들과 최고 가수들 모두 소득이 감소할 것이다.

40 다음 내용을 비교하여 광고가 가장 필요하다고 생각되는 기업에 대한 설명으로 가장 적합한 것은?

> • 가족들끼리 운영하는 서원농장과 김밥천국
> • 대우중공업과 현대자동차
> • 질이 좋은 도루코 면도날 회사와 질이 나쁜 막까여 면도날 회사

① 가족들끼리 운영하는 농장은 농산물을 판매해야 하므로 광고가 반드시 필요하다.

② 대우중공업은 중장비를 제조하므로 현대자동차보다 광고를 많이 하여야 높은 매출을 올릴 수 있다.

③ 도루코보다 막까여는 면도날에 대한 소비자의 인지도가 낮기 때문에 많은 매출을 올리기 위해서 반드시 광고가 필요하다.

④ 중장비보다 자동차에 대한 소비자들의 관심도가 높고 브랜드에 의해 가치를 판단하기 때문에 현대자동차가 광고를 해야 한다.

⑤ 도루코는 인지도가 높고 성인 남성들에게 면도날은 필수이므로 굳이 광고를 하지 않아도 많은 매출을 올릴 수 있다.

Answer 39.④ 40.④

39 최고 가수들은 카세트테이프의 발달로 인하여 일반 가수들에 비해 많은 소득을 올릴 것이고 일반 가수들의 소득은 낮아질 것이다. 이는 슈퍼스타 현상을 통해 알 수 있다.

40 가족들끼리 운영하는 서원농장의 농산물은 완전경쟁시장에 팔기 때문에 따로 광고를 할 필요가 없으며, 김밥천국의 음식들은 독점적 경쟁시장에서 팔리므로 광고가 필요하다. 대우중공업의 중장비는 현대자동차에 비해 제품 및 브랜드 이미지의 차이가 적기 때문에 광고를 할 필요가 없으며, 도루코는 막까여보다 질이 좋은 면도날을 생산하고 소비자들은 사용을 하면 할수록 질이 좋은 면도날을 찾는 습성이 있기 때문에 광고를 하여야 한다.

41 미국의 대중 소설인 '오즈의 마법사'는 화폐제도의 개혁을 요구하던 19C 말에 창작되었다. 다음 중 당시의 경제상황에 대한 설명으로 가장 적절한 것은?

① 소득의 재분배 정책을 요구하였다.

② 당시 경제 상황은 인플레이션 문제에 직면해 있었다.

③ 서민들을 위하여 화폐가치를 높일 것을 요구하였다.

④ 금, 은, 동 귀금속 제련술의 발달로 인해 논란이 가중되었다.

⑤ 금본위제를 폐지하고 은본위제의 도입을 주장한 시기이다.

42 사회보장 프로그램에 대한 정부예산의 배정방식이 다음 현상에 미친 영향을 바르게 설명한 것은?

> 빈곤층 아이들의 수가 노인들의 수보다 2배 이상 높다.

① 독거 노인들에 대한 사회보장 프로그램이 시행되고 있지 않음을 알 수 있다.

② 빈곤층 아이들에 대한 사회보장 프로그램만이 시행되고 있음을 알 수 있다.

③ 빈곤층 노인과 아이들에 대한 사회보장 프로그램이 똑같이 시행되고 있음을 알 수 있다.

④ 빈곤층 노인부양가족에 대한 지원이 줄어들고 있음을 알 수 있다

⑤ 빈곤층 어린이 부양가족에 대한 지원이 줄어들고 있음을 알 수 있다.

Answer   41.⑤   42.⑤

41 ⑤ 프랭크 바움(L. Frank Baum)에 의해 오즈의 마법사가 창작된 19C 말은 미국이 디플레이션을 겪으며 이 원인을 금본위제로 보고 은화 발행에 대한 규제 철폐를 지지하던 시기였다.

42 빈곤층 아이들의 수가 노인들의 수보다 2배 이상 높은 현상을 통해 노인들에게는 상당한 혜택을 주는 사회보장 프로그램들이 많이 시행되고 있으나 빈곤층 아이들에 대한 지원은 제공하지 못하고 있음을 알 수 있다.

43 장미는 그녀가 벌어들이는 소득을 화장품과 치약을 사는 데에만 사용한다. 두 재화는 모두 정상재이다. 화장품의 가격이 떨어질 경우 장미의 예산계획에 미치는 영향을 올바르게 추론한 것은?

> 정상재는 소득이 증가함에 따라 수요량이 증가하는 재화를 말한다.

① 화장품의 가격이 하락하였으므로 화장품과 치약 모두 더 많이 구입하게 된다.
② 화장품은 적게 구입하고 치약은 많이 구입하게 된다.
③ 치약은 적게 구입하고 화장품은 많이 구입하게 된다.
④ 화장품과 치약 모두 예전과 동일하게 구입한다.
⑤ 화장품과 치약 모두 예전보다 적게 구입한다.

44 국가인권위원회에서 보험회사의 건강보험가입신청서에 에이즈에 감염되었는지의 여부를 묻는 항목을 삭제한다고 결정할 경우 에이즈 감염자들에게 미치는 영향으로 적절한 것은?

① 많은 사람들이 저렴한 보험액으로 인하여 보험에 가입할 것이다.
② 보험회사들은 많은 에이즈 보균자들이 가입할 상품을 더 많이 만들 것이다.
③ 건강한 가입자들은 더 많은 보험혜택을 누릴 수 있다.
④ 건강보험에 가입하지 않는 사람들의 수가 증가할 것이다.
⑤ 건강보험의 비용이 늘어날 것이므로 보험회사들은 보험료를 인하할 것이다.

Answer　43.③　44.④

43 화장품과 치약 모두 정상재이므로 화장품가격이 하락하면 화장품의 구입량은 늘어나고 치약의 구입량은 줄어들게 된다.

44 보험회사들이 보험가입신청자들을 대상으로 에이즈 검사를 할 수 없게 된다면 많은 에이즈 보균자들의 가입자 수는 증가한다. 또한 에이즈 보균자들에게 보험혜택을 주기 위해서는 건강보험의 비용이 증가하여 부득이 하게 보험회사들은 보험료를 인상할 수 밖에 없을 것이다. 이로 인하여 건강한 보험가입자들은 보험료를 더 내고 혜택이 줄어들게 되는 피해를 볼 것이며, 건강이 안 좋은 사람들은 반대로 보험에 많이 가입할 것이다. 그리하여 건강보험에 가입하지 않는 사람의 수도 늘어나게 될 것이다.

45 기업이 근로자 급여에서 소득세를 공제하여 납부일까지 일시 보관하고 있을 경우 무엇으로 처리해야 하는가?

① 가수금

② 미수금

③ 예수금

④ 선수금

⑤ 가지급금

46 2017년의 한국 경제의 전망이 다음과 같을 때 이를 바탕으로 2017년의 경제 상황을 가장 잘 예측한 것은?

구분	경제성장률	소비자 물가 상승률	경제수지흑자	실업률
2016년	4.6%	3.6%	460억 달러	3.5%
2017년	4% 초반	3% 초반	360억 달러	3% 초반

① 전년도에 비하여 화폐가치는 다소 높아질 것이다.

② 긴축 정책을 실시할 필요가 있다.

③ 수입이 지출을 초과할 것이다.

④ 스태그플레이션이 발생할 가능성이 높다.

⑤ 전년도에 비하여 국민 소득이 늘어날 것이다.

✿ Answer   45.③   46.⑤

45 기업이 급여 지급일에 공제하여 일시 보관하였다가 납부하는 소득세는 예수금으로 처리한다.

46 경제 성장률이 4%라는 것은 GDP, 즉 국민 소득이 전년도에 비하여 증가한다는 것을 의미한다.

47 다음 중 단기적인 실업을 겪을 가능성이 있는 사람에 해당하는 자는?

① 계속되는 궂은 날씨로 인하여 실직된 건축현장 근로자
② 시내에서 멀리 떨어진 고립지역에 위치한 공장에서 근무하다가 실직한 사출·성형 근로자
③ 철도의 발달로 직업을 상실하게 된 마차산업 근로자
④ 새로운 용접기계의 도입으로 실직한 교육수준이 낮은 용접공
⑤ 버스의 기계화 자동문에 의해 실직하게 된 버스 안내원

48 다음의 글을 읽고 투자의 개념에 가장 적합한 것은?

> 투자와 투기를 엄격하게 구분하기는 정말 힘들다. 모든 투자에는 어느 정도의 투기적인 속성이 있다고 할 수 있기 때문이다. 투자는 위험에 상응하는 수익을 얻고자 하나, 투기는 감수해야 할 위험보다 더 큰 수익을 기대하는 행위라고 할 수 있다. 투자는 나름대로의 합리적인 생각을 가지고 많은 정보를 분석한 후 그 대상에 자금을 투입하는데 비해, 투기는 자신이 수집한 정보를 과산하여 합리적인 수준 이상의 수익을 기대하고 투입하는 것을 말한다.

① 장미는 지갑에 있는 현금 1만 원을 가지고 로또복권을 구입하였다.
② 보라는 시청직원의 말을 듣고 시청이 이전할 예정에 있는 부지 근처의 토지를 매입하였다.
③ 동건이는 곧 그린벨트가 해제될 것이라는 소문을 듣고 그 지역의 토지를 대량 매입하였다.
④ 반도체 시장의 약보합세가 예상되는 가운데 웅이는 반도체 가격의 폭등을 기대하고 하이닉스 반도체의 주식을 매입하였다.
⑤ 동수는 코스닥에 상장되어 있는 서원각 주식을 30%의 수익을 얻고 팔았다.

✿ Answer   47.①   48.⑤

47 ②③④⑤ 장기적인 실업을 겪을 가능성이 높은 사람들이다.

48 요행 및 소문에 의한 것은 투자라 할 수 없다. 투기는 상품이나 유가증권의 시세변동에서 발생하는 차익의 획득을 목적으로 하는 거래행위를 의미한다.

49 다음의 경제 뉴스를 기초로 경제 상황을 추론한 설명 중 실제상황 또는 경제이론과 가장 거리가 먼 것은?

> 윤증현 기획재정부장관은 재정위 소속의 ○○○의원이 "정부가 92조 원의 국채 발행을 시장에서 소화하는 과정에서 부동자금을 흡수해버리는 부작용이 생기는 것 아니냐"고 묻자 시중에 풀려 있는 부동자금 800조 원은 분명 유동성 과잉이라는 견해를 밝혔다. 또한 "800조원에 달하는 단기자금을 별도로 돌릴 수 있는 방안이 제시되면 모를까 쉽지 않다. 이 많은 유동성 과잉을 국채를 통하여 일부 흡수한 다음 산업 쪽으로 흘러 들어가는 효과를 창출해 내는 것이 더 바람직할 것이다."라고 설명을 덧붙였다. "현재 유동성 과잉상태이므로 추경예산편성을 위해 발행하는 국채는 시장에서 소화시킬 것이다."라면서 "한국은행의 인수는 마지막 카드가 되어야 한다."고 강조했다. 이어 윤 장관은 "발행 예정인 92조 원 국채 발행 물량 중 상당수가 차환 발행이므로 실제 추경으로 인한 발행물량은 7조 원 선에 불과하다."고 설명했다.

① 유동성이 풍부한 반면 실물경기는 위축되어 있는 양상이므로 경기부양이 정부의 최대 현안이라 할 수 있다.
② 최근 수 개월간 금융당국은 기준금리를 인하했을 것이다.
③ 정부는 추경예산의 편성을 통해 사회간접시설의 확충 등 정부지출의 증가를 꾀하고 있다.
④ 주식 및 부동산시장은 최근 단기간의 급상승으로 과열 조짐을 보일 가능성이 높다.
⑤ 국채를 시장에 소화시킨다면 이자율이 하락되므로 민간투자의 확충을 통해 산업으로의 자금유입을 기대할 수 있다.

Answer   49.⑤

49 ①③ 추경예산의 편성을 통해 실물경기의 침체를 짐작할 수 있으며 반면 현 상황은 유동성과잉이므로 정부의 경기부양 정책이 필요함을 알 수 있다.
② 제시문을 통해 부동자금이 800조 원이며 유동성 과잉임을 알 수 있다. 따라서 금융당국의 기준금리 인하 등의 정책이 유동성의 과잉 공급을 발생시켰다고 판단할 수 있다.
④ 시중 유동성이 풍부한 상태이고 정부가 국채발행을 통해 유동성 과잉을 흡수한다는 것을 통해 주가 또는 부동산시장이 단기간에 급상승하는 과열조짐을 보일 가능성이 높다는 것을 예측할 수 있다.

50 다음 글을 읽고 기업이 공모를 하는 이유로 적합하지 않은 것을 고른 것은?

> 최근 코스닥 등록을 위한 A사의 공모주 청약에 3조 원이 몰렸다. 이처럼 많은 돈이 몰린 것은 등록 후 주가가 상승할 것으로 기대한 투자자들이 많기 때문인 것으로 보인다. 그러나 최근 코스닥에 등록한 종목들의 주가가 부진한 것은 부담으로 작용할 전망이다.

① 주식을 분산하여 시장성을 높이고자 한다.

② 공모주식의 일부를 우리사주의 형태로 종업원들에게 우선 배정하여 근무의욕을 고취시키기도 한다.

③ 대주주들이 보유하고 있는 주식의 일부를 시장에서 공모가격으로 매각하는 방안이 되기도 한다.

④ 주주의 층을 넓히고자 하는 것이다.

⑤ 기업의 활동에 필요한 자금을 타인자본으로 조달하고자 하는 것이다.

51 보라가 처음으로 주식 매매를 시작한 과정에 대한 다음 내용을 보고 잘못된 상황으로만 짝지어진 것은?

> ㉠ 30만 원과 도장을 가지고 증권사에 찾아가 계좌를 개설하였다.
> ㉡ 계좌 개설시 증권사와 업무 제휴된 은행과의 증권거래 겸용 위탁계좌를 만들었다.
> ㉢ 사이버거래를 통하여 서원제과 주식 10주를 1주당 3만 원에 매입 주문을 하였다.
> ㉣ 주문 가격은 높은 편이었으나 수량이 적어 거래의 체결이 이루어지지 않았다.
> ㉤ 거래의 체결이 이루어지지 않은 것을 확인하고 그냥 컴퓨터를 껐으나 다음날 다시 확인해 보니 거래가 성립되어 있었다.

① ㉠㉡㉢

② ㉠㉣㉤

③ ㉡㉣㉤

④ ㉢㉣㉤

⑤ ㉠㉢㉣㉤

Answer   50.⑤   51.②

50 공모주 청약 … 기업의 주식공모시 일반투자자가 주식을 사겠다고 하는 것으로 새로운 자본금을 조달하는 행위이다.

51 ㉠ 계좌 개설시에는 30만 원과 신분증을 가지고 가면 된다.
㉣ 거래시 수량에 관계없이 주문가격이 높은 순으로 계약의 체결은 이루어진다.
㉤ 가격이 높은 편이므로 거래의 체결은 바로 이루어졌다.

52 한 기업이 타기업을 매수했을 경우 그 기업의 매입가액이 취득한 순자산의 가치를 초과했다면 그 차액은 무엇으로 처리하는가?

① 이익잉여금   ② 자본잉여금

③ 영업권   ④ 부의 영업권

⑤ 자본

53 다음 경제 현상의 발생 원인과 결과를 옳게 짝지은 것을 모두 고른 것은?

- 물가가 지속적으로 하락하는 현상
- 수요 측면 및 공급 측면 모두에서 발생하기도 한다.
- 경제의 저혈압

원인	결과
㉠ 생산성 향상	실질 임금 상승
㉡ 소비 감소	기업과 금융 기관의 부실화
㉢ 석유 파동	투기 성행
㉣ 통화량 감소	기업의 이윤 및 투자 의욕 증대
㉤ 수출 감소	부채의 실질 가치 감소

① ㉠㉡   ② ㉡㉢

③ ㉡㉣   ④ ㉢㉤

⑤ ㉠㉡㉢

Answer   52.③   53.①

52 기업이 동종의 다른 기업보다 초과이익력을 갖고 있을 경우 이를 자본화한 것을 영업권이라고 한다.

53 ㉢ 석유파동은 디플레이션의 발생원인이 아니다.
     ㉣ 통화량이 감소하게 되면 물가의 수준도 감소하게 되고 기업의 투자도 감소하게 된다.
     ㉤ 수출이 감소하게 되면 부채에 대한 실질 가치는 증가하게 된다.

54 다음 밑줄 친 부분의 결과에 대한 추론으로 옳은 것은?

(단, 현재 노동 시장은 균형 상태이고, 노동에 대한 수요는 임금에 대해 완전 비탄력적이다)

> 일반적으로 편의점에서 아르바이트를 하면 시간 당 6,470원의 임금을 받는다. 이러한 임금 수준이 너무 낮다는 여론에 따라 <u>정부는 최저임금을 시간 당 7,530원으로 올리려고 한다.</u>

① 편의점의 판매량은 점차적으로 감소할 것이다.
② 노동에 대한 초과 수요가 나타날 것이다.
③ 고용량은 크게 증가될 것이다.
④ 정부가 의도한 정책의 효과가 나타나지 않을 것이다.
⑤ 고용량은 현재와 같을 것이다.

55 다음의 글에서 결론 부분에 해당하는 밑줄 친 부분과 같은 현상이 일어나는 이유로 가장 타당한 것은?

> 양식 넙치에 비해 자연산 넙치는 맛이 좋아서 훨씬 높은 가격에 거래가 되고 있다. 일부 업자들은 자연산인지 양식인지의 구분이 어렵다는 점을 이용하여 양식 넙치를 자연산으로 속여 팔기도 한다. 이로 인하여 많은 소비자들은 식별하기 어려운 자연산 넙치를 비싼 값에 구입하기 보다는 차라리 값이 싼 양식 넙치를 구입하기 시작하였다. <u>결국 시장에서 자연산 넙치를 보기가 힘들어졌다.</u>

① 넙치의 수요자들 사이에 담합이 이루어졌기 때문이다.
② 일부 파렴치한 넙치 공급자들의 비윤리적 행위 때문이다.
③ 넙치의 가격이 자원의 효율적 배분의 이치를 잘 반영하고 있기 때문이다.
④ 넙치 수요자와 공급자가 가지고 있는 정보의 차이 때문이다.
⑤ 자연산 넙치의 공급물량이 턱없이 부족하기 때문이다.

✿ Answer　　54.⑤　55.⑤

54 최저임금제 … 고용주가 피고용인에게 노동의 대가로 지불해야 하는 최소한의 임금수준을 법으로 규정하는 제도로 최저임금이 균형임금보다 높으면 노동의 공급량이 수요량을 초과하여 실업이 발생하고 따라서 직장이 있는 근로자의 소득은 상승하지만 직장을 구하지 못한 사람의 소득은 떨어지게 된다.

55 역선택 … 시장에서 판매자가 파는 물건의 속성에 대해 소비자보다 많은 정보를 가지고 있을 때 발생하는 문제로 이런 상황에서는 판매자가 품질이 낮은 물건을 소비자에게 판매할 가능성이 있다. 정보가 부족한 소비자의 입장에서 불리한 물건을 선택하는 것이다.

56 다음과 같은 무역 환경의 변화가 우리나라 경제에 미칠 영향으로 옳지 않은 것은?

협상명	시기	참가국수	주요의제
케네디 라운드	1964 ~ 1967	74	관세 인하, 반덤핑, 관세평가 협정 등
도쿄 라운드	1973 ~ 1979	99	관세 인하, 비관세 장벽 관련 협정 등
우루과이 라운드	1986 ~ 1994	117	WTO 설립, 관세인하, 농산물·서비스·지적재산권 시장 개방기준 등 등
뉴라운드	2001 ~	142	농산물·비농산물·서비스·지적개산권·투자·환경 분야의 무역 규범 등

① 해외 투자 여건이 한층 나아질 것이다.
② 농촌 지역의 경제가 더욱더 어려워질 것이다.
③ 다국적 기업의 국내 진출에 제약이 따를 것이다.
④ 기업의 환경 기술에 대한 투자가 증가할 것이다.
⑤ 수출 시장이 세계 여러 국가로 다변화 될 것이다.

57 항해 도중 선박의 난파로 인하여 무인도에 표류하게 된 정훈이는 코코넛의 채집과 낚시를 통하여 생계를 이어나가고 있다. 정훈이의 코코넛과 생선의 소비에 대한 설명으로 옳은 것은?

① 코코넛을 많이 수확할수록 물고기의 낚시량은 줄어든다.
② 코코넛을 많이 수확할수록 물고기의 낚시량도 많아진다.
③ 코코넛과 물고기의 수확량은 같다.
④ 만약 원주민이 거주하여 교역할 경우 코코넛과 물고기 중 하나의 수확량만 늘어난다.
⑤ 코코넛과 물고기의 소비량은 가늠하기가 어렵다.

Answer   56.③   57.①

56 최근 무역 라운드는 농산물, 서비스, 환경분야 등으로 그 범위가 확장되어 다국적 기업이 타국에 진출하는 데에 따르는 제약이 완화되는 추세이다.

57 코코넛을 많이 획득할 경우 물고기의 획득량은 줄어들고 코코넛을 적게 획득할수록 물고기의 획득량은 많아지게 된다. 만약 거주하는 원주민이 있을 경우에는 교역을 통하여 두 재화의 획득량이 같아질 수 있다.

58 쌀은 A와 B지역에서 생산된다. A지역은 극심한 가뭄으로 인하여 곡물의 생산이 절반으로 줄어들었고 B지역은 영향을 받지 않았을 때 발생할 수 있는 현상으로 옳은 것은?

① B지역 농부들은 이익을 볼 수 있다.
② A지역 농부들은 이익을 볼 수 있다.
③ A와 B지역 농부들 모두 이익을 얻을 수 있다.
④ A와 B지역 농부들 모두 손해를 보게 된다.
⑤ B지역의 생산량은 증가할 것이다.

59 다음 중 고객서비스 전략에서 사용되는 표준화 접근법(standardization approach)에 관하여 가장 올바르게 설명하고 있는 것을 고르면?

① 개별 소비자의 취향에 알맞게 맞춤형 서비스를 제공해 줄 수 있는 장점을 가지고 있다.
② 서비스의 품질이 공급자의 주관적 판단과 능력여하에 따라 달라질 수 있는 단점을 가지고 있다.
③ 개별 고객에게 뛰어난 서비스 품질을 지속적으로 제공할 수 있는 장점을 가지고 있다.
④ 서비스의 품질을 결정하는 다양한 요인들로 인해 발생할 수 있는 불안정한 요인을 최소화 할 수 있다.
⑤ 숙달된 서비스 공급자에 대한 투입과 복잡한 소프트웨어 개발 및 활용으로 인한 비용이 많이 발생할 수 있다.

Answer   58.①   59.④

58 쌀의 공급량이 가뭄으로 인하여 수요량보다 적어지면 판매자들은 가격을 올릴 수 있기 때문에 B지역의 농부들은 많은 이익을 창출할 수 있다.

59 서비스 프로세스는 그 성격에 따라 표준화된 프로세스와 개별화된 프로세스로 나눌 수 있다. ①, ②, ③, ⑤는 개별화 된 프로세스에 대한 설명이다.

60 정부가 현재보다 유류세를 2배로 인상시킬 경우 경제적 순손실에 대한 추론으로 적절한 것은?

① 정부 조세수입의 증가로 경제적 순손실은 감소하게 된다.

② 정부 조세수입의 감소로 경제적 순손실은 증가하게 된다.

③ 세금이 2배 증가되므로 경제적 순손실은 감소할 것이다.

④ 세금이 2배 증가하므로 경제적 순손실은 증가할 것이다.

⑤ 세금의 증가와 경제적 순손실은 아무 관련이 없다.

61 텔레비전이나 신문, 잡지 등을 통하여 많은 광고를 접할 수 있다. 이것은 광고가 시장의 경쟁력을 만든다는 것을 말하는 것이다. 이렇듯 광고가 경쟁을 제약할 수 있는 이유에 대한 설명으로 옳은 것은?

① 광고는 소비자에게 정보의 전달 뿐 아니라 소비자의 선호도에 영향을 미치기 때문이다.

② 광고는 소비자들이 제품들 사이의 차이점을 많이 느끼지 못하도록 유사하게 하고 있기 때문이다.

③ 광고는 소비자들에게 신제품의 출시를 알려주기 때문에 기업들의 시장진입을 어렵게 만들기 때문이다.

④ 광고에 많은 투자를 하게 되면 소비자들은 제품이 가격이 비싸다고 판단하기 때문이다.

⑤ 광고는 여러 가지 브랜드 이름을 소비자에게 제공하는 것이기 때문에 소비자들의 혼동을 야기할 수 있다.

Answer　　60.④　61.①

60 경제적 순손실 … 세금부과 등과 같은 시장 왜곡현상에 의한 경제적 총잉여의 감소분을 의미한다.

61 광고는 소비자들에게 정보를 전달하는 것이 아닌 소비자의 선호에 영향을 미치기 때문에 경쟁을 제한하는 효과를 내는 것이다. 광고는 소비자들에게 제품들 사이의 차이를 실제보다 더 많이 느끼게 만들고 이로 인하여 수요곡선이 더욱 더 비탄력적이게 변하며, 공급자는 한계비용보다 더 높은 가격을 받을 수 있게 된다. 광고는 시장을 더욱 더 경쟁적으로 만들며 신제품의 출시를 소비자들에게 알려주어 기업들의 시장진입이 용이하게 된다. 광고의 비용이 높을수록 소비자들은 제품의 품질이 우수하다고 믿으며 브랜드 이름을 통하여 기업은 소비자들에게 보다 확실한 기업의 이미지를 심어줄 수 있다.

62 다음 중 한 종합병원의 정형외과 의사와 경비가 있을 때 이들 중 여가의 기회비용이 높은 사람이 누구인지를 바르게 추론한 것은?

① 경비는 정형외과 의사보다 근무시간이 짧기 때문에 여가의 기회비용이 더 크다고 볼 수 있다.

② 정형외과 의사는 경비보다 근무시간이 길기 때문에 여가의 기회비용이 더 크다고 볼 수 있다.

③ 경비는 정형외과 의사보다 임금이 적기 때문에 여가의 기회비용이 더 크다고 볼 수 있다.

④ 정형외과 의사는 경비보다 임금이 많기 때문에 여가의 기회비용이 더 크다고 볼 수 있다.

⑤ 경비와 정형외과 의사는 임금과 근무시간이 비례하기 때문에 여가의 기회비용이 같다고 볼 수 있다.

63 최근 많은 공장 및 일터에서 외국인 근로자들을 많이 볼 수 있다. 다음 중 외국인 근로자의 국내 유입으로 인한 영향을 바르게 추론한 것은?

① 외국인 근로자들을 국내에 유입하게 되면 노동의 공급이 증가하고 노동의 수요 또한 증가하게 된다.

② 외국인 근로자들이 국내에서 일을 하게 되면 균형고용량 및 균형임금이 하락하게 된다.

③ 외국인 근로자들의 고용량의 증가로 인하여 노동에 대한 한계생산은 증가하게 된다.

④ 외국인 근로자들의 유입으로 인하여 균형임금이 하락하게 되면 노동에 대한 수요량은 감소하게 된다.

⑤ 외국인 근로자들을 국내에 유입하게 되면 노동의 공급은 증가할 수 있으나 노동의 수요에는 아무런 영향이 없다.

Answer 62.④ 63.⑤

62 시간당 임금이 5만 원일 경우 여가 비용을 1만 원이라고 한다면 시간당 임금이 10만 원으로 상승하면 여가 비용도 2만 원으로 상승하게 된다. 그러나 기회비용에 따라 근로자들은 일과 여가 중 하나를 선택해야 하므로 노동의 공급곡선이 우상향한다는 것은 임금이 상승하면 근로자들은 그 만큼 일을 더 많이 하게 되는 것이므로 여가를 덜 즐기게 되는 것이다. 그러므로 정형외과 의사의 임금이 경비보다 높기 때문에 정형외과 의사의 여가 기회비용이 경비보다 높음을 알 수 있다.

63 예를 들어 서원인쇄소에서 외국인 근로자들을 사용하게 되면 근로자들의 증가로 인하여 노동의 초과공급이 발생하게 되고 노동의 초과공급으로 인하여 임금은 하락하게 된다. 또한 고용량을 늘리는 것은 회사의 입장에서 보면 이득이 되므로 고용량은 증가하게 되고 이에 따라 노동의 한계생산과 한계생산가치는 하락하고 임금과 한계생산가치 모두 떨어지게 된다.

64 다음 중 4년제 대학교 졸업자가 실업계 고등학교 졸업자에 비해 소득이 높은 이유에 대한 설명으로 옳은 것은?

① 교육수준이 높을수록 위험한 작업환경에서 일을 하는 경우가 더 많아 위험수당이 존재하기 때문이다.

② 대학교 졸업자들이 더 쉽고 재미있으며 안전한 직업을 선택하기 때문이다.

③ 고등학교 졸업자들은 야간 근로를 선호하나 대학교 졸업자들은 야간 근로를 선호하지 않기 때문에 임금을 더 주어야 야간 근로를 시킬 수 있기 때문이다.

④ 학교 교육을 더 많이 받은 사람들이 그렇지 못한 사람들에 비해 한계생산성이 높기 때문에 더 높은 임금을 받을 수 있는 것이다.

⑤ 고용주에게 나의 능력이 남보다 뛰어나다는 것을 잘 표현할 수 있는 사람들이 대학교 졸업자들이기 때문이다.

65 다음 중 빈민들을 구제할 수 있는 정책으로 내놓을 수 있는 의견으로 옳은 것은?

① 최저임금제를 실시하여 모든 빈민 및 근로자들을 돕도록 한다.

② 빈민들을 직접 도울 수 있는 보조금제도가 최고의 정책이다.

③ 마이너스 소득세를 적용하여 소득을 보조해주는 것이 최상이다.

④ 빈민들에게 가장 필요로 하는 것이 무엇인지를 파악한 후 그에 적절한 현물보조를 하는 것이 최상이다.

⑤ 일을 하려고 하지 않는 근로자들까지 돕게 될 우려가 있으므로 빈민구제정책은 실시하지 않는 것이 최상이다.

Answer   64.④   65.④

64 쉽고 재미있으며 안정된 직업에 대한 노동공급이 고되고 지루하고 위험한 직업에 비해 더 많다. 이러한 결과 좋은 조건을 가진 직업의 균형임금은 나쁜 조건을 가진 직업보다 낮다. 이렇게 비금전적인 직업속성의 차이를 보상해주기 위한 임금의 차이를 보상적 임금격차라고 한다. 그리고 교육이나 직업훈련 등과 같이 사람에 대한 투자의 축적을 인적자본이라고 한다. 교육의 수준이 높을수록 임금수준이 높은 것으로 이는 기업의 입장에서 보면 한계생산이 교육수준이 높을수록 커지기 때문에 높은 임금을 지불하게 되는 것이다. 이 또한 교육을 받은 비용에 대한 보상적 차원으로 볼 수 있다.

65 ① 최저임금제를 실시하게 되면 빈민을 도울 수는 있으나 최저임금의 적용을 받는 근로자들은 실업의 위기에 놓일 수 있다.

② 보조금은 빈민을 도울 수는 있지만 보조금에 의존하게 되는 부작용을 유발할 수 있다.

③ 마이너스 소득세는 일을 하지 않는 근로자 및 게으른 근로자들까지 돕게 되는 현상을 초래할 수 있다.

66 올해 K리그의 축구선수들이 구단주가 책정하는 연봉상한선에 반발하여 대거 파업에 돌입하였다. 구단주들은 이미 연봉에 대해 공동보조를 취하고 있음에도 불구하고 선수들이 연봉상한선 제도의 실시를 위해 파업을 하는 이유로 가장 적당한 것은?

① 구단주들이 축구선수들의 연봉을 낮추려고만 하기 때문이다.
② 구단주들은 좋은 선수들의 영입을 위하여 모든 축구선수들에게 높은 연봉을 주기는 어렵기 때문이다.
③ 높은 연봉으로 좋은 선수를 영입하면서 쉽게 연봉협상이 깨지기 때문이다.
④ 연봉에 대한 담합 및 연봉에 대한 합의 결렬 등을 방지할 수 있기 때문이다.
⑤ 구단주들에게 자신들의 몸값을 높이기 위한 최선의 방법이라고 생각했기 때문이다.

67 최근 생명보험에 가입하는 사람들의 수가 늘어나고 있다. 생명보험에 가입하는 사람들은 매년 일정한 금액을 보험료로 납부하고 가입자가 사망하는 경우 그의 가족은 보험료 납부액보다 더 많은 금액을 보험금으로 받을 수 있다. 그러나 생명보험에 가입하는 사람들의 사망률이 그렇지 않은 사람들에 비해 높다고 할 때 이에 대한 추론으로 옳은 것은?

① 생명보험에 가입한 사람들은 가입하지 않은 사람들보다 위험한 직업에 종사하기 때문이다.
② 평균 사망률보다 자신의 사망확률이 낮다고 생각하는 사람들이 더 많이 보험에 가입하기 때문이다.
③ 생명보험에 가입한 사람은 보험에 가입하지 않은 사람에 비해 위험한 행위를 할 가능성이 낮기 때문이다.
④ 사망의 위험이 더 높은 사람들이 보험에 가입할 강력한 유인을 갖기 때문이다.
⑤ 보험회사의 보험가입자에 대한 감시행위가 너무 강하기 때문이다.

Answer   66.④ 67.④

66 연봉상한선 제도가 실시된다면 구단주들은 연봉에 대한 담합을 실현시킬 것이고 서로의 합의를 쉽게 깨뜨리는 일을 방지하게 되므로 상대적으로 선수들에게 있어 연봉상한선 제도의 실시는 부정적인 효과를 가져온다.

67 ①③ 생명보험에 가입한 사람들은 가입하지 않은 사람들에 비해 위험한 행위를 하게 될 가능성이 높아지는 것은 사실이나 위험한 직종에 있다고 하여 누구나 다 가입하는 것은 아니다.
② 보험료는 평균보다 높은 사망률을 가진 사람들의 비율을 반영하여 책정하므로 평균 사망률보다 자신의 사망확률이 낮은 경우에는 생명보험의 납부액이 높게 느껴지므로 가입하지 않는다.
⑤ 보험회사는 보험가입자들을 더욱 철저히 감시해야 하며 위험한 행위를 하는 가입자에게는 더 높은 납부액을 부과하여야 하고 이에 대비하기 위하여 모든 가입자들에게 건강진단서를 받아두어야 한다.

68 '내일은 없다. 오늘만을 위해 모든 걸 바치자.'라는 생각을 가진 사람들만이 존재하게 될 경우 경제에 미치는 영향을 올바르게 추론한 것은?

① 소비, 저축, 투자 등이 증가하게 될 것이다.
② 소비, 저축, 투자 등이 감소하게 될 것이다.
③ 소비는 증가하고 저축 및 투자는 감소하게 될 것이다.
④ 소비는 감소하고 저축 및 투자는 증가하게 될 것이다.
⑤ 소비와 투자는 증가하고 저축은 감소하게 될 것이다.

69 다음 사채에 관한 설명 중 틀린 것은?

① 사채할인발행차금은 유효이자율법으로 상각한다.
② 자기사채를 취득하는 경우에는 취득목적에 관계없이 사채의 상환으로 처리한다.
③ 시장이자율의 변동에 관계없이 사채의 만기일까지 부담하는 이자율은 항상 동일하다.
④ 사채의 시장이자율이 상승하는 경우에는 사채상환손실이 발생한다.
⑤ 사채할인발행차금은 사채의 평가계정으로서 사채에서 차감된다.

Answer 68.③ 69.④

68 근시안적인 사고를 바탕으로 미래소비에 비해 현재소비가 월등히 증가하고 저축과 투자는 감소하게 될 것이다.

69 사채의 시장이자율이 상승하는 경우에는 사채상환이익이 발생한다.

70 다음의 내용을 읽고 이자율에 미치는 영향에 대해 올바르게 설명한 것은?

> • 신용카드의 보급이 확산되어 국민들이 현금보유를 줄인다.
> • 중앙은행이 지급준비율을 인하한다.
> • 가계들이 다가올 설날에 사용하기 위해 더 많은 화폐를 보유한다.

① 신용카드의 보급으로 국민들이 현금보유를 줄이게 되면 이자율은 상승하게 된다.
② 중앙은행이 지급준비율을 인하하게 되면 화폐공급의 증가로 이자율은 증가하게 된다.
③ 가계에서 설날에 사용할 화폐를 더 많이 보유하게 되면 이자율은 하락하게 된다.
④ 신용카드의 보급으로 국민들이 현금보유를 줄이게 되면 이자율은 하락하게 된다.
⑤ 중앙은행이 지급준비율을 인하하게 되면 화폐공급의 감소로 이자율은 하락하게 된다.

71 다음 중 '경제학을 과학의 한 분야라고 한다'는 정의에 대해 올바르게 해석한 것은?

① 경제학에도 과학에서와 마찬가지로 과학적인 분석방법을 사용하기 때문이다.
② 경제학은 나라의 전반적인 경제현상을 연구하는 학문이므로 과학이론이 들어가기 때문이다.
③ 경제학은 효율적·비효율적 생산 등을 연구하는 학문이므로 과학이 경제학의 한 분야라고 해야 한다.
④ 경제학은 가계, 기업, 시장, 인플레이션 등을 연구하는 학문이므로 모든 분야가 다 들어가기 때문이다.
⑤ 경제학은 한 나라의 생활수준, 생산능력, 물가 등을 연구하는 학문이므로 수학에 더 가깝다고 할 수 있다.

Answer   70.④   71.①

70 ① 신용카드의 보급으로 사람들이 현금보유를 줄이면 이자율은 하락하게 된다.
②⑤ 중앙은행이 지급준비율을 인하하게 되면 화폐의 공급이 증가하고 이자율은 하락하게 된다.
③ 가계에서 설날에 사용하기 위해 화폐를 보유하게 되면 화폐수요의 증가로 이자율은 상승하게 된다.

71 경제학에서 학자들이 이론을 만들 경우 자료를 수집하고 분석한 후 검증을 통하여 이론을 완성시키는 과학적 분석방법을 사용하기 때문에 과학의 한 분야라고 할 수 있다.

72 비행기를 타고 유럽을 가던 도중 비행기의 고장으로 인하여 태평양 한가운데 추락하고 말았다. 이 때 장미와 보라 둘만이 무인도까지 휩쓸려 내려갔다. 장미와 보라는 구조대가 오기를 기다리면서 생존해야 한다는 마음으로 매일 물고기와 야생 열매를 채집하였다. 장미는 시간당 물고기 1마리를 잡거나 야생 바나나 2개를 구해오는 반면 보라는 물고기 2마리를 잡거나 야생 바나나 6개를 구해온다고 할 때 이에 대한 경제학적인 추론으로 적절한 것은?

① 장미는 보라에 비해 물고기를 잡는 일에 대해 절대우위를 가지고 있다.
② 보라는 장미에 비해 물고기를 잡는 일에 대해 비교우위를 가지고 있다.
③ 장미가 물고기 1마리를 잡는 기회비용은 야생 바나나 1개이다.
④ 보라가 물고기 1마리를 잡는 기회비용은 야생 바나나 3개이다.
⑤ 장미와 보라의 기회비용은 같다.

73 다음의 내용들을 종합하여 내릴 수 있는 결론으로 가장 적합한 것은?

> • 정치적 결정은 경제활동을 규제하기도 하며, 경제생활에서 발생하는 각종 분쟁의 해결을 돕고 필요한 제도나 정책을 마련하여 경제생활을 지원하기도 한다.
> • 깨끗한 환경이 주는 경제적 가치와 편익은 매우 크다.
> • 동일하게 저축을 하더라도 우리나라는 자녀의 교육비를 위해 하는 반면, 미국은 자신의 노후 생활을 위해 하는 경우가 많다. 이는 문화적 배경에 따른 가치관의 차이 때문이다.

① 경제생활이 일상생활에서 차지하는 비중은 매우 크다.
② 경제생활은 경제 주체 간의 계약에 의해 이루어지는 것이다.
③ 한 사회의 경제 발전 정도에 따라 구성원들의 경제적 사고가 달라진다.
④ 경제생활은 다른 영역과 서로 영향을 주고 받으면서 밀접한 관계를 맺고 있다.
⑤ 경제생활과 물질적 풍요를 위해 자연 자원을 최대한 활용하는 것이 좋다.

Answer   72.④   73.④

72 ① 장미의 기회비용은 야생 바나나 2개, 보라의 기회비용은 야생 바나나 3개이므로 보라에 비해 물고기를 잡는 일에 대해 비교우위를 가지고 있다.
② 보라의 기회비용은 1시간 동안 2마리이므로 장미에 비해 물고기 잡는 일에 절대우위를 가지고 있다.
③ 장미가 물고기 1마리를 잡는 기회비용은 야생 바나나 2개이다.

73 경제생활이 환경, 문화, 정치 등 여러 요소들과 밀접한 관계가 있음을 나타내고 있다.

74 다음 글을 읽고 바르게 추론한 것은?

> 장미는 최고 요리사이다. 호텔의 주방장으로서 연봉 5,000만 원을 받는다. 그러나 장미는 자신의 음식점을 개업하는 것이 오랜 소망이기에 작년 말 호텔을 그만 두었다. 그리고 3,000만 원을 들여 가게를 얻었고 올해 1년 동안 8,000만 원의 매출을 올렸다. 직원들 월급도 주고 가게 운영비를 빼고 나니 4,500만 원이 남아 장미는 4,500만 원을 벌었다고 기뻐했다.

① 경제적 선택을 할 경우 회계비용만을 고려하는 것이 좋다.
② 음식점을 여는 것에 대한 기회비용은 2,000만 원이다.
③ 장미는 회계상 적자를 기록하였다.
④ 경제학적으로 따졌을 경우 장미는 손해를 본셈이다.
⑤ 회계비용의 총합은 4,500만 원이다.

75 다음 글을 읽고 장미가 아버지로부터 가장 크게 야단을 맞은 원인으로 적합한 것은?

> 고등학교 3학년인 장미는 중학교와 초등학교에 다니는 동생들과 함께 공부는 하지 않고 한창 인기있는 텔레비전 드라마에 빠져 있었다. 온 식구가 모여 한참을 넋을 놓고 보고 있는데 아버지가 장미는 텔레비전을 그만 보고 가서 공부를 하라고 하셨다. 몇 번이나 말해도 장미가 들은 척을 하지 않자 화가 난 아버지는 "아예 텔레비전 속으로 들어가라."면서 머리를 쥐어박고 역정을 내셨다. 장미는 식구들이 다 같이 봤는데 왜 나만 때리냐고 투덜거렸다.

① 장시간 텔레비전을 보는 것은 건강에 좋지 않기 때문이다.
② 다른 식구들의 텔레비전 시청 효과는 장미보다 크다.
③ 텔레비전 시청이 갖는 기회비용은 장미가 가장 크다.
④ 미성년자인 장미의 텔레비전 시청은 올바르지 않다.
⑤ 공부하는 것이 텔레비전을 보는 것보다 중요하다.

Answer   74.④   75.③

74 ① 경제적 선택을 할 경우 회계비용과 기회비용을 모두 고려하는 것이 좋다.
② 음식점을 여는 것에 대한 기회비용은 호텔주방장으로서의 연봉 5,000만 원과 가게를 얻는데 소요된 3,000만 원을 합한 8,000만 원이다.
③ 장미는 회계상 흑자를 기록하였다.
⑤ 회계비용의 총합은 3,500만 원이다.

75 다른 가족들은 텔레비전 시청으로 포기해야 하는 것이 어머니는 설거지, 동생들은 숙제 정도이지만 고등학교 3학년인 장미는 대학입시라는 커다란 공부를 앞두고 있다. 그러므로 기회비용을 보면 장미의 가치가 가장 크다는 것을 알 수 있다.

76 다음 글을 읽고 현대 국가의 특성을 올바르게 추론한 것으로 옳지 않은 것은?

> 오늘날 시민은 도시 내에 거주하고 있는 사람만을 의미하는 것은 아니다. 참정권은 더 이상 재산과 교양을 가지고 있는 시민만의 특권이 아니다. 일정한 연령 이상의 인구는 참정권을 가지고 있다. 그러나 주체적이고 능동적인 시민이 저절로 형성되는 것은 아니다. 국가의 기능이 확대되어 이전에 누릴 수 없었던 권리들이 보장되었을 때 비로소 현대의 시민사회가 기능을 발휘하는 것이다.

① 수정 자본주의의 채택
② 국민들의 삶의 질 향상 추구
③ 적극적인 경제 개입
④ 시장의 자동 조정 능력 신뢰
⑤ 큰 정부의 역할

77 서브프라임 모기지 부실 사태로 어려움을 겪던 당시 미국 내 유명 레스토랑 체인점인 베니건스는 파산보호를 신청을 했고 세계 최대의 커피체인점인 스타벅스가 미국 내 600개 매장 폐쇄와 1,000명의 직원감원을 결정하였다. 이러한 경제 상황에서 유명 외식업체가 미국에서 어려움을 겪는 이유를 추론한 것으로 옳지 않은 것은?

① 장기 경기침체로 소비자들이 값비싼 레스토랑을 멀리하고 있기 때문이다.
② 고유가로 인한 가계사정 악화로 외식 여가 등의 선호적인 지출이 감소되었다.
③ 일자리의 감소로 가계 소득의 증가가 어려워졌고 이로 인해 소비가 둔화되었다.
④ 개인대출 조건의 완화로 내구소비재의 수요가 급증하였고 상대적으로 비내구재에 대한 수요는 감소하였다.
⑤ 인플레이션으로 인한 소비자의 불안으로 지출이 감소되었다.

Answer 76.④ 77.④

76 ④ 자유 방임주의에 대한 내용에 해당한다. 정부가 적극적으로 경제에 개입을 하여야 시장의 모든 문제를 해결할 수 있으며 큰 정부를 이루어 수정 자본주의를 채택해야 새로운 권리들이 보장되어질 수 있다.

77 ④ 일반적인 경기순환과정은 먼저 주택 지출이 감소하고 그 후 자동차나 가전제품 같은 내구소비재 지출이 줄어들며 다음으로 여가나 외식 같은 비내구소비재 지출이 감소한다. 이로 인해 기업투자가 줄어들고 마지막으로는 사무실이나 공장 같은 장기고정투자가 감소하는 과정을 겪게 된다.

78 근로자에게 시장의 임금수준보다 높은 임금을 지불하는 것이 기업주에게도 이득이 된다는 가설이 있을 때 그 이유로 적절한 것은?

① 마찰적 실업률을 낮출 수 있기 때문이다.

② 근로자의 생산성을 높일 수 있기 때문이다.

③ 노동조합 결성의지를 약화시킬 수 있기 때문이다.

④ 최저임금제의 영향력에서 벗어날 수 있기 때문이다.

⑤ 이전보다 능력있는 근로자를 고용할 수 있기 때문이다.

79 다음은 잠실의 제2롯데월드 건설에 대한 개요이다. 이를 통해 추론할 수 있는 사실로 옳지 않은 것은?

- 잠실 제2롯데월드
- 위치 : 서울 송파구 신천동 29번지(잠실 롯데월드 맞은편)
- 대지면적 : 8만 7182m^2
- 용적률 : 약 410%
- 층수 : 지상 112층, 지하 5층

---

① 초고층 건물의 건설은 일자리를 창출하여 높은 고용효과를 낳을 것이다.

② 연관 산업의 생산유발 효과로 국내 경제 활성화에 기여할 것이다.

③ 도심의 랜드마크로서 국가위상을 높일 것이다.

④ 제2롯데월드의 건설로 인한 주변상권의 경쟁력이 약화되어 상권의 축소를 가져올 것이다.

⑤ 건설 경기 부양 및 관광객의 유치효과로 주요한 관광 수입원이 될 것이다.

Answer 78.② 79.④

78 효율성 임금가설 … 효율성 임금가설에서는 실질임금이 근로자의 생산성에 직접적으로 영향을 미친다고 가정하고 있다. 따라서 노동시장의 균형임금보다 높은 실질임금인 효율성임금(efficiency wage)을 지급하면 노동자들의 태만을 방지할 수 있기 때문에 생산성이 증대되어 기업에게도 오히려 유리하게 된다(노동시장에서 도덕적 해이를 방지).

79 ④ 초고층 건물로 인해 오히려 주변의 상권 활성화에 기여할 수 있다.

80 은행이 신용등급이 낮은 기업에 대해서 금리를 높게 받기보다 대출을 거부하는 행태를 보이는 이유에 대한 설명으로 옳지 않은 것은?

① 일정 금리 이상을 요구할 때 안전한 투자를 선호하는 기업들이 투자를 포기할 가능성이 커진다.
② 신용할당이 존재할 때 은행의 대출공급곡선은 후방굴절형태를 갖는다.
③ 금리가 높아질수록 위험이 높은 기업들이 대출을 받게 되는 경향이 높아지는 것을 도덕적 해이(moral hazard)라고 한다.
④ 대출시장에서의 정보가 완전하다면 신용할당이 발생하지 않는다.
⑤ 정보의 비대칭성에 의해 발생하는 대표적인 현상이라고 할 수 있다.

81 다음과 같은 현상에 대한 설명으로 옳은 것은?

> • 명절 제수용품의 가격 폭등
> • 휴양지의 성수기 숙박요금 인상

① 가격의 인상은 수요에 대한 가격이 탄력적이기 때문이다.
② 가격의 인상으로 수요가 감소하므로 원하는 물건을 찾기가 수월해진다.
③ 가격이 인상되는 가장 근본적인 원인은 일시적인 수요의 급증과 공급의 부족으로 설명할 수 있다.
④ 일시적인 물가인상으로 일반적으로 소비지출액은 감소하게 된다.
⑤ 가격이 인상되면 대체재의 가격 역시 인상된다.

Answer   80.③   81.③

80 ③ 금리가 높아질수록 보다 위험이 높은 기업들이 대출을 받게 되는 경향이 높아지는 현상은 역선택이다.

81 ③ 상품의 시장가격은 수요와 공급의 상관관계에 의해서 결정된다.

82 현실적으로 노동시장에 존재하고 있는 직종별 임금격차의 이유로서 타당치 못한 것은?

① 각 직종마다 작업조건 차이가 존재하기 때문에 이를 보상하기 위해 임금격차가 생긴다.

② 사회문화적 관습으로 인해 특정 직종에 대한 회피와 선호로 인해 직종 간에 임금격차가 생긴다.

③ 직종 간 노동의 이동이 비교적 자유롭기 때문에 임금격차가 생긴다.

④ 노동조합의 단체교섭이 모든 직종에서 이루어지고 있지 않기 때문에 직종 간 임금격차가 생긴다.

⑤ 임금에는 측정할 수 없는 타고난 능력이나 운수 등 여러 가지 다른 변수들도 영향을 끼친다.

83 우리나라 원화의 미국 달러화에 대한 환율이 달러당 1,100원에서 1,132원으로 변화하였다. 이를 통해 예측할 수 있는 것은?

① 원화가 평가절하되었으므로 단기적인 수출이 증가한다.

② 원화가 평가절상되었으므로 단기적인 수출이 증가한다.

③ 원화가 평가절하되었으므로 단기적인 수출이 감소한다.

④ 원화가 평가절하되었으므로 단기적인 수출이 감소한다.

⑤ 이러한 현상이 지속될 경우 수출은 앞당기고 수입은 늦추는 경향이 있다.

Answer   82.③   83.①

82 ③ 직종간에 노동의 이동이 자유롭지 못하기 때문에 직종별 임금격차가 발생한다. 그리고 노동이동이 자유로우면 임금격차가 없어진다.

83 ① 환율상승에 의해 원화의 가치가 하락하였으므로(평가절하) 단기적 수출이 증가할 것이다.
   ※ 환율의 변화
     ㉠ 평가절상(환율인하) : 수입증가, 수출감소, 국내 경기의 침체가능성, 외채부담의 감소, 국제수지의 악화 등
     ㉡ 평가절하(환율인상) : 수입감소, 수출증가, 인플레이션 발생가능성, 외채부담의 증가, 국제수지의 개선 등

84 다음 중 사례가 다른 하나는 무엇인가?

① 한 신간서적의 기발한 광고가 많은 사람들에게 폭발적 호응을 얻어 밀리언셀러의 등급에 오르게 된 경우
② 어떤 한 은행이 뱅크런(bank run)을 경험하게 되면 은행들도 뱅크런을 경험하게 될 가능성이 높아진다는 것
③ 신문에 기재된 미담을 읽은 많은 사람들의 마음이 훈훈해진 경우
④ 서울의 강남지역에서 시작된 아파트 투기열풍이 전국적으로 확산됨에 따라 많은 사람들이 뜻하지 않은 재산상의 이득 혹은 피해를 보게 된 경우
⑤ 청계천의 복원으로 주변의 집 값이 상승하게 된 경우

85 일반적으로 부패는 소득불평등과 빈곤에 영향을 미치는 것으로 알려져 있다. 다음 중 부패가 소득불평등과 빈곤에 작용하는 매커니즘과 무관한 것은?

① 부패는 불확실성과 정보비용을 증가시켜 투자결정에 대해 위험을 증가시킴으로써 소득불평등과 빈곤을 영구화시킨다.
② 부패는 공공정책에 영향을 미쳐 자산소유자에게 높은 수익을 가져다줌으로써 소득불평등을 증대시킨다.
③ 부패는 노동집약적 프로젝트에 보다 많은 투자를, 자본집약적 프로젝트에 적은 투자를 야기함으로써 빈곤을 증대시킨다.
④ 부패는 성장을 감소시켜 빈곤감소율을 느리게 하는 효과가 있다.
⑤ 부패는 조세수입을 감소시켜 인적 자본 형성에 영향을 미침으로써 소득분배와 빈곤에 영향을 미친다.

---

84 외부성(externality)… 어떤 경제주체의 생산소비활동이 다른 경제주체에게 의도하지 않은 혜택 또는 손해를 주나 이에 대한 보상은 이루어지지 않는 현상을 말한다.
　㉠ 외부경제 : 다른 경제주체에게 유리한 영향을 미치는 경우
　㉡ 외부불경제 : 다른 경제주체에게 불리한 영향을 미치는 경우 광고는 의도적으로 특정 상품 및 서비스 등을 알리기 위한 것으로, 그로 인한 결과는 외부성의 사례에 해당하지 않는다.

85 부패와 노동집약적·자본집약적 프로젝트에 관한 투자에는 직접적인 관계가 없으므로 비교할 수 없다.

86 아파트 상가 떡집에서 떡의 가격을 올림으로써 수입이 증가되는 경우에 대한 내용으로 가장 타당한 것은?

① 아파트 주민들에게 떡과 밥의 대체성이 클 경우
② 아파트 주민의 대부분이 떡을 주식으로 하는 경우
③ 아파트 상가에 다른 음식이 많이 있는 경우
④ 가격이 오르기 전에 떡이 높은 가격에 적은 양만 팔리고 있는 경우
⑤ 아파트 주민의 떡에 대한 지출이 소득에서 차지하는 비중이 클 경우

87 기술 진보와 세금 인하가 동시에 발생했을 때 실질 GDP와 물가수준에 미치는 영향은?

① 실질 GDP는 증가할 것이나, 물가수준은 상승할지 하락할지 알 수 없다.
② 실질 GDP는 감소할 것이나, 물가수준은 상승할지 하락할지 알 수 없다.
③ 실질 GDP가 증가할지 감소할지 알 수 없으나, 물가수준은 상승한다.
④ 실질 GDP가 증가할지 감소할지 알 수 없으나, 물가수준은 하락한다.
⑤ 실질 GDP는 증가하고 물가수준은 상승한다.

Answer　　86.②　87.①

86 ② 떡의 가격을 올리고 그 수입 또한 증가되기 위해서는 주민들이 떡 가격에 대해 민감하게 반응하지 않아야 한다. 즉, 떡의 가격에 상관없이 계속적인 수요가 존재하는 경우 떡의 가격이 인상되더라도 그 수요가 줄어들지 않기 때문에 떡집은 수입이 증가할 수 있는 것이다.

87 기술진보는 총 공급을 증가시키는 반면에 세금 인하는 총수요를 증가시킨다. 즉, 기술진보는 실질 GDP를 증가시키고 물가를 하락시키는 요인인 반면에 세금 인하는 실질 GDP를 증가시키고 물가도 상승시키는 요인으로 작용한다.

88 예상치 못한 정부지출의 증가가 발생하였다. 그 후 주기적으로 동일한 규모의 정부지출의 증가가 발생한다면 다른 여건의 변화가 없을 때 그 가능성이 가장 높을 것으로 기대되는 것은?

① 최초의 정부지출의 증가는 단기적으로는 국민소득을 증가시키지 못하지만, 그 후의 주기적 정부지출의 증가는 단기적으로 국민소득을 증가시킨다.

② 최초의 정부지출의 증가와 그 후의 주기적 정부지출의 증가는 장기에도 단기에도 국민소득을 증가시키지 못한다.

③ 최초의 정부지출의 증가와 그 후의 주기적 정부수출의 증가는 단기에도 장기에도 항상 국민소득을 증가시킨다.

④ 최초의 정부지출의 증가는 단기적으로는 국민소득을 증가시키지만, 그 후의 주기적 정부지출의 증가는 단기적으로도 국민소득을 증가시키지 못한다.

⑤ 최초의 정부지출의 증가는 장기에도 단기에도 국민소득을 증가시키지만, 그 후의 주기적 정부지출의 증가는 단기에만 국민소득을 증가시킨다.

89 대체적으로 영세민들은 소주 선호도가 매우 높은 경향을 보이고 있다. 만약 정부가 영세민들의 쌀 소비를 증가시키기 위하여 현금보조, 현물보조, 가격보조 등의 보조방법을 고려하고 있다면 영세민의 입장에서 볼 때 유리한 순서대로 나열한 것은?

① 현물보조 > 가격보조 > 현금보조

② 현물보조 > 현금보조 > 가격보조

③ 가격보조 > 현물보조 > 현금보조

④ 가격보조 > 현금보조 > 현물보조

⑤ 현금보조 > 현물보조 > 가격보조

Answer   88.④   89.⑤

88 예상치 못한 정부지출의 증가는 사람들의 기대가 합리적이라고 하더라도 단기적으로는 국민의 소득을 증가시킬 것이다. 반면 정부지출의 증가가 주기적으로 발생한다면 사람들이 이를 예상하게 되기 때문에 국민소득을 증가시키지 못한다.

89 보조금의 유형
　㉠ **현금보조** : 가장 높은 효용을 주지만 소득효과만 존재한다.
　㉡ **현물보조** : 현금이 아닌 재화나 서비스의 형태로 빈민에게 지원되는 보조로서 소득효과만 존재한다.
　㉢ **가격보조** : 소득효과와 대체효과가 함께 존재하지만 현금보조에 비해 효용은 낮다.

90 노동자의 보호를 위해 정부가 최저임금제도를 실시하기로 결정하였을 때, 노동시장의 균형 임금수준보다 정부가 책정한 최저임금 수준이 낮게 책정되어 있을 경우 나타날 수 있는 효과로 옳은 것은?

① 임금수준이 향상된다.　　　　　　② 대량 실업이 발생한다.

③ 노동시장에 영향을 끼치지 못한다.　④ 노동에 대한 초과수요가 발생한다.

⑤ 노동에 대한 초과공급이 발생한다.

91 다음은 어떤 지역에서 인기를 끌며 높은 매출을 기록하고 있는 A라는 레스토랑의 메뉴판이다. 이를 통해 A라는 레스토랑의 성공요인을 추측한 것으로 옳은 것은?

〈MENU〉

등심 스테이크 : 15,000원	안심 스테이크 : 18,000원
립아이 스테이크 : 18,000원	크림소스 스파게티 : 12,000원
토마토 스파게티 : 12,000원	샐러드 : 8,000원
음료 : 3,000원	후식 : 5,000원

〈SET MENU〉

저렴세트(등심 스테이크+음료+후식) : 23,000원→15%할인→19,550원

실속세트(샐러드+등심 스테이크+음료+후식) : 31,000원→20%할인 →24,800원

만족세트(샐러드+스파게티+등심 스테이크+음료+후식) : 43,000원→25%할인→32,250원

※ 등심 스테이크를 안심과 립아이 스테이크로 변경할 경우 2,000원의 추가 금액이 있습니다.

※ 모든 세트 메뉴에서 후식을 제외할 경우 추가로 2,000원을 할인받을 수 있습니다.

① 다른 레스토랑보다 저렴한 가격을 앞세운 것이 성공의 주요한 요인이다.

② 서로 다른 고객들의 수요를 이용하여 적절한 가격전략을 세운 것이 성공요인이다.

③ 입지조건에 알맞은 메뉴구성으로 소비자의 욕구를 적절히 충족시킨 사례이다.

④ 다른 레스토랑보다 파격적인 인테리어로 소비자의 심리를 자극하였다.

⑤ 수준 높은 서비스와 다양한 메뉴구성은 높은 브랜드 충성도를 일으켰다.

Answer　　**90.③　91.②**

90 ③ 최저임금 수준이 균형임금 수준보다 높아야지만 영향을 미치는데 최저임금 수준이 균형임금 수준보다 낮으므로 아무런 영향을 미치지 못한다.

91 ② A레스토랑은 혼합 묶어 팔기의 전형적인 예라고 할 수 있다. 고객은 서로 다른 가치선호도를 갖고 있으므로 이들의 수요를 만족시키기 위한 창조적인 가격전략이 필요하다. A레스토랑은 개별요리와 세트요리의 주문이 모두 가능하게 함으로서 소비자의 다양한 수요를 충족시켰다고 할 수 있다.

92 1990년대 이후 세계화와 자유무역의 분위기가 크게 고조됨에 따라, 국가 간 재화는 물론 서비스, 자본, 노동 등이 자유롭게 이동하는 추세가 가속화되고 있다. 다음에서 자유무역의 이점으로 옳지 않은 것은?

① 소비자가 다양한 선택을 할 수 있다.
② 규모의 경제가 주는 이점을 얻을 수 있다.
③ 국내 대기업이 독과점력을 행사하는 데 제약을 받는다.
④ 국가 전체로는 이익이 되지만 일부 집단은 손해를 볼 수도 있다.
⑤ 기업수준의 향상으로 소비자의 권익이 보호된다.

93 2008년 12월 11일 한국은행 총재는 ○○뉴스와의 인터뷰에서 비용과 시간절감 등을 위해 10만 원권 등 고액발행과 위폐방지용 신권 발행이 필요하며, 디노미네이션은 이 두 가지를 한꺼번에 해결할 수 있다고 하였다. 다음 중 이러한 정책이 단행되는 경우 나타날 가능성이 가장 적은 것은?

① 화폐사용 비용이 낮아진다.
② 신용불량자가 줄어들 것이다.
③ 달러화로 표시된 GDP는 변동이 없다.
④ 구권이 신권으로 대체되면 위조위험이 줄어든다.
⑤ 지하경제의 불법자금이 지상으로 나오게 된다.

✿ Answer | 92.⑤ 93.②

92 ⑤ 자유로운 경쟁에서 기업의 수준이 향상될 수는 있지만 이것이 반드시 소비자의 권익을 보호하는 방향으로 향상되지는 않는다.

93 ④ 신용불량자의 비율과 디노미네이션(denomination)과는 관계가 없다.
※ 디노미네이션(Denomination) … 관리통화제하에서 화폐의 호칭단위를 낮추는 것을 말한다. 인플레이션에 의하여 팽창한 통화의 계산단위를 바꾸는 것으로, 엄밀한 의미에서는 평가절하라 할 수 없다.

94 우리나라 실업률은 대체로 유럽국가의 실업률에 비해서 낮다. 예를 들어, 1990년대 독일의 평균 실업률이 9.4%였으나 우리나라는 3.2%였다. 독일에 비해 우리나라의 실업률이 낮은 이유를 추론한 것 중 타당하지 않은 것은?

① 우리나라는 스스로 고용을 만들어 내는 자영업자가 상대적으로 많다.
② 우리나라의 사회보장제도가 독일에 비해서 뒤떨어져 있다.
③ 우리나라의 근로자는 실직했을 때 구직활동을 더 오래한다.
④ 우리나라의 근로자는 한 직장에서 상대적으로 장기간 근무한다.
⑤ 우리나라는 실업 가능성이 낮은 농업부문의 취업자가 상대적으로 많다.

95 "각 개인은 자신들이 의도적으로 공익을 증진시키려고 하는 경우보다, 자신들의 사익을 추구하는 과정에서 공익을 효과적으로 증진시키는 경우가 많다"라는 주장과 부합되는 내용으로 옳은 것은?

① 조세부과는 자원배분에 나쁜 영향을 미칠 수 있다.
② 임대료를 규제하는 등의 공익추구 정책은 사회 전체에 이득이 된다.
③ 시장기구는 자원을 경제 주체들에게 비효율적으로 배분할 수 밖에 없다.
④ 경제적 성과는 모두에게 균등하게 분배된다.
⑤ 개인들은 사익추구 성향이 강하므로 정부가 효율적으로 조정하는 것이 필요하다.

Answer   94.③   95.①

94 구직활동 기간이 길다면 실업률은 상승하게 된다.

95 아담 스미스는 각 경제주체들이 모두 자신들의 이익만을 추구하기 위해 활동함에도 불구하고 시장경제는 개인의 사적 이익 추구행위가 사회복지를 극대화하는 의사결정을 내리도록 유도한다고 주장하였으며 이를 '보이지 않는 손'이라 표현하였다.

96 4명의 친구는 등산 동아리 활동을 하고 있다. 그런데 이번 주말에는 큰 비가 온다는 일기예보를 듣고, 영화표를 예매하였지만 일기예보와는 달리 주말의 날씨가 화창하였다. 때문에 등산과 영화관람의 선택을 놓고 다음과 같은 대화가 이루어졌다. 영화표가 환불되지 않는다고 할 때 가장 합리적인 주장을 한 사람을 모두 고른 것은?

> A : 영화표를 구입한 돈이 허비되지 않게 극장에 꼭 가야해.
> B : 우리 가족은 등산을 좋아하니 산에 가자.
> C : 영화표를 구입한 돈을 문제 삼지 말고, 둘 가운데 뭐가 더 좋은지 만을 생각해요.
> D : 등산을 위해 쓴 돈이 없으니 등산을 포기해도 되잖아요.

① A, C   ② B, C
③ A, D   ④ B, D
⑤ C, D

97 일부 경제적 여유가 있는 사람들은 그린벨트를 해제하지 않고 그대로 유지해야 한다고 주장한다. 이 내용을 바탕으로 추론한 내용으로 옳지 않은 것은?

① 쾌적한 환경은 정상재라고 할 수 있다.
② 그린벨트는 사적 재산권을 침해하는 것이다.
③ 쾌적한 환경의 기회비용은 개발이익이다.
④ 정부가 그린벨트를 규제하는 것은 그린벨트가 공공재의 성격이 있기 때문이다.
⑤ 개발이익을 쾌적한 환경보다 선호하는 주민은 그린벨트 해제를 반대한다.

Answer   96.②   97.⑤

96 ② 영화표를 구입하는데 쓴 돈은 매몰비용이라 하며, 현재의 의사결정에 영향을 미치지 못한다.
    ※ 매몰비용(sunk cost) … 이미 지출한 뒤에는 다시 회수가 불가능한 비용을 말하며 합리적인 선택을 하기 위해서는 이미 지출되었으나 회수가 불가능한 매몰비용은 고려하지 말아야 한다.

97 그린벨트를 유지하는 것을 원하는 주민은 개발이익보다는 쾌적한 환경을 선호한다.

98 다음 사례의 ○○전자에게 필요한 윤리적 덕목은?

> 낙동강 상류에 있는 구미 공단 ○○전자 공장에서 버린 유독성 물질 페놀 30톤이 낙동강으로 흘러들었다. 페놀로 오염된 강물은 이틀 뒤 대구 시민이 먹는 물을 생산하는 정수장으로 흘러들었고, 염소와 반응하면서 강한 악취를 풍기는 수돗물이 대구 시내 전역에 공급되었다. 병원에는 복통과 피부병을 호소하는 환자가 몰렸고, 임산부들은 기형아의 출산을 염려하여 낙태를 요구하는 등 파장은 엄청났다.

① 경영을 전문경영인에게 맡긴다.
② 투명경영을 하는데 노력한다.
③ 소비자의 권익보호에 힘쓴다.
④ 환경 친화적 경영을 지향한다.
⑤ 기업의 모든 구성원의 복지를 향상시킨다.

99 다국적 택배회사 ○○의 유럽에서의 광고는 자동차 경주를 소재로 광고하여 성공하였지만 한국에서는 "가족의 행복까지 전해 드립니다."라는 문구를 사용하여 광고하였다. 이러한 사례를 통해 짐작할 수 있는 것은?

① 다국적 기업의 광고 내용은 국내법의 적용을 받는다.
② 문화는 상품화되어 국경을 자유롭게 넘나든다.
③ 사회 문화적 배경은 경제 행위에 영향을 미친다,
④ 경제 생활은 사회의 정치발전 정도에 따라 다르다.
⑤ 세계화의 진전은 국가 간의 경제 의존도를 높인다.

Answer 　　98.④　99.③

98 ④ 제시문을 통해 사회의 한 구성원으로서 기업의 환경친화적 경영의 필요성을 알 수 있다.

99 ③ 다국적 기업의 나라별 현지화 광고 사례를 통해 각 나라의 사회 문화적 배경이 광고에 영향을 미치는 것을 알 수 있다.

100 선물(膳物)에 대한 다음의 글을 읽고 나눈 대화가 경제원칙상 적절하지 않은 것은?

> 정성이 담긴 선물은 받아서 즐겁고 주는 사람도 뿌듯하다. 그러나 상대의 마음에 딱 들어맞는 선물을 고르기는 쉽지 않다. 함께 사는 아내의 선물도 선택하기 어려운데, 다른 사람의 취향에 맞추기가 어디 쉽겠는가. 한동안 고민 끝에 20만 원짜리 스카프를 연인에게 선물했다고 하자. 그 선물을 받자마자 연인의 입이 딱 벌어진다면 대성공이다. 그러나 만약 스카프를 15만 원짜리로 받아들인다면 이것은 잘못된 선택이다. 선물을 주고받는 사람의 기대가 빗나간 것이다. 실제로 받는 선물에 만족하지 못한 경험은 너무나 많다. 서로가 비대칭적인 기대를 하기 때문이다. 물건의 종류뿐만 아니라 서로 기대하는 가격도 큰 차이가 나는 경우가 많다. 월드포겔 교수의 연구에 따르면 대하는 가격도 큰 차이가 나는 경우가 많다. 월드포겔 교수의 연구에 따르면 성탄절 선물을 받은 미국인은 보낸 사람이 구매한 가격보다 평균적으로 10%나 낮게 평가한다고 한다. 따라서 선물 구입에 사용된 약 400억 달러 중 40억 달러는 중간에서 사라지는 것이다.
>
> – 정갑영, 나무 뒤에 숨은 사람 –

① 태봉 : 선물에 대해 주는 사람과 받는 사람의 평가가치가 서로 다르기 때문 사회적 손실이 발생하고 있어.

② 정민 : 선물에 대한 정보를 공유하면 이런 사회적 손실을 없앨 수 있어. 즉, 선물가격에 대한 정보를 모두가 알고 있다면 중간에 사라지는 가치 손실이 없는 거지.

③ 기철 : 역시, 이래서 선물은 현금이 제일이야. 돈은 그 자체로 가치를 저장하고 교환의 매개체가 되고 가치평가의 척도로 활용되니까.

④ 민지 : 어떻게 보면 물건을 선물하는 것은 받는 사람의 선택가능성을 제약하니까 현금보다 한계효용이 낮게 평가되고 그러니 사람들이 현금을 더 선호하는 거지.

⑤ 영택 : 선물의 정서적 가치를 고려해서 선물을 줄 때 마음에 드는 것으로 교환할 수 있도록 교환권을 같이 주면 사회적 손실을 완전히 없앨 수 있을 것 같아.

Answer　　100.⑤

100 ⑤ 선물의 정서적 가치를 고려할 때 최적의 선물전략은 사회적 손실을 최소화하고 정서적 가치를 최대화하는 방법이 된다. 하지만 교환권의 경우 거래비용이 수반되므로 사회적 손실을 완전히 제거할 수는 없다.

101 다음과 같은 여론조사 결과를 통해 추론할 수 있는 내용으로 보기 어려운 것은?

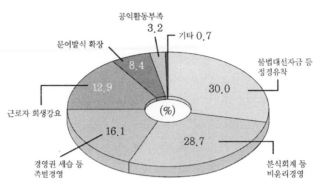

〈기업에 호감을 갖지 않는 이유〉

공익활동부족 3.2
기타 0.7
문어발식 확장 8.4
불법대선자금 등 정경유착 30.0
근로자 희생강요 12.9
(%)
경영권 세습 등 족벌경영 16.1
분식회계 등 비윤리경영 28.7

자료 : 대한상공회의소

"우리나라 국민들의 기업에 대한 호감도는 100점 만점에 38.2점"으로 낙제수준인 것으로 나타났다. 국제경쟁력향상과 기술향상 부문은 59.8점으로 보통(50점) 이상의 호감도를 보였으나 사회공헌활동(28.8점)과 윤리경영(9.6점) 부문에는 매우 부정적이었다.

① 기업은 투명한 재무구조를 가져야 한다.
② 기업은 윤리경영에 앞장서야 한다.
③ 기업은 이익의 증대를 위해 노력해야 한다.
④ 기업은 투명경영을 위해 힘써야 한다.
⑤ 기업은 사회적 책임에 성실해야 한다.

102 다음 재무제표 중 기업의 경영성과를 보고하기 위하여 작성되는 것은?

① 재무상태표

② 포괄손익계산서

③ 현금흐름표

④ 이익잉여금처분계산서

⑤ 재무상태변동표

103 다음 중 한국거래소의 출범 의의로서 옳지 않은 것은?

> 한국증권시장은 기존의 증권거래소, 코스닥시장 및 선물거래소가 통합증권거래소 체제로 단일화되어 하나의 거래소 내에 사업본부제 형식으로 유가증권시장, 코스닥시장, 선물시장으로 각각 독립적인 시장으로 구분되었다.

① 각 시장이 동일한 금융서비스 제공

② 시장 간 균형 발전

③ 다양한 신상품 개발

④ 규모의 확대를 통한 시장 유동성 제고

⑤ 시너지 효과 극대화

Answer   102.②   103.①

102 기업의 경영성과를 보고하기 위하여 작성되는 동태보고서는 포괄손익계산서이다.

103 ① 한국거래소의 출범으로 각 시장이 차별화된 금융서비스를 제공할 것임을 예상할 수 있다.

104 다음 시세정보에 대한 올바른 분석을 모두 고르면?

KOSPI	1229.75	▲1.16	0.10%	
KOSDAQ	566.99	▲4.74	0.85%	
코스피200	158.89	▲0.01	0.01%	
선물 0512	159.50	▲0.45	0.20%	
나스닥선물	1583.00	▲2.50	0.16%	
다우	10473.09	▲16.58	0.16%	
나스닥	2115.40	▼1.02	−0.05%	
일본	13533.87	▲97.05	0.73%	
대만	5993.34	▲61.05	1.04%	

종목시세	↑	▲	▬	▼	↓
거래소	12	421	58	334	0
코스닥	18	509	56	325	3

	업종	등락률	상승/전체
↑	비금속광물	4.02	14/37
	기계	1.67	23/50
↓	통신업	−1.24	22/47
	철강금속	−0.69	1/4

㉠ 미국의 나스닥시장은 약보합세이다.
㉡ 유가증권시장보다 코스닥시장의 상승률이 높다.
㉢ 비금속광물 업종의 주식은 상승 종목이 하락 종목보다 많다.
㉣ 코스닥시장에서 56개 종목은 현재까지 거래가 이루어지지 않고 있다.

① ㉠㉡

② ㉠㉢

③ ㉡㉣

④ ㉢㉣

⑤ ㉠㉣

104 비금속광물 업종주식의 하락 종목 수는 표만으로는 알 수 없으며, 코스닥시장에서 56개 종목은 현재가격이 보합이다.

105 다음 중 무역자유화가 가장 어려운 품목은?

① 자동차

② 농산품

③ 경공업

④ 의약품

⑤ 섬유

106 A기업과 B기업의 부채비율과 유동비율을 조사해보니 부채비율은 B기업이 높지만 유동비율은 A기업이 높았다. 다음 중 두 기업의 경영정보를 종합하여 내릴 수 있는 결론으로 가장 타당한 것은?

① A기업은 B기업보다 성장성이 높다.

② A기업은 B기업보다 위험성이 높다.

③ A기업은 B기업보다 위험성이 낮다.

④ A기업은 B기업보다 수익성이 높다.

⑤ A기업은 B기업보다 수익성이 낮다.

Answer 105.② 106.③

105 일반적으로 농산물의 경우가 공산품의 경우보다 무역자유화가 훨씬 어려운 품목이다.

106 ③ 부채비율과 유동비율 모두 안전성 지표를 나타내는 자료로서 부채비율은 낮을수록, 유동비율은 높을수록 안정성이 높다고 할 수 있다.

※ **유동비율** … 유동자산을 유동부채로 나눈 비율이다. 회사의 지불능력을 판단하기 위해서 사용하는 분석지표로, 비율이 높을수록 지불능력이 커지면 200%가 이상적이라고 한다. 은행가의 비율, 또는 2대 1의 원칙이라고도 한다.

107 다음의 칼럼을 보고 추론한 내용으로 적합하지 않은 것은?

> 미국의 오바마 차기 정부와 민주당은 2차 경기부양책으로 5,000억 달러 이상의 패키지를 고려하고 있다. 이미 부시 행정부는 1,150억 달러 규모의 1차 경기부양책을 세금 환급 위주로 실시하였으나 대부분 세금 환급은 5～7월 사이에 이루어졌기 때문에 미 상무부 경제분석국에 따르면 개인의 가처분소득은 세금 환급을 받은 5～7월 급격히 늘어난 반면 소비는 세금 환급 이후 눈에 띌 만한 성장세를 보이지 않았다. 세금 환급과 소비촉진은 연관관계가 없기에 실패하였다고 볼 수 있다. 일시적인 세금 환급은 밀턴 프리드먼의 항상소득이론 및 프란코 모딜리아니의 생애주기이론처럼 아주 기본적인 경제이론을 무시한 정책이라 할 수 있다. 이 이론에 따르면 일시적인 소득증가가 아닌 장기적인 소득증가에서 눈에 띌 만한 소비증가가 이루어진다. 그렇다면 오바마 정부가 취해야 할 2차 경기부양책은 어떠한 것이 되어야 하는가, 우선 현재 세율이 영구적이라는 약속을 하여야 하며, 많은 사람들은 오바마의 공약대로 소규모 사업체와 자본소득·배당소득에 대한 세율이 높아질 것으로 예상하고 있다. 그러므로 현 세율을 유지한다면 효과적인 경기부양책이 될 수 있으며, 공약했던 대로 연소득 8,000달러 이하 저소득층에서 6.2%의 소득공제를 실시해야 한다. 그러나 일회성에 그치는 것이 아닌 영구적으로 실시되어야 한다.

① 저소득층보다는 부유층에 대한 세금 감면이 더욱 효과적일 수 있다.
② 오바마는 자본소득 및 배당소득에 대하여 세율을 높이는 내용의 공약을 제시하였다.
③ 밀턴 프리드먼과 프랭크 모딜리아니는 영구 감세안을 지지할 것이다.
④ 재정지출의 확대보다 영구적인 감세를 통한 경기부양이 더 중요하다.
⑤ 미국은 1차 경기부양책에서 일시적인 세금 환급정책을 사용하였다.

Answer 107.①

107 ① 연소득 8,000달러 이하의 저소득층에 대해 소득공제를 실시하여야 한다고 말하고 있으므로 부유층에 대한 세금 감면이 효과적이라는 말은 옳지 않다.

108 전통적으로 저축률이 높은 A국은 최근 통화량의 과도한 증가로 인해 연간 물가 상승률이 10%가 넘는 극심한 인플레이션을 겪고 있다. 이러한 상황에서 A국은 시중은행들의 예금금리에는 별다른 변화를 보이지 않고 있다. 다음 중 이러한 상황에서 A국의 금리 변화에 대해 바르게 설명한 것을 고르면?

① 인플레이션으로 인한 명목금리와 실질금리의 변동은 없다.

② 인플레이션으로 인해 명목금리가 높아졌다.

③ 인플레이션으로 인해 명목금리가 낮아졌다.

④ 인플레이션으로 인해 실질금리가 높아졌다.

⑤ 인플레이션으로 인해 실질금리가 낮아졌다.

109 창업을 결정한 상훈이에게 하는 친구들의 조언으로 적절하지 않은 것은?

① 벤처기업 집적 시설이나 전용 단지에 입주하려면 벤처기업 확인을 받아야 해.

② 벤처기업 확인을 받으면 기술력이 높은 기업으로 인식되니 홍보효과가 커질 거야.

③ 다른 기업에 비해 기술성이나 성장성이 높다는 점을 인정받으면 정부의 지원을 받을 수 있는 방법이 있어.

④ 벤처기업육성에 관한 특별조치법상의 벤처기업 유형 가운데 어디에 포함될 수 있는지 살펴보지 그래?

⑤ 재산세와 종합토지세가 일정기간 감면되는 벤처기업을 창업하여 부동산에 투자해보면 어떨까?

Answer   108.⑤   109.⑤

108 ⑤ 인플레이션 상황에서 명목금리가 변하지 않았다면 실질금리는 낮아질 것이다.

109 ⑤ 벤처기업에 대한 세제 지원은 부동산 투자와 관련이 없다.

110 다음은 자금시장의 그래프이다. 이 시장에 대한 올바른 설명을 모두 고르면?

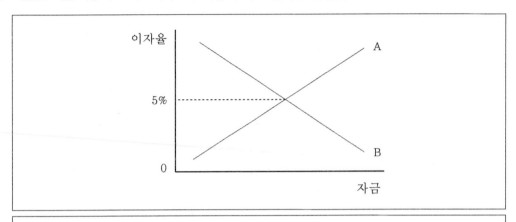

⊙ A는 투자, B는 저축을 나타낸다.
ⓒ 기본적으로 상품시장의 거래 원리가 적용된다.
ⓒ 이 시장에는 금융기관들이 중요한 역할을 한다.
ⓔ A는 기업부문, B는 가계부문에서 주로 담당한다.

① ⊙ⓒ
② ⊙ⓒ
③ ⓒⓒ
④ ⓒⓔ
⑤ ⓒⓔ

111 다음 중 밑줄 친 '자본'과 다른 의미로 단어를 사용한 사람을 모두 고르면?

> 과거 우리나라는 <u>자본</u> 부족에 따른 빈곤의 악순환 고리를 끊기 위해 외국에서 차관을 도입하기도 하였다.
>
> 갑 : 자본 형성을 위해서는 저축은 필수야. 결국 저축을 경제성장의 관건이라 하는 것도 과언은 아니지.
>
> 을 : 우리 사회에서도 점점 자본이나 노동보다 지식이 고부가가치를 창출하게 되는 것 같아.
>
> 병 : ○○기업은 자본 잠식 상태인데 곧 상장 폐지 될 예정이라는군.
>
> 정 : 은퇴 후 피자전문점을 개업할 생각이지만 초기 자본이 만만치 않더라구.

① 갑
② 갑, 을
③ 병, 정
④ 갑, 을, 정
⑤ 갑, 을, 병, 정

112 다음 중 우리 경제의 총수요를 증가시키는 요인으로 가장 적절한 것은?

① 소득세율 인상
② 미국의 경기 침체
③ 국제원유가격 인상
④ 파업으로 인한 조업 단축
⑤ 지방 정부의 재정지출 확대

Answer　　111.③　112.⑤

111 ③ 밑줄 친 자본은 생산요소의 하나인 자본재를 뜻한다. 따라서 대차대조표 상의 자기자본의 의미, 장사의 밑천 등의 의미로 사용된 것과는 다르다고 할 수 있다.

112 국제원유가격 인상, 파업으로 인한 조업 단축은 경제의 총공급을 감소시키는 요인으로 작용한다. 한편 소득세율 인상, 미국의 경기 침체는 총수요를 감소시키는 요인으로 작용하는 반면, 지방 정부의 재정지출 확대는 총수요를 증가시키는 요인으로 작용한다.

113 짧은 시간 동안에 시세변동을 이용하여 이익을 실현하고자 하는 초단기 거래자를 지칭하는 용어는?

① 데이트레이더   ② 스캘퍼

③ 노이즈트레이더   ④ 포지션트레이더

⑤ 스윙트레이더

114 다음의 기업 윤리 헌장과 관련된 내용을 모두 고르면?

> • 우리 기업은 기업 시민으로서 사회적 책무를 다한다.
> • 우리 기업은 창의와 혁신을 통해 정당한 이윤을 창출한다.
> • 우리 기업은 투명 경영을 하는 데 노력한다.
>
>   -「기업윤리헌장」, 전국경제인연합회 -

> ㉠ 과정을 중시하는 관점이다.
> ㉡ 사회적 정당성을 획득하고자 한다.
> ㉢ 결과를 보고 행동의 정당성을 판단한다.
> ㉣ 장기간에 걸친 기업의 생존 기반을 마련한다.

① ㉠㉡㉢   ② ㉠㉡㉣

③ ㉠㉢㉣   ④ ㉡㉢㉣

⑤ ㉠㉡㉢㉣

Answer   113.②   114.②

113 스캘퍼(scalper)는 초단위로 매매하는 사람들을 일컫는다.

114 ㉢ 사회적 책무, 정당한 이윤창출, 투명경영 등은 결과보다 과정을 중시하는 관점이다.

115 다음 중 치호가 할 수 있는 선택에 대한 설명으로 적절하지 않은 것은?

> 벤처회사에 2년 전 취직한 치호는 내년이면 회사에서 받은 스톡옵션을 행사할 수 있다고 좋아하고 있다. 치호가 다니는 회사 주가는 현재 7,000원을 기록하고 있으며, 치호의 스톡 옵션수량은 1만 주이며 행사가격은 6,000원이다. 한편 치호는 스톡옵션을 받는 대신 퇴직 금을 포기하였다.

① 퇴직금 대신 스톡옵션을 선택한 것은 회사의 성장성과 주가의 상승을 기대한 투자이기도 하다.
② 내년에 다니던 회사가 부도나서 청산될 경우에 스톡옵션의 효력은 남아 있다.
③ 내년에 회사 주가가 6,000원 이하를 맴돌 경우에 스톡옵션을 행사하여 얻을 수 있는 이익이 없다.
④ 내년에 회사 주가가 7,000원 이상을 유지할 경우에 스톡옵션을 행사하는 것이 유리하다.
⑤ 내년에 회사 주가가 8,000원일 때 스톡옵션을 행사할 경우 치호는 2,000만 원의 행사차익을 얻는다.

116 다음과 같은 상황에서 취할 수 있는 적절한 투자행위가 아닌 것은?

> 저금리 기조가 장기화되면서 한국은행이 11월 11일 추가로 콜금리를 0.25%P 인하하자 채권가격이 사상 최고치로 치솟고 있다. 이 결과 투자 적격 채권 중 상대적으로 홀대받았던 채권은 시중 금리보다 높은 금리 메리트 때문에 품귀 현상을 빚고 있다. 그리고 채권시장 관계자에 따르면 이런 채권가격 상승세는 내수 경기가 본격 회복될 것으로 예상되는 2010년 말까지 지속될 것으로 전망하고 있다.

① 만기가 1년 남은 회사채를 구입한다.
② 2005년 12월에 가입한 5년 만기 은행 정기 예금을 해약했다.
③ 만기가 1년 남은 보유 회사채는 만기까지 보유한다.
④ 2년 후에 사용할 자금은 만기 1년짜리 세금우대 저축에 가입했다.
⑤ 투자적격 채권 중 기업가치에 비해 신용 등급이 낮은 채권이 있나 살펴본다.

Answer   115.② 116.②

115 ② 회사가 청산되는 경우 스톡옵션의 효력도 상실된다.

116 ② 현재 금리가 사상 최저치이며 경기회복이 전망되는 것은 1년 후부터이므로 향후 1년간 고금리로 가입한 상품을 그대로 유지하는 것이 더 유리하다.

117 다음 글에 나오는 인물들의 공통적인 특징으로 가장 적절한 것은?

> • '하이 리스크, 하이 리턴' — 조지 소로스 —
> • '10년 동안 투자할 기업이 아니라면 10분도 투자하지 말라' — 워렌 버핏 —
> • '사람들이 부동산에서 돈을 벌면서 주식에선 돈을 잃는 이유가 있다. 집을 선택할 땐 몇 달을 고민하지만 주식 선정은 몇 분 만에 해 버리기 때문이다.' — 피터 린치 —

① 주식투자와 관련된 각종 정보들을 다루는 분석전문가이다.
② 거시적 경제정책의 기본 방향을 정하는 정책전문가이다.
③ 주식, 채권 등과 관련된 자산운용을 통해 수익을 창출하는 전문가이다.
④ 주식 등을 매입하려는 사람들을 대신하여 거래를 성사시키는 전문가이다.
⑤ 증권사 영업점에서 투자자들에게 직접 투자정보를 제공하는 투자 전문가이다.

118 한국은 컴퓨터 수입시장에서 소국으로서의 위치를 점하고 있다. 한국이 수입 컴퓨터에 대하여 관세를 부과할 경우 예상되는 경제적 효과로서 옳지 않은 것은?

① 교역조건이 개선된다.
② 국내에서 컴퓨터의 생산이 늘어난다.
③ 컴퓨터의 국내가격은 국제가격보다 높게 된다.
④ 국민의 복지가 감소한다.
⑤ 정부의 관세수입은 증가한다.

Answer 117.③ 118.①

117 제시된 인물은 대표적인 펀드매니저들이다.
　① 증권분석사 ⑤ 투자상담사

118 일반적으로 소국의 경우 수입관세를 부과하면 그 효과가 미미하여 교역조건의 변화가 나타나지 않는다.

119 다음에서 설명하는 금융기관이 국민경제에서 수행하고 있는 활동을 모두 고르면?

> 예로부터 금이나 보물 등을 가진 사람들은 분실의 우려를 막기 위해 안전한 장소를 필요로
> 하였다. 이러한 역할을 위해 등장한 것이 오늘날의 이것이다. 초기의 이것에서는 보관하고
> 있는 돈의 액수 등에 대한 증서를 발급하고 이를 가져올 경우 그에 해당하는 금이나 보물
> 을 주었다.

> ㉠ 다양한 금융상품의 판매를 통해 자금을 유치한다.
> ㉡ 자금 수요자와 공급자 간의 매개역할을 한다.
> ㉢ 주식유통을 통해 기업의 자본투자를 지원한다.
> ㉣ 돈을 보관해 주는 대가로 일정액의 이자를 받는다.

① ㉠㉡ ② ㉠㉢
③ ㉡㉢ ④ ㉡㉣
⑤ ㉢㉣

Answer 119.①

119 제시된 지문은 은행에 대한 설명이다.

120 다음 글과 관련된 설명으로 옳은 것을 모두 고르면?

> 코스닥시장에 새로운 지수체계가 도입되었다. 코스닥지수의 기준단위가 기존 100에서 1,000으로 상향조정되고, 코스닥시장을 대표하는 30개 종목들로 구성된 스타지수가 공표되었다. 또 오락·문화업종지수도 새롭게 만들어졌다.

> ㉠ 스타지수에 포함된 30개 종목은 변경되지 않는다.
> ㉡ 기준 단위 상향 조정으로 코스닥시장의 모든 주식의 주가가 10배로 오르는 결과를 가져 왔다.
> ㉢ 오락·문화 업종 지수의 신설은 최근 확산되고 있는 주 5일 근무제와 밀접한 관련이 있다.
> ㉣ 스타지수를 구성하는 종목은 유동성, 경영투명성, 재무상태 등의 조건을 충족하는 기업 들로 구성된다.

① ㉠㉡
② ㉠㉢
③ ㉠㉣
④ ㉡㉢
⑤ ㉢㉣

121 다음 중 밑줄 친 '이 채권'에 대한 옳은 설명을 모두 고르면?

> D기업은 700억 원 규모의 채권 발행에 1,838억 원이 청약되는 등 국내외 투자자들이 대거 몰렸다고 밝혔다. <u>이 채권</u>은 3년 만기에 표면이자율은 0%, 만기보장수익률은 연 2%이다. 전환가액은 주당 17,300원이며 전환 청구기간은 2010년 8월 26일부터 2020년 6월 26일까지이다.

> ㉠ 발행회사 측면에서 사채와 주식의 양면성을 가진다.
> ㉡ 일정 기간이 지나면 모두 주식으로 전환하여야 한다.
> ㉢ 주가 상승 시 투자자는 권리를 행사하지 못한다.
> ㉣ 전환된 주식이 회사의 경영권에 영향을 줄 수도 있다.

① ㉠㉡   ② ㉠㉢
③ ㉠㉣   ④ ㉡㉢
⑤ ㉡㉣

Answer   121.③

121 제시문에서 설명하는 채권은 전환사채이다.
   ㉡ 전환사채는 전환청구가 있어야만 주식으로 전환된다.
   ㉢ 전환사채는 전환가격 이상으로 주가가 상승해야 전환할 수 있으며 주가 하락 시에는 권리를 행사하지 못할수도 있다.

122 다음은 최근 증권투자를 시작한 원갑씨가 작성한 투자일기의 일부분이다. 증권투자와 관련하여 내용상 오류가 없는 일기를 모두 고르면?

⊙ 2015년 10월 1일 (수) 여의도에 있는 직장의 점심시간을 이용하여 가까운 유가증권 거래소에서 회원등록을 하고 계좌를 개설하였다. 시작이 반이라고 했으니 앞으로 열심히 해야지.

ⓛ 2015년 10월 10일 (금) 밤잠을 설치다. 아침 8시 홈트레이딩을 통해 유가증권시장에서 주식을 만족스러운 가격에 구입하였다. 아침에 일찍 일어나는 새가 벌레도 먼저 잡는다는 속담이 새롭게 느껴진다.

ⓒ 2015년 10월 14일 (화) 오늘 들어온 매각대금을 살펴보던 중 거래세와 수수료가 10만 원이나 지출된 사실을 알게 되었다. 이런 식으로 투자를 하다가는 배보다 배꼽이 더 크게 되는 일도 생길 것 같다.

ⓔ 2015년 10월 22일 (수) 어제 내가 주식을 구입한 ○○사가 부도 위기라는 소문이 떠돌면서 주가가 폭락했다. 다행히 오후 2시경 공시를 통해 그런 일이 없다고 확인되면서 주가가 원상태를 회복하였다.

ⓜ 2015년 11월 23일 (목) 월요일에 매각한 주식 대금이 오늘 아침 계좌에 들어왔다. 우리 예쁜 딸 옷 한 벌 사주어야겠다.

---

① ⊙ⓛ
② ⊙ⓔ
③ ⓛⓒ
④ ⓒⓔ
⑤ ⓔⓜ

---

122 ⊙ 계좌의 개설은 증권회사에서 한다.
　　ⓛ 유가증권시장의 거래체결 시간은 오전 9시 이후이다.
　　ⓜ 결제일은 계약체결일로부터 3일째 되는 날이다.

123 다음 글을 통해 투자자들이 가장 관심을 가져야 할 요소를 추론하면?

> 세계적인 명성을 가진 투자가 워렌 버핏은 평생 동안 고집스럽게 10개 정도의 주식만 사고 팔았다. IT 관련 주식들의 가격이 급등할 때에도 그는 자신의 신념을 지켰다. 이러한 투자 원칙을 지킨 결과 그는 지난 40년 동안 연평균 26.5%라는 경이적인 수익률을 올릴 수 있었다. 워렌 버핏의 투자는 우리에게 다음과 같은 귀중한 교훈을 던져준다.
> "불확실한 일주일이 아닌 확실한 10년을 보고 투자하라."

① 소비자들의 소득변화　　　　　② 기업의 사회적 책임
③ 국가 경제정책의 변화　　　　　④ 국제 경제의 변화
⑤ 기업의 내재 가치

124 인터넷 쇼핑몰을 창업하려는 학생에게 교수가 그 이유를 질문하였다. 학생의 답변으로 가장 적절하지 않은 것은?

① 고객의 관심 분야와 구매정보를 신속히 파악할 수 있어요.
② 웹 호스팅 서비스를 이용하면 비용이 적게 들어요.
③ 전국의 고객을 대상으로 할 수 있어서 거래 지역이 넓어요.
④ 24시간 운영이 가능하여 영업 시간의 제약이 없어요.
⑤ 고객 개인정보를 본인의 동의없이 매매할 수 있어 수입이 늘어요.

Answer　　123.⑤　124.⑤

123 ⑤ 워렌 버핏은 소문이나 유행을 따르지 않고 자신의 소신을 지키는 가치투자를 하였다. 이러한 가치투자는 기업의 내재적 가치를 평가하여 투자여부를 결정하는 것을 말한다.

124 ⑤ 인터넷 상에서 고객의 개인정보를 동의없이 매매할 수 없다.

125 다음의 사례로부터 옳게 추론한 내용을 모두 고르면?

> 세계의 많은 대도시들은 교통 혼잡 문제로 골머리를 앓고 있다. 경제학자들은 이에 대해 도로 통행료 징수 제도를 해답으로 제시한다. 그러나 세계의 어느 도시도 싱가포르가 시도하기 전까지는 이 제도를 도입할 엄두를 내지 못했다. 싱가포르는 도심 주변에 통행료 징수기를 설치하여 이용한 도로, 이용 시간대 등을 토대로 도심에 진입하는 차량에 대해 통행료를 징수하고 있다.

> ㉠ 통행료를 징수함으로써 도로의 최적 이용량을 유도하고자 한다.
> ㉡ 통행료를 징수하는 도로는 국방과 같은 공공재이다.
> ㉢ 통행료를 징수하는 것은 도로 이용의 사적 비용이 사회적 비용보다 크기 때문이다.
> ㉣ 통행료를 징수하지 않는 경우 누구나 이용할 수 있지만 혼잡에 따른 경합성이 있다.

① ㉠㉡ ② ㉠㉣
③ ㉡㉢ ④ ㉡㉣
⑤ ㉢㉣

126 다음의 사례를 인과 관계에 따라 정리할 때, ㉠~㉢에 들어갈 내용을 바르게 짝지은 것은?

> 월드컵 예선전이 있는 날 전국적으로 비가 온다는 일기예보가 있어 빨간우의를 찾는 시민이 늘어나고 있다고 하자. 하지만 빨간색 원단은 구하기가 어려워 생산할 수 있는 빨간우의의 양에는 한계가 있다. 빨간우의의 가격이 변하게 되자, 빨간우의를 찾던 사람들 중 일부는 투명 비닐우의를 찾고 있다.
>
> 일기예보 → 빨간우의 → 빨간우의 → 빨간우의 → 투명 비닐우의
>   (㉠)   (㉡)   (㉢)   (수요증가)

Answer   125.②   126.⑤

125 ㉡ 혼잡한 도로는 경합성은 있으나 배제성이 없는 공유자원이다.
    ㉢ 사회적 비용이 사적 비용보다 클 경우 해로운 외부성이 발생한다.

126 ⑤ 비가 옴으로 인해 빨간우의의 수요가 증가하였지만 빨간우의의 생산은 한정되어 있으므로 초과수요가 발생하고 따라서 빨간우의의 가격상승을 일으킨다.

	㉠	㉡	㉢
①	가격상승	초과공급 발생	가격하락
②	가격상승	초과수요 발생	판매량 증가
③	수요증가	초과수요 발생	판매량 감소
④	수요증가	초과공급 발생	가격상승
⑤	수요증가	초과수요 발생	가격상승

127 기령씨는 최근 아버님이 물려주신 그림을 감정받았다. 감정위원은 그림은 ○○선생이 그린 △△의 모방작이며 진품일 경우 가치를 따질 수 없으므로 부르는 게 값이지만 모방작의 경우 시중에서 3만 원 정도에 거래되고 있다고 하였다. 이와 같은 상황을 통해 추론한 내용으로 적절한 것을 모두 고르면?

> ㉠ 진품의 공급곡선은 수직이다.
> ㉡ 진품 가격은 희소성과 관련이 있다.
> ㉢ 진품 소유자는 진품의 공급을 독점하고 있다.
> ㉣ 모방한 작품의 가격이 낮은 이유는 수요 곡선이 비탄력적이기 때문이다.

① ㉠㉡

② ㉡㉢

③ ㉢㉣

④ ㉠㉡㉢

⑤ ㉡㉢㉣

128 A씨는 한 달 뒤 미국 여행을 위해 여행준비를 하는 중이다. 환전을 위해 은행에 들른 A씨에게 은행원은 지금보다 나중에 환전하는 것이 더 이익이라고 충고해 주었다. 다음 중 이와 같은 상황을 초래할 수 있는 경제적 사실로 옳은 것은?

① 정부가 외환시장에서 달러를 계속 매각하고 있다.
② 최근 세계 외환시장에서 달러화의 강세가 계속되고 있다.
③ 우리 기업들의 미국산 원자재 수입 대금결제 규모가 늘어나고 있다.
④ 우리나라를 찾는 미국 관광객들의 지출이 큰 폭으로 감소하고 있다.
⑤ 우리나라의 부채상환비율이 계속 증가하고 있다.

129 다음 중 효용의 상호의존성을 가장 잘 표현한 속담으로 알맞은 것은?

① 목마른 자가 우물을 판다.
② 가난은 게으름 때문이다.
③ 사촌이 땅을 사면 배가 아프다.
④ 백지장도 맞들면 낫다.
⑤ 까마귀 날자 배 떨어진다.

Answer　128.①　129.③

128 환율 변화의 원인과 결과를 파악하는 문제이다. 환전을 나중으로 미룰 것을 충고하는 상황은 달러의 가치가 떨어지고 있는 것을 의미하며 이 경우 나중에 환전하는 것이 유리하다.
① 정부가 외환시장에서 달러를 계속 매각할 경우 달러의 공급이 증가하기 때문에 환율은 떨어지게 된다.
② 서문의 경제현상은 달러화의 가치 하락, 즉 달러화의 약세를 의미한다.
③ 대금결제 규모가 감소할 경우 달러의 수요가 증가하기 때문에 환율은 상승하게 된다.
④ 미국 관광객들의 지출의 감소는 달러의 공급 감소를 의미한다.
⑤ 정부의 부채상환 비율이 높아질수록 외화보유 비율이 감소하므로 환율이 상승하게 된다.

129 효용의 상호의존성 … 어떤 개인의 소비가 다른 사람의 효용에 영향을 미치는 것을 의미한다.

130 최근 TV의 한 프로그램을 통해 '마늘'이 암 발생에 억제 효과가 있다는 내용이 방영되었다. 같은 날 뉴스에서는 정부가 마늘에 대한 수입 관세를 폐지한다는 내용이 보도가 되었다고 하자. 이를 통해 국내 마늘 시장에 나타날 균형가격과 균형 거래량의 변화를 옳게 예측한 것은?

	균형가격	균형 거래량
①	상승	증가
②	상승	감소
③	하락	감소
④	하락	불분명
⑤	불분명	증가

131 정부가 탈세방지를 위해 '영수증 주고 받기' 캠페인을 벌였으나 별다른 효과를 보지 못하여 대책으로 모든 거래영수증에 번호를 부여하고 주기적인 추첨을 통해 당첨금과 경품을 지급하였다. 그러자 적은 금액이라도 영수증을 주고 받는 것이 당연하게 되었다고 한다. 다음 중 이와 같은 사례를 통해 내릴 수 있는 결론으로 가장 타당한 것은?

① 모든 자원은 희소하다.

② 거래는 모두를 이롭게 한다.

③ 사람들은 경제적 유인에 반응한다.

④ 공평성은 경쟁을 통해서 달성할 수 있다.

⑤ 효율성과 공평성을 동시에 달성할 수 없다.

Answer   130.⑤   131.③

130 마늘의 효능으로 인해 수요의 증가를 알 수 있으며 마늘에 대한 수입관세의 폐지를 통해 외국에서 수입이 급증할 것이라는 예측할 수 있다. 하지만 마늘의 제시된 내용을 통해서는 균형가격이 상승할지 하락할지 예상할 수 없고 다만 균형 거래량의 증가를 알 수 있다.

131 ③ 캠페인을 통해서는 실효를 거두지 못했지만 당첨금과 경품이라는 경제적 유인을 통해 실효를 거둔 것을 알 수 있다.

132 표고버섯은 돼지고기의 콜레스테롤이 체내에 흡수되는 것을 억제시키고 누린내를 없애 주기 때문에 돼지고기와 같이 먹는 것이 좋다고 하며 표고버섯 대신에 느타리버섯을 먹어도 같은 효과를 얻는다고 한다. 만약 모든 사람들이 이런 방식으로 식사한다고 가정할 때 추론한 내용으로 적절한 것은?

① 표고버섯과 느타리버섯은 보완재이다.
② 돼지고기의 수요가 감소하면 표고버섯의 가격은 상승한다.
③ 표고버섯의 공급이 감소하면 느타리버섯의 가격은 상승한다.
④ 표고버섯의 공급이 증가하면 느타리버섯의 가격은 상승한다.
⑤ 돼지고기의 수요가 증가하면 표고버섯의 가격은 하락한다.

133 공정거래위원회에서 담합행위에 대해 조사에 협조한 업체가 담합혐의를 인정하면 과징금 등 패널티를 감면해 주는 제도를 일컫는 용어는 무엇인가?

① 그린프라이스 제도
② 특별사면 제도
③ 리니언시 제도
④ 간이과세 제도
⑤ 감액청구권 제도

Answer　　132.③　133.③

132 ① 표고버섯과 느타리버섯은 대체재이다.
② 돼지고기의 수요가 감소하면 표고버섯의 수요도 감소하므로 가격은 하락하게 된다.
④ 표고버섯의 공급이 증가하면 느타리버섯의 수요는 상대적으로 줄어들게 된다.
⑤ 돼지고기의 수요가 증가하면 표고버섯의 수요도 증가하므로 가격이 상승하게 된다.

133 리니언시제도란 공정거래위원회에서 담합행위에 대해 조사에 협조한 업체가 담합혐의를 인정하면 과징금 등 패널티를 감면해 주는 제도를 말한다.

134 최근 TV를 통해 방송되는 홈쇼핑의 경우 셀 수 없을 만큼 다양한 상품을 소개하고 때로는 같은 제품을 여러 번 광고하기도 한다. 원하기만 한다면 언제든지 물건을 사는 것이 가능하며 때로는 인터넷을 통한 클릭 몇 번으로 손쉽게 원하는 물건을 살 수 있다. 이러한 모습의 사회에서 나타날 수 있는 현상으로 옳은 것은?

① 거래비용이 증가한다.
② 상품배송을 위한 물류비용이 증가한다.
③ 기업은 고객반응을 파악하기 어려워 생산과 소비가 단절된다.
④ 배달지연, 대금 이중청구 등으로 인한 소비자의 피해가 급증할 우려가 있다.
⑤ 전자상거래의 보편화로 유통기관은 급속도로 감소할 것이다.

135 최근 신문보도에 따르면 길거리에서 파는 닭꼬치의 대부분은 중국산 제품인 것으로 나타났다. 하지만 어느 나라 제품인지를 묻는 소비자의 질문에 상인들은 하나같이 "잘 모르겠다", "국산이다"라고 대답했다. 이와 같은 불공정 거래행위에 대한 설명으로 가장 적절한 것은?

① 공급자가 제품에 대한 정보를 더 많이 안다는 것을 이용하여 소비자를 속이는 행위이다.
② 독점적인 시장 지위를 이용하여 상대방에서 불리한 거래 조건을 강요하는 행위이다.
③ 불확실한 자료를 근거로 경쟁자에 대한 허위 비방을 하는 행위이다.
④ 시장에서의 독점적 지위를 이용하여 거래 상대방을 차별하는 행위이다.
⑤ 소수의 기업들이 서로 담합하여 경쟁을 회피하는 행위이다.

⚹ Answer   134.④ 135.①

134 IT발달로 인한 전자상거래의 보편화를 나타내는 내용으로 전자상거래의 발달은 거래비용, 물류비용 등을 감소시키며 생산과 소비를 통합시키는 장점이 있지만 새로운 소비자의 피해가 발생하기 쉽다는 단점이 있다.

135 서문의 내용은 생산자가 소비자보다 많은 정보를 갖고 있음을 이용하여 최근 문제가 일고 있는 중국산 제품을 국산처럼 속여 판매하는 경우이다. 소비자의 정보를 얻는 능력이 떨어질수록 공급자의 불공정행위는 보다 쉽게 일어나므로 노점에서 불량식품이나 비위생적인 식품을 판매하는 일이 많다.

136 같은 영화라도 오전 첫 회에 상영하는 조조요금은 다른 시간대의 영화 관람료보다 저렴하다. 일반 관람료는 8,000원이라면 조조 관람료는 5,000원으로 같은 상품인데도 다른 가격이 매겨진다. 이러한 현상과 관련된 설명으로 옳은 것은?

① 가격이 차별되는 시장 사이에 완전히 자유로운 교류가 필요하다.

② 가격이 차별되는 두 시장에서 수요의 가격 탄력성은 같아야 한다.

③ 극장이 어느 정도 독점력을 갖추어 가격을 설정할 수 있는 힘을 가진 경우에 가능하다.

④ 조조 요금이 더 저렴한 것은 오전 영화관람 시장보다 오후 영화관람 시장의 수요가 더 탄력적이기 때문이다.

⑤ 극장이 경쟁업체보다 시장에서의 지위가 뒤쳐질 경우 이러한 전략을 사용한다.

137 최근 인터넷으로 파일을 다운받거나 실시간 재생으로 음악을 감상하도록 하는 사이트가 급 증하였다. 하지만 그러한 사이트 중 가장 유명한 '소리바다'라는 사이트는 법적 분쟁에까지 휘말렸었고 이후 파일을 다운로드하는 것은 물론이고 실시간으로 음악을 감상하는 사이트는 유료화되었다. 다음 중 이와 같은 문제가 발생하는 원인을 추론한 것으로 바른 것은?

① 경제가 극심한 불황상태에 빠져들었다.

② 기업의 이윤추구 동기가 약화되었다.

③ 정경유착 등 기업의 비윤리적 경영이 크게 늘어났다.

④ 눈에 보이지 않는 정보나 서비스에 대해 생산의 대가를 인정하지 않으려는 경향이 있다.

⑤ 독점 기업의 횡포가 날로 늘어나 소비자 주권이 위태로워 졌다.

Answer　　136.③　137.④

136 영화관의 가격 차별화에 대한 질문이다. 이와 같은 가격 차별화가 가능하려면 극장은 어느 정도 독점력을 갖추고 있어 가격을 직접 설정할 수 있어야 한다.
① 가격이 차별화 되는 두 시장은 완전히 단절되어야 한다.
② 두 시장에서 수요의 가격 탄력성은 달라야 한다.
④ 오전시장의 경우 오후시장으로 옮겨갈 가능성이 있기 때문에 더 탄력적이라고 할 수 있다.

137 ④ 한때 이슈가 되었던 인터넷 음악 제공에 관련한 문제이다. 소비자의 입장과 달리 음악을 생산하는 생산자의 입장에서 음악은 이윤을 얻기 위한 행위이다. 따라서 눈에 보이지는 않는 음악이라 하더라도 가치와 이윤이 있으므로 그에 대한 대가를 인정해주어야 한다.

138 일반적으로 우리가 알고 있는 생산의 정의는 제품이나 서비스를 만들어내는 것이다. 하지만 이것이 전부는 아니다. 파괴적인 행동이라도 생산이라고 말할 수 있고, 뭔가를 만들어 내는 행동이라도 반드시 생산이라고 말하지 않는다. 가치를 바탕으로 생산을 판단할 때 다음 중 생산활동에 속하지 않는 것은?

① 교수가 학생들에게 강의를 하였다.
② 시중 은행에 저금을 하고 이자를 받았다.
③ 전위예술가가 표현을 위해 TV를 50대 부수었다.
④ 인터넷을 이용해 제품을 판매하였다.
⑤ 연극 배우가 극장에서 공연을 하였다.

139 다음 중 통화량의 감소를 가져오는 것은 무엇인가?

① 중앙은행이 재할인율을 인하하였다.
② 가계가 예금을 줄이고 현금보유를 늘렸다.
③ 중앙은행이 법정 지급준비율을 인하하였다.
④ 국내은행이 국제금융시장에서 자금을 차입하였다.
⑤ 중앙은행이 공개시장조작을 통해 국공채를 매입하였다.

Answer   138.② 139.②

138 생산의 정의에 관련한 문제이다. 문제에서 생산은 가치를 만들어 내거나 가치를 증대시키는 활동으로 정의한다.
② 이자를 받는 행위는 분배활동에 속한다.

139 가계가 예금을 줄이는 대신 현금보유를 늘리게 되면 은행의 신용창조가 감소하여 통화량이 줄어들게 된다. 재할인율 인하, 법정 지급준비율 인하, 공개시장 조작을 통한 국공채 매입 등은 중앙은행의 확장적 통화정책과 관련이 있다. 국제시장에서의 자금 차입도 통화량 증가의 원인이 된다.

140 얼마 전 우리나라 교복시장의 절반 이상을 점유하고 있는 3대 교복업체의 가격 담합이 문제가 된 적이 있었다. 3대 교복업체들은 교복 판매철 직전 지역별 모임을 통해 가격을 담합했으며 교복을 저렴하게 구매하는 '공동구매' 활동에 대해 반대 서명운동 및 항의공문 발송 등 다양한 방해 활동을 벌인 것으로 나타났다. 다음 중 이러한 상황에 대한 설명으로 옳지 않은 것은?

① 소수의 기업들이 교복공급을 독점함으로 전체 사회의 후생은 감소하였다.
② 소비자들은 다양한 상품을 제공받지 못함으로써 소비자로서의 권리를 침해 받았다.
③ 공정거래위원회는 담합업체들에 대해 과징금부과, 고발 등의 조치를 취할 수 있다.
④ 독점적 지위를 유지하기 위한 불공정 행위이다.
⑤ 뛰어난 상품을 앞세워 시장의 경제원리를 잘 활용한 케이스이다.

141 최근 대학생들 사이에서 명품소비열풍이 거세게 불면서 L-제너레이션이라고 불리는 명품족들이 대학문화의 새로운 주인공으로 떠오르고 있다. 명품을 사기 위해 매달 20 ~ 30만 원을 모으는 '명품계'를 조직하기도 하고 중고시장에는 저렴한 가격으로 명품을 구입하려는 학생들로 북새통을 이룬다. 다음 중 이와 같은 유명 브랜드 소비현상에 대한 설명으로 옳은 것은?

> L-제너레이션은 고가의 수입 정장이나 가방류, 구두, 액세서리 등의 소비를 일상화하면서 명품 소비를 통해 정체성을 찾는 젊은이를 일컫는 말이다.

① 소수의 과시소비는 다른 다수에게 상대적 박탈감 또는 소외감을 줄 수 있다.
② 우리나라 소비자가 트랜드의 중심에 우뚝 섰다는 것을 알 수 있다.
③ 명품의 경우 주로 수입품이기 때문에 적절한 구매를 통해 환율을 낮출 수 있다.
④ 유명브랜드를 선호하는 소비자의 증가로 시장은 품질을 우선하는 전략을 세워 사회전체적으로 소비자의 후생은 증가할 것이다.
⑤ 소비품목을 통해 자신의 지위와 신분을 과시하려는 것으로 사회통합적 기능을 지닌다.

❀ Answer　140.⑤　141.①

140 ⑤ 교복업체의 담합을 나타낸 서문은 공급의 독과점을 나타내고 있다. 이러한 독과점의 경우 생산물의 양을 사회적 필요에 의해서가 아닌 자신의 이윤에 따라 생산한다. 따라서 생산량의 감소만큼 가격을 일부러 높게 책정하여 효율적인 자원의 배분을 저해한다.

141 ① 유명브랜드 소비현상은 과시적 소비현상이 그 원인이라고 할 수 있다. 과시적 소비현상은 경제학자 베블렌이 주장한 현시적 소비와 관련성이 깊다.
　　※ 베블렌 효과(veblen effect) … 허영심에 의해 수요가 발생하는 것으로, 가격이 상승한 소비재의 수요가 오히려 증가하는 현상이다. 예를 들면 다이아몬드는 비싸면 비쌀수록 여성의 허영심을 사로잡게 되어 가격이 상승하면 수요가 오히려 증대한다.

142 다음의 자료와 관계 깊은 경제 개념으로 옳은 것은?

> 노란 숲 속에 길이 두 갈래로 났었습니다. 나는 두 길을 다 가지 못하는 것을 안타깝게 생각하면서 오랫동안 서서 한 길이 굽어 꺾여 내려간 데까지, 바라다볼 수 있는 데까지 멀리 바라다 보았습니다.
>
> — 프로스트, 가지 않은 길 —

① 욕구와 자원은 항상 비례한다.
② 자유거래는 모든 사람들을 이롭게 한다.
③ 모든 선택에는 대가가 따른다.
④ 시장은 일반적으로 경제활동을 조직하는 좋은 수단이다.
⑤ 어떤 것을 선택함으로 다른 것을 포기할 경우에는 물질적인 비용이 수반된다.

143 주부는 시장에서 조금이라도 저렴하고 좋은 물건을 고르려고 하며 대학졸업생은 좋은 조건의 직장을 얻기 위해 많은 준비를 한다. 또한 노동자들은 임금과 근로조건의 개선을 내걸고 노동조합을 결성한다. 다음 중 이와 같은 인간 활동에 담긴 공통적인 전제로 옳은 것은?

① 인간의 욕망을 가장 효과적으로 충족시킬 수 있는 경제체제는 시장 경제체제이다.
② 인간은 사회 속에서 성장하면서 문화를 내면화시킨다.
③ 인간의 욕망은 무한하지만 이를 충족시킬 수 있는 자원은 유한하다.
④ 집단간의 다양한 이해관계를 통합시키는 것은 결국 돈의 힘이라고 할 수 있다.
⑤ 인간은 사회 속에서 경쟁, 대립하면서 부단한 발전을 이루어냈다.

Answer　142.③　143.③

142 프로스트의 '가지 않은 길'은 하나의 길을 선택하면 다른 길을 가지 못함을 안타까워하는 내용이다.
③ 두 가지 길 중에서 가지 않은 길은 기회비용, 대가로 파악할 수 있다.
⑤ 기회비용에는 물질적인 비용뿐만 아니라 시간이나 노력 등 눈에 보이지 않는 비용도 있다.

143 ③ 문제를 통해 대학졸업생, 노동자, 주부 등의 경제주체가 자신의 욕구대로 행동하지 않는다는 것을 알 수 있다. 값싸고 질 좋은 물건은 한정되어 있기 때문에 그것을 찾기 위해서 주부는 물건을 꼼꼼히 살펴보아야 하고 좋은 조건의 일자리는 한정되어 있기 때문에 대학졸업생과 노동자는 이와 같은 활동을 하게 된다.

144 환경문제와 관련하여 현재와 같이 물질적 풍요를 추구하는 개발 지향적인 사회, 즉 대량생산, 대량소비, 대량폐기의 사회는 더 이상 존속이 불가능하다는 입장의 견해와 일치하는 주장으로 옳은 것은?

① 오늘날은 환경 파괴의 사회적 비용보다는 배고픔의 사회적 비용이 더 크다.
② 인간은 각종 환경문제를 슬기롭게 헤쳐나갈 능력과 기술이 존재한다.
③ 경제의 성장은 평균 수명의 증가, 교육수준의 상승 등 삶의 질을 높여 주었다.
④ 행복은 물질적인 풍요로움에서 구할 수 있다.
⑤ 인류는 물질적 욕망을 버리고, 정신적 즐거움을 추구하는데 힘을 기울여야 한다.

145 최근 인터넷 등의 정보 통신 기술의 발달로 외국 도서관에서의 자료검색, 외국 상품의 구입이 가능하며, 외국과의 전자우편, 화상회의 등을 통해 실시간 의사전달도 자유롭게 이루어지고 있다. 다음 중 이와 같은 국제 현상이 경제에 미치는 영향으로 적절한 것은?

① 지역적으로 인접 국가간의 상호협력관계가 약해진다.
② 국가와 국가 간 상호의존성은 약화된다.
③ 국가 간, 기업 간의 경쟁이 줄어든다.
④ 국제 거래의 대상은 노동으로 국한되게 된다.
⑤ 경쟁력 향상을 위해 기업간의 제휴가 늘어난다.

Answer　　144.⑤　145.⑤

144 환경문제에 대한 환경론자의 입장을 찾는 문제이다.
①②③④ 모두 성장론자의 입장에 대한 견해이다.

145 통신의 발달로 인해 세계화 시대가 펼쳐짐을 알 수 있다.
⑤ 세계화가 진행될수록 경쟁에서 살아남기 위해 국가와 기업은 서로 연합하려하기 때문에 기업간의 제휴는 늘어난다.

146 국내에서 남북한의 경제교류에 대해 의견이 분분하다. 다음 중 통일이 늦어지면 늦어질수록 통일 이후의 비용이 늘어나며 남북한의 경제협력을 통해 통일비용을 줄일 수 있다는 견해와 부합되지 않는 의견은?

① 세계평화와 안정에 기여하여 국제적인 위상이 올라간다.

② 군사비용이 경제성장과 국민복지를 위해 사용된다.

③ 중국, 러시아와의 교역증가는 물류비용의 상승에 기여한다.

④ 국내 시장 규모 확대로 규모의 경제가 발생한다.

⑤ 북한의 저렴한 노동력과 남한의 기술력의 효율적 결합이 예상된다.

147 ○○전자의 해외 영업담당 박 부사장은 성공적인 수출영업을 기록하고 있다. 그 비결을 묻는 사람에게 그는 "그 나라 사람들이 주로 사다 먹는 우유통의 모양에 따라 냉장고 내부설계도 달라져야 한다. 1갤론 짜리 우유를 통째로 사다 먹는 미국인들에게는 그런 우유통이 들어갈 수 있는 냉장고를 만들어 내놓아야 한다"라고 말했다. 이를 통해 박 부사장의 경쟁력이라고 할 수 있는 것은?

① 해외시장에 익숙한 해외파 인재이다.

② 해외시장의 흐름을 읽는 능력을 갖추었다.

③ 원활한 인맥을 바탕으로 시장에 침투하는 전략이 탁월하다.

④ 외국어실력이 월등하여 원서로 경제학을 공부하였다.

⑤ 디자인의 묘학을 경제적으로 응용하였다.

Answer   146.③   147.②

146 서문은 통일을 통해 한국 사회에 긍정적인 변화를 예상하고 있다.
　　③ 중국, 러시아와 철도로 연결되어 있어 통일 이전의 배를 이용하는 것보다 물류비용은 감소할 것이다.

147 ② 박 부사장은 해외시장의 특성에 따라 제품의 특성을 달리 해야 한다고 말했다. 따라서 박 부사장의 경쟁력은 그 지역에 대한 시장조사를 통해 해외시장의 흐름을 분석하는 능력이 탁월하다고 할 수 있다.

148 슘페터는 혁신의 과정이 새로운 상품의 제조, 새로운 생산방법의 채택, 신시장의 개척, 신자원의 획득, 새로운 경영조직의 형성 등의 형태로 나타난다고 하였다. 다음 중 슘페터가 말한 혁신과 가장 거리가 먼 것은?

① 경기가 호황국면으로 접어들어 수요가 늘자 공장의 가동률을 높였다.

② 과감한 구조조정으로 기업 조직을 효율적으로 개선하였다.

③ 전산의 자동화로 업무시간의 비약적인 단축을 만들어냈다.

④ 기존의 연료 대신 수소로 움직이는 동력 장치를 개발하여 실용화 단계에 있다.

⑤ 인구가 많은 인도로 기업이 새롭게 진출하여 전략을 구상하고 있다.

149 다음 자료에 대한 설명 중 밑줄 친 부분에 대한 내용으로 옳은 것은?

> 미국뿐 아니라 유럽 등 주요 국가의 작황에도 빨간불이 켜졌다. 전 세계의 ㉠ 곡물 생산이 예측치를 밑돌아 최근 국제 곡물 가격이 크게 상승하고 있다. 지난 ㉡ 2008년도에도 에탄올 등 바이오 연료에 대한 수요 급증으로 국제 곡물 가격이 요동친 적이 있었다. 이와 같이 곡물 가격이 상승하여 인플레이션이 나타나는 현상을 애그플레이션이라고 한다.

① ㉠은 수요 견인 인플레이션에 해당한다.

② ㉠의 경우 곡물 소비자에게 보조금을 지급하면 인플레이션이 완화된다.

③ ㉡의 경우 바이오 연료 소비자에게 세금을 부과하면 인플레이션이 심화된다.

④ ㉠과 ㉡은 모두 바이오 연료의 가격을 상승시키는 요인이다.

⑤ ㉠에는 곡물 거래량의 증가가, ㉡에는 곡물 거래량의 감소가 수반된다.

Answer　　148.①　149.④

148 슘페터가 말한 혁신과 부합되지 않는 것을 고르는 문제이다.
　　① 수요의 증가에 의한 가동률 증가는 합리적인 의사결정을 하는 기업가라면 누구나 하는 행동으로 혁신과 거리가 멀다.

149 ㉠은 곡물 생산 감소로, ㉡은 바이오 연료 수요 증가로 곡물가 격이 상승하는 인플레이션을 의미한다. 곡물은 바이오 연료이기 때문에 바이오 연료의 가격 역시 상승한다.

150 IMF 금융지원 이후 정부는 변동환율제도를 시행하는 한편 주식시장 개방 폭을 확대하고, 그 동안 미루어왔던 채권시장을 개방하는 조치를 취한 바 있다. 다음 설명 중 옳지 않은 것은?

① 환율의 변동성 확대로 환위험의 증대가 예상되고 환투기현상도 나타날 것으로 판단된다.

② 변동환율제도로 이행함에 따라 재정정책의 유효성이 그 이전보다 높아지게 될 것이다.

③ 금융시장의 개방은 외국인 자본유입을 촉진시키지만 단기적인 국제자본이동에 따라 우리 나라 금융시장이 교란되는 문제점이 있다.

④ 주식시장과 채권시장의 개방을 확대하는 것은 외국인의 자본유입을 촉진하기 위한 조치이다.

⑤ 이자율 상승으로 자본유입이 이루어지므로 자본수지가 개선된다.

151 대학교육기관을 이윤을 극대화하려는 일반적인 사기업과 동일시 할 경우 다음 중 수도권 인 구집중방지책의 일환으로 실시되고 있는 수도권 대학정원의 증가억제정책의 경제적 측면과 가장 관계가 없는 것은?

① 수도권 내 기존 대학 사이의 담합이 훨씬 용이해진다.

② 수도권 내 기존 대학들이 양(+)의 경제적 지대를 누릴 가능성이 크다.

③ 수도권 내 대학교육 서비스의 공급에 진입장벽을 설치한 것이다.

④ 수도권 내 대학들은 우수 학생유치를 위해 치열하게 경쟁하게 되어 교육서비스 수요자의 후생이 증가할 것이다.

⑤ 수도권 내 대학들의 등록금이 상승할 가능성이 크다.

Answer   150.② 151.④

150 변동환율 제도하에서 팽창 재정정책은 자본수지 흑자로 인해 환율의 하락을 초래한다.

151 수도권 인구집중방지책의 일환으로 실시되고 있는 수도권 대학정원의 증가억제정책은 수도권 내 대학교육 서비스의 공급에 진입장벽을 설치한 것과 같은 효과를 나타낸다. 이 효과로 인해 공급의 억제가 나타나 등록금이 상승할 가능성이 크게 되고, 수도권 내 기존 대학들은 일정한 공급하에서 양의 경제적 지대를 얻게 될 것이다. 따라서 수도권 내 대학들은 우수학생유치를 위해 경쟁할 유인이 없어지게 된다. 결국 교육서비스에 있어 수요자의 후생은 감소하게 될 것이다.

152 자동차 사고에 대한 안정성을 높이기 위해 모든 승용차에 대해 일정금액(예를 들면 50만 원)에 해당하는 에어백을 일률적으로 장착하도록 정부가 규제할 경우에 예상되는 효과로서 타당한 것은?(단, 승용차의 크기에 관계없이 안전도는 동일하다고 가정한다)

① 승용차 전체 판매액은 변동이 없을 것이다.

② 승용차 전체에 대한 수요량이 증가할 것이다.

③ 소형승용차와 중대형 승용차에 대한 선호도는 변화하지 않을 것이다.

④ 소형승용차보다 중대형 승용차에 대한 선호도가 상대적으로 증가할 것이다.

⑤ ③④ 모두 타당하다.

153 다음 중 택시요금이 인상될 때 예상 가능한 모든 효과는?

> ㉠ 택시가 잘 잡힌다.
> ㉡ 선희의 택시비지출이 증가한다.
> ㉢ 민희의 택시비지출이 감소한다.
> ㉣ 택시회사의 수입은 변동하지 않는다.

① ㉠

② ㉠㉡

② ㉠㉡㉢

④ ㉡㉢㉣

⑤ ㉠㉡㉢㉣

Answer   152.④   153.⑤

152 자동차사고에 대한 안전성을 높이기 위해 모든 승용차에 대하여 에어백 장착을 정부가 의무화한다면 모든 승용차의 가격이 상승할 것이므로 전체 승용차의 수요량이 감소할 것이다. 한편 모든 승용차에 동일한 금액의 에어백을 장착하도록 한다면 상대적으로 소형승용차의 가격상승률이 중대형 승용차보다 높게 나타날 것이므로 소형승용차의 수요는 줄어들 것이다.

153 택시요금이 인상될 경우 예상되는 효과로는 우선 택시에 대한 수요량이 감소하므로 택시잡기가 쉬워진다는 것이다. 또한 수요의 가격탄력성이 어떻게 나타나는지에 따라 예상 가능한 효과는 다음과 같다. 선희의 택시 수요가 비탄력적이면 선희의 택시비지출이 증가할 것이고, 민희의 택시 수요가 탄력적이면 민희의 택시비지출이 감소할 것이며 택시회사의 택시 수요의 가격탄력성이 1이면 수입은 변동하지 않을 것이다.

154 환율이 달러당 1,200원으로부터 1,180원으로 하락하였다. 다음 중 그 원인을 추론한 것으로 적절하지 못한 것은?

① 외국인의 국내 주식투자가 증가하였다.
② 중국의 경기호황으로 수출이 증가하였다.
③ 포드자동차가 국내 채권시장에서 자금을 조달하였다.
④ 미국 기업이 부산에 대규모 공장을 신축하였다.
⑤ 일본의 기업이 국내 회사와의 제휴협정으로 투자를 확대하였다.

155 수 많은 공급자와 수요자가 존재하며 기업의 진출이 자유로운 시장에서 물품세가 부과될 경우 부과대상에 따라 물품세의 부담귀착은 어떻게 변화하는가?

① 수요자에게 부과되는 경우 공급자에게 부과되는 경우보다 수요자측의 부담귀착이 더 크다.
② 수요자에게 부과되는 경우 공급자에게 부담되는 경우보다 수요자측의 부담귀착이 더 작다.
③ 수요자에게 부과되는 경우에는 수요자와 공급자의 부담귀착이 공급의 가격탄력성 보다 수요의 가격탄력성에 더 많이 좌우된다.
④ 공급자에게 부과되는 경우에는 수요자와 공급자의 부담귀착이 수요의 가격탄력성 보다 공급의 가격탄력성에 더 많이 좌우된다.
⑤ 수요자에게 부과되든 공급자에게 부과되든 조세의 부담귀착은 변하지 않는다.

Answer   154.③   155.⑤

154 ①②④⑤ 외환공급이 증가하므로 환율이 하락하게 된다.
③ 포드자동차가 국내 채권시장에서 자금을 조달하면 외환수요가 증가하므로 외환수요곡선이 우측으로 이동하여 환율이 상승하게 된다.

155 ①②③④ 주어진 자료를 통해서는 파악할 수 없다.

156 기업이 인건비를 절약하기 위하여 구조조정을 단행할 경우 두 가지 방법을 생각해 볼 수 있다. 전체 인원수를 감축하는 것을 제1전략, 고용은 유지하되 임금을 평균적으로 삭감하는 것을 제2전략이라고 할 때 이들 전략에 대한 다음의 두 주장을 읽고 그 주장 및 전제에 대한 설명이 틀린 것은?

제1전략 : 고용을 줄이는 것이 적절하다고 생각한다. 임금을 삭감시킬 경우 생산성이 높은 인재의 유출이 발생할 가능성이 높고 경영위기를 기업의 생산성을 높이는 계기로 삼는다면 반드시 인력조정이 필요하다고 할 것이다. 평균적인 임금을 낮추는 것은 자멸행위로 볼 수 있고 광범위한 생산성 저하를 초래하게 될 것이다.

제2전략 : 임금을 평균적으로 삭감하는 것이 적합하다고 생각한다. 경영위기일수록 종업원에 대한 배려가 필요하고 이는 회사에 대한 충성도를 높이는 부수적인 효과를 거둘 수도 있기 때문이다. 인원을 삭감하는 것은 단기적으로 비용을 줄일 수는 있으나 장기적으로 볼 때 조직 이완현상을 초래할 수 있기 때문이다.

---

① 제1전략을 주장하는 사람은 일자리 나누기에 포괄적으로 반대하게 된다.
② 제1전략을 주장하는 사람은 임금은 생산성과 일치해야 한다고 생각하는 것이다.
③ 제2전략을 주장하는 사람은 임금이 곧 생활급이어야 한다고 생각하는 것이다.
④ 제2전략을 주장하는 사람은 기업의 책임 중 사회적 배려 또한 중요한 것이라고 생각하는 것이다.
⑤ 제1전략은 전통적인 제조업, 제2전략은 고부가 인적 서비스회사에 적용될 가능성이 높다.

Answer 156.⑤

156 제1전략은 고부가 인적 서비스 회사, 제2전략은 전통적인 제조업에 적용될 가능성이 높다. 우리나라에서 실제적으로 찾아보면 제1전략은 컨설팅·법률회사·광고회사 등에 적용되고, 제2전략은 단순 생산직종에서 채택하고 있음을 알 수 있다.

157 다음 조건들을 전제로 한계생산비가 0이라고 가정하면 양장본 한 종류의 책을 만들 때와 비교해 어떤 결과를 기대할 수 있는가?

- 어떤 경제학 교과서에 대한 독자층이 두 개의 그룹으로 분류된다.
  - 1만 명에 달하는 경제학 전공자와 수험생은 3만 원의 높은 가격에도 불구하고 고급 양장본을 구입할 용의가 있다.
  - 40만 명의 일반 독자는 책의 장정에 관계없이 책 값이 5천 원이라면 살 용의가 있다.
- 출판사는 이 두 독자층을 상대로 양장본(hard cover)과 종이책(soft cover)을 만들어 각 3만 원과 5천 원으로 판매하는 차별화 전략을 채택하였다.

---

① 생산자 잉여와 사회후생이 감소한다.
② 생산자 잉여와 사회후생이 증가한다.
③ 생산자 잉여는 증가하지만 소비자 잉여는 그대로다.
④ 국내 시장에서의 가격 차별은 생산자 잉여에 영향을 주지 않는다.
⑤ 책을 한 권 더 만들 때마다 5천 원의 손해를 본다.

Answer   157.②

157 ② 한계 생산비가 0이므로 출판사는 책을 한 권 더 만들 때마다 5,000원의 이익을 본다. 따라서 생산자 잉여와 사회후생이 증가한다.
※ 소비자 · 생산자 잉여 및 사회후생
   ⊙ 소비자 잉여 : 소비자가 상품구입을 위해 지불하는 비용보다 그가 상품을 소비함으로써 얻는 효용이 클 때 그 차이를 말한다.
   ⓛ 생산자 잉여 : 공급을 위해 받지 않으면 안되는 최소한의 수입과 실제로 받게 되는 총수입과의 차액을 말한다.
   ⓒ 사회후생 : 경제활동으로 사회가 얻는 복지의 증진을 나타내는 개념으로 소비자 잉여와 생산자 잉여의 합을 말한다.

158 다음은 여고 동창인 40대 가정 주부들이 치솟는 물가와 늘어나는 가계 지출에 대하여 대화한 내용이다. 이들의 대화 중 사실에 가장 근접한 것을 고르면?

> ㉠ "집 장만하면서 얻은 대출 이자 갚느라 허리가 휠 지경이야. 기획재정부와 금융감독원에서 가계 금리를 내리든가, 아니면 최소한 동결이라도 해야만 해."
>
> ㉡ "정유업체들이 번번이 석유류 가격을 함께 같은 폭으로 올렸다는 이유로 공정거래위원회가 가격책정 과정에서 담합이 있었는지를 살펴볼 거래."
>
> ㉢ "이명박 정부가 출범하면서 금융위원회가 금융감독원과 분리됨에 따라 매월 기준 금리를 결정할 때 이전보다 신중한 입장을 취할 수밖에 없다고 하더라구."
>
> ㉣ "전기요금을 최종 승인하는 국회 산업통상자원중소벤처기업위원회에서 전기요금이 더 이상 오르지 않도록 입장을 정리해야 한다고 봐."

① ㉠

② ㉡

③ ㉢

④ ㉣

⑤ ㉠㉡㉢㉣

159 완벽하게 합리적인 소비자가 휴대전화와 노트북을 구입하려고 할 때, 다음과 같은 상황에서 내릴 결정으로 적절한 것은?

> 집 근처 매장은 휴대전화를 50만 원에 팔고 있다. 그런데 한 친구가 시내 전문매장에 가면 40만 원에 살 수 있다고 알려주었다. 시내 전문매장까지 가려면 30분을 걸어야 한다. 또 집 근처 매장에서 200만 원인 노트북을 시내 전문매장에서는 190만 원에 판다고 한다. 역시 30분을 걸어야 한다(어떤 경우든지 30분을 걷는 것은 돈이 들지 않는다).

① 결정이 어려우므로 구매를 포기한다.

② 노트북과 휴대전화 모두 시내 매장에서 구매한다.

③ 노트북은 시내에서 구매하고 휴대전화는 집 근처에서 산다.

④ 집 근처 매장의 휴대전화와 노트북의 가격이 내릴 때까지 기다린다.

⑤ 가격차이가 많이 나는 휴대전화는 시내에 구매하고, 적게 나는 노트북은 집 근처에서 구매한다.

160 다음과 같은 상황에서 당신이 의사결정자라면 어떤 행동을 취해야 할 것인가?

> A제약회사가 신약개발 R&D에 투자하려고 할 때, 담당 임원은 200만 달러를 특정 연구에 투입해야 하는가를 결정해야 한다. 이 연구개발프로젝트 성공 여부는 불확실하며 의사결정자는 특허를 받는 기회를 70%로 보고 있다. 만약 특허를 받는다면 이 회사는 2,500만 달러의 기술료를 받아 다른 회사에 넘기거나 1,000만 달러를 더 투자해 개발품을 직접 판매할 수 있다. 만일 직접 판매할 경우 수요가 몰릴 확률은 25%, 수요가 중간인 경우는 55%, 수요가 낮을 경우는 20%이다. 수요가 높으면 5,500만 달러를 판매 수입으로 벌 것으로 예상되며, 수요가 중간인 경우는 3,300만 달러, 수요가 없는 경우에도 1,500만 달러를 벌 것으로 예상된다.

① 개발을 중단한다.

② 개발한 후 기술료를 받고 판다.

③ 시장의 변화를 좀 더 살펴본 후 결정한다.

④ 개발이 된다 하더라도 특허를 받지 않는다.

⑤ 수요가 중간이라도 나오면 기술료를 받는 것보다 이익이므로 직접 생산해서 판매한다.

※ **Answer**　160.②

160 ㉠ 연구개발 후 예상 기대수익 : 2,500만 달러 × 0.7(특허를 받는 기회) = 1,750만 달러→초기 연구개발비 200만 달러 보다 높으므로 투자를 하는 것이 유리하다.

　　㉡ 투자하여 개발품을 직접 판매할 경우 기대수익 : {(5,500만 달러 × 0.25) + (3,300만 달러 × 0.55) + (1,500만 달러 × 0.20)} − 1,000만 달러 = 2,490만 달러→기술료를 받고 다른 회사에 판매할 경우의 2,500만 달러 보다 적으므로 외부에 판매하는 것이 유리하다.

161 제시된 글을 읽고 인텔의 기술이 실용화되어 국내의 독점적인 전기 공급업체인 '대한전력'이 전력생산 비용을 크게 낮출 수 있다고 가정할 때, 이로 인해 나타날 결과로 옳은 것끼리 연결된 것은?

> 인텔은 최근 변압기와 전기 콘센트로부터 자유롭게 함으로써 생활에 혁신적인 변화를 가져올 수 있다는 평가를 받고 있는 무선 전력공급시스템을 선보였다. 저스틴 래트너 인텔 최고기술책임자(CTO)가 샌프란시스코에서 열린 연례 개발자포럼에서 시연한 무선 전기공급시스템은 전선을 연결하지 않은 채 무대 위에 있는 60와트 전구를 밝혔으며 전력공급장치와 전력사용기구 사이에 있는 사람이나 물건에 아무런 영향도 주지 않았다. 와이어리스 에너지 리소넌트 링크로 불리고 있는 인텔의 전기공급장치는 60~90cm 거리에서 최대 60와트의 전력을 무선으로 공급했으며 이 과정에서 발생한 전력손실도 25%에 그쳤다.
> 스미스는 무선 전기공급시스템이 앞으로 사무실 내에서 전력을 전자기나 컴퓨터에 공급하는 데 사용될 수 있을 것이라고 말했다. 전문가들은 인텔이 선보인 무선 전기공급시스템이 상용화되기까지 많은 시간이 필요하지만 미래생활을 바꿀 혁신적인 기술로 발전할 것이라고 평가했다. 엔덜리 그룹의 롭 엔덜리는 인텔의 무선 전력공급시스템이 충전기를 불필요하게 만들 것이고 궁극적으로는 전지를 사라지게 할 것이라면서 세계를 바꿀 수 있는 기술이 될 가능성이 있다고 말했다.

> ㉠ '대한전력'의 비용이 감소하므로 절대 이윤의 규모는 더욱 커진다.
> ㉡ 전력의 소비자 가격은 내려가고, 전력 소비량은 증가한다.
> ㉢ 전력이 독점적으로 공급되므로, 가격은 상승하고 소비량은 감소한다.
> ㉣ 지금과 동일한 수준의 이윤을 계속 유지한다.
> ㉤ 기술 변화는 시장수요에 영향을 미치지 않으므로 이 기술을 채택한 후에도 가격과 공급량에는 변화가 없다.

① ㉠㉡
② ㉠㉢
③ ㉠㉣
④ ㉡㉤
⑤ ㉡㉣

Answer   161.①

161 ㉢ 독점기업 역시 생산원가가 하락할 경우 판매가격을 낮춰야만 총판매량이 늘고, 이에 따라 이윤이 증가할 수 있다.
㉣ 생산단가를 낮추고 판매량을 늘릴 경우 이윤 규모가 커지게 된다.
㉤ 기술변화가 시장 수요에 아무런 영향을 주지 않는다면 어떤 기업도 기업혁신에 힘쓰지 않을 것이다.

162 다음 밑줄 친 ㉠과 ㉡의 경우에 땅부자 씨가 책정할 월 임대료를 순서대로 바르게 나열한 것은?

> 고담시의 땅부자 씨는 커피 전문점을 열 수 있는 점포를 소유하고 있다. 고담시에는 이 점포를 빌려 커피 전문점을 열려는 사람들이 많이 있으며, 이들이 다른 직장에 취업을 하면 월 300만 원의 임금을 받는다. 현재 땅부자 씨 점포 주변에 지하철역이 새로 생긴다는 소문이 있다. 점포의 월 임대료 수입을 극대화하려는 땅부자 씨는 부동산 컨설팅 업체로부터 다음의 정보를 얻었다.
> - 옆 동네에서 영업 중인 커피 전문점은 매월 400만 원의 임대료를 내고 있다.
> - 땅부자 씨의 점포를 빌려 커피 전문점을 열었을 때 판매수입에서 재료비와 인건비를 뺀 금액은 ㉠ 지하철역이 생기지 않으면 월 800만 원, ㉡ 지하철역이 생기면 월 1,000만 원으로 예상된다.

	㉠	㉡
①	100만 원	300만 원
②	400만 원	400만 원
③	400만 원	600만 원
④	500만 원	700만 원
⑤	800만 원	1,000만 원

163 다음을 읽고 제시된 사회의 상황을 바르게 추론한 것으로 옳지 않은 것은?

> 사람들의 키를 각자의 소득에 비례하여 늘이거나 줄여 놓고 이들은 키가 작은 순서대로 행진을 시킨다고 한번 상상해 보기로 합시다. 참고로 행진에 걸리는 총 시간은 60분으로 주어져 있습니다. 자 그럼 맨 처음 등장할 '숏다리'는 어떤 모양을 하고 나타날지 궁금하지 않습니까? 그런데 이 사람의 모습을 보니 땅속에 머리를 처박고 거꾸로 들어오고 있습니다. …… 거꾸로 선 사람들이 잠시 지나가더니 똑바로 선 사람들이 들어오기 시작하는데, 이들은 키가 하도 작아 땅바닥에 달라붙은 것 같이 보입니다. …… 다음에 들어오는 사람들도 역시 키가 몇 십 센티미터밖에 안 되는 난쟁이 들입니다. 이런 사람들이 한동안 지나간 뒤에 키가 1미터 정도 되는 사람들이 나오기 시작합니다. 어느 덧 30분이 흘렀습니다. 이제는 평균키를 가진 사람들이 나오려니 했는데 아직도 '숏다리'들만 계속해서 나오고 있습니다. 40분이 다 되었는데도 평균키의 사람들은 보이지 않습니다. 45분이 넘어서야 이제 겨우 제대로된 사람들이 보이기 시작하는데 평균키를 가진 사람들은 48분경이 되어서야 나타나기 시작합니다. 그런데 평균키의 사람들이 지나가면서부터는 사람들의 신장이 몇 십 센티미터씩 급속도로 커지기 시작합니다. 마지막 6분을 남겨놓고는 키가 5미터나 되는 '롱다리' 변호사, 의사, 그리고 TV에서 많이 보던 스타들도 섞여 나오고 있습니다. 시간이 거의 다 끝나가면서 오늘 행진의 하이라이트가 다가오고 있습니다. 마지막 1분을 남겨 놓고 나오는 사람들은 키가 고층 빌딩 만한 장대들입니다. 머리가 벗겨진 재벌 회장님도 있고 왕년의 정치인도 보입니다. 끝나기 몇 초 전에 등장하는 사람들은 얼굴이 구름에 가려 누가 누구인지 잘 알아볼 수도 없어 여기에 자세히 적지 못합니다.
>
> — Jan Pen, 31가지 테마가 있는 경제 여행 —

① 이 행렬에서 처음에는 키가 완만하게 커지지만 약 48분이 지난 후의 키는 급속도로 커지는데 이것은 소득이 많은 층으로 갈수록 계층간의 소득격차의 폭이 급격하게 증가한다는 것을 의미한다.

② 평균신장을 지닌 사람이 48분보다 일찍 등장하고 더 오래 행진하는 행렬이 바람직하다고 할 수 있다.

③ 이 행렬에서의 지니계수는 0을 나타낼 것이다.

④ 소득이 평균수준에 미치지 못하는 사람들이 인구의 절반 이상이다.

⑤ 평균키를 가진 사람들은 중산층을 의미한다.

Answer　163.③

163 ③ 지니계수는 소득 분배의 불평등도를 나타내기 위해 사용되는 수치를 말한다. 지니계수는 0에서 1 사이의 값을 가지는데 그 값이 1에 가까울수록 불평등도가 높다는 것을 의미하며 일반적으로 0.4를 넘으면 상당히 불평등한 소득분배 상태에 놓여있다고 할 수 있다.

164 다음의 별별국의 사례가 정설에 모순되지 않음을 설명하기 위해 두 기간 사이에 비교 조사
해야 할 항목으로 적절하지 않은 것은?

- 정설 : 다른 조건이 일정이라면, 사람들이 구입하는 승용차의 평균 연비와 유가간에는 정
  (+)의 관계가 있다.
- 별별국 사례 : 2009년 유가가 1979년에 비해 3배 높아졌다. 1979년에는 연비가 높아 경
  제적인 소형 승용차가 인기였지만 2009년에는 소형 승용차보다는 연비가 낮고 가격이 비
  싸지만 안정성이 높은 중대형 승용차가 인기이다.

---

① 승용차 연료비 지출이 소득에서 차지하는 비중
② 승용차의 안전성에 대한 소비자의 선호도
③ 소득 대비 승용차 가격 비율
④ 물가 상승률과 유가 상승률
⑤ 소형 승용차와 중대형 승용차의 부품 판매량

⁂ Answer   164.⑤

164 정설에서는 유가와 승용차의 평균 연비가 정(+)의 관계라고 하였다. 따라서 정설이 모순되지 않기 위해서는
1979년보다 유가가 3배 높아진 2009년에는 승용차의 평균 연비도 높아야 한다. 즉, 유가가 높아진 2009년에는
연비가 높은 소형차가 많이 팔려야 한다. 하지만 별별국의 사례에서는 유가가 높아진 2009년에 중대형 승용차
가 인기이다. 따라서 유가 상승 외에 다른 요인의 작용을 추론할 수 있으며 소형 승용차와 중대형 승용차의 부품
판매량은 해당 승용차의 판매량을 알려주는 요인이므로 별별국의 사례가 모순되지 않음을 입증하는 자료가 될
수 없다.

※ 다음을 읽고 물음에 답하시오. 【165~166】

2011년 1월 13일 한국은행은 금융통화위원회 본 회의를 열고 1월 기준금리를 현재의 연 2.5%에서 2.75%로 인상한다고 밝혔다.

---

165 다음 중 이러한 통화정책이 시행될 때 예상되는 일반적인 변화로 옳은 것은?

① 원화 가치의 상승　　　　　　　② 물가상승률의 증가

③ 경제성장률의 성장　　　　　　　④ 통화증가율의 상승

⑤ 가계자금수요 증가

166 위와 같은 통화정책이 시행될 때 채권 및 주식 시장에서 발생할 가능성이 가장 높은 것은?

① 시장금리가 계속 상승할 것으로 생각될 경우 채권 수요가 증가할 것이다.

② 시장금리가 계속 상승할 것으로 생각될 경우 기업은 계획된 채권 발행을 연기할 것이다.

③ 채권가격은 상승하고 주식 가격은 하락할 것이다.

④ 채권가격은 하락하고 주식 가격은 상승할 것이다.

⑤ 기존에 보유하고 있던 채권의 자산가치가 감소할 것이다.

Answer　　165.①　166.⑤

165 ① 외환시장에서 원화에 대한 수요가 증가하므로 원화의 가치는 상승하게 된다. 중앙은행에서 콜금리를 인상하면 시장이자율은 상승하게 된다.
　　② 물가상승률은 시장이자율이 상승하므로 하락한다.
　　③ 시장이자율이 상승하면 단기적으로 경제성장률이 둔화된다.

166 ① 시장금리가 계속 상승할 것으로 예상되는 것은 채권의 가격이 계속 낮아질 것으로 예상되는 것이므로 채권 수요자는 구입을 미루기 때문에 채권의 수요는 감소한다.
　　② 채권의 가격이 계속 낮아질 것으로 예상되므로 기업들은 채권의 발행을 서두를 것이다.
　　④ 채권의 가격, 주식 등은 이자율과 반대로 움직인다. 따라서 기준금리의 인상은 채권가격, 채권의 자산가치를 하락시킨다.

167 다음에서 ㉠㉡㉢㉣에 알맞은 숫자는?

> 가영이는 2개의 초콜릿을 먹을 때 반드시 1잔의 커피를 마신다. 단, 가영이는 커피나 초콜릿만을 따로 먹지는 않는다. 초콜릿은 1개에 500원이고, 커피는 1잔에 800이다. 슈퍼에 간 지후는 지갑에 2,800원이 있다는 것을 알고 (㉠)개의 초콜릿과 (㉡)잔의 커피를 사 먹었다. 일주일 후 이 슈퍼는 초콜릿의 가격을 1개에 250원으로 내렸다. 그 날 3,100원을 가지고 간 가영이는 (㉢)개의 초콜릿과 (㉣)잔의 커피를 사 먹었다. 단, 가영이는 지갑에 있는 돈으로 최대한 사 먹는다고 가정한다.

	㉠	㉡	㉢	㉣		㉠	㉡	㉢	㉣
①	4	1	6	2	②	2	1	4	2
③	4	2	4	2	④	2	1	6	3
⑤	2	2	6	3					

168 어떤 요리사는 시간당 1만 원을 지급하는 조건으로 야채를 손질할 보조요리사를 채용하였다. 이 요리사는 주 요리를 만들며 시간당 5만 원을 번다. 이 요리사는 보조요리사의 야채손질 능력이 능숙하지 못한 것을 발견하여 그를 해고한 후, 그가 하던 손질 작업도 같이 하고 있다. 이 요리사의 행동을 경제학적으로 가장 옳게 해석한 것은?

① 요리사의 보조요리사 해고는 합리적 행동이었다.
② 요리사의 야채손질에 대한 기회비용은 자신의 주 요리를 만드는 일의 가치와 같다.
③ 요리사가 보조요리사가 하던 야채손질을 일과 시간 후에 하면 경제적 비용은 발생하지 않는다.
④ 요리사는 시간당 4만 원을 절약할 수 있다.
⑤ 요리사의 야채손질작업에 대한 기회비용은 보조 요리사의 야채손질에 대한 기회비용보다 작다.

Answer   167.②   168.②

167 ② 초콜릿과 커피는 완전 보완재라 할 수 있다. 2개의 초콜릿과 1잔의 커피가 한 묶음으로 소비되며 초콜릿과 커피의 가격이 각각 500원, 800원이므로 묶음의 가격은 1,800원이 된다. 따라서 2,800원의 소득이 있으면 한 묶음만을 소비할 수 있다. 하지만 초콜릿가격이 250원이 되면 묶음의 가격은 1,300원이 되므로 3,100원으로는 2묶음까지 살 수 있게 된다.

168 요리사 자신이 야채를 손질하는 것보다 자신이 직접 주 요리를 만드는 것이 훨씬 효율적인 조건이다. 그러나 요리사 스스로 야채손질을 하고 있다면 이는 자신의 주 요리 만드는 것을 포기하는 것이므로 야채손질의 기회비용은 그로 인해 포기된 요리 만드는 일의 가치와 같다.

169 다음 그림은 우리나라의 분야별 국가예산 지출 비중에 대한 전망이다. 이를 통해 추론한 사실로 옳은 것을 모두 고르면?

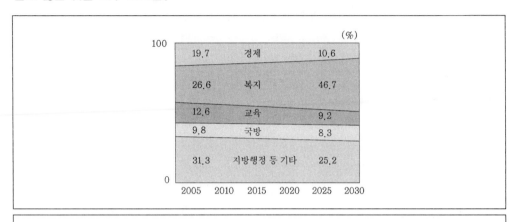

⊙ 교육과 지방행정 등 기타 예산의 비중이 줄어든다.
ⓒ 전체 예산 규모는 변하지 않는다.
ⓒ 복지분야가 정부 지출에서 차지하는 비중이 높아진다.
ⓔ 국방 관련 예산지출이 줄어든다.

① ⊙ⓒ
② ⊙ⓒ
③ ⓒⓒ
④ ⓒⓔ
⑤ ⓒⓔ

170 다음 중 (개)에 대한 설명으로 적절하지 않은 것은?

> 이웃나라들과 가발 교역을 하기 전에 A나라의 가발 가격은 100원이었다. 이웃나라인 B나라는 90원, C나라는 80원의 가격에 가발을 얼마든지 공급할 수 있다. A나라는 가발 교역을 위해 다음 세 가지 방식을 고려하고 있다.
>
> (개) A나라는 이웃 나라들과 가발의 교역을 시작하면서, 수입되는 가발에 가격의 20%를 관세로 부과하기로 한다.
>
> (내) A나라는 B나라와 자유무역협정을 체결하여 양국 간 교역되는 가발에 대한 관세를 면제한다. C나라로부터 수입하는 가발에는 20%의 관세를 부과한다.
>
> (대) A나라는 C나라와 자유무역협정을 체결하여 양국 간 교역되는 가발에 대한 관세를 면제한다. B나라로부터 수입하는 가발에는 20%의 관세를 부과한다.

① A나라는 C나라로부터만 가발을 수입할 것이다.
② A나라의 가발 소비는 증가할 것이다.
③ A나라의 가발 가격은 96원으로 하락할 것이다.
④ 수입되는 가발 1개 당 16원의 관세가 부과될 것이다.
⑤ A나라는 C나라에게 가발 1개 당 96원을 지불할 것이다.

171 예상치 못한 인플레이션이 발생했을 경우 그에 따른 경제적 효과로 적절하지 못한 것은?

① 고정금리 금융 채무자에게 이득이 된다.
② 국제수지가 개선된다.
③ 화폐의 가치저장 기능이 약화된다.
④ 자원배분의 왜곡으로 경제성장이 저해될 수 있다.
⑤ 금융자산 보유자에 비해서 실물자산 보유자에게 상대적으로 이득이 된다.

Answer   170.⑤   171.②

170 ⑤ A나라는 C나라에게 가발 1개 당 80원을 지불하고, 16원은 A나라 정부의 관세 수입이 된다.

171 ② 인플레이션이 발생하게 될 경우 국내 재화가 외국 재화에 비해 가격이 높아지므로 수입이 늘고 수출이 줄어 국제수지는 악화된다.

172 다음 글의 ㉠과 ㉡에 알맞은 것은?

> 어떤 나라에 TV 방송국 A와 B가 있다. 두 방송국은 오늘 밤 9시부터 11시 사이에 축구 경기 또는 발레 공연을 생중계할 수 있다. 국민의 70%는 축구 경기를, 나머지 30%는 발레 공연을 원하고 있다. 국민들은 원하는 내용이 방송되면 그것을 시청하고, 그렇지 않으면 TV를 시청하지 않는다. 만약 두 방송국이 동일한 내용을 방영하면 두 방송국의 시청률은 같아진다. 가장 많은 국민이 시청하는 경우는 (㉠)를 방영하는 것이고, 두 방송국이 각각 시청률을 높이려고 경쟁하는 경우는 (㉡)를 방영하는 것이다.

① ㉠ A 방송국은 축구, B 방송국도 축구 　 ㉡ A 방송국은 축구 B, 방송국도 축구
② ㉠ A 방송국은 축구, B 방송국도 축구 　 ㉡ A 방송국은 축구 B, 방송국은 발레
③ ㉠ A 방송국은 축구, B 방송국은 발레 　 ㉡ A 방송국은 발레 B, 방송국은 축구
④ ㉠ A 방송국은 발레, B 방송국도 발레 　 ㉡ A 방송국은 축구 B, 방송국은 발레
⑤ ㉠ A 방송국은 발레, B 방송국은 축구 　 ㉡ A 방송국은 축구 B, 방송국도 축구

172 ⑤ 방송국이 각각 다른 내용을 방송할 때 가장 많은 수의 국민이 시청하게 된다. 하지만 방송국이 경쟁을 하게 된다면 최소한 35%의 시청률을 얻을 수 있는 축구를 방송하게 될 것이다.

173 서원각은 10억 원의 자금을 투입하여 자동화설비를 구축한 자동차 생산업체이다. 서원각은 정상적인 경영활동에서 10명의 근로자를 고용하고 있다. 서원각의 생산활동과 관련된 내용으로 틀린 것끼리 짝지어진 것은?

ⓐ 자동화설비를 구축하기 위하여 투입된 10억 원이 모두 매몰비용이라면 자동차 1대의 가격이 자동차 생산을 위해 소요되는 평균가변비용보다 크다는 조건이 충족되는 이상 생산을 중단하지 않는 것이 좋다.

ⓑ 서원각이 자동차를 생산하기 위하여 투입한 회계적 비용의 총액이 10억 원의 자동화 설비라인 구축비와 10명의 근로자 임금이라 한다면, 기회비용은 회계적 비용의 총액보다 크다.

ⓒ 경기불황의 여파로 재고가 쌓이자 서원각은 한 달 동안 생산을 중단하기로 하였고 이때 서원각의 고정비용은 자동화설비를 구축하기 위해 소요되는 비용 이외에도 10명의 근로자에게 지급되는 임금 또한 고정비용에 해당된다.

ⓓ 경제적 이윤이 0이 되는 경우 서원각은 경영을 지속할 유인이 없다.

ⓔ 자동차 생산에 소요되는 회계적 비용의 총액을 고려할 때 자동차 생산으로 얻을 수 있는 총매출액이 회계적 비용 총액과 동일하다면 서원각은 양의 회계적 이윤을 벌어들이는 것이다.

---

① ⓐⓑ
② ⓐⓒ
③ ⓑⓓ
④ ⓓⓔ
⑤ ⓐⓑⓒ

Answer 173.④

173 ⓓ 경제적 이윤이 0이 되는 경우 서원각은 조업을 계속하여야 한다.
   ⓔ 자동차 생산에 소요되는 회계적 비용의 총액을 고려할 때 자동차 생산으로 얻을 수 있는 총매출액이 회계적 비용 총액과 동일하다면 서원각은 음의 회계적 이윤을 얻게 된다.

174 다음 그림은 한국과 미국 중앙은행의 목표금리 추이를 나타낸 것이다. 이 그림을 바탕으로 하여 바르게 추론한 것을 모두 고르면?

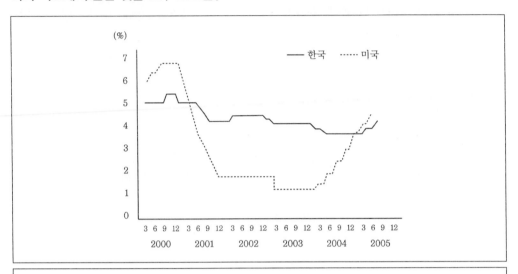

⊙ 한국 경제는 2005년 하반기를 지나면서 경기가 회복되고 있을 것이다.
ⓛ 2004년 중반 이후 미국의 통화정책이 긴축적인 방향으로 전환되고 있다.
ⓒ 2000 ~ 2005년 기간 중 한국의 목표금리는 미국의 목표금리보다 변동 폭이 작다.
ⓔ 2001 ~ 2003년 기간에는 미국의 중앙은행은 물가상승에 대한 우려를 하고 있었을 것이다.

① ⊙ⓛⓒ
② ⓛⓒⓔ
③ ⊙ⓒⓔ
④ ⊙ⓛⓔ
⑤ ⊙ⓛⓒⓔ

Answer 174.①

174 ① 중앙은행은 물가상승이 우려되는 경우에 목표금리를 인상할 것이다. 2001 ~ 2003년 기간 중 미국의 중앙은행이 물가상승을 우려했다면 그림에서 나타나는 것과는 반대로 금리를 인상하였을 것이다.

175 다음의 그림은 한국과 미국의 농산물 공급 및 수요를 나타내고 있다. A점과 B점은 무역이 없는 현재 두 나라 농산물 시장의 균형을 나타낸다. 가격은 달러로 표시된 것이며 농산물의 품질에는 차이가 없다고 한다. 이제 두 나라가 농산물의 자유무역을 실시한다고 하자. 다음 중 이러한 자유무역에 찬성하거나 반대할 경제주체들을 올바르게 짝지은 것은?

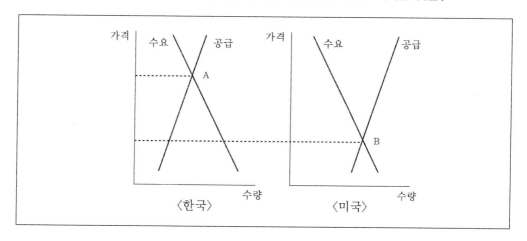

찬성	반대
① 한국 소비자	한국 생산자
미국 생산자	미국 소비자
② 한국 생산자	한국 소비자
미국 소비자	미국 생산자
③ 한국 생산자	한국 소비자
미국 생산자	미국 소비자
④ 한국 생산자	미국 생산자
한국 소비자	미국 소비자
⑤ 미국 생산자	한국 생산자
미국 소비자	한국 소비자

175 ① 자유무역을 실시할 경우 미국의 농산물 가격은 상승하므로 미국의 생산자는 찬성하며 미국의 소비자는 반대한다. 반면 한국의 농산물 가격은 하락하게 되므로 한국의 소비자도 찬성하며 미국의 소비자는 반대할 것이다.

176 예산 적자를 모면하기 위해 대중교통의 요금을 인상하거나 원화의 상승으로 무역수지가 악화될 것을 우려하여 외환시장에 개입하는 등의 경제정책이 기대하는 효과를 얻기 위해서는 반드시 고려해야 할 개념이 있다. 이 개념을 응용하지 않은 것은?

① 패스트푸드점에서 할인 쿠폰을 제공한다.

② 청소년들에게 극장의 입장료를 할인해 준다.

③ 기업의 전화 요금을 비싸게 하고 가계의 전화요금을 저렴하게 책정한다.

④ 공해 배출을 원하는 경제주체에게 공해 배출권을 시장에서 판매한다.

⑤ 주류업자는 업소에 제공하는 술 보다 일반 할인점에 공급하는 술의 가격을 높게 책정한다.

177 폐건전지가 함부로 버려질 경우 유해 중금속인 카드뮴이 배출될 우려가 있다. 때문에 이를 막기 위하여 정부가 건전지 가격에 일정 비율의 세금을 부과하고 그 대신 폐건전지를 가져오는 사람에 대해서는 부과된 세금만큼을 되돌려 주는 정책을 도입한다고 하자. 다음 중 이에 대한 설명으로 옳은 것을 모두 고른 것은?

> ㉠ 건전지의 사용이 이전보다 더 증가할 것이다.
> ㉡ 정부정책은 폐건전지를 버리는 행위의 기회비용을 줄이는 작용을 한다.
> ㉢ 폐건전지를 버리는 사람은 결과적으로 공해 배출권을 행사하는 셈이다.

① ㉠

② ㉡

③ ㉢

④ ㉡㉢

⑤ ㉠㉡㉢

Answer   176.④ 177.③

176 탄력성의 개념에 대한 질문이다. 대중교통 요금을 인상하였을 때 가격탄력성이 크다면 수요 감소로 인해 총수입이 줄어 적자를 모면하기 어렵다. 정부의 외환시장 개입은 환율변동으로 인한 무역 상품의 가격변동을 야기시키지만 무역 상품들에 대한 가격탄력성에 따라 무역수지 또한 변동한다.
④는 가격 탄력성과 관련이 없는 공해배출권 정책을 설명하고 있다.

177 ㉠ 건전지 가격에 일정 비율의 세금을 부과한다면 제품의 가격 상승을 가져오므로 수요량은 감소하게 된다.
㉡ 이전에는 건전지를 버리는 행위에 대해 아무런 비용을 지불하지 않았으므로 정책의 실시로 더 높은 비용을 지불하게 되어 폐건전지를 버리는 행위에 대한 기회비용은 증가한다.
㉢ 폐건전지를 버리지 않으면 세금액을 돌려받을 수 있기 때문에 폐건전지를 버리는 사람은 공해배출에 대한 권리를 행사하는 셈이다.

178 다음은 2008~2010년 환율 및 물가상승률을 나타낸 표이다. 아래의 표로부터 추론할 수 있는 것을 고른다면?

(연평균%)

구분 \ 년도	2008	2009	2010
원/달러 환율	−4.0	−10.5	−6.7
국제 유가	25.9	46.3	24.7
소비자 물가	3.6	2.8	2.2
공업제품 물가	2.6	3.7	2.0
서비스 물가	3.1	3.2	3.2

① 2008~2010년 기간 동안 원/달러 환율의 하락이 소비자물가를 안정시키는 요인으로 작용했을 것이다.

② 2008~2010년 기간 동안 소비자들은 서비스의 물가상승률이 공업제품보다 변화가 심했다고 여겼을 것이다.

③ 2008년 공업제품을 많이 소비하는 사람이 서비스를 많이 소비하는 사람보다 물가상승을 더 크게 느꼈을 것이다.

④ 2009년에는 국내 유가가 국제 유가보다 더 크게 상승했을 것이다.

⑤ 2010년에는 서비스를 많이 소비하는 사람이 공업제품을 많이 소비하는 사람보다 물가상승을 작게 느꼈을 것이다.

179 기초연구에 필요한 재원이 대부분 정부에 의해 조달되는 이유 중 하나는 기초 연구의 사회적 편익이 사적 편익보다 높기 때문이다. 다음 중 이와 같은 정부의 역할과 다른 것은?

① 폐수처리시설을 지원한다.
② 초등학생의 예방접종을 무료로 실시한다.
③ 녹지 보전을 위해 개발제한구역을 지정한다.
④ 공무원 조직을 혁신하여 예산을 절감한다.
⑤ 초등교육에 대해 재정지원을 한다.

180 다음 중 중앙은행이 기준금리 인하를 통해 기대할 수 있는 정책 효과로 적절하지 않은 것을 고르면?

① 시장금리가 하락하여 기업 투자가 증가한다.
② 주식시장으로 자금이 유입되어 주가가 상승한다.
③ 경기가 호전될 것으로 전망되어 소비 및 투자가 증가한다.
④ 자본이 해외에서 유입되면서 환율이 낮아져 물가가 하락한다.
⑤ 부동산 가격이 상승하여 기업의 담보 능력이 높아지면서 대출이 증가하여 투자가 늘어난다.

Answer   179.④   180.④

179 연구개발 활동은 기초연구, 응용연구, 개발연구로 구분되며 기초연구는 기초지식의 창출을 목적으로 하는 반면, 개발연구는 바로 상업화가 가능한 제품 또는 공정기술의 설계와 개발을 목적으로 한다. 따라서 긍정적 외부성을 갖고 있는 재화나 서비스를 정부가 공급하는 경우가 아닌 것을 찾으면 된다.

180 기준금리 인하는 시장금리 하락을 유도하여 기업 투자를 증가시키고, 예금보다는 주식과 부동산에 대한 투자 매력을 높여 주식시장에 자금을 유입시키고 기업의 담보능력을 높임으로써 대출 증가를 가져올 수 있다. 그러나 국내 금리가 낮아지면 자본이 해외로 유출되어 환율이 상승하게 되고 수입물가도 상승한다.

181 어느 나라의 국민들은 실업율에는 몹시 민감하지만 높은 인플레이션율에 대해서는 너그럽다고 한다. 이 나라의 여당은 6개월 뒤 총선의 승리를 위한 정책 구상에 몰두하고 있다. 다음 중 이 나라의 여당이 추진할 가능성이 가장 낮은 정책은?
(단, 단기 필립스 곡선이 이 나라에도 적용된다고 본다)

> 단기 필립스 곡선은 단기적으로 실업률이 낮을 때에는 인플레이션율이 높았고, 높을 때에는 인플레이션율이 낮았던 역사적 경험을 나타낸다.

① 공공부문 일자리 창출   ② 재정지출 확대
③ 외채 상환   ④ 소득세 인하
⑤ 금리 인하

182 변호사 단체가 사법시험의 합격자 수를 일정한 수준 이하로 유지하고자 하는 사적 유인이 있다면 다음 중 가장 가능성이 높은 것은?

① 균형적인 사회발전을 위함이다.
② 법률서비스에 대한 수요는 가격에 예민하지 않기 때문이다.
③ 지나친 소송을 억제하기 위함이다.
④ 법률서비스에 대한 사회적 수요를 증대하기 위함이다.
⑤ 법률서비스를 낮은 가격으로 유지하기 위함이다.

Answer   181.③   182.②

181 ③ 이 나라의 국민들이 인플레이션에 너그럽고 실업률에 민감하므로 여당은 경기 확장적인 정책을 시도할 것으로 예상된다.

182 ② 일반적으로 법률서비스의 공급이 증가하면 법률서비스 가격이 하락하게 된다. 따라서 사법시험 합격자 수를 일정수준 이하로 유지하고자 하는 중요한 사적 유인은 자신들의 소득감소를 막기 위한 일종의 지대추구행위이다.

183 중국에서는 저질분유 파동이 일어났었다. 다음 중 저질분유사태와 같은 맥락으로 해석할 수 있는 것은?

① 동일한 임금을 지급하면 주로 생산성이 낮은 개인들만 취업하게 되는 것

② 화재보험에 가입한 건물주가 화재예방에 태만하게 되는 것

③ 환경보호운동에 참여하지 않아도 그 운동효과를 볼 수 있는 것

④ 다칠 위험이 높은 사람일수록 상해보험에 가입할 가능성이 높은 것

⑤ 중고차 구매자가 판매되는 차량의 사고 유무를 정확히 알 수 없는 것

184 노숙자들의 경제적 후생수준을 개선하기 위해서 정부가 3천억 원의 기금(fund)을 마련했다고 하자. 실업자의 선호체계가 볼록성을 갖고 동조적(homethetic)이며 합리적 선택이 이루어진다고 할 때 노숙자의 효용을 증가시키는 가장 바람직한 정책으로 옳은 것은?

① 3천억 원을 노숙자시설을 확충하는데 사용한다.

② 3천억 원 전액을 모두 생활필수품을 배급하는데 사용한다.

③ 3천억 원 전액을 생활필수품의 가격보조에 사용한다.

④ 1,500억 원은 현금으로 지급하고 나머지 1,500억 원은 생활필수품의 가격보조에 사용한다.

⑤ 3천억 원 전액을 실업수당 명목으로 현금으로 지급한다.

Answer　　183.② 　184.⑤

183 ①④⑤ 역선택에 관한 예이다.

　② 기업들이 이윤을 증가시키기 위하여 재화의 품질을 낮추는 것은 도덕적 해이에 해당하며 최근 중국의 저질분유 파동과 일본의 아사히 맥주의 공업용 쌀 사용은 이러한 사례에 해당한다.

　③ 무임승차에 대한 설명이다.

　※ 도덕적 해이(moral hazard) … 감추어진 행동이 문제가 되는 상황에서 정보를 가진 측은 정보를 갖지 못한 측에서 보면 바람직하지 않은 행동을 취하는 경향이 있는데, 이와 같은 행동이 나타났을 때 도덕적 해이가 일어났다고 말한다.

184 정부보조를 통한 후생증가는 현금보조가 가장 크다. 따라서 3천억 원을 모두 현금으로 지급하는 것이 경제적 후생수준을 높이는 바람직한 정책이라 할 수 있다.

185 어느 한 사회에서 생산하는 상품이 사과와 배뿐이고 소비자는 배보다는 사과를 선호한다. 주어진 경작지를 가장 효율적으로 활용할 때 사과와 배를 각각 100단위씩 생산할 수 있지만 불가피한 사정으로 경작지의 일부가 훼손되어 사용할 수 없다고 할 때 다음 중 이러한 변화에 가장 적절한 대처방법은 무엇인가?

① 사과와 배의 생산량을 동일하게 줄인다.

② 소비자의 선호도에 따라 사과와 배의 생산량을 조절한다.

③ 사과와 배의 생산량은 시장가격비율에 맞춰 조절한다.

④ 사과의 생산량을 줄여서라도 배의 생산량은 최대로 유지한다.

⑤ 배의 생산은 포기하더라도 사과의 생산량은 최대화시킨다.

186 관세동맹(customs union)을 체결할 경우 그에 따른 효과에 대한 설명으로 가장 적절치 못한 것은?

① 무역전환효과와 무역창출효과는 동시에 나타날 수 있다.

② 무역전환효과는 항상 무역창출효과보다 크게 나타난다.

③ 가장 효율적으로 생산하는 비동맹국으로부터의 수입이 비효율적으로 생산하는 동맹국으로부터의 수입으로 대체되는 무역전환(trade diversion)효과가 나타날 수 있다.

④ 관세의 인하 또는 폐지로 자국에서 생산되던 재화가 동맹국으로부터 수입되는 무역창출(trade creation)효과가 나타날 수 있다.

⑤ 무역전환효과가 무역창출효과보다 충분히 클 때 사회적 후생이 감소할 수 있다.

✿ Answer　　**185.②　186.②**

185 ② 최적의 생산과 소비가 불가능한 상황에서 차선의 방안을 구해야 하는 상황에서는 효율성의 기준 대신에 효용기준에 따라서 생산과 소비를 결정하는 것이 그 방법이다.

186 ② 관세동맹 이후 무역전환효과와 무역창출효과가 동시에 나타날 수 있지만 어떤 효과가 더 크게 나타날지는 알수 없다.

187 세 명의 주민이 살고 있는 어느 특정 지역에 공원이 건립되면 주민 갑, 을, 병은 각각 450만 원, 400만 원, 150만 원의 화폐가치에 해당하는 효용을 얻을 수 있다. 이 공원은 유지비용도 없고 입장료도 없다. 만일 건립과 관련하여 정부가 개입하지 않는다고 하면, 다음 설명 중 옳은 것은?

① 주민 갑만이 자신의 효용의 화폐가치를 밝히고, 그 만큼 부담하여 450만 원 규모의 공원이 건립될 것이다.

② 주민 갑, 을만이 각각 자신의 효용의 화폐가치를 밝히고, 그 만큼 부담하여 850만 원 규모의 공원이 건립될 것이다.

③ 주민 갑, 을, 병이 각각 자신의 효용이 화폐가치를 밝히고, 그 만큼 부담하여 1,000만 원 규모의 공원이 건립될 것이다.

④ 주민 갑, 을, 병이 각각 자신의 효용의 화폐가치를 밝히고, 그보다 조금씩 더 부담하여 1,000만 원 규모보다 큰 공원이 건립될 것이다.

⑤ 주민들 중 아무도 자신의 효용의 화폐가치를 밝히지 않고, 그 만큼 부담하지도 않아 공원은 건립되지 못할 것이다.

188 우리나라의 농민들은 쌀 개방을 전면적으로 반대하고 있다. 만약, 국제가격보다 높은 가격을 유지하고 있는 우리나라 쌀 시장이 전면 개방되었다고 할 때 이론적으로 나타나는 변화에 대한 설명으로 옳은 것은?(단, 쌀은 정상재이고 거래비용은 없다고 가정한다)

① 우리나라와 쌀 교역을 하는 나라들의 이익은 감소한다.

② 우리나라 쌀 생산량이 증가한다.

③ 우리나라 쌀 시장의 사회적 잉여는 개방 전보다 감소한다.

④ 우리나라 쌀 시장의 생산자 잉여는 증가하고 소비자 잉여는 감소한다.

⑤ 우리나라 쌀 시장의 생산자 잉여는 감소한다.

Answer 187.⑤ 188.⑤

187 ⑤ 공원은 건설비를 부담하지 않은 사람도 이용할 수 있으므로 갑, 을, 병 아무도 자신의 진정한 선호를 밝히지 않으려 할 것이다. 그러므로 주민들의 자발적인 선택에 의해서 공원은 건립되지 못할 것이다.

188 ⑤ 쌀 시장이 개방되어 쌀이 수입되면 쌀 가격이 하락하게 되므로 소비자 잉여는 증가하지만 생산자 잉여는 감소하게 된다. 하지만 생산자 잉여 감소분보다 소비자 잉여 증가분이 더 크기 때문에 사회전체의 총잉여는 증가하게 된다.

　　※ 소비자 잉여와 생산자 잉여
　　　㉠ 소비자잉여 = 지불용의 최대 금액 − 실제 지불 금액
　　　㉡ 생산자잉여 = 수취의도 최소 금액 − 실제 수취 금액

189 아래 표는 2014년과 2015년 한국과 미국의 물가지수, 명목환율 추이이다. 이에 대한 설명으로 옳은 것은?

구분	2014년	2015년
한국물가지수	100	110
미국물가지수	100	100
원/달러 명목환율	1,000	1,100

① 실질환율은 불변이다.
② 명목환율 상승으로 한국의 대미 순 수출이 증가한다.
③ 한국의 2015년도 경제성장률이 미국보다 높을 것이다.
④ 원/달러 명목환율 움직임은 구매력평가설의 주장과는 배치된다.
⑤ 2014년과 2015년 미국의 통화증가율이 한국의 통화증가율 보다 높았을 것이다.

190 커피를 생산하는 ㈜서원은 독점기업이다. 이 기업에서 생산하는 커피는 시장 A와 B에서 판매되며 두 시장 사이의 운송비용은 가격차이보다 크다고 하자. 만일 시장 A의 소비자보다 시장 B의 소비자들이 가격에 민감하다고 할 때, ㈜서원이 이윤을 극대화하기 위해 내릴 결정으로 옳은 것은?

① 두 시장 모두 동일한 가격을 책정한다.
② 시장 A에 시장 B보다 적은 수량을 공급한다.
③ 시장 A에 시장 B보다 많은 수량을 공급한다.
④ 시장 A에 시장 B보다 낮은 가격을 책정한다.
⑤ 시장 A에 시장 B보다 높은 가격을 책정한다.

Answer   189.①   190.⑤

189 한국은 물가가 10% 상승하였고 명목환율도 10% 상승하였으므로 실질환율은 불변이다. 주어진 자료만으로는 경제성장률을 파악할 수 없다. 한국의 물가수준은 10% 상승, 미국의 물가수준은 변하지 않았으므로 양국 인플레이션율의 차이는 10%이며 구매력평가설에 따른다면 명목환율도 10% 상승해야 한다. 한국에서는 물가가 10% 상승하였으나 미국에서는 물가가 변하지 않았으므로 한국의 통화증가율이 미국의 통화증가율보다 컸음을 추론할 수 있다.

190 ②③ 가격차별이 이루어질 때 각 시장에서의 판매량은 사전에 알 수 없다.
⑤ 시장 B의 소비자들은 가격에 대해 민감한 반응을 보이기 때문에 수요의 가격탄력성이 크다고 정의할 수 있다. 따라서 ㈜서원이 이윤을 극대화하기 위해서는 시장 A에서는 높은 가격, 시장 B에서는 낮은 가격을 설정해야 한다.
※ **가격차별(Price Discrimination)** … 독점기업이 독점이윤을 극대화하기 위해 소비자 그룹별로 다른 가격을 부과하는 것이다.

191 나스닥은 기술력만 있으면 상장이 가능하지만 코스닥은 그렇지 못하다. 코스닥 시장에도 나스닥과 같이 기술력만으로 상장이 가능하도록 한다면 가장 필요한 면제적용 특례는 무엇인가?

① 자기자본이 일정금액 이상일 것
② 재무제표에 대한 감사인의 감사의견이 적정일 것
③ 소액투자자의 비율이 일정규모 이상일 것
④ 최근 사업연도 경상이익이 있을 것
⑤ 설립연수가 3년 이상일 것

192 컴퓨터를 생산하는 국내기업이 외국시장에 신규로 진출할 예정이다. 이 기업은 자국 내 기존 공장에서의 생산량을 늘려 외국으로 수출하기보다는 외국에 현지 공장을 짓고 그 곳에서 생산하여 판매하기로 결정하였다. 다음 중 이러한 전략이 더 합리적이기 위한 조건으로 적절한 것은?

> ㉠ 규모의 경제가 클 때
> ㉡ 외국의 관세장벽이 높을 때
> ㉢ 외국에서 생산하는 비용이 국내보다 저렴할 때

① ㉠   ② ㉡
③ ㉢   ④ ㉡㉢
⑤ ㉠㉡㉢

❀ Answer   **191.④   192.④**

191 ④ 미국 나스닥의 경우 기술력만 있으면 매출이 전혀 없는 기업도 상장이 가능함을 예로 들고 있으므로 경상이익에 대한 특례가 필요하다.

192 ㉠ 규모의 경제가 클 경우 자국의 공장규모를 증가시키는 것이 좋다.
㉡ 관세장벽이 높다면 외국에 나가 생산하는 것이 유리하다.
㉢ 생산비용이 저렴할 경우 외국에서 생산하는 것이 효율적이다.

193 기업들이 다음과 같은 경영목표를 세우는 이유로서 적절한 것을 모두 고르면?

> 포춘(Fortune)지는 기업이 경영전략을 세울 때 사회와 환경부문에 어느 정도 중점을 두는
> 지를 수치화하여 평가하고 있다. 올해 평가에서 1위는 75.2점에 달한 브리티시 페트롤리엄
> (BP)이었고 2위는 영국의 금융기관인 바클레이스, 3위는 이탈리아의 국영에너지 산업체인
> 애니(ENI), 4위는 HSBC홀딩스가 차지했다.

> ㉠ 기업은 생산을 담당하는 사회 구성원이다.
> ㉡ 기업의 사회적 영향력이 점차 증대되고 있다.
> ㉢ 기업은 사회적 요구에 부응해야 살아남을 수 있다.
> ㉣ 기업은 단기간의 이윤극대화를 위해 만들어진 조직이다.

① ㉠㉡㉢
② ㉠㉡㉣
③ ㉠㉢㉣
④ ㉡㉢㉣
⑤ ㉠㉡㉢㉣

Answer   193.①

193 제시문은 기업 목표로서 사회적 책임에 대한 내용을 담고 있다.
  ㉠㉡㉢ 기업의 사회구성원으로서 사회적 책임에 대한 내용이다.
  ㉣ 이윤극대화는 기업의 사회적 책임과는 거리가 멀다.

추론 판단 영역   417

194 다음은 인기를 끌고 있는 매장 또는 사업에 대한 소개이다. 이러한 사업이 인기를 끄는 이유를 추정한 주장 중 적절하지 않은 것은?

> - 일본의 하라주쿠에서 샘플랩(Sample Lab)이 처음 문을 열었을 때 첫날에만 1,500명 이상이 방문하는 인기를 끌었다. 이 매장은 여러 화장품 회사의 신제품 샘플을 한데 모아 놓고 방문객에게 이를 무료로 제공한다. 방문객은 미리 인터넷이나 휴대폰을 통해 회원으로 가입해야 하며 매장을 나설 때 설문지를 작성해야 한다.
> - 일본게이오대학 앞에 타다카피(Tadacopy)에서는 복사를 무료로 제공한다. 단, 복사용지는 백지가 아닌 뒷면에 광고가 실린 종이를 사용한다.
> - 존슨 앤 존슨(Johnson & Johnson)의 원터치 호라이즌(One Touch Horizon)이라는 혈당계는 기존 혈당계보다 절반 이상 저렴한 가격으로 판매한다. 하지만 채혈침과 채혈시험지를 별도로 판매하며 원터치 울트라(One Touch Ultra) 혈당계를 후속품으로 출시하여 해당 분기 영업이익을 30% 가까이 늘렸다.

① 존슨앤존슨의 경우 다른 혈당계보다 가격이 절반 이상 저렴하지만 약국 또는 병원과의 협업(collaboration)을 통해 고객의 정보를 발빠르게 입수하고 계속적인 신제품의 출시로 수익을 확장시킨 것이다.

② 타다카피의 경우는 우리나라의 지하철 역 등에서 흔히 접할 수 있는 무가지의 경우와 비슷한 원리가 적용된다고 할 수 있다.

③ 샘플랩은 협력을 통한 사업모델로서 화장품회사로부터 마케팅 수수료를 받고 화장품회사는 샘플랩에서 실시한 설문조사를 토대로 상세한 고객정보를 얻을 수 있다.

④ 위의 사례들은 모두 공짜로 제품과 서비스를 제공하면서도 짭짤한 수익을 올리는 기업들로 크리스 앤더슨이 명명한 '공짜 경제(free economics)'의 사례에 해당한다.

⑤ 고객의 숨은 니즈를 찾아내어 창의적인 발상으로 이를 사업모델로 전환한 사례에 해당하며 기업과 고객에는 가격이 존재하지 않지만 기업과 고객은 모두 편익을 누리게 된다.

Answer　194.①

194 ① 다른 브랜드의 혈당계보다 가격은 절반 이상 저렴하지만 보완재, 관련재에 해당하는 채혈침, 채혈시험지를 별도로 구매하도록 함으로써 계속적인 수요를 통해 수익을 확대시킨 경우이다.

195 오너 일가의 독단적인 경영으로 사회적 물의를 일으켰던 ○○기업이 사외이사 비율확대, 이사 및 감사의 선임요건 강화, 소액주주 추천의 사외이사 선임 등의 개혁을 제시하였다. 다음 중 개혁을 통해 예측되는 결과로 옳은 것은?

① 지주회사로의 전환　　　　　　　② 이사회의 기능 약화

③ 대주주의 권한 강화　　　　　　　④ 기업지배구조의 개선

⑤ 이사회 영향력 축소

196 사회 초년생으로 첫 월급을 받은 A씨의 재무설계 중 적절한 것을 모두 고르면?

> ㉠ 아직 젊기 때문에 보험의 보장기간은 최대한 짧게 설계하였다.
> ㉡ 내 집 마련을 위해 주택청약예금에 가입하였다.
> ㉢ 급여의 일부는 어학공부 등 자기계발에 사용하기로 하였다.
> ㉣ 돈을 모으는 것이 최우선이므로 친구나 지인을 만나는 일은 당분간 피하기로 하였다.

① ㉠㉡　　　　　　　　　　　　　② ㉠㉢

③ ㉠㉣　　　　　　　　　　　　　④ ㉡㉢

⑤ ㉡㉣

Answer　　195.④　196.④

195 위와 같은 개혁방안을 통해 오너일가의 독단적인 경영을 견제할 수 있으며 이는 기업의 지배구조 개선에 효과가 있다.
②⑤ 개혁방안을 통해 이사회의 기능이 회복되므로 영향력이나 기능이 약화된다 볼 수 없다.

196 ④ 사회 초년생이기 때문에 A씨는 자기계발을 위해 노력해야 한다.
㉠ 보험은 보장기간을 최대한 길게 설계하여 노후까지 대비하는 것이 좋다.
㉣ 사회 초년생이기 때문에 인맥관리에 소홀해서는 안 된다.

197 다음과 같은 내용을 통해 추론할 수 있는 특징으로 가장 적절한 것은?

> 신항로 개척으로 동양과의 무역이 활성화되면서 유럽경제는 많은 변화를 경험하게 되었다. 그러나 신항로를 이용한 해상무역은 태풍이나 해적 등과 같은 여러 유형의 위험에 노출되어 있었다. 실패하면 파산하는 무역의 위험을 방지하기 위하여 주식형태의 증서를 발행하였다.

① 주주는 기업의 이익에 대해 배당청구권을 가진다.
② 주주는 자신이 보유한 주식을 자유롭게 양도할 수 있다.
③ 주주는 자신이 납부한 출자 자본 한도내에서 책임을 진다.
④ 주주는 주주총회에서 의결권을 행사할 수 있다.
⑤ 주주는 전문경영인에게 기업의 경영을 위임할 수 있다.

198 어떤 기업의 주가순이익비율(PER)을 구할 때 현재 시점의 주가를 직전연도말 주당순이익으로 나누어 계산하곤 한다. 하지만 현재 시점의 주가를(직전연도말의 주당순이익이 아니라) 재무분석가의 이익예측치를 이용한 예상 주당순이익으로 나누어 계산할 수도 있다. 이 두 가지 경우에 대한 다음 설명 중 옳지 않은 것은?

① 현금배당을 많이 지급한 기업의 PER를 계산할 때 직전 연도말의 주당순이익을 사용한다면 일반적으로 PER가 과대평가 되었을 것이다.
② 직전 연도의 주당순이익을 사용하여 PER를 계산하는 경우에는 주당 배당금액을 주가에 더한 후 주당순이익으로 나누는 방법으로 조정할 수 있다.
③ 주가는 미래에 예상되는 경영성과를 반영하므로 현재의 주가와 미래의 이익예측치를 대응시키는 것이 합리적이다.
④ 현금배당을 지급한 기업의 PER를 계산할 때 직전 연도말의 주당순이익을 사용하더라도, 투자자들이 이러한 기업의 미래 경영성과가 우수할 것으로 평가한다면 PER에 포함된 편의는 감소할 것이다.
⑤ 이익예측치를 사용하여 PER를 계산하는 경우 현금배당의 영향이 분모와 분자를 동시에 반영하므로 논리적으로 모순이 없다.

⁂ Answer | **197.③ 198.①**

197 ①②④⑤ 제시문을 통해 추론할 수 있는 내용이 아니다.
③ 주식형태의 증권이 나타난 것은 위험을 분산하고, 자신이 납부한 출자 자본 한도내에서 책임을 지기 위해서이다.

198 ① PER를 계산에 직전연도말의 주당순이익을 사용할 때, 현금배당을 많이 지급한 기업의 주가는 배당의 영향으로 하락했을 것이므로 일반적으로 PER가 과소평가 되었을 것이다.
※ PER(Price Earning Ratio) … 주가수익률을 말하며, 주가가 해당 주식 1주당 수익의 몇 배가 되는가를 나타내는 지표이다. PER는 그 회사의 성장력, 경쟁회사와의 비교, 과거의 수준 등으로 주가수준을 판단하는데 중요한 기준이 된다. 일반적으로 PER수치가 높은 주식일수록 투자가치가 높은 주식이라고 할 수 있다.

199 A는 우량 벤처기업인 ○○사의 주식 50만 주를 B로부터 장외거래를 통해 구입하여 ○○사의 제1주주 지위를 획득하였다. 다음 중 A씨의 행위가 가지는 경제적 의미에 대한 설명으로 가장 적절한 것은?

① A는 증권시장에서 일종의 간접투자상품을 구입한 것이다.

② A는 주식유통시장에 공급자로 참여하였다.

③ A는 금융시장 전체로 볼 때 자금의 공급자이다.

④ A는 이자소득을 기대하고 투자를 한 것이다.

⑤ A는 주식발행시장에 수요자로 참여하였다.

200 '아이솔랜드' 라고 하는 작은 국가가 있다. 이 작은 국가가 냉장고 수입에 대해 높은 관세를 부과할 경우 예상되는 결과로 옳은 것을 고르면?

① 다른 나라들이 아이솔랜드에 냉장고를 더 많이 수출한다.

② 아이솔랜드 국민들의 냉장고 구입이 늘어나게 된다.

③ 아이솔랜드의 냉장고 제조업자들은 더 많은 냉장고를 생산한다.

④ 국제시장에서 냉장고의 가격이 상승한다.

⑤ 아이솔랜드의 소비자들은 더 나은 품질의 냉장고를 구입하게 된다.

Answer   199.③   200.③

199 ① 주식을 직접적으로 구입하였고 제1주주의 지위를 획득한 걸로 볼 때 직접투자라고 볼 수 있다.
② A는 주식유통시장에 수요자로 참여하였다.
④ 주식의 구입은 이자소득이 아닌 주주로서의 권리를 기대하고 투자한다고 볼 수 있다.
⑤ 장외시장과 거래소시장은 발행시장이 아닌 유통시장이다.

200 소규모 개방경제에서 관세는 국제거래 가격에 영향을 미치지 않는다. 관세부과로 인해 수입이 줄어들게 되면 부족한 공급분을 국내업체가 담당하게 된다.

201 다음 기사내용을 읽고 내린 판단으로 옳지 않은 것은?

> KDI는 이날 발표한 '월간 경제동향에서 "9월 중 산업생산과 서비스생산 증가세가 최근 수 개월 동안과 비슷한 수준을 유지하고 있으며, 9월 소비증가세도 전달과 비슷한 수준"이라 고 평가했다. 특히, KDI는 "설비투자증가세가 지속적으로 확대되는 한편, 건설투자의 동행 및 선행지표 증가세 역시 확대되면서 최근까지의 침체 국면이 다소 완화될 가능성을 시사 하고 있다"고 판단했다. 수출과 관련해서도 "10월 중 수출증가율이 추석연휴 이동으로 크 게 하락했으나, 전반적으로는 호조세가 지속되고 있는 것으로 판단된다"며 "기업 체감경기 는 내수기업과 중소기업을 중심으로 전월보다 다소 개선됐으며, 11월 전망지수도 상승했다" 고 전했다.

① 건설업종에 대해 주식시장에서의 평가는 호전될 것이다.
② 설비투자가 호조세를 보이고 있다.
③ 월간 경기상황은 계절적 요소에 영향을 받는다.
④ 산업생산과 서비스업생산의 증가세는 주식시장에서 긍정적으로 작용할 것이다.
⑤ 내수기업과 수출기업 사이의 양극화가 심화될 것이다.

---

201 ⑤ 수출기업과 내수기업 모두 기업 체감경기가 개선되고 있다.

202 다음 기사 내용을 읽고 내린 판단 중에 가장 적절하지 않은 것은?

> 전통적으로 PER 측면에서 볼 때 한국 주식시장은 미국시장에 비하여 할인되어 거래되어
> 왔다. 2000년 이후 미국시장의 평균 PER는(MSCI기준) 13.4배로 한국시장의 평균 PER
> 8.1배와 큰 차이를 보였다. 그러나 한국시장과 미국시장의 PER가 유사한 수준으로 근접하
> 는 시기에는 한국시장의 조정으로 일정한 PER Gap을 유지하였다. 이는 Emerging Market
> 으로서의 한국시장이 선진시장의 대표격인 미국시장과 유사한 평가를 받을 경우 한미증시
> 간에 일정한 조정이 나타났음을 시사하는 것이다.

① 한국증시는 대체로 선진국시장에 비해 고평가 되어 있다.

② 한국증시는 앞으로도 미국시장이 받는 시장평가 이상을 받기 어렵다.

③ PER측면에서 기업이익이 꾸준히 증가한다면 고평가 논란과 상관없이 한국증시가 상승할
수 있다.

④ 과거의 경우 한국증시의 상승국면이 지속될 경우 미국시장 수준 이상의 시장평가를 받기
도 하였다.

⑤ 한국증시의 강세로 PER가 상승할 경우 선진국시장보다 높은 PER 수준을 얻을 수 있다.

Answer   202.③

202 ③ 한국시장의 PER는 시장에 대한 평가이므로, 기업이익이 꾸준히 증가한다면 논란과 상관없이 PER를 일정수
준에서 유지한 채 주가상승이 가능하다.

203 다음은 특정 국가의 주식시장에서 나타난 주가지수의 변화이다. 2003년과 2009년 사이에 이 국가에서 나타났을 것으로 예상되는 경제적 변화로 옳은 것은?

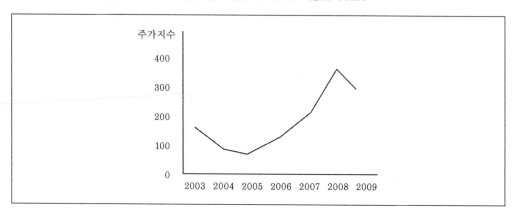

① 기업의 신주발행이 증가하였을 것이다.

② 모든 기업의 주가가 상승하였을 것이다.

③ 주식시장의 거래량은 감소하였을 것이다.

④ 주식시장의 시가총액은 감소하였을 것이다.

⑤ 주식시장에 유입되는 자금은 감소하였을 것이다.

Answer　203.①

203 ① 그래프를 통해 기간 동안 주가지수가 상승했음을 알 수 있다. 주가지수가 상승했으므로 주식시장이 활성화되고 이로 인해 자금의 조달을 위한 기업의 신주발행도 증가했음을 예상할 수 있다.

② 모든 기업의 주가가 상승했는지는 알 수 없다.

③ 주식시장의 거래량은 증가하였다.

④ 주식시장에서 시가총액은 증가하였다.

⑤ 주가지수의 상승으로 자금의 유입이 증가했음을 예상할 수 있다.

204 다음과 같은 상황을 초래할 수 있는 원인으로 옳지 않은 것은?

> ○○사는 지난해 1분기에는 경상이익률 8.6%를 달성하였으나, 올해 1분기에는 6.7%에 그 쳤다. 이자보상배율 역시 급락해서 지난해 동기 697.9%로 거의 700%에 달했지만 올들어 2분기에는 535.8%로 162.1%나 떨어졌다.

① 유가가 하락하였다.　　　　　　　② 금리가 상승하였다.

③ 차입금이 증가하였다.　　　　　　④ 영업이익이 감소하였다.

⑤ 원가가 상승하였다.

205 다음은 부동산과 금리와의 관계를 보여주는 신문기사이다. 금리인상의 일반적인 효과와 가 장 거리가 먼 것은?

> "집값을 잡기 위해 '금리인상' 카드를 빼 드는가? 오는 ○일 금융위원회를 앞두고, 금통위가 기준금리를 인상할 가능성이 높다는 관측이 나오고 있다. ○일 채권시장에선 시중금리가 전 날에 이어 일제히 올라, 시장의 예상도 금리 인상 쪽에 무게를 두고 있음을 보여주었다."

① 은행 대출이자 상승 → 이자부담 증가

② 은행 예금이자 상승 → 저축증가

③ 기업 자금수요 감소 → 설비투자 부진

④ 가계 자금수요 감소 → 부동산수요 감소

⑤ 채권수익률 상승 → 잠재성장률 상승

Answer　　204.①　205.⑤

204 ① 이자보상배율은 영업이익을 금융비용으로 나누어 구한다. 그 값이 작을수록 기업의 수익성이 악화된 것으로 판단할 수 있다. 수익성 악화요인으로는 유가급등, 금리 상승, 차입금 증가, 영업이익 감소, 원가상승 등이 있다.

205 ⑤ 일반적으로 채권수익률의 상승은 기업의 설비투자 부진을 야기시키며 동시에 잠재성장률은 감소시킨다.

206 다음 기사를 읽고 선물시장에서 일어날 수 있는 상황을 추론할 때 적절하지 않은 것은?

> 10일 KOSPI200선물시장이 폭락했다. 외국인이 폭발적인 규모의 순매수를 기록했지만, 미국의 조기 금리인상과 국제유가 상승 등 대내외의 악재에 밀려 낙폭이 커졌다. 지수는 103선 아래로까지 떨어졌다. 이날 KOSPI200선물 최근 월물인 6월 물가지수는 전일 대비 6.65포인트 하락한 102.40으로 장을 마감했다. 지수는 소폭 하락 출발해 오후들어 낙폭을 급격히 키웠고, 지수가 5% 이상 급락함에 따라 오후 2시 14분 사이드 카(Side Car)가 발동되기도 했다.

① 이날 발생한 사이드 카는 이 건이 유일한 것으로 단 한 번뿐이었을 것이다.

② 만약 종합주가지수가 전일대비 10% 이상 하락하였다면 사이드 카 발동으로 선물시장은 20분간 중단될 것이다.

③ 주식시장의 프로그램매매 매도호가의 효력을 정지한 관계로 5분간 지연하여 매매가 체결되었을 것이다.

④ KOSPI200선물시장에서 전일 거래량이 가장 많은 종목의 가격이 전일 종가대비 5% 이상 변동하여 1분 이상 지속되었다.

⑤ 사이드 카가 발생한 것으로 보아 발생시기는 개장 후 5분경과 전이나 장 마감 40분전에 발생한 것은 아니다.

Answer 206.②

206 사이드 카에 대한 기본사항을 묻는 문제이다.
   ② 서킷 브레이커(Circuit Breakers)에 대한 설명이다.

207 투자자 갑이 다음과 같은 신문기사들을 종합하여 내린 결론으로 가장 타당한 것은?

> • 기사1 : 외환위기 이후 명예퇴직한 K씨는 명예퇴직금과 여유자금을 합친 3억 원을 은행정기예금
> 에 가입했다. 가입초기에는 매월 2백만 원 가까이 이자를 받아 생활하기도 하였지만 지난
> 해 말부터는 매월 80만 원 정도 밖에 받지 못하여 생활에 어려움을 겪고 있다.
> • 기사2 : 90년대 초 우량한 기업주식 30개 종목을 투자하여 지금까지 보유하고 있었다면 누적수
> 익률이 무려 1,166%에 달한다는 연구결과가 발표되었다. 우량기업에 저축하는 식으로
> 장기투자하는 것이 매우 좋은 성과를 낼 수 있다는 결과를 보여주는 것이다.

① 은행저축을 늘린다.
② 부동산에 투자한다.
③ 저축보다는 현금보유가 유리하다.
④ 우량주에 대해 단기매매를 한다.
⑤ 우량주에 대해 장기투자를 한다.

208 A고등학교에서는 교복을 몸에 꼭 맞게 줄여 입는 것이 유행이다. 하지만 B양은 교복을 줄여 입는 것이 품위를 떨어뜨린다고 하여 오히려 헐렁하게 입는 것을 고집한다. B양과 같은 소비자들의 소비행위를 무엇이라 하는가?

① 베블렌 효과   ② 전시효과
③ 톱니효과   ④ 기저효과
⑤ 백로효과

🦋 **Answer**   207.⑤   208.⑤

207 ⑤ 기사1을 통해 저금리 시대라는 것을 알 수 있고 기사2를 통해 우량주에 장기투자하는 것이 유리하다는 결론을 얻을 수 있다.

208 교복을 줄이는 것이 유행할 때 교복을 줄이지 않는 이유가 품위를 떨어뜨리기 때문이라면 남들과 나는 다르고 남들과 같은 속물이 되고 싶지 않다는 의미이다. 이렇게 남들과 다르다는 점을 강조하며 이루어지는 소비를 백로효과(snob effect)라 한다.

※ 다음 글을 읽고 물음에 답하여라. 【209~210】

외환보유액은 급격한 자본유출, 국가적인 프로젝트 등 유사시에 대비하기 위한 국가의 최종적 대외지급 준비자산이다. 최근 외환보유액이 1,500억 달러를 넘어서자 우리나라 형편에 비해 지나치게 많은 게 아닌가라는 의문이 제기되었다. 외환도 희소자원이므로 외환보유액이 지나치게 많아서도 안 되고 또 지나치게 적어서도 안 된다.

209 외환보유액이 늘어나게 되는 직접적 요인으로 옳지 않은 것은?

① 외국인 직접투자 증가　　　　　② 해외 근로자의 국내송금 증가
③ 국내 주식보유 외국인의 증가　　④ 무역수지 흑자
⑤ 해외여행 및 유학의 증가

210 외환보유액의 적정수준을 결정하는 요소로서 타당성이 가장 적은 것은?

① 환율제도　　　　　　　　　　　② 국내저축의 규모
③ 외환보유의 기회비용　　　　　　④ 국제투기자금의 규모
⑤ 연간 수입액의 규모

Answer　　209.⑤　210.②

209 ⑤ 외환보유액의 감소요인에 해당한다.

210 ② 국내저축의 규모와 외환보유액의 적정수준은 별 관계가 없다.

211 다음 중 실업에 대한 설명으로 가장 옳지 않은 것은?

① 실업자수와 취업자수를 합한 것이 경제활동인구이다.

② 공식적인 실업률 통계는 실망노동자를 비경제활동인구로 분류하므로 실제 실업상황을 평가하는 경향이 있다.

③ 정부정책도 실업률을 극복하는 데는 한계가 있다.

④ 파트타임으로 일하고 있는 자가 풀타임직업을 찾고 있다면 이 사람은 실업자이다.

⑤ 실업의 문제를 해결한다면 그 나라의 GDP는 증가할 것이다.

212 카르타고인과 리비아인은 만나면 칼을 빼들고 싸우지만 거래과정에서 리비아인이 상품만 가지고 달아나거나 카르타고인들이 황금만 챙겨서 달아나는 일은 없었다고 한다. 다음 글을 읽고 이러한 거래가 계속 유지될 수 있었던 계기는 다음 중 무엇인가?

> 카르타고인은 적대적인 리비아인과도 교역을 하였는데 그 방식이 매우 특이하였다. 리비아 해안에 도착한 카르타고 선원들은 아무도 없는 해안에 상품을 하역하고 배로 철수한 다음 연기로 신호를 보낸다. 연기신호를 본 리비아인은 해안에 나와 상품을 검사하고 대가로 합당하다고 생각한 양의 황금을 두고 숲속으로 철수한다. 리비아인의 철수를 확인한 카르타고인은 다시 상륙하여 황금을 살펴보고 상품의 대가로 합당하다고 판단하면 황금을 가지고 철수한다. 만약 부족하다고 생각하면 상품과 황금을 그대로 두고 다시 배로 돌아가 기다리면서 무언의 흥정을 계속한다.

① 상대방의 재산을 무력으로 빼앗아 얻는 이익보다 교역의 이익이 더 크기 때문이다.

② 일상적인 거래가 아닌 우연적 상황이었기 때문이다.

③ 고대사회의 때묻지 않은 순수한 인간성이 작동하고 있었기 때문이다.

④ 고대사회의 무언의 약속인 신사협정을 존중하였기 때문이다.

⑤ 적이라도 승부는 정정당당하게 겨룬다는 지중해의 문화가 작용하였기 때문이다.

Answer   211.④ 212.①

211 취업자와 실업자
　㉠ 취업자 : 조사대상기간 중 1주일 동안에 수입을 목적으로 하여 1시간 이상 일한 사람을 말한다.
　㉡ 실업자 : 조사대상기간 중 1주일 동안에 적극적으로 일자리를 구해 보았으나 1시간 이상 일을 하지 못한 사람으로서 즉시 취업이 가능한 사람을 말한다.

212 두 생산자의 기회비용의 크기를 비교할 경우 비교우위를 사용하는데 이는 두 생산자 중 어느 재화의 생산에 있어 그 재화의 기회비용이 낮은 생산자가 비교우위를 지니고 있다고 볼 수 있다. 국가 간의 교역은 궁극적으로 비교우위에 의해 결정되며, 무역을 통하여 각 국가들은 제일 잘 만들 수 있는 품목을 특화시켜 무역을 통한 이득을 볼 수 있다.

※ 다음 자료를 읽고 물음에 답하시오. 【213~214】

<자료 1>

• 15세 이상 인구의 구성

	A	취업자
B		C
15세 이상 인구(노동 가능 인구)		

• 고용률 = (취업자/15세 이상 인구)×100

<자료 2>

• 갑은 최근의 불황으로 실직한 후 재취업이 점차 힘들어짐에 따라 두 달 전부터는 아예 일자리를 알아보지 않고 있다.

• 을은 전 직장에서 퇴직한 후 다른 일자리를 찾고 있는 중이며, 일자리를 구할 자신이 있지만 아직 일자리를 얻지는 못한 상태이다.

213 자료 1과 관련된 설명으로 옳은 것은? (단, 15세 이상 인구는 일정하다고 가정)

① 경제 활동 참가율은 (C/B)×100이다.
② 실업률이 증가하면 취업률도 증가한다.
③ B가 증가하면 경제활동 참가율도 증가한다.
④ 고용률과 실업률이 증가하면, 경제활동 참가율도 증가한다.
⑤ B와 C의 구분 기준은 주당 1시간 이상의 임금 노동 여부이다.

Answer   213.④

213 A는 실업자 수, B는 비경제활동 인구, C는 경제활동 인구이다.

① 경제활동 참가율은 (경제활동 인구/15세 이상 인구)×100이다.
② 실업률과 취업률은 음(−)의 관계이다.
③ 비경제활동 인구가 증가하면 경제활동 참가율은 낮아진다.
④ 고용률이 증가하면 취업자가 늘어나는 것이고 취업자가 늘어나는 상황에서 실업률이 증가하면 실업자가 늘어나는 것이므로 경제활동 참가율(경제활동 인구/노동가능 인구×100)은 증가한다.
⑤ 경제활동 인구와 비경제활동 인구의 구분은 일할 의사가 있는지의 여부에 따른다.

214 자료 2에 대한 분석으로 가장 적절한 것은?

① 갑은 경기 침체로 인한 A에 해당한다.
② 갑의 결정은 경기 침체기에 실업률을 하락시키는 요인이다.
③ 갑의 사례는 취업률이 고용률보다 고용 시장의 실질적인 상황을 더 정확하게 반영함을 보여준다.
④ 을은 취업 정보 부족으로 인한 B에 해당한다.
⑤ 경기 호황기에 을과 같은 경우 외에는 A가 존재하지 않는다.

215 다음 중 3중고(三重苦)란 뜻으로 하나의 목표를 이루려다 다른 두 가지 목표를 이루지 못하는 딜레마에 빠진다는 뜻의 트릴레마에 해당하는 세 가지를 바르게 짝지은 것은?

① 인플레이션, 통화감소, 이자율 상승
② 물가안정, 경기부양, 국제수지개선
③ 금리인하, 통화증가, 디플레이션
④ 경기부양, 금리인상, 국제수지개선
⑤ 물가안정, 통화감소, 디플레이션

216 지속가능성장을 할 수 있는 새로운 시장을 창출하는 것을 뜻하는 용어는?

① 레드오션
② 블루오션
③ 그린오션
④ 이노베이션
⑤ 빅데이터

Answer   214.②   215.②   216.③

214 ① 갑은 구직을 포기했으므로 비경제활동 인구에 해당한다.
② 실업자인 갑이 구직을 포기하면 비경제활동 인구에 해당되어 실업률은 낮아진다.
③ 갑이 구직 활동을 포기한 경우 취업률은 높아지고, 고용률은 낮아지므로 고용률이 고용 시장 상황을 더 정확하게 반영한다.
④ 을은 실업자이므로 A에 해당한다.
⑤ 경기호황기에도 을과 같은 마찰적 실업 외에 구조적 실업, 계절적 실업 등이 발생한다.

215 ② 트릴레마란 물가안정에 집중하면 경기가 침체되기 쉽고, 경기부양에 집중하면 인플레이션의 발생과 국제수지 악화를 유발할 수 있는 우려가 있는 등 딜레마에 빠지게 된다는 뜻이다.

216 그린오션(Green Ocean)이란 경제, 환경, 사회적으로 지속가능한 발전을 통한 가치 창출은 물론 친환경, 웰빙에 대한 새로운 시장에 대응하기 위한 개념을 말한다.

217 다음 (   )에 들어갈 알맞은 말은 무엇인가?

> (   )은 농업(agriculture)과 인플레이션(inflation)의 합성어로 농산물 가격의 급등으로 인하여 일반 물가도 상승하는 현상이다. 지구 온난화로 세계 각지에서 기상이변이 속출하면서 지난 2008년에 (   )이 크게 발생한 적이 있다. (   )은 식량수급 불균형을 가져와 물가를 상승시켜 아프리카나 동남아 지역의 기아 수를 증가시킨다.

① 피시플레이션　　　　　　　　　　② 애그플레이션
③ 디노미네이션　　　　　　　　　　④ 스태그플레이션
⑤ 하이퍼인플레이션

218 다음 중 원화의 가치가 하락할 시에 예상할 수 있는 현상으로 옳은 것을 고르면?

① 유학생 부모의 부담이 늘어난다.
② 수입 재화의 국내 가격이 낮아진다.
③ 수출 기업의 가격 경쟁력이 낮아진다.
④ 국내로 들어오는 외국 관광객들의 씀씀이가 줄어든다.
⑤ 국제 금융 시장에서 외화를 차입한 기업들의 부담이 줄어든다.

Answer　　217.② 218.①

217　애그플레이션은 농업(agriculture)과 인플레이션(inflation)의 합성어로 농산물 가격의 급등으로 인하여 일반 물가도 상승하는 현상이다. 지구 온난화로 세계 각지에서 기상이변이 속출하면서 지난 2008년에 애그플레이션이 크게 발생한 적이 있다. 애그플레이션은 식량수급 불균형을 가져와 물가를 상승시켜 아프리카나 동남아 지역의 기아 수를 증가시킨다.

218　원화의 가치가 하락하게 되면 동일한 금액의 외화를 마련하기 위해 더 많은 원화가 필요하게 되므로 자녀를 유학 보낸 부모의 부담은 늘어나게 된다.

219 다음 중 ( ) 안에 들어갈 용어로 적당한 것은?

> 환경 관련 협약의 발효는 자유무역주의를 주창하는 (A)의 환경과 무역을 연계한다는 원칙과 이로 인해 이미 실질적으로 시작되었다고 판단되는 환경협상인 (B)로 바로 연결되어 직·간접적으로 농업의 생산과 농산물의 유통 및 소비행태에 많은 영향을 줄 것이다.

① (A) WTO   (B) Green Round

② (A) WTO   (B) Uruguay Round

③ (A) WHO   (B) Green Round

④ (A) WHO   (B) Uruguay Round

⑤ (A) GATT   (B) Green Round

MEMO

MEMO

수험서 전문출판사 서원각

목표를 위해 나아가는 수험생 여러분을 성심껏 돕기 위해서 서원각에
서는 최고의 수험서 개발에 심혈을 기울이고 있습 니다. 희망찬 미래
를 위해서 노력하는 모든 수험생 여러분을 응원합니다.

공무원 대비서

취업 대비서

군 관련 시리즈

자격증 시리즈

동영상 강의

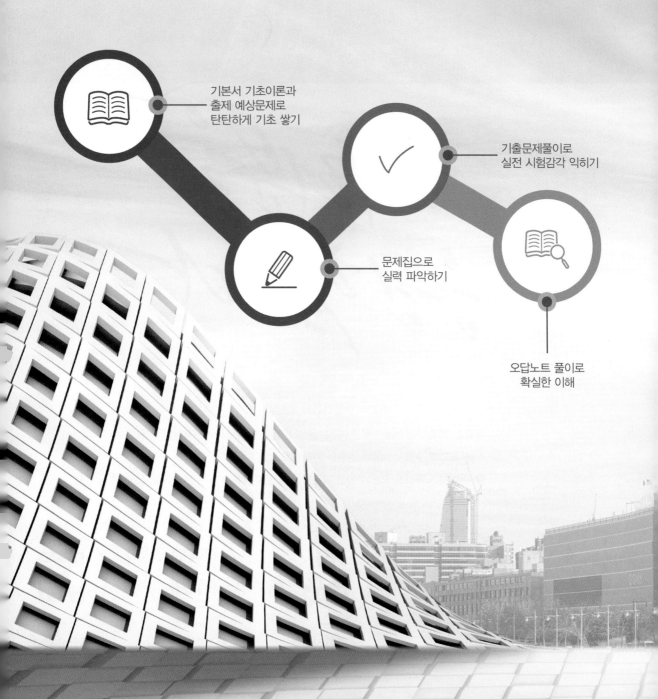

서원각 공무원 시리즈

● 기본서
　−파워특강
　−(직렬별)전과목 총정리

● 문제집
　−필통(반드시 시험에 통하는)
　−빅데이터

● 기출문제집
　−최근 10개년 기출문제
　−최근 5개년 기출문제
　−(직렬별)기출문제 정복하기

자격증 BEST SELLER

매경TEST 출제예상문제

TESAT 종합본

청소년상담사 3급

임상심리사 2급 필기

유통관리사 2급

직업상담사 1급 필기·실기

사회조사분석사 사회통계 2급

초보자 30일 완성 기업회계 3급

관광통역안내사 실전모의고사

국내여행안내사 기출문제

손해사정사 1차 시험

건축기사 기출문제 정복하기

건강운동관리사

2급 스포츠지도사

택시운전 자격시험 실전문제

농산물품질관리사